"卓越法律人才培养计划"系列教材

知识产权法

INTELLECTUAL PROPERTY LAW

张秀玲 主编

法律出版社
LAW PRESS · CHINA

总　序

梁亚民*

自改革开放以来，法学俨然成为一门显学，其表征是蔚为大观的法学教育规模。然而，我国的法学院校非但不能“盛产”总统，而且法学专业的就业率连创新低。这种尴尬的状况，诚如英国文学巨匠查尔斯·狄更斯在《双城记》开篇所言：“这是最好的时代，这是最坏的时代。”于是，法学教育到了非改革不可的时候了！

2011 年，教育部、中央政法委联合启动了卓越法律人才教育培养计划。无疑，这一计划将拉开法学教育改革的帷幕，甚至有观点认为这是法学教育领域的重新洗牌。无论如何估量这项改革的意义，当务之急应是准确把握“卓越”的内涵。如果不能勾勒出卓越法律人才的肖像，或许我们的所有努力都将成为无的之矢。法学教育与司法实践严重脱节，这已是不争的事实。但绝不能认为在原有的培养方案中简单增加实务类课程就能实现“卓越”的目标。事实上，大学的法学教育过去不是，今后也不会是仅仅培养法官、检察官和律师的，所以，要始终将法律素养包括法律知识、技能、思维方法以及公平正义理念、法律信仰等的培养作为核心任务。

甘肃政法学院有幸成为全国首批 12 个西部基层法律人才教育培养基地之一。这得益于我校多年来坚持以区域经济社会发展与法治建设为导向，围绕“法学创品牌，公安学办特色，法商结合，多学科协调发展”的学科专业建设基本思路所作的实践和探索。“十一五”以来，我校法学专业先后获批教育部、财政部特色专业建设点，入选教育部、财政部“法学应用性人才培养模式创新实验区”项目、教育部大学生校外实践教育基地项目以及教育部首批专业综合改革试点专业，建成省级精品课程 7 门。由于偏居西北一隅，赖以发展的基础薄弱，学校笨鸟先飞，就实施卓越计划展开了理论层面的研讨和设计。我们的宗旨是做好做足西部文章和特色文

---

* 甘肃政法学院校长、教授。

章，以卓越计划为引擎，稳步推进法学专业综合改革，通过学校和实务部门的全方位合作谱写法律人才培养新的篇章。就卓越法律人才应当具备的素质，我们初步达成了共识，形成了自己的标准：通专兼备、知行合一、道术并重。我们坚信，既熟悉法律的技巧和技能，脚踏实地、解决问题，又仰望星空、敬畏法律，有人文关怀和强烈的正义感和使命感的法律人才，才是我们今天和今后需要的法律精英。

基于上述认识，甘肃政法学院决定立项建设一套立足中国特色社会主义法治建设实践，服务西部基层法律人才培养、适合西部经济社会发展需求、理论与实际紧密结合的系列教材。这套由我校优秀中青年骨干教师编写、法律出版社出版的法学系列教材注重学思结合，知行统一，因材施教。教材编写目的是为强化学生的法律职业伦理观念和学生的法律实务技能培养，提高学生运用法学与其他学科知识方法解决实际法律问题的能力，促进法学教育与法律职业的深度衔接，以适应西部跨越式发展和长治久安的需要，结合政法人才培养体制改革，面向西部基层，辐射全国，培养一批具有较强实践能力，能够以我国的社会主义现代化法制建设为己任的法律人才。此外，教材的体例设计在注重理论量化分析及司法考试有效信息呈现的基础上将强化信息技术应用，全面配备多媒体教学课件，以此提高教师应用信息技术水平，更新教学观念，改进教学方法，提高教学效果。鼓励学生利用信息手段主动学习、自主学习，增强运用信息技术分析解决问题的能力。

诗云："菁菁者莪，乐育材也，君子能长育人材，则天下喜乐之矣！"目前我国正朝着法治国家的目标迈进，其间最需要的就是既像法律人一样思考更像法律人一样行动的卓越法律人才。这是法学院校义不容辞的责任，而通往"卓越"的路就在脚下。

是为序。

2013年8月

作 者 简 介

张秀玲 女,1964年11月生,甘肃政法学院教授,硕士生导师。主要从事知识产权法、婚姻家庭法的教学与研究工作。著有《知识产权法》(主编)、《新商标法释解》等著作;发表有关知识产权的学术论文近三十篇,并有多项学术成果获奖。

赵海燕 女,1968年1月生,甘肃政法学院教授,硕士生导师。主要从事知识产权法、循环经济法的教学与研究工作。著有《著作权法热点难点问题研究》、参编《知识产权法学》(副主编);发表有关知识产权的学术论文三十余篇,并有多项教学和学术成果获奖。

刘欢欢 女,1981年10月生,甘肃政法学院讲师,法学硕士。主要从事知识产权法学、民法学的教学与研究工作。参编《民法学》教材一部;发表学术论文十余篇,并有一项学术成果获奖。

李　俊 女,1983年3月生,甘肃政法学院讲师,法学硕士。主要从事知识产权法学、民法学的教学与研究工作。参编《民法学》教材一部;发表有关知识产权的学术论文十余篇,并有一项教学成果获奖。

目　　录

第一编　知识产权法总论

第二编　著 作 权 法

第三编　专　利　法

第四编 商 标 法

第五编 其他知识产权法律制度

第一编　知识产权法总论

第一章　知识产权法总论

◇ 知识结构图

- 知识产权法总论
  - 知识产权的概念与范围
    - 知识产权的概念
    - 知识产权的范围
  - 知识产权的性质与特征
    - 知识产权的性质
    - 知识产权的特征
  - 知识产权的主体与客体
    - 知识产权的主体
    - 知识产权的客体
  - 知识产权与相关财产权利
    - 知识产权与无体财产权
    - 知识产权与物权
    - 知识产权与信息产权
  - 知识产权法的概念、体系与地位
    - 知识产权法的概念和立法模式
    - 我国的知识产权法律体系
    - 知识产权法的地位
  - 知识产权法的演进及其作用
    - 知识产权法的演进
    - 知识产权法的作用

◈ 本章导读

知识产权是一种新型的民事权利、是一种无形财产权。目前,我国尚无一部统一的知识产权法典。所谓知识产权法,是著作权法、专利法、商标法等各个单行法的总称。本章具体内容包括知识产权的概念、范围、性质和特征;知识产权的主体与客体;知识产权与相关财产权利的区别;知识产权法的体系、地位与作用;知识产权法的演进及其作用,等等。

◉ 司考重点

熟悉并深刻理解知识产权的范围、性质和特征;掌握知识产权与物权的区别;了解并熟悉我国的知识产权法律体系,包括我国已经颁布的知识产权法律法规和重要的知识产权国际公约。

第一节 知识产权的概念与范围

一、知识产权的概念

“知识产权”是一个法律上的用语,它是现代私法中一个十分重要的权利。我国法律中所使用的“知识产权”一词是舶来品,英文为“Intellectual Property”,其原意为“知识(财产)所有权”或“智慧(财产)所有权”。它最早见于17世纪中叶法国学者卡普佐夫的著作中,他将一切来自知识领域的权利概括为“知识产权”。后来,比利时著名法学家皮卡第再次阐述该概念。皮卡第认为,知识产权是一种特殊的权利范畴,它根本不同于对物的所有权。皮卡第的阐述,使知识产权的概念进一步清晰,并在国际上广泛传播,得到世界上多数国家和众多国际组织的承认。

“知识产权”成为国际上的普遍用语,应当得益于1967年7月14日在斯德哥尔摩签订的《成立世界知识产权组织公约》。我国对知识产权的正式研究开始于20世纪70年代末。在1986年《中华人民共和国民法通则》(以下简称《民法通则》)颁布前,我国法学界曾采用“智力成果权”的说法,《民法通则》颁布后,“知识产权”作为正式法律用语被确定下来,该法第五章第三节专节规定了知识产权。

定义知识产权的方法大致有两种,即列举法和归纳(概括)法。据考证,迄今为止,世界上多数国家的法律以及国际条约,都是从划定范围出发(即以列举的方法)去明确知识产权概念的。而学界多采取归纳或者概括的方法解释知识产权。概括地讲,知识产权可以这样定义:知识产权是人们对创造性智力成果、具有商业价值的识别性标志以及其他信息等无形财产依法享有的权利。

二、知识产权的范围

知识产权有广义与狭义之分。

广义的知识产权包括著作权、邻接权、商标权、商号权、地理标记权、专利权、商业秘密权、集成电路布图设计权、植物新品种权等。广义的知识产权范围,目前已为两个主要的知识产权国际公约所界定。

(一)《世界知识产权组织公约》所界定的知识产权范围

1967年签订的《世界知识产权组织公约》以列举的方式界定了知识产权的范围,指出知识产权应包括下列权利:

(1)关于文学、艺术和科学作品的权利;

(2)关于表演艺术家的表演、录音和广播的权利;

(3)关于人类在一切领域内的发明的权利;

(4)关于对科学发现享有的权利;

(5)关于工业品外观设计的权利;

(6)关于商品商标、服务商标、商号及其他商业标记的权利;

(7)关于制止不正当竞争的权利;

(8)其他一切来自工业、科学及文学、艺术领域的智力创作活动所产生的权利。

世界知识产权组织已经成为联合国的16个专门机构之一。世界上大多数国家加入了《世界知识产权组织公约》,成为该公约的成员国。我国也于1980年成为该组织的成员国。

(二)《与贸易有关的知识产权协定》所界定的知识产权范围

1994年4月15日,由各国代表在摩洛哥的马拉喀什签字,并自1995年1月1日起生效的《与贸易有关的知识产权协定》(以下简称《知识产权协定》),将知识产权的范围界定为:

(1)著作权与邻接权;

(2)商标权;

(3)地理标记权;

(4)工业品外观设计权;

(5)专利权;

(6)集成电路布图设计权;

(7)未公开的信息专有权,主要是商业秘密权。

我国已于2001年12月11日成为世界贸易组织的成员。所有世界贸易组织的成员都是《知识产权协定》的成员,都应遵守该协定。该协定是知识产权领域最具影响力的协定。

狭义的知识产权,是指传统意义上的知识产权。主要包括专利权、商标权和著作权(含邻接权)。知识产权又可以分为两类:一类是文学产权,包括著作权和邻接权;另一类是工业产权,狭义上的工业产权主要指专利权和商标权。广义上的工业产权还包括集成电路布图设计权以及商业秘密权等。法国1791年专利法的起草人德布孚拉首先提出了“工业产权”这一概念。

随着科技的进步与社会的发展,如今具有经济意义的创造性劳动成果已经远远超出了上述范围,而且原本局限于文学艺术领域的作品范畴也扩大到了与产业相关的软件等客体上,导致文学产权与工业产权的分类方式难以维系。因此,有学者提出广义的无体财产权体系,无体财产权(无形财产权)成为知识产权的另一称谓。

第二节　知识产权的性质与特征

一、知识产权的性质

知识产权的性质,是作为一项民事权利的知识产权所固有的法律属性,是判断某

项权利是否构成知识产权,以及它属于何种类型的知识产权的标准。知识产权的性质,主要体现为以下四个方面:

(一)知识产权是私权

知识产权是一种新型的民事权利,是一种私权。私权是知识产权的首要法律性质。尽管知识产权与其他民事权利相比有其自身的特点,但适用于知识产权的基本法律原则和制度都来自于民法。需要特别指出的是,知识产权属于私权并不意味着知识产权的行使完全不受国家公权力的调整和干预。在现代社会,私权普遍都在某种程度上受到国家公权力的调整和干预。在知识产权领域,国家公权力的调整和干预比其他民事领域显得多一些。例如,著作权法中规定的合理使用制度和法定许可使用制度,就是国家为了平衡著作权人与公众的利益关系而对著作权的制约。再如,专利法为了防止专利权人对其专利技术的过分垄断,促使发明创造的实施,规定了强制许可制度。该制度规定,在特定条件下,专利行政部门可以不经专利权人的同意,允许他人实施其专利技术,这也是国家公权力调整和干预知识产权行使的典型反映。但是,公权力对知识产权依法进行的调整和干预,并没有改变知识产权的私权性质。在判断知识产权是公权还是私权时,应当看主体之间究竟是平等的关系还是不平等的关系,权利的行使是以国家单方面意志为主还是以各方当事人意思为主。在知识产权领域,尽管存在不少公权力的制约,但它调整的主要是平等民事主体之间等价有偿的财产关系,权利的行使主要取决于民事主体之间的意思,因此,知识产权是私权。《知识产权协定》在其前言中亦明确指出:知识产权是私权。

明确知识产权的私权属性有三方面的重要意义:第一,私权属性的认定是知识财产进入市场进行交易的前提。从法律上看,商品交换的唯一前提是任何人对自己产品的所有权和自由支配权。只有确立知识产权的私权属性,即在性质上和物权同处于一个水平和状态,才能保障知识财产进入市场。从这个意义上讲,确认知识产权的私权属性就是为了使知识财产获得和"物"一样进入市场的公平机会。第二,私权具有对抗公权力侵害的属性,因此私权属性的确立,对于保护权利人的知识财产避免国家行政机关的不当介入和侵害具有重要意义。第三,知识产权的私权属性的确立,说明知识产权和物权在法律性质上是一样的。二者都是私权,并且都是财产权。因此,应该遵从同等保护原则,对物和知识财产提供同等保护,而不应该有特殊化,不能打着私权的名义搞特权,进行特殊保护。知识产权是私权,其保护的是私益,因此知识产权法的保护水平和方式就不应该偏离财产的保护原理,既不能把知识产权的保护无限拔高,推行"神圣化",也不应该把知识产权保护"妖魔化",认为知识产权是穷国的毒药。

(二)知识产权是财产权

知识产权是知识产权人控制特定知识财产并享受财产利益的权利。诚然,这种权利不仅仅局限于财产权,例如著作权中的人身权,但从权利的主体来看,知识产权主要是一种财产权。[1] 在我国民法学界,许多学者主张知识产权是物权或者"准物权",也是因为看到了知识产权的财产权特性。

知识产权为民事权利的一种,知识产权人可以依自己的意志直接支配知识财产,则当然可以直接享受由知识财产带来的利益。对于不同类型的知识产权,知识产权人享有的财产利益也不相同。因此,知识产权主要是一种财产权,是以财产利益为内容的权利。

(三)知识产权是绝对权

知识产权是一种绝对权。以权利人可以对抗义务人的范围不同为标准,民事权利可以分为绝对权和相对权。由于绝对权的权利人可以向一切人主张权利,可以对抗他以外的任何人,因此又称为对世权。由于相对权的权利人只能向特定的义务人主张权利,他对抗的是特定的义务人,因此又称为对人权。知识产权为绝对权(对世权),是可以对抗一切人的权利,对知识产权的侵害可成立侵权行为之债。绝对权包含两方面的内容:一是积极权能,即权利人享有行使或不行使的选择权及其采取的具体的行为方式的选择权;二是消极权能,即权利人在其权利受到不当限制或者侵害时,依法享有排除该不当限制或者侵害的权利,包括采取自助或自卫行为以及请求行政与司法救济等方式。

(四)知识产权是支配权

我国民法学界和知识产权法学界较为一致的观点是认为知识产权是支配权。物权概念中的支配,就是指依据自己的意志独立对物加以管领或者处置。[2] 知识产权概念中的支配,是指依据自己的意志独立对知识财产加以管领或者处置。由于物权的保护对象是物,权利人通过对物的实际占有就可以实现对物的支配,因而占有成为物权的重要权能。而知识产权的保护对象是知识财产,不能像对物那样通过占有获得支配,而是通过法律确认的"控制"来实现支配。根据始自康德和黑格尔的意思支配说,知识产权可以成为支配权的一种,源于权利人可以通过"意思"对知识财产进行"支配"。从法律对权利的确定角度看,如果说物权是法律对权利人占有"物"的事实状态的"确认",那么知识产权则是法律因看到权利人不能占有"知识财产",而采取的一种"拟制",通过拟制使知识产权人得以"控制"知识财产,从而建立一种新的支配关系,这就是知识产权。

知识产权法上的支配权理论,具有以下几个方面的意义:第一,与债权区分。债权只是请求权,知识产权是支配权。第二,与物权的支配相区分。物权人通过"占有"而支配,而知识产权人通过"控制"而依法支配。第三,揭示知识产权的效力与功能。支配权确定了权利人对知识财产的归属和利用的一种控制与支配。第四,界定知识产权

---

〔1〕 参见齐爱民:《知识产权法总论》,北京大学出版社 2014 年版,第 57 页。

〔2〕 参见王利明:《再论物权的概念》,载《社会科学研究》2006 年第 5 期。

的性质。支配权是绝对权,具有对世性,权利人对知识财产的合法控制必然要求排除他人干涉。

二、知识产权的特征

知识产权的特征,是指作为一项民事权利的知识产权具有的法律上的独特象征。研究知识产权的法律特征,是为了将此类权利和相关类似权利区别开来,如区别知识产权和物权。知识产权是一种无形财产权,与有形财产权(物的所有权)相比,具有以下特征:

(一)客体的非物质性(无形性)

例1.1 甲在书店购买了一本当代著名作家乙的小说,读后感慨万千,认为这是一本难得的好书,遂动笔将其改编为连环画并出版发行。

知识产权客体的非物质性是知识产权区别于有形财产权的本质特性。与有形财产权相比,知识产权的客体有以下特点:

(1)它所反映的是一种信息,无色、无味、不占有空间。

(2)使用时,不发生有形损耗。如某技术或者作品,无论如何使用,使用多久,该技术或者作品还是原样的,不会像有形物的使用那样发生损耗。

(3)知识产权的客体必须通过某种有形形式表达出来,即必须依存于一定的载体。只有如此,才能被人们所感知、所利用。

需注意的是,掌握或者支配着某一载体,并不意味着已拥有或者控制了该项知识产权。例1.1中,甲的改编并出版发行,侵犯了乙的著作权。甲在书店购买了乙的小说,获得的只是这本书的所有权。甲拥有着书的所有权,并不意味着已拥有了作品的著作权。本案例中,著作权仍归作家乙。

(4)在特定的时空条件下,知识产权的客体可以同时被若干主体所感知、所利用。而一般的有形财产,在特定的时空条件下却不能同时被若干主体所利用或支配。

知识产权客体的非物质性是导致知识产权保护更加困难的原因所在。非物质性的信息易于复制和传播的特点,使知识产权侵权更加容易也更加隐蔽。不同于有形财产,知识产权权利人无法对信息进行事实上的排他性独占,其所获得的权利仅仅是一种禁止他人利用的法律权利,证明侵权行为的存在以及侵权所造成的损失都较为困难。上述性质决定了对知识产权的保护应有别于对有形财产的保护。关于侵犯知识产权的救济措施,将在分论中阐述。

(二)国家授予性

例1.2 ①甲公司开发了一项新产品,希望获得专利权;②乙公司为其新产品设计了新颖独特的商标,希望获得商标专有权;③丙公司为其电子产品制作了产品说明书,该产品说明书有一定的独创性,希望获得著作权。

知识产权的获得,往往需要当事人履行特别的法律手续,这尤其明显地体现在专利权、商标权以及植物新品种权等方面。例1.2中,甲公司的新产品要获得专利权,必须依照专利法的规定,向国家专利主管机关申请专利,经依法审查批准授予专利权,甲公司才能获得专利权;同样,乙公司要获得商标专有权,也必须根据商标法的规定向商标局提出注册申请,经核准注册才能取得。

有形财产权一般只需根据一定的法律事实就可以设定和取得,而不需要依照法律规定的程序,经国家主管机关授予或确认。

需注意的是,在我国,著作权的取得是自动的,不以必须履行特定法律手续为前提。例1.2中,丙公司的产品说明书一经制作完成即自动取得著作权。此外,商业秘密也是自动产生的。这是知识产权特征的例外。有学者在讲到知识产权的特征时,有意抛开"国家授予性",可能是考虑到这些例外情况。"如果因为有例外就不能将其列为'特点',那么可能世间一切事物均无特点可言了。"[1]

(三)专有性

例1.3 甲公司开发出一项新技术,获得了专利权。之后,乙公司也开发出同样的技术,拟申请专利权。

知识产权是一种专有性的民事权利,专有性即独占性。虽然专有性是知识产权与所有权的共同特征,但其效力内容和表现形式各不相同。知识产权的专有性表现在:

(1)在知识产权的有效期内,知识产权为权利人所独占。其他任何人未经许可,不得擅自使用,否则构成侵权。

(2)对同一项知识产品,不允许有两个或两个以上同一属性的知识产权并存。这一点尤其明显地体现在工业产权方面。即某项工业产权只能一次性地授予某个人或者某个组织,而不能同时或者先后将同一种权利授予两个人或者两个组织。

例1.3中,甲与乙先后完成了同样的发明创造,甲先申请并获得了专利权,这时乙就不能再获得专利权了。因为,同样的发明创造,专利权只能授予最先发明人或者最先申请人。我国专利法规定,专利权授予最先申请人。

而一般的有形财产权并不排斥其他所有人对同类物品也享有所有权。

(四)地域性

例1.4 甲公司开发的一项新产品在中国获得了专利权。乙公司未经许可在日本生产并销售该产品。

知识产权的地域性是指根据一国法律取得的知识产权,只在该国领域内有效,对其他国家没有任何效力。其他国家对这种权利没有保护的义务,任何人均可在他国自由使用该知识产品,既无须取得权利人的同意,也不必向权利人支付报酬。例1.4中,乙公司在日本生产并销售该产品的行为不构成侵权。这是由专利权的地域性决定的。

---

〔1〕 郑成思:《知识产权法》,法律出版社1997年版,第15页。

地域性决定了甲公司获得的专利权只在中国得到承认和保护,该专利权在日本无效。

知识产权的地域性,是它与有形财产权的又一区别。一般来说,对有形财产权的保护原则上是没有地域性限制的。无论是公民将他的有形财产从一个国家带到另一个国家,还是法人因到外国投资而将其有形财产移转到外国,那些财产仍旧属于该公民或法人所有,不会发生财产所有权失效的问题。而知识产权则不同,按照一国法律认可或授予的知识产权,就只能在该国发生法律效力,除非与他国签订双边协议或者共同加入国际公约。

其实,自知识产权产生之初,地域性就十分明显。在欧洲封建社会末期,原始著作权与专利权都是君主恩赐并作为特许权出现的。因此,这种权利只可能在君主管辖地域内行使。随着近代资产阶级法律的发展,知识产权才最终脱离了封建特许权形式,成为法定的精神产权。但是,资产阶级国家根据其主权原则,只对依照其本国法取得的知识产权加以保护。因此,地域性作为知识产权的特点继续保留下来。

从19世纪末起,随着科学技术的发展以及国际贸易的扩大,知识产权交易的国际市场也开始形成和发展起来。这样,知识产品的国际性需求与知识产权的地域性限制之间出现了巨大的矛盾,为了解决这一矛盾,各国先后签订了一些保护知识产权的国际公约,成立了一些全球性或区域性的国际组织,在世界范围内形成一套国际知识产权保护制度。这种知识产权的域外确权和国际保护使得知识产权人在全球不同法域均可获得知识产权授权和保护,因此也被称为知识产权的超地域性。知识产权的超地域性是国际社会共同努力解决知识产权的地域性对知识产权保护的障碍,但这并不是以突破地域性为前提,而恰恰是选择了尊重知识产权的地域性。《巴黎公约》、《伯尔尼公约》确立的"国民待遇原则"和"独立性原则"都是以知识产权的地域性为前提的,而并不是放弃知识产权的地域性。因此,可以说,无论哪种保护都没有突破和否定地域性,而是建立在充分尊重知识产权的地域性的基础之上的,是与地域性密切结合在一起的。

(五)时间性

例1.5 甲电视台相中鲁迅先生的某部作品,拟将其改编为电视连续剧,是否须经鲁迅先生的继承人的许可?

知识产权的时间性,指的是知识产权只在法律规定的期限内受到法律保护,一旦超过了法律规定的有效期限,这一权利就自行消灭,相关知识财产即成为整个社会的共同财富,为全人类所共同使用。可见,知识产权不是一项永久存续的权利。

例1.5中,甲电视台是否须经鲁迅先生的继承人的许可,关键看鲁迅先生的作品是否已过保护期。根据法律规定,对于普通作品(如小说、杂文等),若公民享有著作权,其保护期为作者终生加死后50年。而鲁迅先生是1936年去世的,因此,其作品的保护期终止于1986年。现在,任何人使用鲁迅先生的作品,无须经过许可。

知识产权的时间性,是它与有形财产权的又一重要区别。有形财产权是不受时间限制的，无论是公民还是法人所有的有形财产，只要该财产没有灭失，该财产的所有人就可永享所有权。

知识产权在时间上的限制，是世界各国知识产权立法以及有关知识产权国际公约普遍采用的原则。法律之所以规定时间限制，主要是基于以下原因：其一，任何智力成果的创造完成，都离不开对社会知识财富的借鉴和吸收，因此，知识产权的权利人对智力成果的独占不应当是永久的，而应当在一定时间过后，将智力成果贡献给社会，成为社会的共同财富；其二，知识产权客体的无形性决定了必须对知识产权加以时间限制。因为，无论使用多久，智力成果是不会发生有形损耗的，假如不加以时间限制，知识产权将永远被权利人及其继受人传承下去，妨碍公众的使用，造成不合理的垄断。此外，给知识产权规定时间限制，有利于鼓励创新和淘汰落后。

需强调的是，商标权虽然也有时间限制，[1]但期满允许续展注册，且续展注册的次数不受限制。之所以对商标权如此“宽容”，主要原因在于，让商标权人对其商标一直享有专有权，不但不会影响到公众利益，还会便于消费者认牌购货。

第三节　知识产权的主体与客体

一、知识产权的主体

从权利的角度来看，知识产权的主体即为权利所有人，包括著作权人、专利权人、商标权人等；从法律关系的角度来看，知识产权关系的主体则为权利人及权利人以外的义务人。知识产权的权利主体，即是各类知识产权的所有人。这里所说的“人”，既可以是自然人、法人，在一定条件下还包括非法人组织甚至国家。

（一）主体资格概说

知识产权的主体具备何种资格，享有何种权利，这是由国家法律直接规定的。主体资格是民事主体在民法上的法律人格，是自然人及其组织成为民事主体的法律前提。法律地位平等与主体人格独立是确认民事主体资格的基本原则。知识产权制度的平等精神，在本质上等同于一般意义上民法的平等原则，但又有着自身的法律品性。这主要表现在以下两个方面：

首先，知识产权制度中的平等，是一种主体从事创造性活动的自由选择，是一种取得创造者权利的机会均等。换言之，平等是机会的平等，至于人们从事民事活动的结果如何，那是由人们的天赋、才能、机遇所决定的，应该允许存在差别。只要主体以自己的创造性行为完成知识财产，即可以以创造者的身份依法取得权利。

其次，知识产权制度中的平等，是一种当事人权利、义务关系的协调，是对社会精

---

〔1〕《商标法》第39条规定，注册商标的有效期为10年，自核准注册之日起计算。

神财富的合理分享。知识产权制度的历史发展,经历了从单一权利主体扩充为多元权利主体的过程。在著作权领域,包含创作者、传播者、使用者等多重主体,并规定了他们对作品权益的分享。在专利权领域,出现了两个或两个以上的主体对同一发明创造分别使用而享有利益的情形。[1]

(二)原始主体

原始取得,是指财产权的第一次产生或者不依靠原所有人的权利而取得财产权。一般财产所有权的原始取得,有生产、孳息、先占等方式,其原始取得概无主体的特定身份要求,除不动产及个别动产外,亦无须国家机关的特别授权。

知识产权的原始取得则不同,其权利产生的法律事实包括两个方面,即创造者的创造性行为和国家机关的授权性行为。[2] 在知识财产的生产、开发活动中,创作行为或者发明创造行为在本质上属于事实行为,任何人都可以通过自己的智力劳动取得知识财产创造者的身份。此外,在知识产权的原始取得中,国家机关的授权行为是权利主体资格最终得以确认的必经程序。授权行为从性质上属于一项行政法律行为。它与创造性行为一样,对权利的原始取得具有重要意义。借用美国学者的说法:创造性活动是权利产生的“源泉”(source),而法律(国家机关的授权活动)是权利产生的“根据”(origin)。知识产权需要由主管机关依法授予或确认而产生,这是由其客体的非物质性所决定的。由于知识财产不同于传统的客体物,不能对其进行有形的控制或占有,容易为创造者以外的人所利用,换言之,只要知识财产公布于世,他人便易于通过非法途径获得利益。因而,知识财产的所有人不可能仅凭创造性活动的事实行为而当然、有效、充分地取得、享有或行使权益,他必须依靠国家法律的特别保护,即通过主管机关审查批准后获得专有权或专用权。

(三)继受主体

在民法学理论上,继受取得区别于原始取得有两个标准:一是意志特征,即继受取得根据知识财产的原所有人的意志而发生;二是权利来源,即继受取得是以原所有人的权利为根据并通过权利转移方式才能发生。就继受取得而言,一方让渡了权利,即丧失了权利主体资格;另一方继受了权利,则成为新的财产所有权人。

在知识产权领域,基于继受取得的原因,同一知识财产上拥有若干权利主体的情形普遍存在,大致包括以下三类:

(1)某类权利主体对其知识财产既享有财产权利又享有人身权利时,发生继受取得的权利只能是其中的财产权,即继受主体不能取得专属于创造者的人身权利。这样,同一知识财产所产生的人身权和财产权就会为不同的主体所分享。

---

〔1〕 参见吴汉东:《知识产权总论》(第3版),中国人民大学出版社2013年版,第36~37页。

〔2〕 多数知识产权都须经过国家法律的认可,具有国家授予性的特点。但是,诸如著作权、商业秘密权等,不需要经过国家机关的审查与批准。

(2)某类知识产权仅仅是不完全转让的,继受主体只能在约定的财产权上享有利益。知识产权的标的是非物质形态的精神产物,在一定时空条件下可能被多数主体利用,包括原始主体自己使用以及与授权继受主体共同使用。

(3)某类知识产权的转让同时在不同地域范围进行。例如,著作权人分别在数国转让其版权,就会出现两个或两个以上独立的权利主体。但是,若干受让人只能在各自的有效区域内行使权利,即主体地位独立,权利互不干涉。此种情形下,各个继受主体彼此独立地对同一知识财产享有同一性质的权利。

对知识产权来讲,继受取得有着比原始取得更为重要的意义。在商品经济日益发达与财产权逐渐社会化的今天,所有权的行使和实现,往往要通过非所有权途径而进行。知识产权权利价值的实现,并非创造者对知识财产的直接支配,而表现为一个"创造—传播—使用"的过程。在现代信息化社会,社会分工细密,一件作品或发明由创造者本人进行各种形式的使用几乎是不可能的,知识产权人往往要借助他人的意思和行为来实现自己的利益。这正是知识产权继受取得区别于所有权相关制度的社会意义所在。

二、知识产权的客体

(一)知识产权客体的含义与界定

知识产权的客体一直是学术界存在争议的问题。一种观点认为,知识产权的客体和对象属于不同范畴,前者是指在对象上所施加的、能够产生一定利益关系的行为;后者是以"形式、结构、符号系统"等为存在方式的知识。作为知识产权对象的"知识",是具体的、感性的范畴,是第一性的;而客体是主体对对象所施加的行为,是抽象的、理性的范畴,是第二性的。[1] 另一种观点认为,知识产权的客体与对象是同一范畴。在多数民法著作中,权利的客体、标的、对象都是作为同一概念来使用的。[2]

基于学者们对知识产权客体的不同理解,对其所进行的界定也存在差异,比较有代表性的说法有"智力成果"、"知识产品"、"知识财产"等。我们认为,知识产权的客体,是人们在科学、技术、文化等知识形态领域中所创造的精神财产,即知识财产(intellectual property)。这个概念界定最显著的特征就是坚持了权利和权利客体相区分的原理。知识财产仅指权利的客体,而不包含权利本身,同时,亦将知识财产和知识财产的载体加以区分。

从外延上看,知识财产包含了作品、专利、商标、商业秘密和一般知识财产等一切知识财产。从内涵上看,知识财产是法律关系的客体,是财产的一种。

(二)知识财产的本质

知识财产的本质是知识。"知识"是指经过人的大脑反映的对客观事物及其本质

---

〔1〕 参见刘春田:《知识产权法》(第5版),中国人民大学出版社2014年版,第8~9页。

〔2〕 参见靳宝兰:《民事法律制度比较研究》,中国人民公安大学出版社2001年版,第64页。

和规律的认识。知识属于意识范畴,是与物质相对应的哲学范畴。《日本著作权法》第2条规定:“作品是思想通过充满感情的创作而得以表现,文学、艺术、美术、音乐就属于这个范围。”该条明确了作品的本质是知识的观念。我国《专利法》第2条将专利权的客体发明、实用新型和外观设计界定为技术方案和设计方案,也充分说明了专利权的客体本质为一种知识。

(三)知识财产的特征

1. 创造性

知识财产的创造性是知识得以成为财产的基础条件。知识财产的创造性特征是指知识财产是创造性智力成果,具有人的创造性劳动的特征。构成法律保护的知识财产,不是原有或固有的,而是人类在认识和改造客观世界的过程中获得的。人们通过创造性劳动所获得的认识世界和改造世界的新思想,通过一定的载体得以表达,成为一种客观知识,该知识受到法律的保护成为财产,被称为知识财产。知识财产与物不同,它必须有所创新、有所突破。创造性是知识财产取得法律保护的前提,而其他财产没有这样的要求。创造性特征将知识财产与其他财产形式区分开来。

就具体情形而言,法律对各种具体的知识财产的创造性要求是不同的。一般来说,专利发明所要求的创造性最高,其技术与现有技术相比要有突出的实质性特点和显著的进步,它必须是该项技术领域中先进的科学技术成就,它所体现的技术思想、技术方案必须使某一领域的技术发生质的飞跃。作品的创造性比专利发明低,它要求作品必须是作者创造性劳动的成果,只要作品是独立构思和创作的,无论内容或者表达的感情以及思想是否与他人的作品相同或类似,均可取得独立的著作权。商标所要求的创造性仅达到易于区别的程度即可,即商标应当具备显著性特征,以便于识别。可见,受保护的对象不同,其要求的创造性也有所不同,依照西方学者的说法,专利权要求发明具有“技术先进性”(非显而易见性),著作权要求作品具有“独创性”(原创性),而商标权则要求商标具有“可识别性”(易于区别性)。

2. 非物质性

知识财产的非物质性是知识财产和物这两种财产权客体的根本区别所在。知识财产是知识形态的财产,虽具有内在的价值和使用价值,但没有外在的形体。所谓非物质性,也称无形性,即知识财产的存在不具有一定的形态(如固态、液态、气态等),不占有一定的空间。人们对它的“占有”不是具体的控制,而表现为认识和利用。对于物,在一定的时空条件下,只能由某一个人或某一社会组织来实际占有或使用,所有人能够有效地管理自己的有形财产,以排除他人的不法侵占。而知识财产则不同,它可以为若干主体同时占有,被他们共同使用。知识财产一旦传播,即可能为第三人通过非法途径所“占有”。

知识财产虽然具有非物质性特征,但总要通过一定的客观形式表现出来,使他人能够了解,这种客观表现形式是对其进行知识产权保护的条件之一。例如,作品表现为文字、绘画、雕塑等;发明创造表现为文字叙述、设计图表、形状构造等;商标表现为文字、图形、字母、数字、颜色、声音等。这些客观形式的载体,是知识财产的物化。但需要注意的是,作为知识财产表现形式的载体,绝不是知识财产本身。知识财产的效能和价值是载体所难以全部包括和体现的。

3. 独立性

所谓独立性,是指知识财产必须是外在于人的并且能独立地满足人们生产、生活的需要。首先,知识财产必须是外在于人的,不能是存在于人的大脑之中的。知识是人的思想,属于意识范畴,而知识财产是人对其自身及外部世界的认识的表达,是外在于人的。其次,知识财产须能独立地满足人们生产和生活的需要。在社会实践中,知识财产能否独立满足人们的需要,应根据社会实践的具体情形确定。独立性的法律意义在于,知识财产是外在于人的,并且可以成为财产权的客体,一个独立的知识财产之上,存在一个独立的知识产权。

4. 公开性

知识财产与物不同,它必须向社会公示、公布,使公众知悉。公开性是知识财产所有人取得知识产权的前提,而有形财产所有人并无将其财产公开的义务。在各项知识产权中,其客体都表现了公开性特征。作者创造作品的目的之一,就是使之传播,并在传播中得以行使权利、取得利益;发明创造者要划定自己的权利范围,就必须公布专利的技术内容;商标所有人为了将自己的商品和服务同他人的商品和服务区别开来,就要使用自己的商标,无论是在实行"使用在先原则"的国家,还是在实行"注册在先原则"的国家,要取得商标权,或是首先使用商标,或是首先申请注册商标,这些行为无一不与公开性相联系。一般认为,知识产权产生的条件是知识财产所有人将自己的知识财产公布出来,使公众看到、得到其中的专门知识,而使公众承认他们在一定时期内具有独占使用等专有权利。知识财产是公开的,但任何人都无权加以使用,否则即构成侵权。西方法学家将这一现象解释为契约关系。需要注意的是,技术秘密并不具有公开性,它是依靠保密来维持其专有权利的。由于技术秘密权具有无形财产权的本质特征,技术秘密现已成为知识产权的保护对象。

5. 社会性

知识财产的社会属性表现在它的产生、使用和归属等各个方面。从它的产生来看,知识财产,特别是创造性成果,都是人类智力劳动的结晶。从它的使用来看,一项知识财产可以同时为若干主体所"占有",为许多人所共同利用。从它的归属来看,知识财产既是创造者个人的精神财富,同时又是社会财富的一部分。因此,法律总是在一定期限内赋予创造者个人以垄断性权利,而一旦保护期限届满或保护条件失效,知识产品即成为整个社会的共同财富,为全人类所共同使用。

第四节 知识产权与相关财产权利

一、知识产权与无体财产权

在精神领域的民事权利范围中，无体财产权（或称无形财产权，intangible property）是知识产权的另一称谓。1875年，德国学者科拉率先提出“无体财产权”的概念，批判了以往的学说将无形物品的权利说成是一种所有权的错误论断，而将其概括为区别于有体财产所有权的另类权利，即“无体财产权”（immaterial giiterrecht）。在一些西方国家，相关立法与学说曾以无体财产权来概括有关智力创造性成果的专有权利。自1967年签订《成立世界知识产权组织公约》后，知识产权的概念开始在国际上被广泛使用，但有些西方学者仍继续沿用无体财产权的说法。由于现代商品经济的发展和社会财富形态的变化，“财产越来越多地变为无形的和非物质的”，因而“知识产权”一词在众多无体财产面前已显得“力不从心”。我们可以看到，在财产形态中，确实存在一类具有非物质化特性但又不能归类于知识产权范畴的某些权利，并且随着社会生活的发展，还可能出现其他一些新的无体财产形式。

参照国内外经济界关于“无形资产”的类别划分，法律制度意义上的无体财产权可以包括以下三类：一是创造性成果权，包括著作权、专利权、商业秘密权、集成电路布图设计权、植物新品种权等。二是经营性标记权，包括商标权、商号权、产地标志权、其他与制止不正当竞争有关的识别性标记权等。三是经营性资信权，包括信用权、商誉权、商品化（形象）权等。由此可见，对知识产权和无体财产权进行区分是非常必要的。

二、知识产权与物权

物权和知识产权同属于民事权利中的财产权，两者反映的都是平等民事主体之间的财产关系。另外，物权和知识产权分别表现为对“物”和“知识”的控制、利用和支配，其义务主体是不特定的多数人，因而具有绝对权的性质，同时亦是法定权利，当事人不得自行设立法律未规定的物权或知识产权。二者之间的区别如下：

1. 权利客体不同。物权的客体主要是有体物，包括动产与不动产，他物权的客体还可以包括权利。而知识产权的客体是知识财产，是非物质的客观存在。

2. 权利的独占、排他性程度不同。物权和知识产权虽然同为绝对权利，但是在独占性、专有性和排他性上，知识产权显然要弱于物权。物权人对物的占有、使用、收益和处分，只要不侵害他人的利益，不危及社会公共利益和国家利益，不违反公序良俗，不滥用权利，其实施这些行为的权利是绝对的和排他的，其他人无权为与物权人相同的行为。法律对物权人权利的限制仅属于个别现象。而知识产权的权利人对其创造成果的占有、使用、收益和处分，除了要受到与物权人行使物权相同的约束条件，法律还明确规定了对知识产权的限制制度，如“合理使用”、“法定许可使用”、“强制许可使用”等制度。换言之,非知识产权人可以依据这些制度,行使依法原本属于知识产权人的权利。

3. 物权人既可以借助法律实现对“物”的控制,也可以通过事实上的“占有”实现对“物”的支配。知识产权人无法通过其对“知识”实行“占有”来实现利益,必须仰仗法律的保障。

4. 当知识产权与物权发生冲突时,知识产权通常要让位给物权。比如,一幅绘画,在物权和著作权分别属于不同权利人的情况下,著作权的实现定然受到物权的制约。如果著作权人行使权利,须以接触或使用原作品为前提,有赖于物权人的许可,这势必和物权发生冲突。

5. 保护期限不同。物权的保护期限与物的自然寿命竞合,而知识产权则有明确的保护期限,保护期届满,权利消灭,创造成果进入公有领域,成为人人皆可无偿利用的公共资源。

6. 价值的规定性不同。物的价值的规定性取决于人的劳动和社会必要劳动时间,而知识产权的价值是通过对知识财产的利用而表现出来的。由于知识财产可以无限地复制,反复使用的结果不但不会造成其利用价值的减少,反而会增加,这与物权有很大的区别。

三、知识产权与信息产权

在当代信息社会,知识产权的范围有向“信息产权”扩充的趋势。以微机革命、网络革命和通信革命为主流的新技术革命,将人类社会推入信息化时代,信息本身成为促进经济、技术及社会发展的重要资源,也成为人们不可或缺的无形财产。知识产权所涉及的对象可视为非物质形态的知识信息。专利法保护的“新的技术方案”提供了某一领域最新技术的信息;商标法保护的“识别性标记”本身就是区别不同商品或服务的信息;而著作权法保护的“独创性表达”,通过报刊、书籍、广播电视、网络等各种媒介的传播,成为人们最主要、最广泛的信息源。在这个意义上说,知识产权法可以称为信息保护法。但是,并不能将知识产权简单地等同于信息产权。

在信息财产中,包括三种类型的信息:一是为著作权、专利权、商标权所保护的知识信息;二是原处于非专有领域的公共信息;三是未公开披露而通过保密实现其价值的商业信息。后两者是以往知识产权法不加以保护的。随着新的传播技术的出现,国际社会日益重视对各种信息财产的保护。1993 年《知识产权协定》明确将“未公开的信息”纳入知识产权保护体系;1996 年《欧盟关于数据库保护指令》提出了保护无独创性的数据库的立法设想。这意味着一部分原属于公共领域的信息和依靠保密维系利益的信息,现在可以处于新的专门法的保护之下。这种着力于信息财产的保护已经突破了传统知识产权的制度框架。

综上,部分知识的信息、作为创造性产物的信息,可列入知识产权的客体范畴;而资源性信息、自然存在的信息,如遗传信息,显然不能成为知识产权的保护对象。概言之,知识产权与信息产权是一对具有关联而又有区别的法律概念。

第五节 知识产权法的概念、体系与地位

一、知识产权法的概念和立法模式

知识产权制度是国际上通行的,各国普遍采用的确认、保护和利用知识产权的管理制度。由于知识产权制度一般总是通过知识产权法予以确立和推行,所以它实质上主要是指知识产权法律制度。

知识产权法是调整因知识财产而产生的各种社会关系的法律规范的总称。知识财产即指创造性智力成果、具有商业价值的识别性标志以及其他信息等无形财产。

对于知识产权立法,除法国在1992年颁布了《知识产权法典》以及极少数国家如蒙古国(1994年)、越南(1995年)等在其民法典中设置"知识产权编"外,世界上绝大多数国家的知识产权法律都采取制定单行法规的模式,即分别制定著作权法、专利法、商标法以及反不正当竞争法等。所谓知识产权法,就是上述各单行法规的总称。

二、我国的知识产权法律体系

中国的知识产权立法始于清朝末年。1898年光绪帝批准颁布《振兴工艺给奖章程》,这是中国历史上第一部有关专利的法规。清政府1904年颁布的《商标注册试办章程》是中国历史上第一部商标法规,1910年颁布的《大清著作权律》是中国历史上第一部著作权法,但这些法律法规基本上没有施行。中国在北洋政府和国民政府统治时期也曾颁布过有关知识产权的法律、法规。例如,北洋政府曾于1912年颁布了《奖励工艺品暂行章程》,1915年颁布《著作权法》,1923年颁布《商标法》。国民政府于1928年颁布《著作权法》,并于1949年进行了修订;1930年颁布《商标法》,并于1935年、1938年进行了修订;1944年5月颁布中国历史上第一部正式的专利法。但这些法律法规在当时的社会条件下并未起到应有的作用。

中华人民共和国成立初期也曾颁布过一些保护知识产权的法律法规或部门规章。例如,1950年中央人民政府政务院颁布的《商标注册暂行条例》;1963年国务院发布的《商标管理条例》;1950年中央人民政府政务院颁布的《保障发明权与专利权暂行条例》。在著作权保护方面,国家有关部门也曾发布过一些单行条例和规章。但是总的来讲,新中国成立初期知识产权立法的步伐是迟缓的、不完备的。

1978年十一届三中全会后,党的工作重心转移到经济建设上来,为适应经济社会发展需要,中国实行了改革开放政策。与此同时,把保护知识产权纳入议事日程。从20世纪70年代末即着手制定知识产权法律、法规,同时积极参加相关国际组织的活动,加强与世界各国在知识产权领域的交流与合作,因而这一时期我国知识产权保护制度的建设,不但步伐快而且起点高。到目前为止,我国已经颁布了一系列知识产权法律法规,加入了不少知识产权国际组织和国际条约,建立起了比较完整的知识产权

法律体系。

（一）已经颁布的知识产权法律法规

（1）《中华人民共和国商标法》（1982年8月23日第五届全国人大常委会第二十四次会议通过，自1983年3月1日起施行；1993年2月22日第一次修正；2001年10月27日第二次修正；2013年8月30日第三次修正）

（2）《中华人民共和国专利法》（1984年3月12日第六届全国人大常委会第四次会议通过，自1985年4月1日起施行；1992年9月4日第一次修正；2000年8月25日第二次修正；2008年12月27日第三次修正）

（3）《中华人民共和国民法通则》（1986年4月12日第六届全国人民代表大会第四次会议通过，自1987年1月1日起施行。该法在第五章第三节专节规定了知识产权）

（4）《中华人民共和国著作权法》（1990年9月7日第七届全国人大常委会第十五次会议通过，自1991年6月1日起施行；2001年10月27日第一次修正；2010年2月26日第二次修正）

（5）《中华人民共和国反不正当竞争法》（1993年9月2日第八届全国人大常委会第三次会议通过，自1993年12月1日起施行）

（6）《中华人民共和国植物新品种保护条例》（1997年3月国务院发布，2013年1月31日修订）

（7）《中华人民共和国集成电路布图设计保护条例》（2001年3月国务院发布）

（8）《计算机软件保护条例》（2001年12月国务院发布；2011年1月8日第一次修订；2013年1月30日第二次修订）

（9）《中华人民共和国知识产权海关保护条例》（2003年11月国务院发布）

（二）已经加入的知识产权国际条约

（1）《成立世界知识产权组织公约》（WIPO，1980年加入）

（2）《保护工业产权巴黎公约》（1985年加入）

（3）《商标国际注册马德里协定》（1989年加入）

（4）《关于集成电路知识产权保护条约》（1989年加入）

（5）《保护文学和艺术作品伯尔尼公约》（1992年加入）

（6）《世界版权公约》（1992年加入）

（7）《保护录音制品制作者防止未经许可复制其录音制品日内瓦公约》（简称《录音制品公约》，1993年加入）

（8）《专利合作条约》（1994年加入）

（9）《为商标注册用商品和服务国际分类尼斯协定》（1994年加入）

（10）《与贸易有关的知识产权协定》（TRIPs，2001年加入）

（11）《世界知识产权组织版权条约》（2007年加入）

(12)《世界知识产权组织表演和录音制品条约》(2007 年加入)

三、知识产权法的地位

知识产权法的地位,是指它在整个法律体系中所处的地位,即它是否为一个独立的法律部门或是归类于何种法律部门。从世界范围来看,知识产权法基本上采用单行法的立法体例。在英美法系国家,少有法典编纂的传统,知识产权法历来是一个独立的法律制度。在大陆法系国家,由于知识产权立法在晚近时期才始有发生,传统的民法典也没有知识产权的内容,但这并不妨碍将知识产权作为民事权利的组成部分。在我国的法律体系中,知识产权法属于民法的范畴。对此,多数学者并无异议,但这并不意味着在未来的民法典中,必须设置"知识产权编"。至少在目前,将知识产权法置于民法典中并不恰当。其理由如下:

(1)到目前为止,世界上尚无一个在民法典中成功规范知识产权的立法例。

(2)知识产权的外延在不断拓展,加之立法经验不足,使得知识产权制度处于不断修订更迭的状态之中。因此,将一部频频变动的法律制度置于需要相对稳定、注重系统化的民法典中是不妥当的。

(3)知识产权法主要是实体法,但也有一些程序性内容。知识产权法主要规定自然人、法人或者其他组织的实体权利义务,但也部分地规定了知识产权人为实现实体权利所应遵循的程序。即在实体法中规定了程序法规范,程序法依附实体法而存在。

知识产权法的上述特点决定了不宜将其置于民法典中。知识产权法的特殊性决定了将其单独立法更为可取。

第六节　知识产权法的演进及其作用

一、知识产权法的演进

人类的智力创造活动同人类自身的历史一样古老。在漫长的历史发展过程中,发明创造对人类社会的发展作出了重大贡献,我国古代的神话传说和四大发明都充分说明了这一点。但是,在资本主义到来之前,由于社会尚处于自然经济状态,发明创造在社会经济中的作用还没有充分显示出来,发明创造人也还没能形成一个足以影响政府、促使政府承认自己权利的群体,因而也就不可能产生保护发明创造的法律。自我保护和舆论保护是当时最主要的保护方式,比如保密就是人类保护自己的技术的常用方式。此外,假冒他人牌号、剽窃他人文章的行为历来为社会舆论所不齿。

用专门法律保护智力创造成果和商业标志,是近几百年来随着商品经济和科学文化的发展而逐步产生和发展起来的。早在十三四世纪,资本主义生产方式在欧洲开始萌芽,出于发展本国经济和其他方面的考虑,英国等一些国家的国王开始个别授予某些出版商和有特殊技艺的人以出版书籍和生产某种商品的垄断权。如1236年,英王亨利三世授予波尔市一位市民独家制作色布15年的垄断权。1474年,威尼斯颁布了世界上第一部专利法,该专利法被认为是现代专利法的萌芽。1623年,英国颁布垄断法,在废除国王特许权的同时,规定了对真正的第一个发明人可以授予垄断权,该法成为世界专利法发展史上的第二个里程碑。而且,该垄断法规的制定和颁布,标志着世界现代专利制度的开端。世界上第一部著作权法是1709年英国的安娜女王法令。法国1803年制定的《关于工厂、制造场和作坊的法律》,是世界上最早的一部含有保护商标内容的法律,该法将假冒商标按照私自伪造文书处罚,[1]其后又于1857年制定了《关于以使用原则和不审查原则为内容的制造标记和商标的法律》,该法对商标的保护趋向成熟。

几百年来,为了适应商品经济和科学技术发展的需要,知识产权法律制度不断发展和完善,保护范围不断扩大,保护水平不断提高。现在,不但绝大多数国家都有了保护知识产权的法律,而且还签署了如《巴黎公约》、《伯尔尼公约》、《世界版权公约》、《成立世界知识产权组织公约》、《商标国际注册马德里协定》及其《议定书》、《商标法条约》、《专利合作条约》、《与贸易有关的知识产权协定》等一大批国际公约,知识产权的保护日趋国际化。可以说,现代知识产权的国际保护,是以成立知识产权国际保护组织和制定大量的知识产权公约为其特点的。

总之,知识产权法律制度的演进与商品经济的充分发展和科学技术在经济发展中的重要作用有着密切的关系,反过来,知识产权法律制度的建立和完善又极大地推动了商品经济和科学技术的发展。

二、知识产权法的作用

知识产权法的作用体现在:

1. 鼓励创新,促进科技发展和文化艺术事业的繁荣

知识财产的创造者是知识财产之母,这些创造者用他们的智慧和辛勤的劳动创造着一个又一个智慧成果,这些智慧成果在不断提高着人类社会的生产效率和人们的生活质量。然而,通常情况下,知识财产的创造者同其他劳动者一样都不同程度地期望能够通过自己的劳动获得相应的对价或者回报。基于此,知识产权法赋予知识财产的创造者相应的精神权利和财产权利,从精神和物质两个方面鼓励其积极从事发明创造和文学艺术创作。只有这样,才会有尽可能多的科技成果和文学艺术作品不断涌现出来,推动科技发展和文化艺术事业的繁荣。

2. 保护公平竞争

保护公平竞争、反对不正当竞争是知识产权法的重要原则,也是知识产权法的重要作用。知识产权法赋予权利人控制、利用自己的智力成果和商业标记的权利,并通

---

〔1〕 刘春田主编:《知识产权法》(第5版),中国人民大学出版社2014年版,第241页。

过依法利用自己的智力成果和商业标记获得经济利益；同时，对那些侵犯知识产权的行为给予相应的法律制裁。知识产权法的各种制度，如专有权制度、商标的无效宣告制度、专利的无效宣告制度、商业秘密保护制度等，无不是公平竞争原则的具体体现。知识产权法理论认为，知识产权法是反不正当竞争法的一部分，知识产权的充分保护必须以反不正当竞争法为补充。

3. 有利于发展国际贸易和引进外国的先进技术

当代，一个国家要自立于世界民族之林，就必须大力发展对外经济技术交流，引进外国的先进技术和管理经验，而这种交流和引进离不开知识产权法。如果我们对外国的先进技术不能提供有效的保护，对方就不会许可我们使用其先进技术；如果我们不能有效地制止对驰名商标的假冒，外商就不愿意到我国来投资。另外，参加保护知识产权的国际公约，也有利于我国的知识产权在国外受到保护，提高我国商品的国际竞争力。

▲ 讨论案例

甲画家与乙是朋友。一天，甲画家将自己作的一幅山水画赠送给乙，乙十分喜爱，将其悬挂于办公室中。有一天，乙的朋友丙来到乙的办公室，看到这幅山水画后十分欣赏，便与乙商量，将该画印制成挂历出售，乙同意。同年年底，挂历如期印出并销售，乙与丙均分了由此获得的利益。之后，甲画家得知此事，很气愤，认为乙与丙的行为构成侵权，要求其承担侵权责任。乙辩称：该画你已赠送给我，我享有所有权，我有权将该画印制成挂历出售。

问：乙与丙的行为是否构成侵权？为什么？

课后思考

1. 简述知识产权的概念和特征。
2. 简述 TRIPs 所划定的知识产权的范围。
3. 知识产权的专有性主要表现在哪几个方面？
4. 简述知识产权客体的特征。
5. 简述知识产权与物权的区别。
6. 简述知识产权法的地位和作用。

第二编　著 作 权 法

第二章　著作权法概述

◇ 知识结构图

- 著作权法概述
  - 著作权
    - 著作权的概念
    - 著作权的性质
    - 著作权与相关权利的区别
  - 著作权法
    - 著作权法的概念
    - 我国著作权法的立法原则
  - 著作权制度的产生与发展
    - 特权阶层利益时期
    - 作者权利时期
    - 广义主体权利时期
  - 我国著作权制度的产生与发展
    - 封建特许权保护时期
    - 旧中国立法保护时期
    - 新中国立法保护时期

◈ 本章导读

著作权法律制度从产生起，经历了从版权人特权保护到著作权人利益保护乃至扩展到对邻接权人保护的过程。我国版权制度历史悠久，早在封建社会就有关于特权保护的内容，但现代意义上的版权制度产生较晚。从世界范围看，目前著作权制度在国际经济一体化和科技日新月异的影响下正发生着深刻的变革。通过本章的学习，应能够把握著作权的概念和性质，著作权与所有权、专利权以及商标权的区别；认识我国著作权法的立法原则；了解西方和我国著作权法律制度的产生和发展情况。

◉ 司考重点

著作权与所有权、专利权以及商标权的区别，尤其是各自的调整对象。

第一节 著 作 权

一、著作权的概念

著作权是作者或者其他著作权人依法对文学、艺术和科学作品享有的各项专有权利的总称,著作权又被称为版权。著作权与版权都是从日文转译而来的,在历史上,二者有着不同的含义:与著作权相对应的英文是“author’s right”,直译为作者权;与版权相对应的英文是“copyright”,直译为复制权。大陆法系国家的著作权法采用的是著作权概念,认为作品是作者人格的一部分,并且与作者人身相连,该权利只能由作者享有,作者只能是自然人,不能为法人或非法人单位,著作权的内容包括财产权利和精神权利两部分。英美法系国家则采用版权这一概念,其原意是禁止他人未经作者许可对其作品进行复制,它保护的仅是作者的财产利益。所以,版权的主体既可以是自然人,也可以是法人等组织。历史上采用这两个不同的概念,反映出两大法系国家的著作权法在保护内容、保护侧重点等方面的不同。但随着社会的发展,人们对著作权认识的成熟以及有关著作权国际公约的影响,尤其在如今全球化的大趋势下,两大法系相互借鉴,这些差异已逐渐消失。在分别代表大陆法系和英美法系的《伯尔尼公约》和《世界版权公约》的不同文本中,著作权和版权是可以互换的,这也说明著作权法领域,两大法系国家在立法原则和基本制度方面已有很大的融合。

我国著作权法也明确规定,著作权与版权系同义语。著作权称谓最早是日本学者在翻译西文“版权”一词时引入,于20世纪初传入我国,在我国1910年颁布的《大清著作权律》中采用。新中国成立后所颁布的法律文件中,有时使用“版权”的概念,有时则使用“著作权”的概念。为了避免歧义,我国于1986年颁布的《民法通则》将版权和著作权作为同一概念对待。

著作权有广义与狭义之分,广义的著作权还包括邻接权,我国著作权法所称“与著作权有关的权利”,即指邻接权。狭义的著作权仅指作者等人对作品享有的权利,不包括邻接权。

二、著作权的性质

著作权制度建立后,关于著作权性质的学说众多,如精神所有权说、人格价值观说、商业版权说、二元说、复合说等,它们从不同的角度解释了著作权的本质,总体而言,这些学说对著作权有以下两种主要看法:

(一)著作人身权的性质

著作人身权是作者基于作品创作所享有的各种与人身相联系而无直接财产内容的权利。著作人身权的性质有以下特点:

1. 不可让与性

承认著作人身权的国家一般认为著作人身权具有不可转让性特点。该权利只能由作者享有，其他人无法代替，更无法剥夺。如《法国著作权法》第6条规定：作者有权使其姓名、资格和作品得到尊重。上述权利是人身权利。人身权利是终生的、不可转让的、不可剥夺的权利……”德国1965年《著作权法》第29条规定“著作权除因处分之履行而转移，或因遗产分割而转移于共同继承人，除此之外著作权不得转移”。我国只规定了著作财产权可以转移，从中可以推出在我国著作人身权是不能转移的。但有学者提出著作人身权区别于民法中的人身权，一般人身权不能转让，而著作人身权则可以转让。

2. 永久性

一般认为著作人身权具有永久性，不受保护期限的限制。著作人身权不因自然人的生命现象为法律事实，而是以作品创作为法律事实。所以它不以创作者的生命而完结，只要作品信息存在，著作人身权就存在。如我国《著作权法》第20条规定：“作者的署名权、修改权、保护作品完整权的保护期不受限制。”这就是承认著作人身权具有永久性。

3. 不具有直接财产内容

著作人身权涉及的是作者对作品享有的各种资格，如署名、修改作品等，该权利虽然与作者的财产利益有密切联系，如当作者精神利益受到侵害时亦会产生损害赔偿请求权，但它却是无直接财产内容的权利。这与继承权、用益权、使用权等有直接财产内容的权利不同。

(二)著作财产权的性质

著作财产权是著作权人基于对作品的利用给其带来的财产收益权。著作财产权体现了著作权人同作品的使用人之间的因对作品的一定利用而产生的商品关系。通常著作权人对所有商业性利用其作品的行为都有权从中获得财产上的收益。著作财产权的性质具有以下特点：

1. 让与性

与著作人身权不同，著作财产权通常是可以转让的。大陆法系主张二元论的国家及英美法系国家认为著作财产权具有可转让性，我国采用二元说。

2. 有限性

著作权的有限性表现在时间限制和权能限制上。从时间上看，各国著作权法均规定了著作财产权的保护期限，只不过保护时间长短有所不同。从权能上看，著作财产权行使受到各国立法的适度限制，如“合理使用”、“法定许可”制度等。

三、著作权与相关权利的区别

(一)著作权与所有权

著作权与所有权虽然都具有绝对性、排他性等共同属性，但它们之间仍存在诸多不同，主要有：

1. 权利范畴不同

著作权属于知识产权的范畴，所有权则属于物权的范畴。两种权利分别独立，对作品实物享有所有权，并不意味着对作品享有著作权。

2. 权利客体不同

著作权客体是人们脑力劳动创造的智力成果，针对精神思想本身，而不是精神思想的载体，其客体有形式无形体即有形无体，其标的一旦被公开，很难被权利人实际控制占有，因而可以同时为多数人所使用，排他性和独占性有限。而所有权的客体是实物即有形有体。所有人占有和使用标的物时，能有效排除他人同时占有和使用其标的物的可能性，导致所有权客体无法同时为多数人使用，使其有很强的独占性。

3. 权利性质不同

所有权仅表现为单一的财产权性质，它不强调与有形物体的生产者具有直接的人身依附关系，财产和所有者并不具有不可割裂的“血缘”关系。但著作权具有财产和人身的双重性质，其中，著作人身权，如署名权，不会因为著作权的财产权转移而改变。

4. 权利的存续时间不同

所有权的存续是永久的，只要原物不灭失，所有权就永远存在，而且不能预定其存续期间，它是由物的自然寿命决定的，法律无须规定其时限。而著作权则有一定的保护期，因为著作权的客体是一种表现形式，是信息符号，不会随时间流逝而变化或灭失，自然寿命是无限的，所以只能由法律直接明确规定保护期限。

（二）著作权与专利权

著作权与专利权同属于知识产权，都是法律赋予人们对其智力成果所享有的专有权利，且都具有时间性和地域性等特点。二者的不同有：

1. 权利客体不同

著作权与专利权的客体虽然同为智力成果，但著作权的客体主要是文学、艺术、科学领域内的智力成果；专利权的客体主要是实用技术领域的智力成果。此外，著作权法并不保护作品的思想内容，而只保护其外部表达形式；而专利法所保护的恰恰是智力成果的思想内容。如果发明人就一项技术成果获得专利，其他人未经许可，不能随便在生产中实施这项技术。如果该技术被写成论文发表，论文是著作权法保护的对象，著作权法不保护论文中的技术。

2. 权利内容不同

著作权既包括财产权也包括人身权，而专利权只是财产性权利。

3. 权利产生的方式不同

对于我国公民、法人和其他组织来说，作品一经创作完成，无论发表与否，均自动产生著作权。而专利权不是自动产生的，须由发明创造的拥有人向专利机关提出专利申请，经审查和批准后方可获得专利权。

4. 权利保护的前提条件不同

著作权法并不要求受保护的作品是首创的，而只要求它是独创的。任何作品只要是独立创作的，不论其是否与已发表的作品相似，均可获得独立的著作权。而对于同一内容的发明创造，却不允许有两个分别独立的专利权人。换言之，对于同一内容的发明创造，专利权只授予先申请人或者先发明人。

不过，外观设计专利权与著作权在实用美术作品保护上可能会发生交叉。对于实用美术作品，德国、法国、瑞士的著作权法和外观设计法进行重复保护。而日本则规定，仅能制作一件的手工美术工艺品，可以作为美术作品取得著作权；而用于实用产品的形状、图案，可以取得外观设计权。二者区分的关键在于美术作品是否成为用于批量生产的产品。

（三）著作权与商标权

著作权与商标权同属于知识产权，都具有专有性、时间性和地域性等特点，且其保护的对象都可表现为一定的文字或图形。二者的不同有：

1. 权利内容不同

著作权既包括财产权也包括人身权，其财产权可随着时间的届满而灭失，但著作人身权如作品的署名权、保护作品完整权等却可以由作者永久享有。而商标权只是一种财产性权利，不具有人身属性，因为它和特定的经营者而非个人相联系。当然，如果标识的设计符合作品条件受著作权法保护，设计者享有著作人身权则另当别论。

2. 权利取得方式不同

著作权一般自作品创造完成时自动产生，不需要登记注册；而商标权一般须经注册登记才能产生。

3. 权利的保护条件不同

著作权法要求作品具有独创性。除非抄袭、剽窃所得到的作品，只要是独立完成，即使作品表现形式相同或相似，仍然可以同时受到著作权法的保护。而商标则不同，法律要求它具有可识别性，能够区别商品或者服务的来源，如果在相同或类似的商品和服务上使用相同或类似的商标，使消费者无法区分商品或服务来源的标识则不能取得商标专用权，无法受到法律保护。

4. 权利的存续时间不同

著作权期满不能续展，到期作品即进入公众领域；而商标权期满可以申请续展且次数不限。但是，著作权和商标权在一定情况下还可能发生交叉关系，即商标设计图案可以作为商标受商标法的保护，也可以构成一件艺术作品受著作权法的保护。如日本著作权法专家认为，广告上使用的具有创造性的口号、漫画中的人物作为商标时，同时受著作权法和商标法保护。此外，著作权和商标权也可能发生抵触，即未经著作权人同意以其作品作为商标时，则可能侵犯他人的著作权。

第二节 著 作 权 法

一、著作权法的概念

著作权法是调整文学、艺术和科学作品归属、利用、交换、传播关系的法律规范的总称。广义的著作权法包括著作权法、邻接权法、各种相关的法律规范以及各国之间缔结的国际条约。狭义的著作权法仅指以著作权法命名的法律,在我国即指《中华人民共和国著作权法》。

我国著作权法律规范,主要见于《宪法》、《民法通则》、《著作权法》、《刑法》、单行法规、行政条例以及最高人民法院的司法解释、我国参加的与著作权有关的国际公约等。

著作权法的内容包括著作权的主体,著作权的客体,著作权的内容,著作权的取得,著作权的期限和行使,著作权的限制,著作邻接权,著作权的法律保护,等等。

二、我国著作权法的立法原则

我国《著作权法》第 1 条开宗明义地指出:“为保护文学、艺术和科学作品作者的著作权,以及与著作权有关的权益,鼓励有益于社会主义精神文明、物质文明建设的作品的创作和传播,促进社会主义文化和科学事业的发展与繁荣,根据宪法制定本法。”此条反映出著作权法立法的主要原则是:

(一)保护作者权益原则

作者是社会精神财富的创造者,他们的创造性智力劳动应当受到全社会的尊重和法律的保护,把保护作者的利益放在立法原则的首位,是我国著作权法和世界各国著作权立法的通行做法。这是因为只有充分保护作者权利,才能为他们的再创作提供条件,有效调动其积极性,为社会提供精神食粮,提高全民族的科学文化水平,促进国家精神文明的建设。如果无视作者利益,任由他人侵占、歪曲、使用作者的劳动成果,使作者在精神和物质上皆无所获,必将挫伤作者的创作热情,最终损害社会和公众的长远利益。所以保护作者的著作权是著作权法的核心,是立法必须遵循的原则。只有如此才能激励他们创作出更多更好的作品,增加整个社会的精神财富,繁荣祖国文化和科学事业。

我国著作权立法较好地贯彻了该项基本原则,规定了作者对其作品享有发表权、署名权、修改权和保护作品完整权四项精神权利,除发表权外,其他三项精神权利均无时间限制。此外,我国著作权法还规定了作者享有 12 项财产利益。由此,我国对作者利益的保护覆盖精神和财产两方面,与其他国家相比,我国对作者利益的保护也属于先进水平,表明了我国对作者利益的高度重视。

(二)作者利益与公众利益协调一致原则

作者的创作成果应获得法律的充分保护,但也必须防止因作者滥用权利而导致社会公众利益遭受损失。因为任何作品的创作都离不开社会,都是在继承和借鉴前人智慧和文化遗产的基础上创作完成的,是整个社会精神财富的一部分。因此,自著作权制度诞生之初,就将平衡著作权人利益与社会公共利益之间的关系作为著作权法的主要立法宗旨。为了平衡著作权人利益与社会利益,我国著作权法对著作权人的权利进行了一定的限制,如著作权保护期限制度,明确了著作权人的合法权利在法定期限内受法律保护,超过保护期限作品不再受法律保护而进入公众领域,这将有利于作品的传播和利用。再如,合理使用和法定许可使用等制度,均规定传播者和使用者在符合某些法律要件后可以不必经过作者同意而使用,这些制度都有利于协调作者和社会之间的利益关系。

(三)鼓励优秀作品传播原则

我国是社会主义国家,必须坚持文学、艺术和科学事业为人民服务、为社会主义服务的方针。所以,应当鼓励和支持有益于社会主义精神文明和物质文明建设的作品的创作与传播,发展文化和科学事业,以提高全民族的精神境界和文化科学素质。同时,对于违背社会主义精神文明、破坏民族团结、损害社会公共利益的作品,应当依法禁止出版和传播。

要实现作品的社会效益和经济效益,仅有作品的创作是不够的,著作权立法的最终目的是希望通过作品的使用和传播,为社会提供优秀的精神财富,满足人民群众不断增长的文化生活需要。出版者、表演者、录音录像制作者、广播电台、电视台是作品的主要传播者,他们虽然不直接创作作品,却为作者与公众的沟通起到了重要桥梁作用。传播者在传播作品过程中,不仅需要投入大量的财力,更需要付出艰辛的智力劳动。所以,保护作品传播者因传播作品而产生的正当权益,也应成为著作权法中的重要内容。只有这样,才能调动传播者的积极性,促进文化与科学交流,使公众能够通过喜闻乐见的方式感知作者的作品,从中获取知识,丰富其精神文化生活。我国著作权法第四章规定了作品的主要传播者的权利(即"邻接权"),其中包括表演者权、录音录像制作者权、广播电视节目制作者权等。

(四)符合国际著作权发展趋势原则

随着国际间经济、文化交流范围的日益扩大,著作权逐渐成为国际知识产权贸易的重要组成部分。建立符合国际标准的知识产权保护制度,是实现将我国经济纳入世界经济大舞台的重要环节。

为此,我国自改革开放以来,在致力于完善本国著作权保护制度的同时,也非常重视与国际间著作权保护制度的协调,在有关著作权立法中严格遵循《伯尔尼公约》、《与贸易有关的知识产权协定》等国际公约,注意缩小与各国在著作权保护制度上的具体差异,使国际间的著作权保护趋于协调。但同时也必须清醒地看到与知识产权发达国家的差距,如我们在计算机网络作品保护方面、平衡作者与传播者利益方面、归责原则等方面还存在很多不足,所以我们必须坚持贯彻符合著作权国际发展趋势的原则,提高著作权立法水平和实践水平。

第三节　著作权制度的产生与发展

在人类历史上,文学、艺术和科学作品的产生要远远早于著作权制度的产生,早在古希腊时期,以及我国的春秋时代,人类就创作出无数优秀的文学、艺术和科学作品,但是著作权制度直到18世纪才首次在欧洲出现。发展至今,著作权制度在保护范围、内容、主体等方面都日益丰富和更加成熟,大致而言,著作权制度的产生和发展经历了以下三个阶段:

一、特权阶层利益时期

著作权制度发端于出版业。在印刷业出现之前,书都是抄写而成的,所以几乎不存在盗版动机,因为盗版的成本同生产原书差不多。15世纪中期,印刷术发明,作品能够被大量复制,这为图书出版业的兴起和发展提供了技术前提。出版业的兴起一方面可以给出版商带来丰厚的利润,另一方面"盗版"等不正当竞争行为又给诚实的商人造成极大的威胁。出于竞争和维护出版商利益的目的,一些出版业相对成熟的国家开始给予出版商印刷特许权。如意大利的一些王国最早规定了印刷特许权制度,王室将某些书籍的印刷特许权授予某些出版商,在某个期限内他人不得印刷该书。16世纪,印刷术传到了英国,于是英国也出现了类似的"印刷垄断制度",由皇家通过特别授权,给予印刷公会的成员以及其他获得特许证的商人以出版书籍的特权。这种封建特权制度保护的是皇室、地方官员尤其是出版商的利益。出版商因获得印刷特权而取得垄断利益,同时,皇室及地方官员也利用审查待印书稿的机会,禁止出版反对自己统治的作品,禁止传播新思想,并且能利用给印刷商人颁发许可证的办法增加税收。而真正需要保护的作者的利益在该制度中没有任何体现。这与以保护作者利益为核心的现代著作权制度相去甚远,从严格意义上说,这一时期并不是著作权制度的发展阶段,但是它毕竟为现代著作权制度的确立奠定了基础。

二、作者权利时期

作者权利时期经历了保护作者物质利益扩大到保护作者精神利益的演变过程。

首先,该阶段早期仅保护作者的物质财产利益。印刷特权制度虽然重点保护了出版商的利益,但这种保护有相当的局限性,它只是官府的一种行政庇护,仅限于个别的、局部的保护,并非普遍意义上的法定权利,这种偶然性的授权并不能充分保护他们的利益,于是他们提出作者对其作品应享有所有权,这样他们的专有出版权就可以从作者那里合法获得。另外,随着资本主义生产方式逐渐占据统治地位,资产阶级取代封建统治者而登上政治舞台,资产阶级启蒙思想家的思想转变为政治要求。人们认识到,文学艺术和科学作品的作者才是创造的源泉。作者的地位得不到确立,即使出版商的利益保护的再充分也会成为无源之水。同时,作者阶层也强烈要求对作品享有的权利。在作者和出版商这两个利益群体的推动下,著作权的基本含义变成了作者对其创作的作品享有独占的权利,作者可以任意转让和处分此权利,他人使用作品应给予作者以物质报酬。在该背景下,英国议会于1709年通过了《为鼓励知识创作而授予作者及购买者就其已印刷成册的图书在一定时期内之权利的法》,史称《安娜女王法令》。这里的"购买者"并非一般的图书购买者,而是指从作者手中购买了一定无形产权的人,即印刷商与书商。该法确定了作者控制和处分自己作品的权利,确立了作者利益核心的地位,真正意义上的著作权制度也因此确立。随后不久,英国又分别于1734年通过了《雕刻著作权法》、1814年通过了《雕塑著作权法》、1893年通过了《戏剧著作权法》。英国奉行商业版权学说,所以以英国为代表的早期的著作权法都主张著作权仅仅是一种作者的财产权利,否认其人身意义。

其次,该阶段发展到后来,很多国家主要是欧洲大陆各国相继建立了著作权制度并承认和确认了作者的精神权利,使著作权观念有了新的发展,著作权制度也更完整清晰地呈现出来。与早期英国著作权法不同的是,欧洲各国受资产阶级革命的影响,提出了"天赋人权"的口号。法国大革命之后,资产阶级则更进一步把著作权提高到"人权"的高度,并将这种思想引入了著作权法制度中。1789年的《人权宣言》规定:"自由交流思想和意见是最珍贵的人格之一,因此所有公民除了在法律规定的情况下对滥用自由应负责外,作者可以自由地发表言论、写作和出版。"德国哲学家康德对著作权的精神权利也作了阐述,认为作品不是一般的商品,作品是人格化的商品,从某种意义上说,是作者的延伸,是作者人格的反映。著作权中人格权应与财产权等量齐观,甚至比财产权更为重要。这些规定和观念其最主要的特点是以"人格价值观"为理论基础,在保护著作财产权的同时,强调对作者精神权利的保护。

三、广义主体权利时期

随着现代传播技术的进步和国际科学文化交流的扩大,现代著作权制度有了很大的发展和变化,尤其是著作权主体呈现出以作者为核心的多元化趋势,使著作权制度内容更加丰富完善。

(一)一般作者权利

对一般作者(相对于集体作者而言)的权利的保护范围不断扩大,由国内法保护发展到国际法保护。国际交流的扩大使作品突破国与国的界限而被广泛利用成为一件轻而易举的事。但各国作者基于国内法而获得的权利保护,不可能在他国发生效力。如果这个问题得不到解决,会给作者乃至出版商的利益造成严重损害。于是出现了国与国之间相互为对方作者提供法律保护的做法。19世纪中叶前后,有些欧洲国家开始将著作权保护扩大到外国公民,通过双边条约给外国公民以本国公民同样的保护,或者以实际互惠的做法给对方国民以著作权保护。由于这种做法实施起来有诸多不便,因而建立统一的多边的著作权保护体系,成为实际而迫切的需求。1858年在布鲁塞尔举行的文学与艺术作品作家代表会议上,各国开始就建立著作权国际保护机制问题进行了磋商,经过长期不懈努力,于1886年签订了《保护文学和艺术作品伯尔尼公约》。当时有10个国家签署了这个公约,该公约于1887年12月5日生效。经过一个多世纪的发展,该公约经过七次增补和修订,形成目前多数成员国批准的1971年巴黎文本。该公约已成为当今世界多数国家相互间保护著作权的基础性公约。1994年通过的《与贸易有关的知识产权协议》更进一步强化了国与国之间相互保护著作权的联系性和一致性。这些国际公约使得作者权利保护范围由国内扩大到国际。

不仅如此,随着科学技术的发展,著作权受保护的内容也不断增加,如复制权外延扩大,复印、录音、录像、翻录、翻拍等都纳入了复制的形式中。随着传播技术的进步,又出现了许多新的作者财产权,如广播权、机械表演权、摄制权、信息网络传播权等。另外,文化交流的增强、作品商品化程度的加深和技术的进步使作品的使用方式呈现出增多的趋势,进一步丰富了作者的权利,如有些国家赋予作者以公共借阅权、进口权、平行进口权、追续权等。

(二)特殊主体权利

20世纪60年代以后,随着发展中国家民族意识的增强和觉醒,掀起了保护本民族传统文化的热潮,民间文学艺术作品进入了著作权法保护的视野。这些作品与传统作品不同的是它们并非由某个个体单独创作,而是由该国的民族或种族集体创作,经世代相传,不断发展而构成作品。在保护方面是以集体而非个体为对象。集体作者的出现,丰富和发展了传统的自然人作者的著作权制度模式,虽然在保护理论和方式上有待于完善,但它的出现丰富了著作权制度的理论。

(三)传播者权利

传播者从传统著作权角度讲并非作者,不是著作权保护对象,但是随着现代传播技术的发展,传播者为作者作品的宣传和推广付出了代价和劳动,帮助作者尽快地实现因创作作品而应获得的财产和精神利益,也使得公众能顺利分享作者的智力成果,可以说现代信息爆炸的时代如果没有传播者的劳动就没有作者的实际利益的实现,就没有社会精神文明的发展。传播者已成为保护作者和平衡各方利益不可缺少的重要角色,所以,大多数国家纷纷建立了保护传播者利益的著作邻接权制度,并成为现代著作权制度的重要内容。传播者的权利主要包括表演者对其表演的专有权利,录音制作者对其录制品的专有权利和广播电视组织者对其播放的广播、电视的专有权利。

(四)网络时代主体权利

网络时代主体更加多元化,主体分布更分散,主体的角色也呈现出多样化,在互联网中人人都可以成为作者、传播者、使用者,其角色在瞬息中转化,主体在网络海洋中时隐时现,这些变化也让网络时代的权利主体更容易被侵权,也给著作权主体保护带来很大困难,侵权者难寻,权利者同样难找,于是许可方式一再受到挑战,集体管理组织也遇到新问题,开放许可应运而生。权利人为避免被侵权,开始借助技术措施和电子信息等为作品保驾护航，技术的参与又使著作权广义客体延伸，一些与保护作品有关的技术也被纳入著作权规制的范围。

第四节　我国著作权制度的产生与发展

我国著作权制度发展轨迹与各国相比既有类似之处，也有独特的地方。大致总结起来，我国著作权制度经历了三个主要阶段。

一、封建特许权保护时期

这一时期是我国著作权制度的起源阶段。对于著作权起源问题，我国学界有两种观点：一种观点认为我国著作权保护起源于宋代；另一种观点则认为我国古代不存在真正意义上的著作权保护制度。两种观点各有其立论依据，笔者倾向前一种观点。现代著作权制度产生一般需要三个条件：一是具有活字印刷术的技术条件；二是具有权利理念；三是具有商品经济制度基础。就三个条件而言，首先，我国古代具备技术条件无可争议，活字印刷术在宋代发明后，必然促进官方和民间印刷出版业的兴起，在利益驱动下盗版现象开始蔓延，另外，由于允许作者自制自售，故出版商和作者的利益均受损害，保护他们的专有权成为必然。其次，我国古代的著作权权利意识已经存在。无论作者还是出版者均有了维权的意识，即使这种意识不具有普遍性，如有学者为维权对簿公堂甚至不惜倾家荡产，而官府也通过书籍上的官家录白或文告、禁令等保护出版商、作者的利益，也促使了权利意识的强化。我国宋代《东都事略》一书记载牌记“眉山程舍人宅刊行，已申上司，不许覆版”，是迄今发现世界上最早的“著作权声明”。一个世纪以后，福建和两浙地方政府为南宋太学博士祝穆刻印了自编的《方舆胜览》、《事文类聚》、《四六妙语》和朱熹的《近思录》四部书发榜“禁翻刊”，如发现“嗜利之徒”翻印销售，允许祝家“陈告、追人、毁版”。这份榜文可以认为是世界上保护著作权的第一份规范性文件。宋代末期及至元、明、清各代，形似的史实可举出很多。最后，商品经济制度已经存在。宋代清明上河图呈现出的繁荣的商品交易场面说明当时的商品经济制度不仅存在而且是比较发达的。由此可推，我国古代已有了现代版权制度的萌芽的客观条件和事实。有观点认为，官府颁布的文告禁令只是为传播封建统治的思想观念即为公权服务。这种观点值得商榷，实际上当时的文告含有多项内容，有禁止民间侵犯官方专有出版权的；有禁止危害封建统治的书籍的；也有禁止侵犯作者和出版者享有的专有出版权的。可见，禁令至少有一部分是保护私权的。当然当时的著作权保护无法和现代版权保护相比，但是现代意义的著作权保护标志即具有私权性质并保护作者权利的特征是存在的。

二、旧中国立法保护时期

在缺少人权保障的中国封建专制制度下，除了少数几个牌记以外，没有真正意义上的现代著作权制度，中国著作权制度最终确立是在外来力量的推动下逐渐完成的。

首先，鸦片战争以后，西方传教士在我国进行西学传播时提出了著作权保护的要求。1896年，英国传教士林乐知在其主编的《万国公报》上，对报刊转载的版权问题提出意见，主张录用他刊著论译事注明出处，反对掠人之美，夺人之利。之后通过美国驻华领事致函清朝地方官员，让其发布严禁翻刻新书保护版权告示。但告示与我国古代的牌记差别不大，不能满足外国出版商的要求。

之后，外国出版商转向通过国与国之间订立的商约，谋求法律保护途径。其中美国和日本先后向中国提出著作权保护的要求。1903年，中美在上海签订了《中美续议通商行船条约》，该条约的第11条，就涉及著作权双边保护的内容，该协议的保护范围在"专备为中国人民所用之书籍、地图、印件、镌件者，或译成华文之书籍"。保护期限为十年。协议还言明"不论美国人所著何项书籍地图，可听华人任便自行翻译华文刊印售卖"。并规定"有碍中国治安者，不得以此款避免，应各按律例惩办"。几乎同时《中日通商行船续约》在北京互换，内容大致相同。以上两个条约，是中国历史上第一次以法律的形式对著作权予以确认，客观上有助于中国现代著作权观念的形成，推动了中国著作权立法。

为了履行上述条约义务，清政府于1910年颁布了中国历史上第一部著作权法——《大清著作权律》。《大清著作权律》分通则、权利期限、呈报义务、权利限制、附则五章，共计55条。《大清著作权律》兼收并蓄了两大法系著作权立法的立场，内容完备，既保护作者人身权也保护著作财产权；保护客体包括文艺、图画、帖本、照片、雕刻、模型；保护方法采取注册主义原则；保护期限为作者终身加死后30年；对侵权行为规定有详细的罚则。虽然这部法律由于清政府被推翻而基本没有实施，但它对我国后世影响很大。为我国当时树立著作权观念，唤醒公民著作权法律意识起了不可抹杀的作用，也成为中国历次著作权立法的重要参考。

1915年，北洋政府颁布了《北洋政府著作权法》，大量承袭《大清著作权律》的内容，这部法律于1928年随着北洋政府的垮台而被废止。

1928年，国民政府颁布了《中华民国著作权法》及《著作权法实施细则》，该法于1944年、1949年作过修订，同样随着国民政府的垮台而在大陆被废止。

三、新中国立法保护时期

中华人民共和国成立后特别是成立初期，国家曾注意过著作权保护的问题，但是有关著作权制度的规定散见于多个单行法规、政策性文件之中，新中国成立后近40年，实际并未颁布过一部系统的著作权法。1950年9月25日，全国第一次出版工作会议通过了《改进和发展出版工作的决议》（以下简称《决议》），该《决议》指出："出版业应尊重著作权及出版权，不得有翻版、抄袭、篡改等行为。"还规定："稿酬办法应在兼顾著作家、读者及出版家三方面利益原则下与著作家协商决定。尊重著作家的权益，原则上不应采取卖绝著作权的办法。"《决议》的上述内容为当时解决著作权问题提供了重要的依据。1952 年出版总署颁布了《关于国营出版社编辑机构及工作制度的规定》,对作者向出版者转让版权以及出版者和作者的权利义务作了明确规定;1953 年出版总署又颁布了《关于纠正任意翻印图书现象的规定》,明确禁止一切机关团体擅自翻印出版社出版的图书、图片,以尊重版权。这些文件在一定程度上说明国家承认著作权的存在;1958 年文化部颁布了《关于文学著作和社会科学书籍稿酬的暂行规定草案》。此后,随着社会主义公有制的全面建立,突出个人利益的《著作权法》制度与当时的社会价值观有冲突。加之,作品创作和传播由国家投入和保障,因此,作为私法的《著作权法》的存在并没有显得那么重要。当然,不是说没有《著作权法》就无法发展文化事业,国家主要通过文化政策鼓励作者创作并推动社会主义文化事业的发展和优秀作品的传播。

20 世纪 70 年代后期,著作权法制建设被提到了议事日程。直接的诱因是中国改革开放,私权日益受到重视。另外,对外交流中首先遇到的难题之一就是著作权问题,1979 年中美打算在高能物理领域进行合作,但是美方提出中国需对美国人的著作权进行保护,当时我国根本没有著作权法,美方提出既然贵国没有版权法,就应当按照国际版权公约的标准对美国人进行保护,而对国际版权公约我们依然很陌生,最后美方要求在《中美高能物理协议》中写入版权保护的原则性条款,细节留待双方专家再进行谈判。至此,中方意识到版权问题是我国对外开放走向世界不可回避的重大问题。随后,要求起草著作权法并逐步加入国际版权公约的报告呈递到相关主管机关,我国著作权法的立法工作真正开始起步。1984 年 6 月 15 日,文化部颁布了《图书期刊版权保护试行条例》,于 1985 年 1 月 1 日生效。接着,文化部还颁布了《图书期刊版权保护试行条例实施细则》、《图书约稿合同》、《图书出版合同》。1985 年 7 月,国家版权局正式成立,使著作权统一立法的进程大大加快。1986 年 4 月 12 日通过的《民法通则》第 94 条和第 118 条第一次以基本法的形式规定公民、法人享有著作权并依法受到保护。1990 年 9 月 7 日第七届全国人大常委会第十五次会议通过了《中华人民共和国著作权法》,并于 1991 年 6 月 1 日正式实施。1991 年 5 月国务院又通过了《中华人民共和国著作权法实施条例》。

随着著作权国际交流的扩大,我国政府在实施《著作权法》的第二年,即 1992 年决定同时参加《保护文学和艺术作品伯尔尼公约》和《世界版权公约》。《伯尔尼公约》和《世界版权公约》,分别于 1992 年 10 月 15 日和 1992 年 10 月 30 日对我国生效。

我国《著作权法》自实施以来,对我国的经济文化和社会生活产生了深刻的影响,也促进了我国与世界各国在科学技术、文化、教育等领域的交流,经过十多年的实践,社会生活与国际交往也对著作权法提出了新的要求,尤其是在加入世界贸易组织的要求和国内广大著作权人强烈呼吁修改著作权法不合理规定的双重压力之下,《著作权法》的修改工作历时数年,终于在 2001 年 10 月 27 日由中华人民共和国第九届全国人民代表大会常务委员会第二十四次会议审议通过,并于同日公布实施,从而使我国著作权法律制度进一步走向成熟。

课后思考

1. 简述著作权的概念和特征。
2. 著作权制度产生的一般条件是什么?
3. 简述著作权与作品实物所有权、专利权以及商标权的区别。

第三章　著作权的客体

◇ 知识结构图

- 著作权的客体
  - 著作权客体概述
    - 作品的概念
    - 作品的构成要件
  - 著作权客体的种类
    - 文字作品
    - 口述作品
    - 音乐、戏剧、曲艺、舞蹈、杂技艺术作品
    - 美术、建筑作品
    - 摄影作品
    - 影视作品
    - 图形作品
    - 模型作品
    - 计算机软件作品
    - 民间文学艺术作品
  - 著作权客体的排除范围
    - 法律、法规及其他官方文件
    - 不符合保护条件的非作品

◈ 本章导读

著作权的客体即作品，是指在文学、艺术和科学领域内，具有独创性并能以某种有形形式复制的智力成果，是著作权制度中最重要的内容之一。本章的难点是对作品的概念的理解，主要是构成作品的条件，这是任何类型的作品所共同具有的。当然，文学、艺术、科学领域的作品类型非常丰富，不同作品具有各自的特点。另外，基于特殊原因，并不是所有符合作品要件的作品都享有著作权的保护。通过本章的学习，应注意把握作品的概念，受保护的基本条件；作品的基本类型，以及不受著作权法保护的对象和原因。虽然在司法实践中法官不会花精力去审理受侵害的作品种类，但是在权利内容、保护期限、权利限制等方面，了解和区分不同作品类型依然具有现实意义。

◉ 司考重点

掌握作品受保护的基本条件;作品的基本类型、特点以及不同作品类型所涉及的权利内容、保护期限、权利限制的不同内容;不受著作权法保护的对象和原因,等等。

第一节 著作权客体概述

一、作品的概念

作品是著作权法的客体。我国《著作权法》所称的作品,是指在文学、艺术和科学领域内,具有独创性并能以某种有形形式复制的智力创作成果。

作品反映作者的思想感情及对客观世界的认识,是一种以语言文字、符号等形式所反映出的智力创作成果。作品在借助一定的形体表现出来时,往往要附于某一物品上,该物品即为作品的载体。一件作品可以通过不同的载体记载。作品属于智力成果的范畴,无形体但有形式并借助形式展现,具有永久性特点。作品不同于作品载体。载体的转移、灭失并不必然导致作品的灭失。著作权客体随社会进步发展而不断充实和完善,作为各国著作权保护客体的作品应具备一定的条件。

二、作品的构成条件

一件作品是否受到著作权法的保护,关键在于是否满足著作权法所要求达到的条件。受保护的作品须具备以下条件:

(一)作品必须是智力成果

作品必须是人的智力创作成果,如果不是人创作的,即使能被看作艺术品,也不是著作权法所指的作品。例如,黄河奇石,形态千变万化、巧夺天工;天上的彩虹,缤纷多彩、令人赏心悦目。人们赞叹它们为艺术,但是这种艺术造型不是人创作的,因此不受著作权法保护。

(二)作品属于文学、艺术、科学领域

作品必须是文学、艺术、科学领域的智力成果,不属于这个领域的成果,不是著作权法意义上的作品。如工业领域生产的各种实用品就不能通过著作权法来保护,而应该通过外观设计或者反不正当竞争法保护。

如果既属于文学、艺术、科学领域又属于产业领域,如实用艺术作品,该如何保护呢?是通过著作权法保护还是专利法保护,对此理论界有不同的观点。有人认为著作权法和外观设计专利法同时保护,并不冲突。有人认为只能选择其中之一加以保护。其实,实用艺术作品只要符合授予外观设计专利权的条件,就应该授予其申请者外观设计专利权,通过专利法进行保护,同时也可对其进行著作权法的保护,两种权利并不是非此即彼,互不相容,专利权保护期限过后,实用艺术作品作为专利自动进入公有领域,但作为作品还可继续享有作者有生之年加死后50年的著作权法的保护。

(三)作品应该是思想的表达形式而非思想本身

例3.1　"女子十二乐坊"诞生于2001年6月。它是将中国传统的古筝、扬琴、琵琶、二胡、竹笛、箫等乐器组合演奏现代流行音乐的一种新的表演形式。该表演形式一经问世就赢得了极大成功。但在2004年7月,原告张铁军指控"女子十二乐坊"的经纪公司和经纪人侵犯了自己的著作权。原告称:他于1998年4月完成了《中华女子乐坊创意策划文案》(简称策划)和《北京女子乐坊文化发展有限公司整合报告》(简称整合报告)。之后,被告经纪人王晓京在对其中的片段经过选择或者编排、对文字顺序加以前后调整、对个别表达加以扩展解释或缩写后,形成了《"女子十二乐坊"项目实施计划》(简称实施计划)。原告认为,被告未经过原告许可,对原告享有著作权的报告进行改编和汇编,且没有署名,侵犯了原告享有的署名权、改编权和汇编权。要求法院判令被告停止侵害、赔偿损失。被告是否侵犯了原告的著作权?

著作权保护的是作品的表现形式,而非思想感情本身。因为思想和情感属于主观范畴,存在于人的大脑之中,法律无法保护,保护思想无异于垄断思想,将阻碍思想的自由传播和表达,有悖于促进人类科学文化事业的发展宗旨。法律保护的是思想感情的表现形式,同样的思想感情,人们都有权利以自己的方式加以表现和利用。即使表达的思想相同,只要不是抄袭剽窃之作都可受到著作权法的保护。目前,国内外立法及实践大都坚持这一观点。《与贸易有关的知识产权协议》第9条第2项指出:"著作权保护应延及于表达方式,但不延及思想、程序、操作方法或数学概念本身。"我国台湾地区的"著作权法"第10条规定:"依本'法'取得之著作权,其保护仅及于该著作之表达,而不及于其表达之思想、程序制程系统、操作方法、概念、原理、发现。"对此,我国著作权法及其实施条例都没有明确规定。但《计算机软件保护条例》第6条规定:"本条例对软件著作权的保护不延及开发软件所用的思想、处理过程、操作方法或者数学概念等。"这体现了著作权不保护思想的原理。在我国司法实践中也坚持著作权法只保护思想表达,不保护思想和情感、方法等。例3.1中,被告的《实施计划》和原告的《整合报告》在篇章结构的编排选择及文字的表达方面不形同,原告要求保护其"女子十二乐坊"的构思和创意不属于我国著作权法规定的作品保护条件。所以被告的行为不构成侵权。

(四)作品应具有独创性

例3.2　甲乙先后分别在同一景区的同一景点拍出同样的照片,乙后拍摄照片是否构成作品?乙有无侵犯甲的著作权?

独创性是作者取得著作权的最主要的条件。独创性有两方面的含义:第一,作品是独立完成的。第二,作品表现了作者的个性或有一定的创作高度。

独立完成的意思是指作者通过独立思考,独自选材、构思,运用独到的技能、技巧完成作品。独立创作意味着不是抄袭剽窃他人的作品,但是否抄袭他人作品并不以他人作品与作者创作作品客观上雷同为判断依据。例3.2中，甲乙两人在相同的地点和角度拍摄出同样的摄影作品，均属于独立完成，各自享有著作权，乙未侵犯甲的著作权。

作品应具有一定的高度是独创性的另一个含义。不过对于作品的难度要求，各国认识并不一致。以美国为代表的英美法系国家采取低标准，早期这些国家长期坚持"额头出汗原则"，即只要作者付出了劳动就认为作品具有独创性，而不管作品是否真的有创作难度。直到1991年美国联邦最高法院判决"FEIST"一案后才在独立完成的基础上增加了一点最低限度的创造性。大陆法系国家对创作性难度则采用较高标准。因为大陆法系重视作者的精神权利，认为作者在作品的创作构思时将自己的思想、观点、风格和感情融于作品中，是作者人格的反映，是作者人格的延伸，要求创作达到一定的高度。如德国，要求"作品必须具备一定的创作高度"，达不到一定的创作高度的作品，就难以得到著作权法的保护。不过对创作高度的要求不能过于严格，否则会带来很大的不经济，如可能因为一些创作性较低的作品被不当使用而引发纠纷，发动司法程序，既增加私人成本又增加司法成本；另外，创作性高度标准定得过高，则著作权便成了少数人的特权。但对于特殊领域的作品，如科学作品或某些艺术作品，应达到一定的创作高度才能受到著作权法的保护。

需要注意的是，著作权中的独创性与专利法中的创造性不同。创造性是指该发明成果与现有的技术相比是前所未有的，强调首创造；而著作权法所要求作品的独创性是指作品由作者独立完成，是作者独立思考、独立工作的成果，只要求独创而不问是否首创。据此，两件作品只要是分别独立完成的，即使作品内容完全一样，都可以获得独立的著作权。

（五）作品为有形形式并能被感知和复制

作品是一种有形形式，能被一般公众所感知。一种方式能被人所感知，它必须能够以某种载体将所表达的信息和思想呈现出来，如果不通过人们所能感知的载体表现，那么它只是一种停留在大脑中的抽象物，是虚无的。作品并非虚无缥缈，它在实质上是一种大脑中已经存在的信息即有形式，同时它还在现实中以某种载体表现出来即有形体。作品的信息是形式，涉及著作权；而作品载体是有形（形体），涉及载体的所有权。作品涉及了两种权利，但不能将两种权利混为一谈。这就需要我们对作品是一种有形形式加以正确理解。

作品作为一种有形形式，它能够被人们所感知。可以是被长久地感知也可以是被瞬间地感知。如电脑上随意创作的绘画，电脑关闭后画就消失了，但它已经在瞬间存在过，则我们认为该画是一种能被人所感知的作品，即使它的存在是昙花一现。

此外这种有形形式有复制的可能性。它不要求作品一定被固定复制下来但必须有固定复制下来的可能性。如口述作品，虽然没有固定复制下来，但它具有可复制性，口述作品能够以纸张、磁带记载和录制。又如，瞬间存在的作品，它也具有被以有形形式复制的可能性。那么是不是说作品只要有复制固定的可能而不一定被复制固定下来就可以受到保护呢？这在各国立法上规定是不同的。大陆法系国家将作品看作是作者人格的延伸，作品一旦产生则自然产生著作权，因而作品无论是否固定，均受著作权法的保护。我国著作权法就未要求作品的固定性，但计算机软件作品除外。但英美法系国家多主张作品必须以某种物质形式复制并固定下来，如文字作品固定于纸张，摄影作品固定于胶卷，电影、电视作品固定在胶片、录像带上等。如《美国著作权法》第10条规定："作品必须以现在已知或以后发展的方法固定于其中的物体，通过该物体可直接或借助机器或装置感知、复制或用其他方式传播该作品。"《英国著作权法》及《澳大利亚著作权法》也作了类似的规定。所以，口述作品、冰雕作品等短暂存在的作品，如果不能固定下来，则不受著作权法的保护。《伯尔尼公约》第2条第2款对此采取了折中态度："同盟国得以国内法规定普遍或特定之著作物，除非固定于具体形态，否则不受保护。"

第二节　著作权客体的种类

著作权的客体即作品的表现形式与科学技术的发展存在密切的联系。随着科学技术的发展，形式多样的作品才得以不断涌现。这从中外著作权立法中便能看出。1709年《安娜女王法令》颁布时，作品的表现形式仅限于印刷和手写方式，因此该法所保护的作品仅指文字作品及以书面形式出现的美术、音乐作品。19世纪末的工业革命，推动了整个世界工业的发展，也带来信息传播技术的革命。摄影、电子技术的发展促成了电影、电视的产生，使得摄影作品、电影作品、电视作品、录音录像制品成为著作权法保护的新领域。进入20世纪50年代后，以微电子技术、生物工程、新型材料等新技术为代表的新技术革命引起了工业部门的改革，社会从工业社会进入了以创造与分配信息为基础的信息社会。在新技术的推动下，世界各国纷纷通过立法对计算机软件和数据库等予以保护。

我国著作权客体变化也与科技发展尤其是复制技术日新月异密不可分。1844年摄影复制技术传入我国，1910年的《大清著作权律》即将著作权范围由图书扩大到通过摄影技术复制的照片；1944年，当时的国民政府将"发音片"、"电影片"纳入著作权保护范围；新中国成立以后，国家对著作权的保护重点放在图书、期刊方面，但改革开放后，著作权客体范围一直随科技发展而扩大，如计算机软件作品成了作品的新类型。目前，我国《著作权法》第3条将文学、艺术和科学领域内的作品分为九大类进行全面保护。

一、文字作品

文字作品是指以文字或其他等同文字的符号所表现的具有思想或感情的作品。

我国著作权法所指的文字作品具体是指小说、诗词、散文、论文等以文字形式表现的作品。文字作品的范围应该包括文字、数字、符号。如以文字形式表现的小说、诗歌、散文、译著、工具书、广告词等作品;有独创性的产品说明书;以数字表现的某一时期的经济发展指标等统计报表;以符号表示的盲文读物以及文字速记符号等。文字作品应该表达某种思想情感并有一定独创性。文字作品最为普遍、数量最多,运用最为广泛,故世界各国一般将其列入第一类作品进行保护。

需要说明的是,不是任何以文字形式表达的作品都是文字作品,如书法作品,就其形式也是文字,但由于不是以文字的组合来表达特定的思想感情,它所表达的是文字本身的艺术魅力,因此不属于文字作品,而属于美术作品。又如,对于用文字形式表达,但很难确定是不是作品的东西,如电话号码、电视节目预报表、密码符号等是否可以作为作品保护,学者们有不同观点。有的认为它们是对客观事物的真实反映,不具有独创性,不能作为作品保护。有的认为,要视具体情况来分析。这些符号所表达的内容通常没有实际含义,是一种简单选择汇集的文字信息,一般应该通过民法或反不正当竞争法来保护。但特殊情况下,如果密码、数字等所表达出来的是一种思想内容,则应该认为这些符号是文字作品。

二、口述作品

口述作品亦称口头作品,是通过口头形式而无物质载体固定的作品以及即兴的口头语言创作的作品。我国著作权法所指的口头作品具体是指即兴的演说、授课、法庭辩论、即赋诗词等以口头语言创作的作品。

口述作品的特点是无物质载体将作品固定,通过声音传播信息。由于作品没有物质载体,在侵权诉讼中难以取证,英美法系国家大都不保护口述作品。1988 年《英国著作权法》第 3 条规定:“以书写或其他方式记录下来之前,任何文学、戏剧或音乐作品都不享有版权。”在美国,未被固定下来的口述作品被视为表演,只能受到州一级的法律保护,联邦著作权法不给予保护。我国对口述作品予以保护,主要考虑我国有众多的少数民族及优秀的民族文化,但在历史上有些少数民族大多没有文字,其文化传承完全依靠世世代代的口耳相传,保护这些口头作品是保护文化多样性的体现。《伯尔尼公约》采用灵活规定,其成员国对口述作品是否保护具有选择性,由各国自行决定。

口述作品是即兴口头创作,事先无文字或只有简单提纲。用预先已有的文字作品加以口头表演的作品,如诗歌或散文朗诵不属于口头作品。此外,口述作品应该有完整性和起码的独创性,如果是随意的没有什么价值和意义的日常会话则不属于口述作品。

我国著作权法中的口述作品如授课、法庭辩论是指在用口头方式进行授课,自由的“言辞辩论”,其内容未以任何形式事先固定。如果是照本宣科或宣读提前写好的书面辩词则不属于口述作品。

三、音乐、戏剧、曲艺、舞蹈、杂技艺术作品

(一)音乐作品

例3.3　甲作曲乙填词合作完成了一个音乐作品,某音像公司经过甲同意将作品制作成磁带发行,乙认为音像公司侵犯了其著作权,而音像公司认为已经征得了作者同意。

音乐作品,是指能演唱或能演奏的带词或不带词的作品,如交响乐、歌曲、乐曲等。音乐作品必须有曲调,可以带词也可以不带词。如果词曲连用,配词则成为音乐的一部分。词、曲作者对各自创作的部分分别享有著作权。其中任何一方在使用自己权利时都不能以词、曲是无法分割使用的合作作品,而不征得对方的同意,否则就构成侵权。例3.3中,音像公司未征得乙的同意,使用了乙填词的词曲连用的音乐作品,侵犯了乙的著作权。

同其他作品一样,构成音乐作品的条件必须具有独创性,并且能被人感知。至于作品是以何种形式出现的并不重要。即兴创作的未以任何载体固定下来的音乐作品同样受著作权法保护。音乐作品的独创性表现在作者对各种音响、节奏的运用。旋律与拍节是否符合音乐创作规律并不重要,重要的是,必须是人的创作,而非自然界的声音。很多音乐创作受民间音乐的启发,甚至有的主旋律直接来自民间音乐。对于这类音乐作品,应根据情况区别对待。直接以记谱或者录音方式记录民间音乐的,不产生新的作品,记录下来的是民间音乐作品的复制品。在民间音乐的基础上再创作,或者在创作中部分利用民间音乐的,属于对民间音乐的改编。由于改编人在改编过程中付出了独创性劳动,改编后的音乐是一部新作品,改编人对其享有著作权。历史上著名音乐家以民间音乐为基础进行改编创作并给人类留下传世佳作的例子数不胜数。

(二)戏剧作品

戏剧是指话剧、地方戏、广播剧等供舞台演出的作品。对于什么是戏剧作品,学界的认识存在分歧。艺术理论认为,戏剧是以舞台的演出形式而存在的综合艺术,是一种独立的艺术。文学必须以文字表现,戏剧却不一定用文字作为工具。表演是戏剧的中心,只要表演存在,即使没有导演、剧本、装置,戏剧艺术仍然存在。但是,没有表演戏剧则立刻不存在。著作权法领域有种观点认为,戏剧作品则指剧本,是一种以文字为基础的表演形式,是文字和表演的结合。正因为这样,在戏剧作品的保护上各国选择有所不同。有些国家将戏剧归于文字作品,《日本著作权法》把剧本作为文字作品保护。可见,著作权法可以选择以何种方式保护剧本。

(三)曲艺作品

曲艺作品是指相声、快书、大鼓、评书等以说唱为主要形式的表演作品。就曲艺作品而言,它其实是集各类作品于一体的综合艺术,其中涉及文字作品、口述作品、音乐作品、舞蹈作品等各门类的作品。所以,即使著作权法不规定曲艺作品,也可以通过其他类作品保护。我国著作权法单独规定曲艺作品,说明曲艺有深厚的群众基础,在著

作权法中应具有一席之地。修订后的著作权法新增加的杂技艺术也属于同样情况。

（四）舞蹈作品

例3.4 甲乙为某舞蹈作品的权属发生争议，各自主张该作品系自己创作，法院如何确定该舞蹈作品的著作权人？

舞蹈作品是指通过连续动作、姿势、表情等表现的作品，是通过人体的身体语言表现思想感情的艺术。由于舞蹈作品主要是通过人的形体动作，而非通过语言或者其他手段表现作者的思想，所以根据《伯尔尼公约》的规定，与之近似的哑剧也属于舞蹈作品范畴。舞蹈作品种类很多，按表演人数划分，有单人舞、双人舞、群体舞；按艺术风格划分，有交谊舞、芭蕾舞、现代舞，以及名目繁多的民族舞、地方舞等。

舞蹈作品一般指舞谱或舞蹈录像等。舞蹈作品是否必须通过有形载体固定，对此各国立法不同，法国、美国、意大利等国认为必须固定才予以保护，而日本等国认为没有固定下来的舞蹈作品同样受保护。我国著作权法对于舞蹈作品没有要求一定要固定在某种有形载体上，因此，应当认为，舞蹈作品即使没有固定在有形载体上，也受著作权法保护。但是，这类舞蹈作品的作者在主张权利时，取证需要付出较高代价，因为没有载体就只能通过其他方式证明权利归属，如证人证言等，这将增加司法成本，甚至因为取证困难最终使权利诉求落空。例3.4中，发生争议的舞蹈作品，法院可以要求双方提供舞谱、录像等证明自己为舞蹈作品的著作权人，如果仍不能确权的，还可以通过证人、证言等方式确权。

（五）杂技艺术作品

杂技艺术作品指杂技、魔术、马戏等通过形体动作和技巧表现的作品。著作权法保护杂技艺术作品中的艺术成分，而杂技艺术中表现的动作技巧，不受著作权法保护。类似的竞技项目，例如滑冰、体操、跳水、柔道等项目表现出的动作难度与技术难度，也不受著作权法保护，但是花样滑冰、艺术体操中的艺术部分应受著作权法保护。

以上作品都是供舞台表演的，故可称为表演艺术作品。我国理论界对这类作品保护的是动态演出还是静态内容存在不同认识。张玉敏教授认为著作权法意义上的音乐、戏剧、曲艺、舞蹈、杂技艺术作品是指乐谱、剧本、脚本、舞谱、动作设计等而非演出活动。[1] 吴汉东教授也有类似认识："应当指出的是作为著作权客体的戏剧作品指的是属于文字作品的戏剧剧本，而不是戏剧演员的戏台表演，也不是剧本加表演二者的综合。"[2] 而刘春田教授则持不同观点，他认为："法律毕竟是第二性的，是主观的和可选择性的，而表演艺术的形式特征是客观的，第一性的，不以人的意志为转移的。用第二性的认识代替或否定第一性的客观存在，把表演艺术等同于文字作品加以著作权法

〔1〕 张玉敏：《知识产权法》，中国检察出版社2002年版，第64～66页。

〔2〕 吴汉东：《知识产权法》，中国政法大学出版社2007年版，第42页。

保护,是值得研究的。"[1] 笔者赞同第二种观点,无论是从立法对表演艺术作品的界定还是从艺术理论角度理解抑或从著作权理论来阐释均可得出表演艺术作品的信息是动态的而非静态的,故认为这类作品以乐谱、舞谱、剧本、脚本、动作设计等为保护对象的观点值得商榷。

四、美术、建筑作品

(一)美术作品

指绘画、书法、雕塑等以线条、色彩或者其他方式构成的有审美意义的平面或者立体的造型艺术作品。美术即指造型艺术,造型指创造出来的物体形象,美术作品通常以线条、色彩或其他方式造型。

美术作品包括纯美术作品和实用美术作品。纯美术作品是指为表现个性与美感而创作的美术作品,如书法、绘画、雕塑等;实用美术作品,又称实用艺术作品,是指具有实用性、艺术性并符合作品构成要件的智力创作成果,如造型独特的花瓶、灯具、雕花家具等。著作权法所保护的是该作品所具有的艺术性部分,该作品的实用功能不受著作权法保护。《伯尔尼公约》将实用艺术作品列为受保护对象,是否保护由成员国自己决定,如果不给予工业产权的保护,则至少要给予著作权法的保护。我国著作权法及其实施条例没有将实用艺术作品列入美术作品中,但根据《伯尔尼公约》的精神,我国应对实用艺术作品给予保护。

此外,目前出现的行为艺术可否作为美术作品保护呢? 行为艺术是指艺术家用思维和行为过程进行创作的艺术形式,通俗说是人通过自已的身体及身体活动创作,形成静态或动态的身体造型,如人体彩绘等。有学者认为行为艺术具有审美意义,也应当属于美术作品的范围,但由于行为艺术在我国被一些人异化,只见行为不见艺术,所以行为艺术作为美术作品被保护在我国条件尚不成熟。

(二)建筑作品

建筑作品是指以建筑物或者构筑物形式表现的有审美意义的作品。建筑物一般是指具备、包含或提供人类居住功能的人工建造物。构筑物指不具备、不包含或不提供人类居住功能的人工建造物,如水塔、水池、过滤池、烟囱等。但该定义不是绝对的,在水力水电工程中就江河渠道上的所有建造物都称为建筑物。

并非所有的建筑物都受著作权法保护,能够得到著作权法保护的必须是足以构成艺术作品的建筑物。不过对于建筑作品的艺术性不能要求过高,它不同于小说、诗歌、绘画等文学艺术创作,因为建筑作品必须从功能上满足人们的生活实际需要,并且受到技术、规划、周围环境、地质结构等条件的制约,因此它的创作性的艺术性要求应该较低。

国际上的建筑作品包括建筑的平面设计图、模型和建筑物本身。而我国将这三者

---

[1] 刘春田:《知识产权法》,中国人民大学出版社 2000 年版,第 39 ~45 页。

分别放在图形作品、模型作品和建筑物作品三类作品中保护。这种模式并不合理。因为从建筑物平面设计图到立体模型再到建筑物本身,三者之间互为表象形式,指代表示的意思一致。例如,我们之所以在开发商那里看到房屋的平面设计图后就购买期房是因为在我们看来平面设计图就是我们将来所要的建筑实物房,二者是等同的。既然他们互为表现形式指代一样,就应该一体保护,而没有必要分开保护,否则容易导致侵权而无法可依。假如有人将实物建筑物按一定比例缩小成模型作品或者平面设计图作品,这是侵权行为吗?如果我们采取一体保护模式,这显然是侵权,因为它属于非法复制(建筑物复制包括立体到立体以及立体到平面),如果分开保护,侵权者则会辩称其作品是图形作品或模型作品而并非实物,法律所指的建筑作品是实物,何来侵权。由此,我们采用国际上对建筑作品的保护模式非常必要,不仅可以解决建筑作品中出现的此类问题,还可以解决平面设计图、模型作品中存在的类似问题。

五、摄影作品

摄影作品,是指借助器械,在感光材料或者其他介质上记录客观物体形象的艺术作品。在摄影技术出现之前,人类记录客观物体形象主要依靠手工绘画。摄影术出现后,以摄影技术为手段的艺术创作也随之出现。因此,摄影作品的诞生,是技术发展的结果。在数字技术出现之前,记录客观物体形象的介质只有感光材料。随着数字技术的广泛应用,记录客观物体形象的材料已经扩大到存储数字符号的磁盘、光盘等非感光介质。

从我国著作权法对摄影作品的定义看,摄影作品应是"记录客观物体形象的艺术作品"。既然是作品,应符合作品的基本要求,即受保护的摄影作品应具备独创性和艺术性等基本条件。摄影作品的独创性要求在记录客观物体形象时,取景、选位、打光、对焦等方面要付出摄影师独有的智慧或技巧。并非任何照片都构成受保护的摄影作品。纯复制性的不具有任何创造性的摄影照片,如翻拍文件、书刊、地图等,因缺乏独创性而不受著作权法保护。此外,对于自动摄影设备拍摄的照片,由于不属于智力创作成果,也不能作为摄影作品保护。

六、影视作品

例3.5 原告华纳唱片公司为郭富城三首MTV作品的著作权人。2003年原告发现北京唐人街餐饮娱乐有限公司(唐人街公司)以营利为目的,未经原告同意,将上述作品以卡拉OK的形式向公众放映,原告认为被告侵犯了其著作权。被告则认为原告摄制的MTV只是一种传播词曲的技术手段,本身不具有著作权所述作品的独创性,并不是著作权所称的作品,而属于录音录像制品,而录音制作者不享有放映权。

视听作品即电影作品和以类似摄制电影的方法创作的作品,它是指摄制在一定介质上,由一系列有伴音或者无伴音的画面组成,并借助适当的装置反映或以其他方式传播的作品。具体包括电影、电视、录像作品。

视听作品是融合了文学、音乐、美术、摄影等在内的综合性艺术作品。其中的对白、旁白、字幕等可以归入文字作品；其主题曲、插曲、情景音乐等又可属于音乐作品；而单独的镜头画面也可构成摄影作品。所以，视听作品是文字作品、音乐作品、舞蹈作品和摄影等作品的复合作品。此外，视听作品也是合作作品，它集编剧、导演、音乐家、摄影者、服装设计者等众多人的创造性劳动而完成。

目前流行的MTV是视听作品还是录像制品，是音乐作品还是视听制品，引起了人们的思考。例3.5中，郭富城音乐电视著作权案就涉及MTV是视听作品还是录像制品的问题。从MTV的制作过程看，它凝聚了导演、演员、摄影、剪辑、服装、灯光、特技、合成等创作性劳动，包含了制作者大量的创作，是视听结合的一种艺术作品，因此符合作品构成要件。而作为邻接权保护对象的录像制品是对表演或其他景象形象、声音进行简单、机械的录制产生的，它只是忠实地录制现存的音像，并不具有创作的成分。所以被告侵犯了原告的著作权。另一个问题是MTV是音乐作品还是视听制品。有学者认为MTV具有视听作品的因素，也具有传统音乐作品的要素，但与二者又不完全相同。它不像视听作品那样注重完整的故事情节，也不像单纯的音乐作品那样只有词曲的配合，而是具有动态性和直观性，创作者也具有群体性。所以，应当作为一种新的独立作品对待。[1] 基于前面的分析，我们认为MTV可以归入视听作品加以保护，并无作为新作品类型保护的必要。

七、图形作品

图形作品是指为施工、生产绘制的工程设计图、产品设计图以及反映地理现象、说明事物原理或者结构的地图、示意图等作品。著作权法保护的图形作品，仅指以印刷、复印、翻拍等平面复制形式使用图形及其说明。而一般对依据设计图及其说明进行施工，即将平面图纸复制为立体模型或实物的行为，不作为对图形作品的复制，不认为侵权。在图形作品中主要有工程设计图、产品设计图、地图、示意图等。

（一）工程设计图、产品设计图等图形作品

它们指为施工和生产绘制的作品。这类作品的用途通常在于指导工程施工或者产品制造。一般情况下，如果实施工程设计图产生的对象（如水坝或者公路），或者按照图纸生产的产品（如工业零件）不属于文学艺术作品，则著作权对这类设计图或者图纸的保护只限于平面的复制，即不经权利人许可，不得出版发行。如果产生的对象仍属于文学艺术作品范畴，例如建造的建筑物或者具有一定造型的花瓶或者家具，对这种设计图或者图纸的保护就不仅限于平面的复制，还包括平面到立体的复制，即不经权利人许可，不得按照设计图施工，也不得按照图纸生产产品。

（二）地图、示意图等图形作品

它们指反映地理现象、说明事物原理或者结构的图形作品。地图的范围很广，包括地形图、地质图、行政区域图、资源分布图、气象图、航海图、水文图、军用地图等。示

〔1〕 李扬：《知识产权法总论》，中国人民大学出版社2008年版，第50页。

意图是指为说明事物的原理或者结构而绘制的图形,如动物解剖图、电路图等。

八、模型作品

模型作品指为展示、实验或者观测等用途,根据物体的形状和结构,按照一定比例制成的立体作品。从模型作品的定义中可以得出其目的要件是"为展示试验或者观测等用途"。为实现这一目的而制作,"试验或观测"现实要求模型精确地再现原物,否则无法实现这一用途,而"展示"的对象显然是原"物件",也即制作模型是为了让观看者从中了解原"物件"。如果模型与原"物件"在内容上相去甚远,就达不到展示的目的了。该定义的制作方法要件是根据物体的形状和结构,按照一定比例制成。"按比例制成"当然是对原"物件"按统一的比例缩小、放大或按1:1的比例原样制作,从而在模型中保持原"物件"的"形状和结构"。模型制作的过程并没有产生任何独创性,所以我国著作权法所界定的模型作品并不符合作品独创性要件,不是作品,而是作品的复制件。[1]

九、计算机软件作品

计算机软件,是指为使电子计算机发挥功能并可运算出结果而由指令构成的集合体,即计算机程序及有关文档。

计算机程序是指为了得到某种结果而可以由计算机等具有信息处理能力的装置执行的代码化指令序列,或者可以被自动转换成代码化指令序列的符号化指令或者符号化语句序列。计算机文档是指用来描述程序的内容、组成设计、功能规格、开发情况、测试结果及使用方法的文字资料和图表等。如程序说明书、流程图、用户手册等。

计算机软件是20世纪科学技术发展最重要的产物之一,它集作品性和工具性于一身。它的工具实用性特点使一些国家最初尝试利用专利法保护计算机软件,但是这在技术层面和程序方面存在障碍,使得专利法保护困难重重。由于计算机软件是由数字、符号组成,尤其文档部分更是与文字作品接近,所以人们开始转而考虑采用著作权法保护,自1972年菲律宾在世界上第一次适用著作权法对软件实行专门保护以后,目前已有40多个国家和地区对计算机软件采用著作权法保护。1994年《与贸易有关的知识产权协定》要求将计算机程序作为文字作品保护。我国著作权法也将计算机软件作为著作权法的保护对象,但鉴于计算机软件与其他作品相比,表现形式比较独特,其著作权的内容、归属及其保护也比较复杂,因而《著作权法》第58条又规定其保护办法由国务院另行规定。据此,1991年国务院颁布了《计算机软件保护条例》对计算机软件加以保护调整。按该条例的规定,受保护的软件必须由开发者独立开发,并固定在某种有形物体上,这一点与一般作品保护要求不同,我国对作品保护通常不要求作品必须固定在有形载体上,如对口述作品、舞蹈作品的保护等,但是计算机软件却是个例外,要求受保护的软件作品必须固定在某种有形载体上,这也是国际惯例。这里所说

---

〔1〕 王迁:《模型作品定义重构》,载《华东政法大学学报》2011年第3期。

的有形载体是指一定的存储介质，如纸带、卡片、磁盘、磁带、图表、手册等。另外，该条例还明确提出对软件著作权的保护不延及开发软件所用的思想、处理过程、操作方法或者数学概念等，从而弥补了著作权法对作品保护不应延及思想的规定的缺失，为我国司法实践中对作品保护要件的把握提供了法律依据。

十、民间文学艺术作品

民间文学艺术作品按照世界知识产权组织的解释，是指那些作者不明但有充分理由可以推定是公约某成员国国民所创造的作品。简单来讲，是由某个民族或种族集体创作，经世代相传，不断发展而构成的作品。关注对民间文学艺术作品的著作权保护是在20世纪60年代以后逐步兴起的。起因是发展中国家要求保护自己的传统民族文化，从而提出扩展著作权客体的要求。此前，在发展中国家与发达国家的文化交往中，发展中国家使用发达国家的文化科技成果都是有偿的，而发达国家却可以大量无偿地使用发展中国家丰富的民间文学艺术资源。为防止篡改、歪曲、擅自使用民间艺术作品的现象发生，实现发展中国家与发达国家在著作权贸易方面的平衡，一些国家和地区先后将民间文学等列为著作权客体加以保护。迄今为止，采用著作权法保护民间文学艺术作品的主要是发展中国家，如突尼斯、玻利维亚、智利、摩洛哥、阿尔及利亚等国家。《伯尔尼公约》对民间文学艺术作品予以保护。我国《著作权法》也规定民间文学艺术作品受法律保护。

不过，对于民间文学艺术作品是否应该受到保护的问题，学界有不同看法。一般认为民间文学艺术作品具有集体性、继承性（传统性）、长期性等特点，作品权利由一个集体享有。但也有学者认为所谓“民间”文学艺术作品的保护问题完全是一个假问题。因为“民间”文学艺术作品从来就是处于公有领域中的知识财富，人人可以自由用之，除非有相反证据证明其确实属于某个主体创作并因此应当享有著作权。[1]

毋庸置疑，民间文学艺术作品与普通作品不同，一般作品是由某个个体创作而成，凝聚了作者的独立劳动，保护有一定的期限。而民间文学艺术作品是由集体创作、集体享有，无限期地享有保护。这根本不符合传统著作权所指的作品。难怪有人指出，民间文学作品由集体创作、集体享有是令人难以想象的。经验法则表明，作品的创作最终只能由特定的个人完成，因此很难想象历史上出现过很多人围坐在一起七嘴八舌的集体创作的天方夜谭式的情形。权利的集体享有则更加是无法令人想象的事情。试想，在连权利观念都不存在的年代和民族，怎么可能出现过权利的集体享有。[2] 虽然民间文学艺术作品与普通作品有很大的不同，但是民间文学艺术作品的集体创作和集体享有并不是不可想象而是完全可能的。

首先，对作品的集体创作理解不能过于狭隘，事实上目前的合作作品，如电影作品

---

〔1〕 李扬：《知识产权法总论》，中国人民大学出版社2008年版，第53页。
〔2〕 李扬：《知识产权法总论》，中国人民大学出版社2008年版，第53页。

就是典型的集体创作完成的作品，其中凝结了编剧、导演、摄影、美工等众多人的劳动。而且集体作品也不是一定让所有的创作者在同一时空聚集在一起同时创作，完全可以采用先各自单独完成某一部分，最后汇总或追认等方式集体完成。如电影作品中的音乐作品，作者可以在电影摄制前就已创作完毕，也可以在电影摄制完成后创作，只要在最后电影作品整合时汇入其中就可以，不能因为音乐创作者当时不在拍摄现场就将其排除在集体创作之外。民间文学艺术作品也一样，一个优秀的作品可能是某个民族几代人不断修改完善最终形成的作品，这些共同创作者也许不在同一时代，但只要该民族的成员认可这种补充修改，人们就不能否认后代对该民间作品的创作性劳动。换言之，该作品应该认定为是该民族众多成员集体完成的。

其次，集体享有也是可能和现实的。例如，黑龙江省饶河县四排赫哲族乡政府诉郭松、中央电视台、北京北辰购物中心侵犯民间文学艺术作品著作权纠纷一案，原告诉称，《乌苏里船歌》是赫哲族民歌，属于中国著作权法保护的民间文学艺术作品，赫哲族人民依法应该享有署名权等精神权利和获得报酬权等经济权利，而被告却称该歌曲是郭颂等人创作，原告认为被告侵害了其著作权。被告辩称，《乌苏里船歌》是郭颂等原创；原告没有证据证明其有权代表所有赫哲族人民就有关民间文学艺术作品主张权利。一审法院认为，《乌苏里船歌》是郭颂等人在赫哲族民间音乐曲调的基础上，进行了艺术再创作，改编完成的作品，并非原创。赫哲族世代传承的民间曲调，是赫哲族民间文学艺术的组成部分，也是赫哲族群体共同创作和每一个成员享有的精神财富。它不归属于赫哲族的某一个成员，但又与每一个赫哲族成员的权益有关。因此，该民族的每一个群体、每一个成员都有维护本民族民间文学艺术不受侵害的权利。原告作为依据宪法和法律在少数民族聚居区内设立的乡级地方国家政权，既是赫哲族部分群体的政治代表，也是赫哲族部分群体公共利益的代表。在赫哲族民间文学艺术可能受到侵害时，鉴于权利主体状态的特殊性，为维护本区域内赫哲族公众利益，原告以自己的名义提出诉讼，符合宪法和法律确立的民族区域自治法律制度，且不违反法律的禁止性规定。被告关于原告不具有诉讼主体资格的抗辩主张，不予采纳。该案件的审理结果说明民间文学艺术作品的集体享有受法律保护在现实中是可能的。

不过学界对于民间艺术作品与普通作品的不同虽已达成共识，但对其保护有不同的看法。有人提出单独制定法律保护，如拟制定《非物质文化遗产法》、《中国少数民族文化权利保障法》等专门保护；也有人认为应该利用已有的知识产权制度中的《著作权法》保护；也有人提出既然民间文学艺术作品不符合著作权法中作品的条件，就没有必要保护。对此，第三种观点不可取。保护民间文学艺术作品是发展中国家与发达国家不断斗争取得的胜利成果，目前无论国际公约还是大部分发展中国家都已认可和保护，对这个成果不能得而复失。剩下的是选择何种保护模式的问题。从我国立法技术和资源上看，选择知识产权特别法保护的模式是可取的。也希望国务院能尽快制定出如《计算机软件保护条例》、《信息网络传播权保护条例》等一样的《民间文学艺术作品保护条例》,以解决民间文学艺术作品保护中出现的各种新问题。

第三节 著作权客体的排除范围

一、法律、法规及其他官方文件

在大多数国家中,官方文件被排斥在受保护对象之外,其主要原因在于,官方文件颁布的目的就是让公众知晓与遵守,因此应让它们尽可能地公开传播。所以,此类作品一经发表就进入了公众领域,每个人都可自由使用。美国1976年《著作权法》第105条作了此种规定:“本法规定的著作权保护不适用于任何美国政府的作品。”但也有些国家,如英国、加拿大、澳大利亚等国的著作权法明确宣布对官方文件予以保护。英国著作权法明确规定了“皇家版权”和“议会版权”。若作品系由英女王创作或由王室官员或公务员在执行职务中创作,则该作品受著作权保护,女王成为该作品的第一位版权所有人。女王享有每一件议会法律或英格兰教堂长老会条例的著作权。鉴于此类作品是否受法律保护存在分歧,所以《伯尔尼公约》第2条第4款将官方文件及这些文件的正式译本的保护问题交由各成员国自行解决。我国认为此类作品体现国家和政府的意志,属于社会规范,虽然具有独创性,但是必须尽可能使其不受任何阻碍地快速传播,不应当给予著作权的专有保护。需要注意的是,官方文件是指官方法律文件本身,不包括官方编辑出版的具有独创性的法律汇编、法规汇编等编辑作品。此外,官方文件的非官方译文,也受到著作权法的保护。

二、不符合保护条件的非作品

这类作品不符合著作权保护的要件,主要是没有独创性,如时事新闻、历法、通用数表、通用表格和公式等。

(一)时事新闻

时事新闻,是指通过报纸、期刊、广播电台、电视台等媒体报道的单纯的事实消息。之所以不保护时事新闻,主要原因有:时事新闻只是单纯反映一定客观事实的存在,本身缺少独创性,不构成作品;同时时事新闻的价值在于使新闻迅速地让公众知道,若给予著作权保护,会在一定程度上妨碍其迅速传播。时事新闻不同于包含时事新闻的文学、艺术作品。新闻采访、有关国家领导人出访的详细报道,不仅包含时事新闻,也包含作者某种程度的文学、艺术加工,具有一定的独创性,因而受著作权保护。

(二)历法、通用数表、通用表格和公式

历法、通用数表、通用表格和公式是人们在某些方面用于计算数字、表示规律或者传递信息的必要方法。本身是对客观事实的描述,缺乏个性化特征,因而不赋予著作权法的保护。

▲ 讨论案例

高某1990年被调到重庆市南岸区四公里小学担任语文教师，按学校的规定，上交给学校48本教案。2002年4月，她为写教学论文，向学校索要教案，但最终只拿回了4本，其余的44本已被学校销毁或被当作废品处理掉。于是，高某将学校起诉至法院，

问：学校侵犯了高某的什么权利？〔1〕

◈ 课后思考

1. 简述作品的概念及构成要件。
2. 分析比较各种不同类型的作品。
3. 简述我国著作权法保护的对象及著作权客体排除范围。
4. 简述作品的独创性。
5. 我国对民间文学艺术作品有哪些保护？

---

〔1〕 转引自刘筠筠等：《知识产权法热点难点问题研究》，法律出版社2008年版，第199页。

第四章　著作权的内容

◇ 知识结构图

- 著作权的内容
  - 著作人身权
    - 发表权
    - 署名权
    - 修改权
    - 保护作品完整权
  - 著作财产权
    - 复制权
    - 发行权
    - 出租权
    - 展览权
    - 表演权
    - 放映权
    - 广播权
    - 信息网络传播权
    - 摄制权
    - 改编权
    - 翻译权
    - 汇编权
    - 其他权利

◈ 本章导读

著作权的内容是指著作权人因作品创作而享有的权利，具体包括精神权利和物质权利。著作权的内容，是著作权制度的核心，整个著作权法就是围绕着著作权人有哪些权利，以及如何保护而展开的。不过由于各国的社会观念、文化背景以及社会经济发展水平不同，著作权的范围以及对这些权利的保护力度也不尽相同。长期以来，大陆法系国家的法律十分强调对作者精神权利的保护。英美法系国家最初在著作权立法中注重作品的商业价值，强调对财产权利的保护，而对精神权利的保护相对不足。但随着著作权国际贸易的发展以及国际著作权合作的加强，两大法系在著作权领域已

出现相互渗透、相互融合的趋势。我国著作权法既重视对精神权利的保护,也重视对财产权利的保护。通过本章的学习,了解著作人身权与其他人身权的区别,掌握发表权、署名权、修改权和保护作品完整权的概念和内容,明确著作财产权的性质、具体内容和保护期限。

◉ 司考重点

著作权内容是司法考试的重点内容之一。本章主要涉及的考查内容有著作人身权和财产权的区别、内容及其侵权的特点等。

第一节 著作人身权

著作人身权,在英美法系国家被称为"精神权利",英语表达为"moral rights"。《伯尔尼公约》亦如此表述。在大陆法系的德国、法国,直译为"作者人格权",日本著作权法同样也称"人格权"。俄罗斯 1993 年著作权法中使用的是"人身非财产权"。尽管各国在称谓上有所不同,但含义基本一致,都是指作者基于作品创作所享有的各种与人身相联系而无直接财产内容的权利。与一般人身权的共同之处是,具有永久性、不可分割性、不可剥夺、不能转让等特点,但与一般人身权所不同的是,前者基于生命而产生,与人的生命紧密相连,后者则是基于作者创作作品而产生,本质是体现在作品中的精神权利。根据我国《著作权法》第 10 条的规定,作者对其作品享有以下精神权利:

一、发表权

例4.1 甲为摄影家乙充当模特,双方未对照片的发表和使用作出约定。后乙将甲的裸体照片以人体艺术照的形式出版发行,致使甲受到亲朋好友的指责。

例4.2 某画家甲将其创作的一幅国画赠送给某企业乙,而企业将画作为产品包装出售。甲将乙诉至法院,甲的发表权是否受到侵犯?

发表权是作者的重要精神权利,由作者专属享有,各国在发表权保护方面差异较大。英美法系国家著作权法中的精神权利没有涉及作者的发表权。《伯尔尼公约》、《世界版权公约》、《与贸易有关的知识产权协议》也没有涉及发表权。而大陆法系国家的著作权法中,精神权利包括作者发表权,最具代表性的是法国、德国。我国也保护发表权。

(一)发表权的概念

发表权是指权利人决定是否将作品公之于众以及决定何时、以何种方式公之于众的权利。理解此概念要从以下两个方面进行把握:

1. 公之于众

所谓公之于众,是指将作品向作者以外的不特定人公开,但不以公众知晓为构成条件。不特定指并不知道面对的对象是谁,针对不特定的人,其目的是让公众了解其作品。如果公开针对的是特定的人且公开的目的主要是征求意见或听取批评,则不构成发表。特殊情况下,作品向特定的多数人公开,视为发表,如在学校、机关等内部刊物上刊登作品的行为,应当作为已经发表。此外,作者向不特定的人公开不以公众知晓为条件。如作品发表之后,不因不特定的人没有看到或关注就认定未公之于众。即使没看到,只要作者通过各种方式公开使不特定的人或一定条件下特定多数人存在获取或知道的可能性就视为已公之于众。例 4.2 中,国画已经公之于众,不存在侵犯发表权的问题。

2. 发表权的内容

发表权包括发表和不发表两种权利。首先,发表权是作者有权决定发表,它是作者积极行使权利的表现。具体内容有作者决定作品是否发表,何时、何地、以何种方式发表以及由谁发表等。这些权项均与作者的人身利益相关,都可能涉及人们对作者的社会评价。例如,有的作曲家只允许将其创作的剧本或乐曲在大剧院、音乐厅演出,若被用于色情场所演出,就视为侵犯作者的发表权。其次,发表权是作者有权决定不发表,它是作者消极行使权利的表现。作者创作作品,有的不一定想公之于众,如对于有关个人隐私、个人秘密的作品,以及未创作完成的作品或者作者不满意的作品,作者极有可能不愿将其公之于众。法律应当尊重作者的选择,也正是从这个意义上讲,发表权才属于精神权利。

(二)发表权的特点

1. 发表权是一次性的权利

发表权通常只能行使一次。作品完成后,无论什么时间、地点,作者只要以法律规定的方式首次披露出来,置于为公众所知的状态,如通过展览、表演、出版、广播、放映、在公众场合演讲、在网上发表等,作品一旦发表,其发表权即已用尽。作者不能对同一件作品反复行使发表权。但在个别国家发表权可以多次行使,如法国知识产权法典规定,作者发表权可以多次使用,当作者依法将已经出版的作品收回之后,是否再次发表仍然由作者决定,他人未征得作者的同意将作者收回的作品重新投放市场,则构成侵犯作者的发表权。

2. 发表权是专属作者的权利

发表权专属于作者是指发表权只能由作者享有并通常由作者自己行使,该权利不能转移、不能继承。正如德国版权学家迪茨所说,“发表权强调的是只有作者可以决定何时和以何种方式发表自己的作品,他人无权作出此决定”。凡作者明确表示,不准发表的作品,作者去世后著作财产权保护存续期间,他人不应该违背作者意志发表。但是作者享有权利不等于只能由作者行使权利,特殊情况下,发表权可以和作者分离由作者以外的人行使,他人行使不意味着他人享有该权利。享有不同于行使,作者许可他人行使发表权实际也是作者发表权专属的表现。

3. 发表权是具有时间性的权利

发表权的时间性是指发表权的保护是有期限限制的,并非无期限的保护。发表权属于著作人身权,人身权具有永久性,但发表权为什么和其他著作权不同,在法律上有保护时间的规定呢? 主要有两个原因,第一,为了实现作者的经济利益。发表权的行使是实现作者经济利益的前提,如果作者创作一部作品,不及时发表,那么作者的著作财产权就不能实现。第二,为了实现作品的社会价值。因为不发表作品就不能带来社会科学事业的发展和繁荣。著作权法对发表权规定保护时间,既是鼓励作者尽快地向社会公开其作品的内容,给作者带来利益,也是通过鼓励作品的传播,推动科学文化事业的发展。

4. 发表权是与财产权密切联系的权利

很多情况下,发表权总是与财产权一同行使的。如作品首次出版,出版意味着作品被发表,而出版又是作者的财产权。发表权与财产权不可分离是因为作者或他人在行使发表权时,必须通过某种具体的使用方式,如展览、表演、复制、发行等将作品公之于众,没有这些形式,作品就不可能为公众知晓,而权利人所使用的发表形式同时都是其行使财产权的表现。所以,发表权与著作权中的各项经济权利密切相关,可以说著作权法中有多少经济权利,就有多少种行使发表权的方式。

5. 发表权是受某些权利制约的权利

发表权的行使往往要受第三人权利的制约,如果因作品而产生的权利涉及第三人的,例 4.1 中,乙发表照片侵犯了甲的隐私权。因此著作权人在行使发表权时必须尊重他人的隐私权、肖像权等。

(三)发表权的性质

关于发表权的性质,我国学者在理论上有两种不同主张,第一种观点认为,发表权仅属于著作权中的人身权范畴,即一元论观点。第二种观点认为,发表权具有人身权和财产权的双重性质,即二元论观点。本书认为发表权是人身权而非财产权。

首先,发表权应该具有人身权性质。这表现在两个方面:一是发表权与人格权相连。发表权是人身权,因为一部作品是否达到发表的水平,作者是否愿意发表以及以何种方式发表,与作者的人格名誉相连。如就作品的发表方式而言,有些剧作家只希望作品由名剧团上演而不希望印制成书出售发表;又如,有的学者希望论文在高级别刊物上发表而不希望在低级别刊物上发表,因为这都关系到其作品声誉的问题,涉及其人格权。由此,发表权具有人身权性质。二是发表权只专属于作者,即只能由作者享有,说明了作者和作品不可分离的人身依附关系(特殊情况除外)。当然,发表权与其他人身权相比特殊一些,尤其在保护期限上,发表权具有时间性,会随着作品保护期限的届满而消失,而其他著作人身权没有时间限制。

其次,发表权与财产关系密切但又不同于财产权,它并不具有财产权性质。如前所述,发表权的行使与著作财产权密切相连,著作财产权的实现必须以发表权的行使为基本条件,但发表权与财产权又不同:发表权的人身权只能由作者享有,且只能被其行使,发表权不能被转让或继承等。而著作财产权则不然,可以被转让和继承,作者以外的人可以依法享有作者作品的著作财产权。此外,发表权只能行使一次,而著作权中的同一权能如表演权、改编权、翻译权、复制权等,只要在著作权法的保护期限内,各项著作财产权均可以反复被使用,如出版权可以在不同时期让不同人享有,在不同地域让不同人行使。

(四)推定作者同意发表

在司法实践中,通常认为尽管作者未将作品公之于众,但有下列情形之一的,推定作者同意发表作品:

1. 作者生前对作品发表与否没有明确意思表示的,推定其同意发表,可由其著作权继承人在著作财产权保护期内行使。作者生前已将著作权转让给他人,或许可他人使用的,如果作者生前该作品尚未发表的,推定作者已经行使发表权。

2. 作者许可他人使用其未发表的作品,如同意他人将未公之于众的小说拍成电影,同意他人将未公之于众的绘画作品进行展览,同意将他人未公之于众的诗歌在诗歌大赛上朗诵等,就应当推定作者已同意发表其作品。

3. 作者将未发表的美术作品原件所有权转移他人。《著作权法》第18条规定,财产权的转移不意味着著作权的转移,但著作权中的展览权例外。即财产权转移,著作权中的展览权也同时转移。展览就是要让公众看到,它是公之于众的表现形式,所以美术作品原件转让给他人后就视为作者同意发表并且发表权已行使完毕。

二、署名权

例4.3　甲为著名书法家,其口述生平,由乙录音整理完成小说《精彩人生》。期间甲审阅稿件,修改补充章节,小说中还大量摘录了甲曾经发表的作品。后乙以自己的署名发表出版了小说。甲去世后,其子认为该作品为合作作品,乙认为是独立创作。请问甲未在作品上署名是否意味着其放弃了著作权?

(一)署名权的概念

署名权是表明作者身份,在作品上注明其姓名或名称的权利。署名权包括是否署名、怎样署名、署名顺序等内容。首先,作者在完成作品后有权利主张自己为作品的作者。作者可以署名也可以不署名,不署名是作者行使其署名权的方式,并不等于永远放弃署名,更不等于放弃其他著作人身权和财产权。其次,作者有权决定怎样署名即署名的方式。作者可以署真名,也可以署假名、笔名、艺名、化名等,同时有权禁止未参加创作的人在其作品上署名。最后,作者还可以决定署名顺序。当作品由多人合作完成时,对于署名顺序应该由完成人自行协商确定,他人不得干涉。例4.3中,甲未署名不代表其及继承人放弃了著作权。从案例中看,甲是该书的合作作者,甲未在该书上署名也是其行使署名权的一种方式。

(二)署名权的特点

署名权与姓名权非常容易混淆。下面通过对二者的比较来总结署名权的特点。

1. 署名权以作品的完成为产生依据

姓名权的产生以事实为依据,始于出生。署名权的产生以作品的创作为依据,时间为作品完成之时。署名权不能离开作品而存在。脱离权利人自己的作品而使用他人姓名,不属于侵害著作权,而应当按照侵害他人姓名权、名誉权、人格尊严权、财产权等处理。[1] 即作品和作者的署名应该是一一对应的关系,署名是建立在自己作品之上的,没有作品署名权无从谈起,所谓"皮之不存,毛将焉附"。脱离权利人创作的作品,不再属于权利人署名决定权的范围。

2. 主体仅限于作者

姓名权是一种人格权,"始于出生,终于死亡"。因此,姓名权的主体范围是所有自然人,没有年龄、性别的限制,人人都有姓名权。而署名权以作品为基础,只有创作作品的人才有署名权,其主体范围小。

3. 特殊民事权利

姓名权作为一般民事权利,其内容表现为每一个自然人有权决定使用与他人相区别的符号、标志作为自己的姓名并排除他人的干涉。具体包括姓名决定权、使用权和变更权。而署名权是一种特殊的民事权利,作为著作人身权它包括作者是否署名、如何署名、署名顺序以及禁止未创作者署名等权利。

4. 永久保护

姓名权在自然人生命存续期间不可转让、不可放弃,自然人死亡将导致姓名权终结。而作者的署名权在作者死后由国家给予永久性的保护。

(三)署名权的相关规定

(1)我国《著作权法》第11条规定,无相反证明,在作品上署名的公民、法人或其他组织为作者。

(2)使用他人作品,应当指明作者姓名、作品名称。但是,当事人另有约定或者由于作品使用方式的特殊性无法指明的除外。

(3)制作、出售假冒他人署名的作品的行为按照侵害署名权处理。该规定并不妥当,本条中所涉及的侵权行为既可能包括侵犯姓名权也可能包括侵犯署名权,如何认定需要看具体情况。一概认定为侵犯署名权不够严谨,也给司法实践带来困惑。

(4)因作品署名顺序发生纠纷,人民法院按照下列原则处理:有约定的,按约定确定署名顺序;没有约定的,可以按照创作作品时付出的劳动、作品排列、作者姓氏笔画等确定署名顺序。笔者认为,对于不可分割的合作作品,没有约定署名顺序的,应按照作者创作作品时付出的劳动确定署名顺序。

---

[1] 李扬:《知识产权法总论》,中国人民大学出版社2008年版,第78页。

三、修改权

（一）修改权的概念

修改权，是指作者修改或授权他人修改作品的权利。修改权应该表现在两个方面：一是作者有权修改或授权他人修改，即积极行使权利。二是作者有权禁止他人未经许可修改，即消极行使权利。它们是修改权的两个方面，统一在修改权中。

但我国著作权法分设两个权利类型对修改权进行保护，积极行使权利放在“修改权”中保护；消极修改权放在“保护作品完整权”中保护。《伯尔尼公约》未设修改权，而将其归入“作品不受歪曲篡改权”中。其实，把“作品不受歪曲篡改权”放入外延更大的“修改权”中更合适。目前，我国著作权法中的修改权仅指修改中的一个含义即作者享有修改或授权他人修改的权利。

修改作品是一个必要的权利。任何作品无论以何种方式存在，都在一定程度上表达了作者的思想，随着时间的推移，作者的观点、思想也可能发生相应的变化，社会观念的更新和科学技术的发展也可能要求对以前作品进行相应的修改，如技术作品、教材等都需要与时俱进的修改但修改不得损害他人的合法利益。

（二）允许修改的情形

作品的修改是作者再表现再创作的过程。只有作者才有权决定是否对作品进行修改和怎样修改，以及是否授权他人修改。但是，在某些情况下，法律赋予他人可以在一定范围内修改作品。我国著作权法的规定如下：

1. 图书出版者经作者许可，可以对作品修改、删节。2. 报社、期刊社可以对作品作文字性修改、删节，对内容的修改，应当经作者许可。3. 著作权人许可他人将其作品摄制成电影作品和以类似摄制电影的方法创作作品的，视为已同意他人对其作品进行修改，但不得歪曲、篡改作品。

（三）限制修改的情形

作者行使修改权时，往往会受到物权的制约，我国著作权法规定限制修改的内容有：1. 作品原件的所有人转印后，修改权人对该原件进行修改要征得所有权人的同意。2. 建筑作品的权利人不得禁止建筑物的所有人或管理人为了修缮建筑物而进行的必要的修改。3. 修改权人对已经被复制的作品进行修改（出版），应对被授权复制者因此受到的损失予以弥补。

四、保护作品完整权

（一）保护作品完整权的概念

例4.4　钱兆熹于1984年独立创作了《原始狩猎图》乐曲。2000年3月，中央电视台播出的电视连续剧《大明宫词》中抄袭了《原始狩猎图》音乐的第一部分，作为背景音乐贯穿全剧，使用未署名作者，未经同意而且割裂了原作品。

保护作品完整权是指作者所享有的保护作品完整性，禁止他人歪曲、篡改作品的权利。对该权利可以从两个方面理解：第一，歪曲和篡改就是破坏作品完整性。歪曲是故意改变事实和内容,对作品不正确的反映。篡改是故意改变原文或歪曲作品原意。歪曲和篡改都是指主观上有过失,是故意所为。第二,割裂、舍弃原文,只用其中一部分,使作品无法完整表达,使作者精神权利无法得到完整保护即是破坏作品完整性。例4.4 中,钱兆熹的多项权利被侵犯,其中包括侵犯作者的作品完整权。该作品被分割后与故事情节和画面配合使用,使原作品不再完整的表现,侵犯了作者的作品完整权。

(二)判断破坏作品完整权的标准[1]

1. 主观标准。只要著作权人认为作品受到了违背其意志的改变,就是歪曲、篡改。按照这个标准,凡是没有经过著作权人的同意对其作品进行的改动,不管是否损害作者声誉或作品声誉,都会构成对其作品完整性的侵害。这一标准过于苛刻,由此,他人对其作品的误解,依据主观标准就可能被认定为侵犯作品的完整权。

2. 客观标准。从行为人的角度看,只有其行为达到了损害作者声誉以及作品声誉的程度时,才构成对作品的歪曲、篡改。按照这个标准,如果对作品的改动没有损害作者声誉以及作品声誉,就不构成歪曲篡改。这种标准不考虑权利人的意志,不利于保护作者作品的完整性。

3. 主客观统一标准。只有当未经著作权人同意改变其作品,并且按照社会通识,这种改动足以损害作者声誉以及作品声誉,才构成歪曲。未经著作权人同意改变其作品的行为是否构成歪曲、篡改行为,不但关涉著作权人保护作品完整性的问题,而且关系到社会表达自由的问题,应坚持主客观统一标准为宜。

第二节　著作财产权

著作财产权是著作权人自己使用或授权他人以一定方式使用作品而获取物质利益的权利。著作财产权与著作人身权不同,它可以转让、继承或放弃,同时它与一般财产权也不同,受地域、时间等因素限制。著作财产权在各国著作权法中都占有重要地位,并随技术进步不断增加、扩大内容。各国著作权法对著作财产权内容的规定不尽相同,但总体而言,著作财产权主要包括复制权、演绎权和传播权。其中,演绎权包括摄制权、改编权、翻译权、汇编权等;传播权包括发行权、出租权、展览权、表演权、放映权、广播权、信息网络传播权等。

一、复制权

例4.5　甲公司委托乙公司设计并制作产品包装盒,未签订书面合同。丙在市场上发现该产品包装盒上未经其许可使用了其画《翠竹》作为背景图案。如果该图案构

[1] 李扬:《知识产权法总论》,中国人民大学出版社 2008 年版,第 79 页。

成美术作品,乙公司侵犯了丙的什么权利?

（一）复制权的概念

复制权是著作财产权中最基本的一项权利。根据我国著作权法的规定,复制权即"以印刷、复印、拓印、录音、录像、翻录、翻拍等方式将作品制作一份或者多份的权利"。我国以列举的方式规定了复制权利,但是法律不能穷尽所有的复印形式,所以,对复制还需要了解其基本特征即复制是作品信息稳定长久的再现在有形载体上而不只是作品信息再现。复制是不改变作品独创性的简单劳动,复制者对复制品不享有著作权,复制权是作者的基本权利,包括自己有权复制其享有著作权的作品,还包括著作权人可以禁止他人复制其作品。例4.5中,乙公司侵犯了丙对其画的复制权。

（二）复制的类型

复制权中复制的表现形式关系到复制权的内容,随着复制技术前所未有的发展,复制形式日益多样化。总结起来,复制主要包括以下五种类型:

1. 从信息再现特点看分为永久性复制和暂时性复制

永久性复制就是通常所说的传统复制,将作品的内容固定在载体上从而使信息"再现",每复制一次,载体的数量就增加一次。各国著作权法大多保护的是这种永久性的固体载体上的复制。暂时性复制是信息在计算机上的暂存。随着技术进步,在网络时代复制正在发生变化,暂时性的复制已经进入人们的视野。美国1995年公布的一份题为《知识产权与全国信息基础设施》的报告,对知识产权的发展提出了新的建议,并提出了"暂时复制"的新观念。如报告认为,作品在内存中的暂存构成复制,因为该行为能使作品显示在屏幕上,与普通的复制性质一样,信息再现了。但这种复制与永久性复制不同,永久性复制不仅信息再现,载体也再现。而暂时性复制只增加信息的"再现"机会而未增加作品的载体。不过,这种复制含义过分保护著作权人的利益,因为按这种理解,我们在计算机上浏览作品就属于复制,因为浏览的前提是暂时再现作品即复制,读者未经作者同意而再现作品就是侵权,这对使用者过于苛刻。所以1996年通过的《版权公约》起草案中将暂时性复制也作为复制时,遭到发展中国家强烈反对,因为这种认识对以信息输入为主的广大发展中国家而言,对本国信息产业发展十分不利。所以尽管复制概念外延在扩大,但多数国家包括我国复制权中的复制依然指永久性的复制。

2. 从空间形式上看分为同种复制和异种复制

同种复制是以相同形式再现作品。如从平面到平面的复制,立体到立体的复制,作品和复制品完全相同。而异种复制是用不同于作品原来的形式表现该作品。如从平面到立体,从立体到立体(比例大小有变化)、从黑白到彩色等的复制。

3. 从是否接触原件看分为直接复制和间接复制

直接复制指接触作品原件本身的复制,例如静电复印或者磁带转录等;间接复制指不接触作品原件的远距离复制,例如通过接收设备录制广播电台、电视台发射的广播电视节目等。

4. 从手段上看分为手工复制和机械复制

手工复制包括手抄、手工雕塑、雕刻、伪造、仿制等方式。机械复制包括印刷、录音、录像、照相、静电复印、数字录制等方式。尽管手工复制同机械复制在复制的数量、质量、速度、效率等方面差距很大，但是其行为性质是相同的，都是客观再现原作品，没有给原作品增加新的创造成分。

5. 从载体看分为传统复制和数字复制

网络出现之前都是传统复制，承载信息的载体是纸张、布帛、石牌等，而随着计算机网络的出现，复制的载体也发生了变化，信息承载在新兴的载体上，如芯片、光盘、硬盘等，数字环境中的复制主要有以下情形：

(1)将作品以各种技术手段固定在芯片、光盘、硬盘和软件磁盘等媒介上。

(2)将作品上传至网络服务器。

(3)将作品从网络服务器或他人计算机中下载到本地计算机中(不包括没有在计算机硬盘中产生永久性复制件的在线阅读、欣赏作品的行为)。

(4)通过网络向其他计算机用户发送作品。

随着复制形式的多样化，作品更加容易被复制，作者的复制权面临极大的威胁，各国出现了一些保护作者权利的新举措。如禁止利用供公众使用目的而设置的自动复制机械进行私人复制、针对利用数字化录音录像器械和媒体进行私人复制者课税等制度，以确保著作权人利益不致受到过大的侵害。

二、发行权

(一)发行权的概念

发行权按我国著作权法的规定是指著作权人以出售或赠与的方式向公众提供作品原件或者复印件的权利。发行的方式可以是有偿出售也可以是无偿赠与，其特点是必须发生有形载体的转让。此外，发行本身的含义就是面向众人，如发行货币、发行债券等。由此可以看出我国著作权法中的发行权界定存在立法技术上的漏洞，具体而言即用词不准确。原件只有一份，面对公众提供原件，这不是发行且前后逻辑矛盾。所以建议将定义中的“或者”改为“以及”，或者直接将“原件或者”取消。因为现实中，很难见到发行原件的，所发行的通常都是复制件。不能向公众提供复印件的行为不构成发行。如电影作品通过表演，文学作品通过朗诵，美术作品通过展览，都不向公众提供复印件，所以表演、朗诵、展览都不是发行。

发行权的行使有两种途径，既可由著作权人自己发行，也可以授权他人发行。但受著作权人物质条件的限制和国家法律的制约，发行权通常被授权他人行使。

(二)发行和复制的区别

发行权往往和复制权一起行使。一般来说，要发行作品，必须先复制作品。所谓出版权即指复制权与发行权的总称。但是，复制权和发行权是两种不同的权利，第一，二者面对的对象不同,发行面对公众,复制可以针对公众也可以是特定个人。第二,二者的行使方式不同,发行通常授权他人发行,而复制不需要授权就可完成。

三、出租权

(一)出租权的概念

例4.6　某外国软件公司许可甲公司在电脑上安装其软件。甲公司将装有该软件的电脑出售给乙公司。乙又将电脑出租。某外国公司认为乙公司未经其同意出租其软件作品,侵犯了其著作权。

出租权,是指著作权人有偿许可他人临时使用电影作品和以类似摄制电影的方法创作的作品、计算机软件的权利,但计算机软件不是出租的主要标的的除外。

对于出租权,各国采取了不同的立法态度。一部分国家将出租视为发行的一种方式,因而发行权涵盖了出租权。例如,《西班牙著作权法》第19条将出租权规定在发行权之中:“发行指作品的原件或复制品通过销售、出借、出租或其他方式向公众提供。”还有一部分国家将出租视为独立的作品使用方式,形成出租权与发行权相互并列的立法体例。例如,《俄罗斯著作权法》1993年修订时新增加了出租权的条款,规定“作者享有以出租的方式发行作品复制件的权利而不受这些复制件的所有权制约”。《德国著作权法》第17条也规定了“复制物的出租与出借”的权利,同时在第17条中又规定了传播权,主要指发行权,这两项权利互不相涉。1996年12月缔结的《世界知识产权组织版权条约》规定发行权与出租权是互相独立的两项权能。我国为适应经济发展形势的需要,2001年修订著作权法时采取了大多数国家的立法价值取向,将出租权单列为一项独立的著作财产权。

(二)出租权的客体

由于各国在出租权客体上存在分歧,《与贸易有关的知识产权协定》第11条作了如下规定,“至少对计算机程序及电影作品,成员应授权其作者或者作者之合法继承人许可或禁止将其享有版权的作品原件或复制件向公众出租”。同时又规定,“对于计算机程序,如果有关程序本身并非出租的主要标的,则不适用本条义务”。我国著作权法也明确规定,出租权的客体只适用于电影作品和以类似摄制电影的方法创作的作品以及计算机软件,但是计算机软件不是出租的主要标的的除外。例4.6中,出租的是一台装有计算机软件程序的计算机,出租的主要标的是计算机,而里面的程序软件不是出租的主要标的,所以,乙公司并没有侵犯其著作财产权中的出租权。

选择视听作品和计算机软件这两类作品作为出租权保护对象,是因为这两类作品融入了巨大的投资,而出租是这两类作品使用、收回投资的重要方式和渠道,对这两类作品的出租行为如果不允许著作权人控制,对其收回投资非常不利,除此以外,其他作品一般不能享有出租权。出租权是电影作品和以类似摄制电影的方法创作的作品,以及计算机软件著作权人享有的权利。非著作权人想要将著作权人的这些作品的实物向公众出租,必须经过著作权人的许可。例如,软件光盘出租店只有取得软件光盘著作权人的许可并支付报酬，才能合法经营软件光盘的出租业务，否则就构成侵权。

四、展览权

例4.7 画家甲将其未发表的一幅绘画作品原件赠与好友乙。乙将其挂于室内。丙在乙家中做客时，向乙提出欲租该画展出30日，愿支付报酬500元，乙同意。乙和丙的行为是否合法？

展览是对不特定的多数人公开，可以在任何合适的公开场所公开，如美术馆、博物馆、书店、橱窗等，如果仅供家庭或本单位内部少数人观赏，就不能构成展览。根据著作权法的规定，展览权是指公开陈列美术作品、摄影作品的原件或者复印件的权利。展览权的主体是著作权人，只有著作权人才享有展览权，作品原件或者复印件的所有人不享有，特殊情况除外。如我国《著作权法》第18条规定，"美术等作品原件所有权的转移，不视为作品著作权的转移，但美术作品原件的展览权由原件所有人享有"。需要注意的是，作品复制件的展览权依然保留在著作权人手中。例4.7中，乙和丙的行为均合法。

展览权的范围包括美术作品和摄影作品，这与其他国家的规定基本一致。如德国、日本和我国台湾地区都规定美术作品和摄影作品拥有展览权。有的国家规定得笼统一些，如西班牙规定艺术作品拥有展览权。也有的国家一般性地规定作品拥有展览权，并不特指美术与摄影作品，如法国和意大利。对于文字作品、电影作品，展览大多没有什么价值和必要，因此不涉及展览权。但是一些著名作家、政治人物从未公开的手稿也有一定的价值，公众有观看的需求。所以应该作为特例允许展览，可以赋予作者或所有人以展览权。

展览权虽为著作权人享有，但不能滥用权利，如果展览的美术、摄影作品涉及他人利益，如肖像权、隐私权时，应征得权利人的同意以体现对其人格权的尊重，否则将构成对其人格权的侵犯。

五、表演权

例4.8 甲创作了某音乐作品。之后与某演出单位签订合同，同意其在音乐厅演奏两场，由单位向其支付报酬。后来组织单位未经甲同意将演出实况录制成CD唱片，并交音像出版社发行。

根据著作权法规定，表演权是指公开表演作品以及用各种手段公开播送作品的表演的权利。表演包括"现场表演"和"机械表演"两种形式。现场表演是指表演者直接针对现场观众表演作品，包括朗诵、演唱、演奏文字作品、音乐作品或者演出戏剧作品、舞蹈作品等，由于这种表演在不同的场次总会有细微的变化，所以形象地称作"活表演"。机械表演是指借助机械设备播送对作品的表演，其各种手段中不包括通过广播、放映及交互性网络等方式传播作品。一次表演一旦被设备记录下来就定格不变了，每次重播都是一次次机械的重复，固定后的表演没有任何变化，所以称这种表演为机械表演。

与两种表演相对应的表演权也有以下两类:

(1)公开表演权,包括表演自己的作品;授权或禁止他人表演其作品。

(2)公开播送作品的表演权,包括公开播送作品的现场表演;授权或禁止他人用各种手段公开播放其作品的表演。如在机场、车站、酒吧等未经著作权人同意播放或放映录有其作品的表演的音像制品就属于侵权。例4.8中,甲对自己的作品享有表演权,可以决定是否公开表演以及其表演可否被记录传播。组织单位未征得甲的同意,录制现场表演并发行,侵犯了甲的表演权。表演权主要针对的是文字作品、音乐作品、戏剧作品。

著作权人可以自行表演其创作的作品,也可授权他人来表演作品。表演他人作品应征得著作权人许可并支付报酬。使用他人作品演出,表演者应当取得著作权人许可,并支付报酬。使用改编、注释、整理作品而产生的作品进行演出,应当取得改编、注释、整理作品的著作权人和原作品的著作权人许可,并支付报酬。免费表演已发表的作品可以不经著作权人许可,不向其支付报酬,但应指明作者姓名、作品名称,并且不得侵犯著作权人的其他权利。电视台播放他人的录像制品,还应当取得著作权人许可,并支付报酬。

六、放映权

例4.9 某娱乐场所将唱片公司录制的MTV作品未经其同意就以卡拉OK的形式向顾客放映,唱片公司起诉该娱乐场所侵权。

放映权指通过放映机、幻灯机等技术设备公开再现美术、摄影、电影和以类似摄制电影的方法创作的作品的权利。放映权是修订后的著作权法新增加的一项权利,它与广播权、表演权有相似之处,又有不同。

首先,放映的设备是放映机、幻灯机等。这些设备与广播作品使用的设备不同,广播作品采用无线、有线等方式,作品传播面很广。放映只能在特定的空间,如电影院、剧院、KTV房间、露天场地等。其次,放映为公开展现作品。所谓公开,是指向家庭、朋友等熟人圈以外的人放映,即面向公众放映。所谓展现作品即对原作品不加任何加工修饰,原汁原味地放映出来。这与表演权不同,表演权是将原作品由作者或授权演出者表演出来,包括直接表演和间接表演(机械表演),表演会因表演者的理解把握不同而表现出独特性,并非原原本本的展现。最后,放映作品的范围一般包括美术作品、摄影作品、视听作品,但并非只有这些作品才享有放映权,任何作品只要能够被放映,著作权人都享有放映权。

规定放映权的意义在于进一步加强对影视作品以及美术、摄影作品著作权人的保护,使其有权禁止未经其许可公开放映其作品的行为。例4.9中,该娱乐场所侵犯了唱片公司的放映权。此外类似的情况还包括在公交车、饭店、餐厅、放映厅等场所,未经著作权人许可,擅自公开放映录像带、激光视盘等,均构成侵权。

七、广播权

根据著作权法的规定广播权是指以无线方式公开广播或者传播作品,以有线传播或者转播的方式向公众传播广播的作品,以及通过扩音器或者其他传送符号、声音、图像的类似工具向公众传播广播的作品的权利。

广播权概念中涉及了"广播"、"传播"、"有线传播"以及"转播"等概念。根据世界知识产权组织对《伯尔尼公约》的解释,所谓广播,是指"通过无线电波传播声音和(或者)图像,以使公众收听、收看"。所谓传播指"以任何适当的方式使一般人,而不限于某一个私人团体的特定个人,听到、看到某一作品、表演、录音制品或者广播电视节目"。所谓有线传播指"通过有线网络以声音或者图像向接收者传播作品、表演、录音制品或者广播电视节目,接收者并不限于某一个私人团体的特定个人"。所谓转播指"同时广播从另一来源收到的广播节目,或者指后来重新播送以前广播过的或者事先收录的节目。授权广播一部作品,并不一定包括转播该作品"。

广播权包括以下三个方面的内容:

(1)无线广播。广播电台、电视台以无线方式公开广播或传播作品。

(2)有线或无线传播广播。以有线或无线的方式将广播电台、电视台广播的作品向公众传播。

(3)其他工具传播广播。通过扩音器、电视机等终端设备向公众传播广播作品。

三层内容之间具有一定的逻辑关系。无线是基础,有线建立在无线的基础上。如果直接以有线的方式传播作品不属于广播权的范围。

广播权体现了著作权人对作品的传播所进行的控制,即著作权人有权禁止或许可他人将其作品通过广播等形式进行传播。任何人未经著作权人许可而广播其作品的,除法律另有规定外,均构成侵权。广播权适用于文学作品、戏剧、曲艺作品、音乐作品、电影作品等,它主要是针对广播电台、电视台以及一些商业娱乐场所的播放。

八、信息网络传播权

例4.10 甲创作并演唱了《都是玫瑰惹的祸》,乙公司擅自将该歌曲制成彩铃在网络上供免费下载,乙公司侵犯了甲的哪些权利?

著作权法规定信息网络传播权是指以有线或者无线方式向公众提供作品,使公众可以在其个人选定的时间和地点获得作品的权利。新修订的著作权法为适应网络环境下著作权保护的形势需要,明确规定著作权人享有信息网络传播权。

信息网络传播不同于广播传播作品,广播传播作品时公众只能被动接受。信息网络传播使得公众可以在自己选定的时间和地点获得作品,公众具有获得作品的主动性,这是由信息网络传播的便捷性、及时性和交互性决定的。正因为如此,对信息网络传播的方式不能狭隘理解,虽然主要指互联网传播,但不限于互联网。各种音频或视频网络,无论通过互联网获得信息,还是通过数字电视、电话、手机等获得信息,只要具有交互性都属于通过信息网络获得。著作权人依然有权进行以上方式的传播。例

4.10中,乙公司侵犯了甲的信息网络传播权。

在信息网络传播权利中涉及技术措施权,该权利由著作权人享有。但该权利的性质是著作权还是独立权利抑或合同权利,在理论界有争议。笔者倾向于著作权。

九、摄制权

摄制权,是指以摄制电影或者以类似摄制电影的方法将作品固定在载体上的权利。摄制权又可称为"制片权",有些合同中称为"影视改编权",将文字作品、口述作品等拍摄成电影故事片、电视剧等。著作权人享有自己将作品拍成影视剧的权利,也可以授权他人拍摄。摄制权主要由作品能改编成电影剧本、电视剧本或电视节目脚本的作者,以及电影、电视剧本作者享有。将表演或某些活动机械地录制成音像制品,不视为摄制作品。

十、改编权

改编权,是指改变作品,创作出具有独创性的新作品的权利。所谓改编是根据他人创作的文学、艺术、科学作品进行的再创作,改变原作品的表现形式,如将小说改编成电影,或将长篇小说改写为简写本等。改编原作品时同样要付出相当的独创性劳动,所以对改编作品改编者享有著作权。由于改编作品同原作之间是原始创作与派生创作的关系,改编者必须经过原作者的同意并支付报酬才能改编,否则构成侵权。

十一、翻译权

翻译权,即将作品从一种语言文字转换成另一种语言文字的权利。因此,属于同一种语言的转换如将古文译成现代文等不是翻译。

翻译是著作权人的专有权利,任何人要翻译作品,都应事先取得著作权人许可并向其支付报酬。为了防止著作权人滥用翻译权,阻碍作品在各国之间的传播,《伯尔尼公约》和《世界版权公约》都规定了强制许可制度,即在一定条件下,政府可颁发强制许可证,允许本国人翻译外国人的作品,以满足本国公众的合理需要。在我国,除了受到以上限制外,著作权人还会受到合理使用以及其他一些限制,如对我国公民、法人或其他组织已经发表的以汉语言文字创作的作品翻译成少数民族文字在国内出版发行的,可以不经作者许可,不向其支付报酬。

十二、汇编权

汇编权,是指将作品或者作品的片段通过选择或者编排,汇集成新作品的权利。因为某种特定目的将作品或者作品的片断通过选择或者编排,汇集成新作品,此间汇编人付出了智力劳动所以对汇编作品享有汇编权。汇编和改编不同,改编需要变换作品的表现形式,但汇编对选择的材料在形式和内容上不作任何变动,只在作品的编排上做一些位置结构的变化。

十三、其他权利

著作权法在明确列举了上述十二项财产权利后,又用概括的方式规定了一项权利,即著作权人享有的其他权利。这一立法内容非常必要,因为随着社会的发展和技术的进步,作者使用作品的方式也不断增加,用列举的方法是不能穷尽著作权人的权利的,采用概括方式将今后可能出现的新权利包括进来,有利于司法实践的具体操作,可以及时解决现实中不断出现的棘手问题。目前,包括在著作权人其他权利中的权利主要有:1. 注释权。注释通常是指对难懂的古典著作或者其他作品中的词语或典故作出通俗易懂的解释。注释权应专属于作者。作者可以自己注释,也可以授权他人注释。2. 整理权。整理权是指对内容零散、层次不清的已有作品或材料进行条理化、系统化加工的权利。作品的整理权专属于著作权人,整理他人受著作权法保护的作品应当取得原著作权人同意。3. 录制权。对自己的作品有制作录音录像制品的权利。有学者提出还应该增加录制权,认为它不同于复制权、表演权、摄制权等,应该成为一项单独的权利。

讨论案例

上海朵云轩、香港永成古玩有限公司联合在香港拍卖出售的一幅署名"吴冠中"的《毛主席肖像画》作品,吴冠中起诉称他从未创作过该画,认为两被告侵犯了他的著作权,使其声誉和真作出售受到不应有的损害。公安部对该作品的署名进行鉴定的结果是,该作品上的署名不是原告吴冠中所写。

问:该案侵犯了作者的什么权利?

课后思考

1. 简述著作人身权的含义。
2. 著作财产权包括哪些权利?
3. 简述著作人身权与著作财产权的区别。

第五章　著作权主体

◇ 知识结构图

- 著作权主体
  - 著作权主体概述
    - 著作权主体的概念
    - 著作权主体的分类
  - 特殊作品著作权主体
    - 演绎作品的著作权主体
    - 合作作品的著作权主体
    - 汇编作品的著作权主体
    - 职务作品的著作权主体
    - 委托作品的著作权主体
    - 视听作品的著作权主体
    - 美术作品的著作权主体
    - 作者身份不明作品的著作权主体

◈ 本章导读

明确著作权主体，是进行著作权贸易的前提，也是在发生著作权纠纷时处理纠纷的基础。因此，这部分内容尤显重要。通过本章的学习，应弄清著作权主体的概念和基本分类；作者的概念以及法人或其他组织被视为作者的情形；著作权归属的一般原则；特殊作品的著作权归属，等等。

◉ 司考重点

著作权主体历来是司法考试的重点内容。本章考查的内容主要涉及职务作品、合作作品、委托作品的概念及著作权归属。另外，还涉及自传体作品著作权、死者著作权等内容。

第一节　著作权主体概述

一、著作权主体的概念

著作权主体是指获得著作权法保护的人，又称著作权人。著作权人一般指作者，但在特殊情况下也可以是作者以外的人,如国家、法人、组织等。著作权主体是著作权法律关系中的基本内容,是著作权法保护的重要依据,只有明确主体才能顺利进行著作权贸易;只有明确主体,才能依法享有法律赋予主体的各项精神及财产权利;也只有明确主体,才能处理各种著作权纠纷。所以明确著作权主体具有重要意义。

二、著作权主体的分类

(一)原始主体和继受主体

依据著作权的获得方式不同,著作权主体可分为原始主体和继受主体。所谓原始主体,是指在作品创作完成后,直接根据法律的规定或者合同的约定,对作品享有著作权的人。一般情况下,原始主体为作者,即创作作品的公民。如法国规定只有创作作品的人才能成为原始主体。作者与他人签订的雇佣合同、服务合同的存在并不影响作者对其作品所享有的著作权。但在某些情况下非自然人也可以成为原始主体。如英国、爱尔兰、加拿大等英美法系一些国家的著作权法规定雇主可以成为原始主体。我国《著作权法》第 11 条第 3 款规定:"由法人或其他组织主持,代表法人或者其他组织意志创作,并由法人或其他组织承担责任的作品,法人或者其他组织视为作者。"原始主体中涉及一个重要问题是作者身份的认定。根据《著作权法》第 11 条第 4 款的规定确认作者的方法,是看作品上的署名。即如无相反证明,在作品上署名的公民、法人或其他组织为作者。《伯尔尼公约》第 5 条第 1 款也规定,为使文学艺术作品的作者受到本公约的保护,只要作者的姓名以通常的方式出现在作品上,又无相反证据证明其不实,则可将其视为作品的真正作者,使其有权在本联盟成员国对侵犯版权的行为提起诉讼。即使作者采用的是假名,只要能清楚地确认作者的身份,也适用本条款。

所谓继受主体,是指以他人现有的著作权为基础,通过受让、继承、受赠或法律规定的其他方式取得著作权的人。继受主体享有的权利是从他人那里取得的,并以他人原有著作权的合法存在为前提。依据著作权法有关规定,继受主体著作权的取得主要有以下几种情况:

1. 因继承、遗赠、遗赠扶养协议等取得著作权

《著作权法》第 19 条规定,著作权属于公民的,公民死亡后,著作权法规定的著作财产权在著作权法规定的保护期限内,依照继承法的规定转移。法定继承人或者第三人可根据作者的遗嘱、遗赠扶养协议或者法定继承的规定取得著作权,成为著作权主体。著作财产权可以继承,著作人身权不能继承,但著作人身权由继承人保护;无继承人又无受遗赠人的由著作权行政管理部门保护。

2. 因合同取得著作权

著作权合同分为著作权许可使用合同和著作权转让使用合同。著作权转让合同中受让人与著作权人达成协议而使著作权主体发生变更,原著作权人因此丧失权利,而受让人成为继受主体享有著作权,按自己的意志行使权利。而著作权许可使用合同未发生著作权的转让,也即没有继受主体出现。

3. 因特殊情况国家取得著作权

《著作权法》第19条规定，著作权属于法人或者其他组织的，法人或其他组织变更、终止后，其著作财产权在著作权法规定的保护期限内，由承受其权利义务的法人或者其他组织享有；没有承受其权利义务的法人或者其他组织的，由国家享有。此外，还有两种情形国家也可以取得著作权：(1)国家出于某种特殊的需要，从著作权人那里购买著作权，从而成为著作权主体。(2)著作权人将其受保护的作品赠送给国家，国家接受其赠送而成为著作权主体。对国家享有著作权的作品的使用，由国务院著作权行政管理部门管理。

原始主体和继受主体获得著作权的方式不同，所以他们享有的著作权内容也不同。除了某些法定情况，原始主体一般都享有完整的著作权，既享有精神权利也享有财产权利。而继受主体因为从原始主体那里获得著作权，不能享有完整的著作权，只能享有著作权中的财产权而不能享有精神权利。

（二）完整的著作权主体和部分的著作权主体

依据主体所享有的著作权是否完整可以划分为完整的著作权主体和部分的著作权主体。完整的著作权主体是指享有全部著作权的人，其不仅享有全部的财产权利，而且享有全部的精神权利。部分的著作权主体是指不能享有全部的著作权，只拥有著作权中的部分权利的主体。

作者一般都是完整的著作权主体。但如果作者将自己享有的著作财产权的一部分或全部转让给他人，自己只有部分著作财产权或著作人身权，此时作者也就成了部分著作权主体。在某些特别情况下，作者甚至可能不是或不再是著作权主体。例如，我国《著作权法》所规定的将法人视为作者的情况，事实上的自然人作者就不是著作权主体。更有甚者，如有的英美法系国家允许整体转让著作权，如果作者卖绝著作权，则任何著作权都不再享有。继受主体在我国不能享有完整著作权，只能取得部分或全部的著作财产权。

（三）自然人主体和拟制主体

根据著作权主体的自然属性，著作权主体可以分为自然人主体和拟制主体。自然人可以因为直接创作作品而获得著作权，也可以通过继承、受让、受赠等方式获得著作权成为著作权主体。拟制主体是享有著作权的法人或其他组织。国家在特殊情况下也属于拟制主体。拟制主体是为了让非自然人享有著作权法上的权利而经过法律技术处理的产物。法人是指具有民事权利能力和民事行为能力，依法成立并独立享有民事权利和承担民事义务的组织。其他组织是指合法成立，有一定的组织机构和财产，但又不具有法人资格的组织。国家也可以通过购买、接受赠与以及法律直接规定成为著作权人。

对于拟制主体的法人、国家能否成为著作权主体在理论界有一定争议。如有学者认为公民死亡后无继承人又无受赠人，法人或者其他组织变更后，没有承担其权利义务的法人或者其他组织，在著作权保护期内由国家作为著作权人是不合理的。国家作为著作权继受主体，管理成本高效率低；阻碍作品快速传播，僵硬的比照有形财产的保护方法不可取。当出现著作财产权无人承受时,让著作财产权提前终止,而不是归国家享有,既与著作权的私权性质相吻合,又有利于进一步促进对作品的各种利用,最大限度地发挥作品的价值,从而造福于公众。对于自然人以外的法人或其他组织能否成为著作权人也有不同观点。一种观点认为,法人或其他组织是民事主体的一种,具有独立的民事权利能力和行为能力,作为一个整体独立存在,有自己的思想和意志,当具备某种相应的条件时,就可视法人或其他组织为作者。另一种观点认为,创作只能是有智力创造劳动能力的自然人完成,法人及其他组织不可能进行创作;另外,法人成为著作权主体,由于法人没有特殊原因会永久存在,保护期无法适用各国著作权法中有生之年加死后50年至90年的规定,其作品就会长期进入不到公有领域,既不公平也不利于社会的发展。德国、西班牙、俄罗斯、瑞士以及希腊等国家都持这种观点,认定自然人是唯一的作者。考虑到法人、社会组织在一些大型文化产品如计算机软件、百科全书、地图等作品的开发和利用中的特殊作用,应该赋予其著作权,对此,一些英美法系国家及我国都予以规定和认可。

(四)内国主体和外国主体

依据著作权主体是否具有本国国籍可以划分为内国主体与外国主体。内国主体是指具有本国国籍的公民、法人或者其他组织。外国主体是指不具有本国国籍的外国人和无国籍人。著作权法具有的地域性决定了一国的著作权法首先保护本国人的著作权,但在一定条件下也保护外国人和无国籍人的著作权。

中国公民、法人或者其他组织的作品,无论是否发表,都可依据作者国籍原则享有我国著作权法的保护,直接获得著作权;外国人、无国籍人的作品则根据作品国籍原则受我国著作权法保护。我国已经参加了《与贸易有关的知识产权协议》和《保护文学和艺术作品伯尔尼公约》,因此,所有协议和公约的成员国国民或居民作品,应当获得我国著作权法的保护。我国著作权法对在我国首次出版的作品给予保护。在我国境内出版的外国人、无国籍人的作品,自首次出版之日起依照我国著作权法享有著作权;外国人、无国籍人的作品在中国境外自首次出版后,30日内在中国境内出版的,视为该作品同时在中国境内出版;未与中国签订协议或者共同参加国际条约的国家的作者以及无国籍人的作品首次在中国参加的国际条约的成员国出版的,或者在成员国和非成员国同时出版的,也受我国著作权法的保护。

第二节 特殊作品著作权主体

一、演绎作品的著作权主体

例5.1 甲经乙许可,将乙的小说改编成电影剧本。丙获得该剧本手稿后,未征得甲和乙的同意,将该电影剧本改编成电视剧剧本并予以发表。应如何看待丙的行为?

(一)演绎作品的概念

对已有的作品或其他材料进行演绎、加工所产生的作品。著作权法对演绎作品的表述是改编、翻译、注释、整理已有作品而产生的作品。

理解演绎作品的关键是理解“演绎”一词,演绎是指所有以现存的作品为基础直接创作新的作品的行为。其中“演”是变化的意思,如我们常说的演化、演进、演练,“演”都有变化、进化等含义。绎是指抽出或理出事物的头绪,也即浓缩精华之意。如果事物保留了最核心的部分,那么其性质就不会改变,绎可以理解为不变。“演绎”,简言之,就是变(演)加不变(绎)。演绎作品中原作品的思想内容不变,必须保持原作品的创作特性和个性。而作品的表现形式要变,这种形式变化不仅包括同种作品形式之间的改变和转换,如小说翻译成小说,诗歌翻译成诗歌,还包括以别的形式表达作品的内容,如小说改编成剧本、雕塑改成油画等。演绎作品的主要表现形式包括改编作品、翻译作品、注释作品、整理作品。

(二)演绎作品的主体确认

1. 权利归属。《著作权法》第 12 条规定:“改编、翻译、注释、整理已有作品而产生的作品,其著作权由改编、翻译、注释、整理人享有”,即演绎作品的著作权归演绎人享有。因为演绎作者在演绎已有作品时,在形式上作了变动,付出了创造性劳动;同时由于演绎者的独创性劳动,使得已有作品得到进一步传播和利用,所以演绎者对演绎作品应该享有著作权。

2. 权利使用。演绎者在演绎他人作品时必须征得双重或多重同意并分别支付报酬。如果是一次演绎,经对方同意即可,但演绎作品如果经过多次演绎,如从小说改编成剧本,又从剧本改编成电影,此时需要经过双重或多重同意,并分别支付报酬。(1)《著作权法》第 34 条规定:“出版改编、翻译、注释、整理、汇编已有作品而产生的作品,应当取得改编、翻译、注释、整理、汇编作品的著作权人和原作品的著作权人许可,并支付报酬。”(2)《著作权法》第 39 条规定:“录音录像制品作者使用改编、翻译、注释、整理、已有作品而产生的作品,应当取得改编、注释、整理、汇编作品的著作权人和原作品的著作权人许可,并支付报酬。”例 5.1 中,甲对乙的作品进行改编,对改编后的演绎作品享有著作权。丙将电影剧本改编成电视剧本应该同时征得原著作权人甲和演绎作品著作权人乙的双重同意并分别支付报酬。这里丙同时侵犯了甲和乙的著作权。

从我国上述法律规定来看,演绎者应该是合法演绎才可以成为演绎作品的主体,受著作权法的保护。如果是侵权演绎,即使付出了劳动也不会获得著作权法保护且要承担侵权责任。什么是合法演绎,简单来讲,行使权利时征得同意并支付报酬则为合法演绎,相反,未征得原作品著作权人同意而进行演绎就是侵权演绎。我国著作权法对演绎作品的保护前提就是合法演绎,凡是改编、翻译、注释、整理已有作品,其著作权由改编、翻译、注释、整理人享有,但行使著作权时不得侵犯原作品的著作权,需要征得双重或多重同意并分别支付报酬。

毋庸置疑,合法演绎受到法律保护,那么,侵权演绎法律是否就一定不予保护呢?对此各国立法及学者观点大相径庭。美国、法国、我国台湾地区的著作权法都认为未经作者或权利人的同意,演绎作品均为侵权,不受著作权法保护。而英国、瑞士等国则认为即使非法演绎的作品也应该受到法律的保护。两种不同的立法基于不同的认识,主张非法演绎侵权的观点理由是:诚实信用原则是民法的最高原则,根据该原则的精神,一个基于不诚实而行为的人,其行为不但不能得到法律保护,而且应当受到法律的制裁。非法演绎无论付出多大代价和创造性劳动,演绎者对其演绎作品都不能享有权利。用拉丁的格言来说就是"错误不产生权利"。相反,主张非法演绎应受法律保护的观点其理由是:首先,演绎作品本身含有独创性。如德国著名版权法专家M.雷炳德认为,"演绎作品著作权的产生并不依赖于原作品作者的准许"。因为演绎者不同于复制他人作品的人,他并没有"白拿"他人的作品,而是自己也付出了创造性的劳动。如果不赋予其著作权,则当有一第三人擅自使用这一成果时,非法演绎者只能束手无策,听之任之了。法律在保护原作者利益的同时却无视演绎者的利益,其结果必然有失公允。其次,非法演绎并没有侵犯原作品的利益。原作品的著作权主要包括精神和财产权利,而在这两方面非法演绎都没有侵害原作者权益,因为非法演绎作品和原作品的消费者不同,如小说有小说的爱好者,电影有电影的发烧友,演绎作品不会对原作品的潜在市场造成实质性影响,对其保护不会影响在先作品著作权人的利益。目前,对该问题有一种折中的观点,认为对非法演绎者既要限制又要保护。第一,限制演绎者。由于演绎作品对原作品的依赖性,因此要求演绎者演绎时征得原作品作者同意是必要的。第二,保护演绎者。非法演绎者在演绎过程中付出了创造性劳动,赋予其演绎作品著作权是合理的,只是其不能行使积极权利。总之,要平衡原作者和演绎者的关系,使双方的权利在一个合理范围内行使和保护。

二、合作作品的著作权主体

例5.2 甲、乙共同创作完成一部小说。甲主张发表,乙不同意。乙死亡后,有一继承人,后甲将该小说发表,甲的行为是否恰当?

例5.3 国画大师李某欲将自己的传奇人生记录下来,遂请作家王某执笔,其助手张某整理素材。王某以李某的人生经历为素材完成了自传体小说《我的艺术人生》。李某向王某支付了5万元,但未约定著作权的归属。该小说的著作权应当归谁所有?

(一)合作作品的概念与特点

根据《著作权法》第13条之规定,合作作品是指由两人或两人以上合作共同创作的作品。它不同于"一人作品",是由两个以上自然人、法人合作创作的作品。合作作品主要的特点是:

1.合作者主观上有"合谋"

"合谋"是指合作者主观上有创作的意思表示并为了达成共谋,在创作过程中,各合作方往往有意识地调整各自的创作风格和习惯，以便使他们的创作成果相互照应、衔接、协调和统一，达到整体的和谐。合谋可以是事先合谋也可以是事后合谋。前者表现为合作者先共同策划，确定作品的内容和形式，再进行分工创作；后者表现为各自已独立完成了创作，因为作品的内容协调，而将作品合并为一种新的形式来统一表现。

事后合谋的确定一般是通过明确追认而形成。如未经同意，在他人歌词上谱曲或在他人曲谱上填词，只要词曲作者事后通过语言或行为明确表示认可，该歌曲就为合作作品。事后默认不构成合谋，因为没有明确的表示很难判断创作者的主观状态。有学者指出，事后追认不仅要明示而且前后作品要协调统一，否则是结合作品而非合作作品。但是这一标准主观性强，不好把握操作，所以只要作者追认就应该认定为事后合谋。

2. 合作者客观上有"合作"

"合作"指合作者客观上有合作创作的行为，共同为合作作品付出了创造性的劳动，作出了实质性的贡献。仅为他人的创作进行组织工作，提供咨询意见、物质条件或进行其他辅助性工作，均不视为创作，不能成为合作作者。如教师指导学生论文，只是对文章构思结构、内容增减等初步阐述了一些观点，而对文章的创作没有实质性贡献，教师则不是作品的合作作者。没有参与共同创作不能成为合作作者。但现实中双方可能约定，一方进行具体创作，另一方提供物质条件，最后创作者同意对方署名，从而双方成为共同创作者。这一行为是否有法律效力在理论界存在争议。一种观点认为作者在自己的作品上署上未参加创作者的姓名的行为，依法确认为无效民事行为。[1]其实质是重事实不承认约定。但更多的观点认为，著作权是一种私权利，权利人可以自由处分，只要不损害第三人的利益，双方完全可以自由约定。考虑到著作权的私权性质以及著作权贸易的顺利进行，应当允许当事人之间就署名问题也即合作关系自愿确定并达成协议，遵循有约定依约定，没有约定，依证据归实际创作者的做法。

（二）合作作品的主体确认

合作作品主体确认相对比较复杂，各国规定也不尽相同。有的国家认为合作作品不可分割，因而不能单独使用，如美国、德国；有的国家则认为合作作品分为"可以分割使用的合作作品"与"不可分割使用的合作作品"，如法国、苏联。我国著作权法承认合作作品有两种类型：可以分割使用的合作作品与不可分割使用的合作作品。我国著作权法有关合作作品的规定主要有：

1.《著作权法》第13条第1款规定，合作作品由合作者共同享有。没有参加创作的人，不能成为合作作者。

2.《著作权法》第13条第2款规定，合作作品可以分割使用的，作者对各自创作的部分可以单独享有著作权，但行使著作权时不得侵犯合作作品整体的著作权。

---

[1] 刘春田：《知识产权法》，中国人民大学出版社2000年版，第72页。

3.《著作权法实施条例》第 9 条规定,合作作品不可分割使用的,其著作权由各合作者共同享有,通过协商一致行使;不能协商一致,又无正当理由的,任何一方不得阻止他方行使除转让以外的其他权利,但是所得收益应当合理分配给所有合作作者。例 5.2 中,甲可以发表作品,但发表该小说的稿费应由乙的继承人和甲共同享有。

4.《著作权法实施条例》第 14 条规定,合作作者之一死亡后,其对合作作品享有的著作财产权无人继承又无人受遗赠的,由其他合作作者享有。

(三)不按合作作品处理的特殊情形

根据有关司法解释,下列情形不按合作作品对待:

1. 由他人执笔,本人审阅定稿并以本人名义发表的报告、讲话等作品,著作权归报告人或者讲话人享有。著作权人可以支付执笔人适当的报酬。

这里的“他人”通常是单位里从事秘书工作的人。对于立法者来讲,之所以将此类作品不归入“他人”和“本人”的合作作品而当作独著作品看待,主要原因是:第一,此类作品与法人或者其他组织的职能活动往往紧密相连,而讲话人或者报告人通常是代表法人或者其他组织所作的讲话、报告,若“他人”和“本人”一起在作品上署名,会导致一些不便甚至误解;第二,在惯例上,由这些作品带来的某些收益往往不归法人或者其他组织等单位,而归讲话人、报告人个人,这种情况下,由讲话人或报告人向执笔人支付适当报酬是应当的。但是,既然报告人或讲话人并不是为自己的利益,而往往代表单位甚至是政府,也就是为了公共利益,那么,对执笔人支付报酬应该由单位或职能部门支付才顺理成章,否则给人们的错觉是报告人与执笔人之间形成了私人的债权关系,由此将带来不必要的误解。

2. 当事人合意以特定人物经历为题材完成的自传体作品,当事人对著作权权属有约定的,依其约定;没有约定的,著作权归该特定人物享有,执笔人或整理人对作品完成付出劳动的,著作权人可以向其支付适当的报酬。

该规定体现了张佩霖先生等所主张的“价值决定论”思想。即应根据作品的价值来判定谁是真正的作者。谁提供了作品的价值,谁就是作者。如例 5.3 中,李某提供素材,王某执笔完成,作品的价值是李某,而不是文字的好坏决定的。所以,即使双方未约定,著作权也应该由李某享有。但是以特定人物经历为题材完成的自传体作品,其创作完成情况比较复杂,有的是由特定人口述,执笔人记录;有的是特定人只提供简单资料、线索,执笔人完成创作;有的是特定人口述或实际创作,执笔人也实际创作。对于不同的情形,作品的归属应该有差别。第一种情形,著作权应该归特定人享有,后两种情形,执笔人实际参加了创作,应该享有著作权。如果一概而论,只要没有约定就归特定人享有著作权将违背著作权法关于自然人作者的基本规定。根据《著作权法》第 11 条的规定,只有创作作品的公民才是作者。《著作权实施条例》第 3 条规定,创作是直接产生文学、艺术和科学作品的智力活动。为他人创作进行组织工作,提供咨询意见、物质条件或者进行辅助工作的均不视为作者。因为没有约定就不分情况将著作权归该特定人物,将过于保护特定人的利益,忽略实际创作者的利益,违反了著作权法关于作者认定的规定。

三、汇编作品的著作权主体

例5.4 出版社甲经杂志社乙的同意刊登了乙杂志社刊登过的文章,但未与各篇文章作者联系并征得同意。众作者将出版社甲起诉至法院。

(一)汇编作品的概念

汇编作品是汇集、编排若干作品、作品的片段或者不构成作品的数据或者其他材料,对其内容的选择或者编排体现独创性的作品。

汇编作品是由汇和编两部分构成。汇是"汇集",将若干作品、作品的片段或者不构成作品的数据或者其他材料收集起来,是资料的平移,这是一种简单劳动,其中并没有什么独创性的智力成分。独创性是作品的主要构成要件,它指独立选择材料、构思,运用独到技能、技巧加工,独立完成的智力成果。被选择的材料必须在作者的技能下发生变化,产生新意、有独特个性。汇编中汇集资料环节并没有同时对资料的内容加工使其发生变化,是原封不动的平移,这种内容的选择不具独创性。编是"编排",即对收集的资料根据新作品所要表现的主题进行结构编排,使资料内容整合后产生新的风格和特点。如同样是古诗集,有的是简单的诗文堆放;有的则配合生动有趣的插图;有的甚至配有立体插图,形象而有动感。总之,不同的编排给人以不同的视觉感受,阅读的兴趣也全然不同。所以汇编中的编排体现了独创性。由此,汇编作品的独创性主要通过编排而非内容选择体现。

汇编作品中的内容选择缺乏独创性,所以想通过著作权法保护作品的内容选择很难操作,因为所选择的内容是透明公开的,人人都可选择。他人只要在编排上避免雷同就可以规避对汇编作品的侵权。但是汇编作品最有价值的恰恰是选择的内容,《读者》刊物之所以那么吸引人就是因为它收集的文章内容宣扬真、善、美,启迪智慧,发人深省,非常有意义,最有价值的部分是其收集的内容。但是现实中往往最有价值的部分因为容易规避侵权而不能通过著作权法有效保护,使汇编作品的著作权流于形式。由此,一些学者提议将汇编作品放入数据库这个大范围,通过反不正当竞争法和民法保护。因为数据库重点保护的是投资,谁投资汇集资料,谁就享有权利。汇编作品大多由法人或其他组织提供资金,组织人员进行汇编,最终也由法人或其他组织承担责任,而且也没有著作权法保护时间的限制。因此,汇编作品通过这种方式保护,既可以保护投资人的利益又能保护汇编的内容,从而达到对汇编作品真正价值即内容的保护。

(二)汇编作品的主体

《著作权法》第14条规定了汇编作品的著作权归属和行使。依据该条规定,汇编作品由汇编人享有著作权,但行使著作权时,不得侵犯原作品的著作权。另外,还需要注意以下几个方面:1. 对他人作品汇编时,应事先征得他人同意,并支付报酬。2. 被汇编进去的作品,其著作权仍归原著作权人,汇编人仅对整个汇编作品享有整体著作权,被选用作品的著作权人并不因作品被使用而丧失著作权,他仍享有著作权。例5.4中,杂志社仅就其汇编的作品即期刊杂志享有著作权,而对选编的文章不享有著作权,其著作权仍归原作作品人享有。故报社和杂志社均构成侵权。3. 汇编人既可以是自然人也可以是法人或者其他组织。如由单位组织人员进行创作,提供资金或者资料等创作条件,并承担责任的百科全书、辞典、大型摄影画册等汇编作品,其整体著作权归单位所有,汇编人员有权在汇编作品上署名。

四、职务作品的著作权主体

例5.5 中学英语教师甲积累数十年教学经验,总结出一套提高英语水平的学习方法。学校指派青年教师乙将甲的学习方法总结成书面材料以便推广。乙在跟班听课的基础上,根据自己的构思编写了介绍甲的学习方法的材料。此后,乙应出版社的要求,对该材料做进一步加工,写成《英语学习妙法》一书,署自己一人的名。该书出版后,甲提出异议,认为该书的作者应是自己而不是乙。学校也提出异议,认为乙的出书行为侵犯了学校对总结材料的著作权。该书的著作权应归谁享有?

例5.6 某甲利用本单位物质条件编制了一套软件,单位决定销售该软件并承担全部责任,依照法律该软件的著作权属于谁?

(一)职务作品的著作权主体概念

《著作权法》第16条规定职务作品是公民为完成法人或其他组织工作任务而创作的作品。对于职务作品需要注意以下三项内容:

1. 作者和单位之间体现是劳动法律关系

职务作品是利用个人和单位双方的资源共同完成的,没有个人的思维创作活动,职务作品是无源之水;但没有单位提供的资金、设备,单靠个人力量也无法完成。职务作品的完成必须通过双方的合作,互为条件。这就要求双方存在一定的关系即劳动法律关系,双方各自享有权利履行义务。当然,这种劳动关系并不需要非常紧密,兼职、借用或临时聘用等情形均可认定双方建立了劳动关系。

2. 作者创作目的是完成工作任务

工作任务是公民在该法人或该组织中应当履行的职责,包括固定岗位的职责和单位临时分配的工作任务,既可以是自己本职应当承担的任务,也可以是单位交付的本职工作之外的任务。

3. 创作内容与工作范围有关

职务作品并不要求必须在工作时间完成,职务作品的认定,关键在于创作者是否在本职工作范围内从事创作,而不在于创作完成的时间。

(二)职务作品的主体确认

对于职务作品的权利归属各国规定不尽一致,通常有三种情形。大陆法系国家从保护作者利益的立场出发规定职务作品一般由作者享有。如《法国著作权法》规定,雇佣合同、服务合同的存在,丝毫不影响作者享有的对其作品的专有的、对一切人都有抗辩力的著作权。但是,依劳动法及合同法的要求,雇员在劳动合同中应准许其雇主在约定范围内独占、使用有关作品的著作权,但软件作品的原始著作权就转归雇主所有。英美法系大多数国家及大陆法系个别国家从保护财产利益角度出发规定职务作品由雇主享有。例如,《英国著作权法》第11条第2项规定:“除非雇佣合同有相反规定,由雇员在受雇期间创作之文学、戏剧、音乐或艺术作品,其雇主为首位著作权所有人。”《美国著作权法》也作了类似规定。原东欧国家著作权兼顾双方利益,规定职务作品的著作权原则上归作者所有,但作者所在单位根据法律规定在一定条件下可以行使作者的某些权利。

我国著作权法兼收并蓄两大法系特点,对职务作品作出了以下规定:

1. 一般职务作品著作权由作者享有

一般职务作品是指为完成单位工作任务,不依赖单位的物质技术条件而主要依赖创作者智力投入完成的职务作品。“物质技术条件”是指法人或者组织为公民完成创作专门提供的资金,设备或者资料。

一般职务作品著作权由作者享有,但法人或者其他组织有权在其业务范围内优先使用。作品完成两年内,未经单位同意,作者不得许可第三人以与单位使用的相同方式使用该作品。如果在作品完成后的两年内,单位在其业务范围内不使用,那么作者可以要求单位同意由第三人以与单位使用的相同方式使用,单位无正当理由不得拒绝。其许可使用作品所获报酬,由作者与单位按约定的比例分配。作品完成2年的期限,自作者向单位交付作品之日起计算。总之,一般职务作品,作者个人享有完全的著作权,单位只具有2年的优先使用权,立法倾向于对创作者个人利益的保护,兼顾单位的财产利益。例5.5中,作品属于一般职务作品,所以著作权归乙享有。此外,特殊情况下,单位和个人可以约定将一般职务作品转化为特殊职务作品。

2. 特殊职务作品著作权(除署名)由单位享有

特殊职务作品是指为完成法人或者其他组织工作任务,虽然依赖创作者的智力投入但主要是利用法人或者其他组织的物质技术条件创作,并由法人或者其他组织承担责任的工程设计图、产品设计图、地图、计算机软件等职务作品。

特殊职务作品的著作权除署名权以外,其他人格及财产权归单位,但单位应当给予作者奖励。这种处理将利益的天平倾向于单位,但一定程度上兼顾了创作者的部分著作人格利益。例5.6中,计算机软件属于特殊职务作品,除署名权由甲享有外,其他著作权均属于单位。

3. 单位作品著作权由单位完全享有

单位作品是指由法律、行政法规或者合同约定著作权完全由法人或者其他组织享有的职务作品,是特殊职务作品中的特殊形式。单位作品在我国法律上是单独规定的一类作品。《著作权法》第11条第3款规定,由法人或者其他组织主持,代表法人或者其他组织意志创作,并由法人或者其他组织承担责任的作品,法人或者其他组织视为作者。该条就是关于单位作品构成要件及归属的规定。此外,《著作权法》第16条第2款第2项又进一步作了规定。就实质而言,其实单位作品和特殊职务作品并没有什么区别,立法上无须另外规定单位作品。

五、委托作品的著作权主体

例5.7 甲、乙两人系同事,甲曾委托乙创作一剧本,但双方没有订立合同或口头约定。乙按时完稿交甲审阅,后乙修改完作品即以自己的名义对外发表。甲知悉后,提出著作权属于自己。依法律规定此剧本的著作权属于谁?

(一)委托作品的概念

委托作品是指受托人根据委托人的委托而创作的作品。如某单位悬赏征集的厂标、厂徽以及受他人委托为他人画像等。委托作品也是雇佣作品。委托作品具有以下特征:

1. 委托人与受托人之间是平等主体关系

委托人与受托人之间是平等主体关系,一方付出创作性劳动,提供作品,一方一次性支付相应的报酬。双方自愿达成协议,不存在强迫。相比之下,职务作品则是具有隶属关系的劳动法律关系,劳动者双方的地位并不完全平等,完成作品具有一定的强制性,即使职工不愿意接受但迫于隶属关系也要违心承担,并且是必须尽的工作义务,其报酬通过连续性的工资体现。

2. 委托作品反映委托人的意志和具体要求

委托人将自己对作品的表现形式、内容、风格等方面的要求告知受托人,受托人按要求制作,制作中受托人不能违背委托方的意志,否则委托方可以不支付报酬或扣减报酬。受托方可以给对方提出合理化建议。虽然我国法律规定,委托作品没有约定归属的,由受托人享有著作权,但有时受托方因为作品没有体现自己的创作思想而放弃著作权,这从一个侧面说明了委托作品体现的是委托人的意志和要求。

3. 委托方向受托方支付报酬

受托方付出的劳动,由委托方支付报酬;委托作品没有约定归属的,由受托人享有著作权。不过,对此规定,笔者认为,既然受托方的劳动通过委托方支付的报酬已经得到补偿或肯定,那么在双方没有就委托作品约定时,著作权归受托方就值得商榷。

(二)委托作品著作权的主体

对于委托作品著作权归属各国规定各不相同。有的国家注重财产利益,规定委托作品归委托人。美国著作权法规定(美国认为委托作品属于职务作品即雇佣作品)雇佣作品的雇主一方被视为作者而享有著作权,因此委托作品的著作权人归委托人。有的国家注重作者利益保护,规定委托作品的著作权只能由受托人享有,如法国、德国。有的国家规定委托作品可以归委托人,也可以归受托人,如英国。有的国家则认为委托作品应该由委托人和受托人共同享有,如菲律宾。

我国《著作权法》第 17 条规定:“受委托创作的作品,著作权的归属由委托人和受托人通过合同约定。合同未明确约定的或者没有订立合同的,著作权属于受托人。”例 5.7 中,甲乙未约定,著作权归受托人乙。该条充分体现了民事立法中当事人的“意思自治”原则。通过双方当事人自由约定著作权归属,以适应复杂多变的实际情况;但是,在合同未作明确约定的情况下,著作权归属受托人,这一规定过于保护受托方利益,其实在无约定时,著作权归委托方更合理。其理由是:第一,委托作品体现了委托人的意志,很多情况下,委托人对自己的作品如何表现心中有数,只因一些客观原因无法亲自完成,于是将创作意图、构思、表现形式、内容等告知受托方,让其按照自己的意愿制作作品,此时,委托方也参与了创作活动。第二,委托方出资。在委托作品中委托方最大的贡献是付出投资,保证作品顺利完成,这是作品产生的物质保障。这与特殊职务作品有些相似,因而在美国委托作品是作为雇佣作品看待的。因此,作为投资方的委托方有理由要求取得作品的所有权和著作权。第三,市场化需要。从委托作品市场化应用看,作品作为交易对象,委托方拥有著作权更有利于其交易作品。

为了平衡委托人和受托人之间的利益,2002 年我国《关于审理著作权民事纠纷案件适用法律若干问题的解释》第 12 条规定,按照著作权法第 17 条规定委托作品著作权属于受托人的,委托人在约定的使用范围内享有使用作品的权利;双方没有约定使用作品范围的,委托人可以在委托创作的特定目的范围内免费使用该作品。该司法解释希望在保护作者的基础上兼顾委托方的利益,这个初衷是可取的,但在实际中很难操作。如委托方委托影楼照艺术照片,双方未约定作品归属,按我国著作权法规定该作品应该归受托人,但委托人可以在约定的范围内使用,没有约定范围的在特定范围内使用,且不说特定范围很难确定,单就双方能否真正行使权利就是很大问题。受托方影楼享有著作权,但使用权利时受到委托方肖像权的制约;而委托方虽享有照片(底片)的所有权,但行使所有权时受到受托方著作权的限制,最终双方权利行使都受到阻力,与其不能落实不如直接规定归属一方所有,当然归委托方更为合理。

六、视听作品的著作权主体

例 5.8　某电视台拍摄电视剧《精彩生活》,编剧甲根据作家李某创作的小说《精彩生活》编写了该剧本,宋某、张某、王某分别作为该剧的导演、摄影和主演。该电视剧的著作权应该归谁享有?

(一)视听作品的概念与特点

视听作品又称电影作品和以类似摄制电影的方法创作的作品,是指摄制在一定物体上,由一系列有伴音或无伴音的画面组成,并且借助适当装置放映、播放的作品。视听作品的特点是:1. 它是集体完成的合作作品。电影作品和以类似摄制电影的方法创作的作品是复杂、系统的综合艺术,需要制片者、编剧、导演、摄影、美工、作词、作曲及参加演出的演员的共同劳动和通力合作。2. 它需要巨大的投资。3. 作品的某些组成部分可以单独使用。

(二)视听作品著作权主体的确定

对这种作品的著作权归属,各国规定不尽一致。英美法系及部分大陆法系国家规定,视听作品主体为制片人。美国立法规定这类作品的著作权一律归制片者所有。大陆法系国家规定,视听作品归编剧、导演、摄影等电影作者。因为这些国家只承认个人是作者,所以著作权首先是属于编剧、导演、摄影等电影作者而不是制片人,制片人对电影作品的权利是从电影作品的作者那里转让而来的。如德国著作权法认为,编剧、导演等是电影作品的作者,但电影的著作权法定由作者转让给制片人。意大利著作权法规定文学作者、编剧、作曲、导演为电影作品的合作作者,制片者享有电影作品的经济使用权和电影中使用的作品的改编修改权,电影作品的作者在电影公映后拥有获酬权。

根据我国《著作权法》第15条的规定,电影作品和以类似摄制电影的方法创作的作品的著作权由制片者享有,但编剧、导演、摄影、作词、作曲等作者享有署名权,并有权按照与制片者签订的合同获得报酬。电影作品和以类似摄制电影的方法创作的作品中的剧本、音乐等可以单独使用的作品的作者有权单独行使其著作权。例5.8中,电视剧属于电影作品和以类似摄制电影的方法创作的作品,其著作权由制片者享有即电视台享有,编剧甲、导演宋某、摄影张某等作者享有著作权中的署名权,并有权按照与制片者签订的合同获得报酬。而演员王某在影视作品中并不享有著作权,他享有的是表演者权,如表明表演身份的权利以及通过合同获得报酬。

从《著作权法》第15条的规定可以看出:1.这类作品的整体著作权,除各作者的署名权外,其他包括人身权利中的修改权、发表权、保护作品完整权和所有财产权利均归制片者所有。将整体著作权归于制片者的原因在于,这类作品投资多、风险大,只有赋予制片者著作权,才能充分保护制片者的利益,在其对这类作品进行有效的市场经营后,收回投资,获取利润;此外,将著作权赋予制片人,有利于鼓励人们投资影视剧,从而促进影视作品的创作和繁荣。2.这类作品中的剧本、音乐等可以单独使用的作品,其作者可分别对其享有著作权,如剧本可以在杂志上发表,制片者无权干预;音乐的作者可以自行或授权他人对其作品进行表演,等等。

七、美术作品的著作权主体

例5.9 画家甲将其创作的画卖给乙,乙对此画是否享有著作权?

美术作品的著作权同其他作品一样,原则上都属于作者。但应当注意的是,美术作品一般涉及两个权利:一是所有权,美术作品原件所有人对作品载体所享有的所有权。二是著作权,美术作品创作者对作品所享有的著作权。所有权和著作权是性质不同的权利,在实际中可以分离。著作权的归属与作品原件所有权的转移没有任何关系,即著作权不因所有权转移而转移。我国《著作权法》第18条明确规定,美术等作品原件所有权的转移,不视为作品著作权的转移。不过这一规定使原件的展览变得很困难，对所有人来讲，拥有原件但没有著作权，则不享有展览权。对著作权人来讲，拥有展览权但没有原件可供展览。结果，所有权和著作权的行使都遇到了困难。对美术作品而言，让公众接触并全面了解作品的重要途径是对原件的展览，美术作品原件的展览与公众利益密切相关。为了便于展览，《著作权法》第18条进一步规定，美术作品原件的展览权由原件所有人享有，即所有权转移时著作权不转移，但著作权中的展览权属于例外，它随所有权的转移而转移。例5.9中，乙享有此画的所有权和展览权。另外，美术作品侵权中复制权侵权比较严重，如饭店复制他人美术作品作为饭店墙壁装饰，纺织厂复制他人美术作品作为纺织物图案，企业宣传材料上复制他人美术作品等。只要未征得作者同意都属于侵权。

八、作者身份不明作品的著作权主体

（一）作者身份不明作品的概念

作者身份不明作品是指难以确定作者身份的作品。它与匿名作品不同，匿名作品不一定作者身份不明，可能是作者没有署名，不署名也是作者署名的方式和权利，不能与作者身份不明作品混为一谈。

（二）作者身份不明作品的主体确定

我国《著作权法实施条例》第13条规定："作者身份不明的作品，由作品原件的所有人行使除署名权以外的著作权。作者身份确定后，由作者或者其继承人行使著作权。"

▲ 讨论案例

溥仪在东北抚顺战犯所服刑时，由其口述，其弟溥杰执笔完成题为《我的前半生》的悔过材料。在此基础上，公安部及部属的群众出版社领导选李文达对材料整理修改。期间李文达到东北实地调查，取得了丰富生动的资料并整理补充，提出该书二稿的修改大纲，如增加两章，压缩、增加部分章节等，修改变动的文字达29万字之多。对修改意见，溥仪没有反对。此后，李文达执笔，溥仪继续回忆口述，提供资料，对稿件审阅修改，最终完成作品，署名为爱新觉罗·溥仪。此书多次出版印刷及拍摄新片，酬金为溥仪遗孀和李文达各一半。溥仪遗孀对此有异议，认为溥仪与李文达不是合作关系，李文达是组织派来帮助修改此书，并非共同创作。1985年11月，国家版权局以(85)权字第6号文就《我的前半生》版权归属问题答复公安部，"《我的前半生》一书是溥仪和李文达合作创作，他们之间的关系不是作者与编辑的关系，而是合作作者的关系。当时出版此书时，李文达是一位不署名的合作作者。因此，此书的版权应归溥仪和李文达共有"。李淑贤对国家版权局的处理有异议，遂发生诉讼。一审法院北京中级人民法院和上诉法院北京高级人民法院审理结果是溥仪是《我的前半生》一书的唯一作者和著作权人，该书的形式及内容均与溥仪个人身份联系在一起，它反映了溥仪思想改造的过程和成果，体现了溥仪的个人意志，李文达曾帮助修改，虽付出辛勤的劳

动,但他不是合作作者。

问:该作品是独立作品还是合作作品?

课后思考

1. 简述作者的概念及作者应具备的条件。
2. 简述职务作品的概念、特征以及著作权归属。
3. 简述委托作品的概念、特征以及著作权归属。
4. 简述合作作品的概念、特征以及著作权归属。
5. 简述演绎作品的概念、特征以及著作权归属。
6. 分析比较职务作品与委托作品的异同。
7. 分析作者与著作权人的联系与区别。
8. 分析比较合作作品与汇编作品。

第六章 著作权的取得和期限

◇ 知识结构图

- 著作权的取得和期限
  - 著作权的取得
    - 注册取得原则
    - 自动取得原则
    - 加注标记取得原则
  - 著作权的保护期限
    - 著作人身权的保护期限
    - 著作财产权的保护期限
    - 计算机软件著作权的保护期限

◈ 本章导读

在著作权的取得方式上各国有着不同的规定，主要包括注册取得、自动取得、加注标记取得三种方式。在著作权的保护期限问题上，著作人身权的保护期限与著作财产权的保护期限有所不同。本章需要了解著作权的各种取得方式，掌握著作人身权和著作财产权的保护期限的法律规定。

◉ 司考重点

著作权的取得方式、类型和著作权的保护期限等内容。

第一节 著作权的取得

例6.1 张某在某大型晚会上创作了一个小品。依照著作权法，张某取得该小品著作权的时间如何确定？

一、注册取得原则

关于著作权的取得，由于各国著作权法立法思想的差异，可分为三种方式：一是注册取得，二是自动取得，三是加注标记取得。

著作权注册取得，是指作品在完成之后还须经过登记注册方能产生著作权。在注册取得原则下，注册是获得著作权的必要条件。著作权注册取得原则，又称为“有手续主义”。

历史上采用著作权注册取得原则的国家的著作权法有三种立法方式：一是只要创作完成并希望获得著作权的必须登记，而不论该作品是否发表，如原利比里亚著作权法和马里版权法。二是作品在发表之前可享有著作权，但已经发表的作品必须在法律规定的期限内登记方能获得著作权，作品发表后如不履行作品登记手续则停止原有的著作权，直至履行了登记手续才能恢复，如原阿根廷和哥伦比亚的著作权法。三是作品发表后经登记方可享有著作权，但给予较长的登记宽限期，在未作登记之前，作品暂时进入公有领域，如超过宽限期仍未履行登记手续，则永远丧失著作权，如巴拿马著作权法。[1] 著作权注册取得可有力地证明著作权人的身份，有利于及时解决著作权纠纷，为著作权人提供有力的法律保障，因此在历史上曾被使用过，如《安娜女王法令》明文提出了“登记”要求，我国历史上的《大清著作权律》以及后来的《中华民国著作权法》都曾经实行过登记制。但由于著作权登记制度不能对那些未登记的作品提供法律保护，有失公平，也与《伯尔尼公约》所确定的自动保护原则相悖，故现在绝大多数国家都不采用这种立法方式。

二、自动取得原则

著作权自动取得，是指著作权随着作品的完成而依法自动产生，可以不履行任何法律手续。这种获得著作权的方式也被称为“无手续主义”、“自动保护主义”。

这种立法方式的理论基础是天赋人权思想，认为作者的权利仅应基于创作而产生。大多数国家都采取了这种制度。《伯尔尼公约》也确认了自动取得原则，该公约第3条规定，具有本联盟成员国国民身份的作者，无论其作品是否已经出版，都应得到本公约的保护。著作权的自动取得，以作品创作完成的时间作为著作权取得的时间界限，只有作品创作完成后，作者才能取得和行使著作权，才能对抗第三人的侵权活动。“创作完成”包括全部完成和部分完成。只要能够表达作者一定的思想和感情，即使只是其全部构思的组成部分，也应认定为完成。

自动取得原则的保护水平较注册取得要高，作品一旦完成，不会因为任何人为因素而丧失著作权，能够更好地保护著作权人的利益，故为世界上大多数国家所采用。但缺点是发生著作权纠纷时，权利归属存在认定上的困难。例6.1中，张某获得著作权的时间是小品创作完成之日。

三、加注标记取得原则

著作权加注标记取得，是指作品出版时须在每一复制件上都加注著作权标记方能取得著作权。通行的做法是在作品规定位置上标明三项内容：一是版权所有、不许复制之类的声明，或者在印刷出版物上加注英文字母“C”，外加一圆圈，（C是英文Copy-

---

[1] 张玉敏：《知识产权法学》，中国检察出版社2002年版，第103页。

right 的缩写),在音像出版物上加注英文字母"P",外加一圆圈,(P 是英文 Phonogram 的缩写);二是著作权人的姓名或名称;三是出版年份。如果未加注上述标记或未将上述标记载于适当位置,对作品就不能享有著作权。

这种立法主义是著作权注册取得原则与自动取得原则相调和的产物,被《世界版权公约》所采用。《世界版权公约》规定,根据公约应予保护的他国国民在境外首次出版的作品,只要出版时在每个复制件上都标上版权标记,即应给予著作权保护。因此,现在许多国家在出版物上都加注了这种标记,以免作品出版后在其他国家不受保护。

我国《著作权法》采取了自动取得原则。该法第 2 条明确规定:"中国公民、法人或者其他组织的作品,不论是否发表,依照本法享有著作权。"《著作权法实施条例》第 6 条规定:"著作权自作品创作完成之日起产生。"这表明在我国著作权在作品完成时自动取得,不论是否发表,也不需要履行任何手续,即不需要加注版权标记和登记注册以及经任何机关的批准授权。对外国人、无国籍人的作品根据其作者所属国或者经常居住地国同中国签订的协议或者共同参加的国际条约享有的著作权,受本法保护。外国人、无国籍人的作品首先在中国境内出版的,依照本法享有著作权。未与中国签订协议或者共同参加国际条约的国家的作者以及无国籍人的作品首次在中国参加的国际条约的成员国出版的,或者在成员国和非成员国同时出版的,受本法保护。《著作权法实施条例》第 8 条规定:"外国人、无国籍人的作品在中国境外首先出版后,30 日内在中国境内出版的,视为该作品同时在中国境内出版。"

不过,鉴于自动取得原则的弊端,我国为了顺利解决因著作权利用造成的纠纷,于 1995 年 1 月 1 日起施行了《作品自愿登记办法》开始全面采用作品自愿登记制度,该制度不是著作权是否成立的依据,但却是确定著作权归属的有力证据。

第二节　著作权的保护期限

著作权保护期限,是指著作权受法律保护的时间界限。著作权既不是无限空间的绝对垄断权利,也不是没有时间限制的永恒权利。为了使社会共同利益和作者个人利益达到一种平衡,世界各国立法对著作权都给予了一定的保护期限。在著作权的保护期限内,作品的著作权受法律保护;著作权期限届满,就丧失著作权,该作品便进入公有领域,不再受法律保护,任何人都可以无偿自由的利用。

著作权保护期限的计算方法有两种:一种是死亡起算,即著作权的保护期限为作者终生加死后若干年限,一般是从作者死亡之年年末(12 月 31 日)或翌年年初(1 月 1 日)起计算。大多数国家采用这种计算方法。另一种是发表起算。即著作权从作品发表之年年末或者翌年年初起的若干年限受到法律保护。少数国家采用这种立法。我国既采用死亡起算,一般适用于自然人的作者,同时也采用发表起算,一般适用于法人或组织的作者。由于著作权包括著作财产权和著作人身权,我国《著作权法》对著作人身权和著作财产权规定了不同的保护期限。

一、著作人身权的保护期限

由于各国著作权观念和著作权立法传统的差异,对作者人身权保护期限的规定,大体上有两种立法体例:一是大多数大陆法系国家强调要保护作者的人身权,并认为它是与作者人身密不可分的专有的权利,因此,均规定人身权的保护期是无限制的。二是英美法系国家和少数大陆法系国家的著作权法规定,人身权的保护是有期限的,其保护期延长至作者死亡后一段时间或与著作财产权同时终止。

我国《著作权法》第20条规定,作者的署名权、修改权、保护作品完整权的保护期不受限制,永远受法律保护。该规定的意义在于防止他人在作者死后隐匿、改变作者姓名或者篡改作品内容,不但有利于维护作者的人格,保持作品的纯洁性,也是对公众的尊重和负责。但著作人身权中的发表权保护期限并非无限期,而是同著作财产权的期限相同。这是因为发表权是与财产权益直接相关的人身权,是著作权人财产权产生的前提。如果规定发表权永久受到保护,则不利于作品的利用与传播。此外,从促使作品及早发表,满足社会公众的文化生活需求来看,对发表权予以时间限制也是必要的。

我国著作人身权的期限规定体现了我国对作者人身权的重视和保护,但有关法律规定无论在内容还是立法技术上还存在一些问题,主要表现在两个方面:一是著作人身权永久性保护名不副实。作者的署名权、修改权、保护作品完整权的保护期不受限制,永远受法律保护。但是作者有生之年是由作者本人来行使,当作者去世之后则由其继承人或受遗赠人加以保护,而作者继承人或受遗赠人的著作财产权的保护期限为作者死后50年,即最多只有50年的时间,期满后继承人或受遗赠人便丧失了著作权主体身份。随着其主体资格的丧失,没有了经济利益的驱使,作者的人身权保护也就沦为一纸空文,该项权利规定则会形同虚设。建议著作权法在规定这三项著作人身权永久保护的同时,规定当著作财产权期满后,由国家著作权行政管理部门加以保护,使该项规定名至实归。[1] 二是立法技术存在瑕疵。我国《著作权法》第21条规定:"法人或者其他组织的作品,著作权(署名权除外)由法人或者其他组织享有的职务作品、影视作品和摄影作品,其发表权的保护期限为五十年,截止于作品首次发表后第五十年的12月31日。"该项规定在逻辑上存在悖论,发表权不同于其他著作财产权,它的特点是一次用尽,一旦公之于众,这项权利便已经耗尽,不复存在,不可能再保护50年。建议著作权法将对这些作品的发表权保护期限修改为"截止于作品创作完成之后第五十年的12月31日"。

---

[1] 赵丰华:《我国著作权保护期限立法探讨》,载《法制与社会》2009年第2期。

二、著作财产权的保护期限

例6.2　甲先生与乙先生共同创作了一部小说，并于1988年5月1日首次发表。甲先生于1999年6月2日逝世，乙先生于2001年8月1日逝世。该小说的著作权的终止时间是何时？

例6.3　甲1996年6月创作了一幅名为《珠穆朗玛》的摄影作品，甲于2005年去世。该作品的保护期到什么时候终止？

各国对著作财产权都明文规定了保护期。对著作财产权的保护期作出限制的目的是平衡作者与公众的利益，在实现了对作者创作性劳动成果的合理回报和鼓励之后，适时实现对作品的社会共享。我国立法从以下几个方面规定了著作财产权的保护期限：

（一）公民作品著作财产权保护期限

我国著作权法规定公民作品，其著作财产权的保护期为作者终生及其死亡后50年，截止于作者死亡后第50年的12月31日。如果是合作作品，截止于最后死亡的作者死亡后第50年的12月31日。例6.2中，作品属于公民的合作作品，小说的著作权的终止时间是2051年的12月31日。

（二）法人或者其他组织的作品著作财产权保护期限

法人或者其他组织的作品，其著作财产权保护期为50年，截止于作品首次发表后第50年的12月31日，但作品自创作完成后50年内未发表的，不再受著作权法保护。

我国对自然人和法人的作品保护期是分别立法，规定不同。但是现实中还存在一些自然人和法人之间的合作作品，该类作品的期限该如何确定呢？是比照自然人还是法人的保护期规定，对此，法律没有明确规定，今后有必要加以补充，保护期限选择两个保护期中较长的一个为宜。

（三）视听作品、摄影作品著作财产权保护期限

视听作品即我国著作权法上所指的电影作品和以类似摄制电影的方法创作的作品。我国《著作权法》第21条第3款规定："电影作品和以类似摄制电影的方法创作的作品、摄影作品，其发表权、本法第十条第一款第（五）项至第（十七）项规定的权利的保护期为五十年，截止于作品首次发表后第五十年的12月31日，但作品自创作完成后五十年内未发表的，本法不再保护。"例6.3中，摄影作品的保护期从发表之日起算，应该截止到2046年。

此规定对视听作品而言有积极意义。因为视听作品的制作者可能为自然人，也可能为法人。为自然人时属于自然人作品，为法人时是法人作品。两类作品的财产保护期限规定不同。为了避免同为视听作品，因为制片人不同就受到不同的法律待遇，所以法律规定无论何种主体为制片人，其作品的财产保护期都一样。但该规定也适用在摄影作品上却无必要。因为摄影作品不像视听作品那样作者众多，摄影作品同美术作

品一样一般是个人作品,完全可以依靠个人能力完成,所以它的著作财产权保护期限应该采用自然人保护时间的规定即作者有生之年加死后50年。[1]

(四)作者身份不明作品的著作财产权保护期限

根据《著作权法实施条例》的规定,作者身份不明的作品,对著作财产权的保护期为50年,截止于作品首次发表后第50年的12月31日,作者身份一旦确定,则适用一般公民的著作财产权保护期限。

以上是我国关于著作财产权保护期的规定。这个规定在目前来说是比较恰当的,这一规定主要基于三个理由:一是考虑保护作者的正当权益,有利于调动作者的积极性。二是考虑我国要与国际版权保护水平相协调,有利于促进对外文化科学技术交流。三是考虑我国是发展中国家,应该按照国际版权公约对发展中国家的有关规定。据统计,现在世界上版权保护期限规定为作者有生之年加死后50年或50年以上的国家占85%。由此看出,我国对著作财产权的规定兼顾各方利益,比较适宜。不过目前世界上也出现了一种著作财产权保护期限不断延长的趋势,欧共体1993年的《协调版权和某些相关权保护期限的指令》提供的保护期限为作者终生加死后70年;1998年10月,美国总统克林顿签署《索尼伯诺版权期限延长法》,按照该法规定,1978年1月1日之后创作的作品,其保护期延长为作者终生加死后70年;匿名作品或者雇佣作品的保护期为95年(自出版之日起)或者120年(自创作之日起),法国、德国也都先后延长到了70年。著作权保护期限一直不断延长的主要原因是出于对作者利益的保护。首先,复制技术的迅速发展给著作权保护带来了威胁。只有将保护期延长,才能确保著作权制度的激励作用。其次,国际之间著作权制度发展不平衡。为了使本国的作者在其他国家获得同等程度的保护,规定了较短保护期限的国家模仿保护较长期限的国家,结果著作权保护期限在相互"竞赛"中延长。最后,受自然权利理论的影响。该理论认为作品是作者的延伸,应当给予作者无限期的保护。但由于作品也涉及公共利益,才给予著作权一定的保护期限,但这种限制不能太严格。因此,延长保护期也在情理之中。但是不断延长保护期限也会产生一些不良后果,如侵蚀公共领域,损害公众利益;一些大的利益集团从中获得更多的好处,对小公司和个人不利,使得强者更强,弱者更弱。总之,著作财产权的期限延长与效率提高并不成正比,所以保护期限的确定要兼顾作者、社会等各方利益,应该确定一个合理的期限,而非越长越好。[2]

三、计算机软件著作权的保护期限

根据《计算机软件保护条例》第14条的规定,软件著作权自软件开发完成之日起产生。自然人对软件享有著作权的,保护期为自然人终生及其死亡后50年,截止于自

〔1〕 李颖怡:《知识产权法》,中山大学出版社2002年版。转引自赵丰华:《我国著作权保护期限立法探讨》,载《法制与社会》2009年第2期。

〔2〕 李雨峰:《论著作财产权的保护期》,载《政治与法律》2008年第4期。

然人死亡后第50年的12月31日;软件是合作开发的,截止于最后死亡的自然人死亡后第50年的12月31日。法人或者其他组织对软件享有著作权的,保护期为50年,截止于软件首次发表后第50年的12月31日,但软件自开发完成之日起50年内未发表的,不再予以保护。

从上述规定来看,计算机软件作品的保护期限同普通作品的保护期限相同。众所周知,计算机技术更新换代非常迅猛,据分析,软件技术更新换代的速度为10个月一次,甚至可能更短,而我国计算机软件作品保护时间过长显然不合时宜。一方面,因为软件产品的更新换代,保护已被市场淘汰的技术毫无意义;另一方面,赋予软件作品较长的保护期会损害软件产业的发展。法律应适当缩短计算机软件作品的保护时间,制定一个较为理想的保护期限。

讨论案例

甲某与某单位合作共同创作某科技作品,该作品于1998年完成并发表。甲某于2005年去世。

问:该作品的保护期限如何计算?

课后思考

1. 简述著作权人精神权利保护期限的内容。
2. 著作权人的财产权利保护期限包括哪些?

第七章　邻　接　权

知识结构图

- 邻接权
  - 邻接权概述
    - 邻接权的概念和产生
    - 邻接权保护的立法模式
    - 邻接权与著作权的关系
  - 表演者的权利
    - 表演者及表演者权的概念
    - 表演者的权利和义务
  - 录音录像制作者的权利
    - 录音录像制作者的概念
    - 录音录像制作者权
    - 录音录像制作者的权利和义务
  - 广播组织的权利
    - 广播组织及广播组织权
    - 广播组织的权利和义务
  - 其他邻接权
    - 出版者权
    - 邻接权种类的特殊问题

本章导读

现代著作权不仅包括作品创作者的权利,还扩大保护范围,涉及对作品传播者的保护,以更好地促进作品的社会利用。邻接权由于产生于对作品的传播,所以与作者著作权关系密切。通过本章的学习,应了解邻接权的概念和内容,认识和理解邻接权与著作权的联系和区别,明确表演者权、音像制作者权、广播电视组织权的含义和内容,思考并分析我国著作权法将出版者权与邻接权规定在一起是否妥当等。

司考重点

这部分内容也是司法考试经常考查的范围,主要包括出版权、录音录像制作者权、表演者权、广播组织权等。

第一节　邻接权概述

例7.1　某甲自己创作歌曲，然后在公众场合演唱，并用照相机将过程拍摄，上传到个人网站。某乙未经许可，拷贝该影像文件并发行。某甲的哪些权利被侵害？这些权利中是否包括“表演者权”和“录音录像制作者权”？

一、邻接权的概念和产生

邻接权，是指作品的传播者所享有的权利，又称传播者权。《与贸易有关的知识产权协定》将其称为相关权，在我国著作权法中称为“与著作权有关的权益”。这里的“相关”应作狭义理解，仅指与著作权相关的邻接权，而非其他可能与著作权相关的权利。所以相比之下，邻接权的概念更要恰当一些。我国著作权法规定，邻接权包括表演者权、录音录像制作者权、广播组织权，这种权利是以他人创作的作品为基础派生出的一种传播权。

邻接权制度的产生与现代传播技术的发展密切相关。印刷技术导致了著作权的产生和发展，而录音录像、无线电传播等技术的不断发展导致了邻接权的产生和发展。当传播作品的形式逐渐增多时，人们欣赏表演可以不必亲临现场，在家中就可通过录制品的播放，收听或者观看广播、电视而得到满足，这样就导致表演者靠门票所得的收入减少。另外，录制品和播放的广播、电视如被他人无偿播放，也会使录制者和广播电视组织的竞争力减低，影响其经济利益。由此，保护这些作品传播者利益的邻接权制度就应运而生了。邻接权最初仅仅包含表演者的权利。表演者的权利保护始于德国。1910年，德国在其《文学与音乐作品产权法》中，率先把音乐作品及音乐戏剧作品的表演者当作“改编创作者”予以保护。次年，英国在其著作权法中列入了保护音乐唱片的条款，1925年又颁布了保护戏剧音乐表演者的法律。自20世纪60年代起，对邻接权的保护已成为各国立法的普遍现象。国际上关于邻接权保护的第一部公约是1961年在意大利罗马缔结的《保护表演者、录音制品制作者和广播组织公约》(《罗马公约》)。该公约的缔结，标志着邻接权保护制度跃上了一个新的台阶。该公约规定，成员国至少要对表演者、录音制作者和广播组织的权利予以保护。随后，《保护录音制品制作者防止未经许可复制其录音制品的公约》(《录音制品公约》)等公约相继出现，我国已加入《录音制品公约》。目前，我国在著作权法中确立了较为完整的邻接权制度，随后又相继出台了若干保护邻接权的行政法规和行政规章，如《音像制品管理条例》、《关于加强音像版权管理的通知》、《音像制品出版管理办法》、《音像制品复制管理办法》、《电子出版物管理暂行规定》等。

二、邻接权保护的立法模式

各国在保护邻接权时采用的方式不同。有的国家通过劳动法、行政法、反不正当

竞争法或者合同法来解决,但大多数国家则通过知识产权法加以保护。采用知识产权法保护的国家在立法上又分为两种情况:

(一)大陆法系模式

大陆法系国家将邻接权和著作权严格区分,但置于一个法律文件中。我国也是如此。在一部法律文件中,一部分内容针对作者创作的作品进行保护;一部分针对传播者传播作品进行保护。传播者并没有创作作品,为什么要和作者一样纳入著作权法中一起保护呢?因为大陆法系国家一贯重视作者利益,具体的保护理由是:第一,主体(传播者)付出了劳动。运用马克思的劳动价值理论可以得出,传播者虽然没有付出创造性的劳动,但他们在作品的传播中投入了新的劳动,所以,在保护作者权利的同时,还有必要尊重和保护对传播做出贡献的传播者的利益。第二,主体有传播的实力。有劳动就一定能获得某种法定的著作权吗?事实上,有些作品传播者获得了法定邻接权,而另一些传播者,如口述作品的转述者,提供Blog服务的网络服务商却没有获得邻接权。从各国邻接权立法实践中总结,这是由于某些传播者拥有非凡的传播力,他们掌握了常人难以拥有的传播手段和资源,对作品传播具有足够的影响力和控制力,因此获得了法律的肯定,拥有了法定权利。如电台、电视台、出版商等。[1] 总之,他们因为对作品传播的突出贡献,与创作作品的作者最终并驾齐驱,分别获得了作品创作的著作权和作品传播的邻接权。由于这两个权利获得的原因和条件不同,理应分别立法,但邻接权是从著作权中派生出来的,因此,邻接权被作为广义的著作权法内容纳入到了著作权法中统一立法。

(二)英美法系模式

在著作权法中没有单设邻接权制度,即不区分版权与邻接权,而是统一纳入著作权法中保护。著作权保护的对象是有独创性的作品,邻接权要受到著作权法的保护就必须说明邻接权人的行为具有创作性。为此,英国、美国均将著作权的保护对象扩及于非传统意义上的作品,即将唱片、广播节目也作为作品对待,一直试图将邻接权人的行为解释为具有创作性的行为,从而将邻接权融入著作权法中。邻接权在英美法系不是独立存在而是融入版权以一个整体形象出现的。这也可以解释为什么英美法系国家长期以来对作品创作性要求不高的原因,既然对作品要求不高,则唱片、音像制品投入了制作者的操作技巧,凝结了制作者的创作性劳动,应受著作权法的保护。

比较两种模式,第一种模式更符合逻辑。英美法系将邻接权与著作权不加区分地都作为版权保护,必须证明传播行为如表演活动、制作唱片、广播节目具有独创性,符合作品的要件,但这非常困难。如音像制品,虽然有一定的操作技巧,但录制主要凭借技术设备,没有现代化的设备,再高超的技巧也无法将音像记录,这里几乎没有独创性的劳动,制品和作品不是一个创作层次。又如,表演活动,演员必须忠实原作品,按要

---

〔1〕董皓等:《论邻接权制度的正当性基础》,载《科技与法律》2007年第6期。

求进行表演，其创作性的成分非常有限，悲剧不能表演成喜剧，所以，表演活动也没有多少独创性，仅仅是一种传播作品的活动。

三、邻接权与著作权的关系

（一）邻接权与著作权的相同点

邻接权属于广义著作权的组成部分，同著作权有着非常紧密的联系。

1. 二者都与作品相联系。著作权与作品的联系是直接的，作品的创作完成是著作权产生的前提条件。邻接权与作品的联系是间接的，它一般是以现有作品为先决条件的，如表演者只有通过表演作品才能产生表演者权，录制品是针对现有作品录制的等。2. 二者都具有严格的地域性。两者都只能在法律承认这些权利的国家内才能受到保护。3. 有关著作权的一些规定也适用于邻接权保护。如合理使用、权利质押等。

（二）邻接权与著作权的区别

1. 权利主体的种类不同。著作权的主体原则上是自然人；邻接权的主体除表演者外，一般都是社会组织。2. 权利的客体不同。著作权的客体是作品；表演者权的客体是表演活动；录音录像制作者权的客体是其制作的录音录像制品；广播组织权的权利客体是其制作的广播电视节目。3. 权利的内容不同。著作权的内容包括财产权利和精神权利；而邻接权中除表演者权外，其他邻接权一般只包括财产权利。就权利内容而言，著作权的财产权利也比邻接权的财产权利丰富。4. 保护期也有所不同。公民享有的著作权的保护期一般较长。

第二节　表演者的权利

例7.2　某歌手甲在两台晚会上演唱了乙作词作曲的音乐作品，但是未征得乙的同意，乙认为甲侵犯了其著作权而将乙起诉至法院。

一、表演者及表演者权的概念

（一）表演者的概念

我国《著作权法实施条例》第5条规定，表演者是指演员、演出单位或者其他表演文学、艺术作品的人。对表演者的认定应注意以下两点：

1. 表演者是对文学艺术作品表演的人

关于表演者的含义和范围各国规定不一。有的国家只承认表演者是表演艺术作品的人，如日本、法国、瑞士等；而有的国家除把表演艺术作品的人列入表演者外，还将非著作权作品的表演也视为表演而享有邻接权受法律保护。这样杂技演员、马戏演员、木偶戏表演者都可视为表演者。《罗马公约》也扩大了受邻接权保护的表演者的范围，如该公约的第9条允许缔约国“根据国内法律和规章将本公约提供的保护扩大到不是表演文学或艺术作品的艺术”。我国认为只有表演艺术作品的人才是表演者，才能享有表演者的权利。由此看来,我国目前的法律只保护对作品进行表演的演员或者演出单位,这说明我国对表演者的界定比较保守和狭隘。但是也有人认为我国表演者的范围并不窄,因为我国《著作权法实施条例》第4条第7项将杂技、魔术、马戏等通过形体动作和技巧进行的表演归入杂技艺术作品。这样,我国表演者范围看似狭窄,但事实上与那些对表演者作扩大解释的国家的规定相似。

2. 表演者既包括自然人也包括法人

表演者只限于自然人,还是也包括法人或其他组织,对此各国立法不尽一致。一些国家认为只有自然人才能成为具体的表演者,如西方一些国家,演员一般为"自由职业者",其表演是由自己独立完成的,即使其加盟于某个演出组织,双方之间也仅仅是一种合同关系,并不会改变演员独立的表演者身份;而另一些国家认为,法律意义上的表演者不仅包括登台演出的自然人,而且还应包括指导整个表演过程,对表演进行投资、承担风险和责任的法人。我国著作权法规定,表演者包括演出单位。因为,有些演出不仅仅是由演员个人完成的,演出单位对于整个演出过程给予了指导和组织工作,并对整个表演承担责任,特别是大型演出更是如此。如果不对组织者给予"表演者权"则违背"无权利无义务,更无责任"的法律精神,显然有失公平。

(二)表演者权的概念

表演者权是指表演者基于表演而享有的各种权利的总称。表演者对自己的表演所享有的权利是综合的,即表演者权兼有人身权和财产权的内容。另外,我国著作权法中的表演权和邻接权中的表演者权,二者仅一字之差,很容易混淆。明确双方的区别与联系有助于准确理解表演者权。表演权与表演者权的关系具体是:

二者的区别:1. 权利性质不同。表演权属于著作权,表演者权属于邻接权;表演权依作品而产生,表演者权是对作品通过语言、动作等的具体展现。2. 权利客体不同。表演权的客体是作品,而表演者权的客体是表演活动,是表演者的形象、动作、声音、技巧等要素。所以,很多情况下,表演者并不依赖作品而产生。表演既可以是对作品的表演也可以是对非作品的表演。3. 权利内容不同。表演权属于著作财产权的内容,著作权人可以将表演权转让或许可他人行使。但表演者权具有复合性,既包括财产权也包括人身权的内容。其中只有财产权的内容可以转让或许可他人行使。4. 权能限制不同。著作权法规定表演权要受到合理使用、法定许可的限制。表演者权除了要受上述限制外,还要受到被使用作品著作权人的权利限制。如表演者表演作者未发表的作品,应取得作者同意,并支付报酬;表演者表演他人已发表的作品,可以不经著作权人的授权,但应按照规定支付表演使用费等,否则构成侵权。

二者的联系:1. 表演者权因表演权而产生或完善。通常表演权的行使必然产生相应的表演者权,如果著作权人不许可他人表演其作品,表演者权将存在不足,要么不完善,只能停留在对非作品的表演上,使表演权内容缺损,要么不存在。在那些不承认非作品表演的国家,作品的表演因为作者不授权而不存在。2. 主体种类一致。表演权的主体是著作权人,是在作品上署名的公民、法人或其他组织。而表演者的主体也可以是自然人或单位。3.行使权利的方式基本一致。表演权可以通过如复制、发行、出租、播放等方式行使。而表演者权的行使方式除出租权外,其他行使方式都一致。4.地域限制都在减弱。当前,知识产权已纳入知识产权公约保护之中,世界大多数国家都已加入了国际公约,对成员国而言,知识产权保护已不再受严格地域限制。在此问题上二者一样。如关于著作权大多数国家加入了《伯尔尼公约》和《世界版权公约》,而表演者权保护公约有《世界知识产权组织表演和录音制品条约》、《罗马公约》等。

二、表演者的权利和义务

(一)表演者的权利

根据我国《著作权法》第37条的规定,表演者享有以下权利:

1.表明表演者身份

表明身份是指向公众表明演员的姓名、演出单位的名称,相当于著作权中的署名权。在实践中,表明表演者身份的方式有:第一,在演出广告、宣传栏、节目单或者文艺刊物刊登的剧照上载明表演单位和演员的姓名。第二,在表演之前由主持人介绍表演者的姓名。第三,在电影、电视和录像作品的片头或者片尾显示表演者的姓名。第四,由广播电台、电视台播报表演者的姓名。第五,通过字幕在电视屏幕上显示表演者的姓名。

2.保护表演形象不受歪曲

表演形象是演员塑造的非独创性的劳动成果,应该受到尊重和保护。歪曲表演者的表演形象,会直接损害表演者的名誉、声望,还可能给表演者的演出生涯造成不良后果,影响其经济收入。因此,各国大都保护表演者的形象不受歪曲。我国《著作权法》同样如此。表演形象被歪曲有以下表现:

(1)在对表演活动进行录制、现场转播时,通过各种技术手段,丑化表演形象。

(2)将表演形象歪曲,在不适当的场合进行播放,或者以不健康的方式表现表演形象等。

表演形象与表演者的形象是两个不同的概念,应当予以区别。前者是表演者通过表演而形成的形象,属于邻接权的客体,后者是表演者本人的真实形象,属于肖像权的客体。表演形象与本人形象有时同一,有时差别很大,相互分离。在判断侵犯的是表演者权还是肖像权时应视具体情况而定。

3.现场直播和公开传送权

现场直播和公开传送权,是指许可他人从现场直播和公开传送其现场表演,并获得报酬的权利。该权利的实质是表演者对其表演有传播到现场之外的控制权。现场直播,是指在表演者进行表演时,运用现代通讯设备把表演实况以广播或电视形式向不特定的公众播放。公开传送现场表演,是指通过无线方式以外的手段或者方式将表演者的现场表演传送给公众的行为。根据法律规定,现场直播和公开传送表演者的现场表演,应当取得表演者的授权,并且支付报酬。被许可人获得表演者许可进行现场或者公开传送的,还应当获得著作权人的许可并支付报酬。

4. 录音录像权

录音录像权也即首次固定权,是指表演者许可他人录音录像,并获得报酬的权利。这是表演者对制作音像制品的控制权。它允许音像制作者对自己的表演活动进行从无载体到有载体的复制,将涉及表演者的精神和财产权利,所以,必须征得表演者同意并支付报酬。

5. 复制及发行权

复制、发行权,是指表演者许可他人复制、发行录有其表演的录音录像制品,并获得报酬的权利。录音录像制品是音像制作者投资和劳动的产物,音像制作者对音像制品享有许可他人复制、发行、出租等权利。但是,音像制品并不是音像制作者一方的劳动产物,其中还包含了作者和表演者的劳动和付出。因此,对音像制品,表演者也享有许可他人复制、发行录有其表演的音像制品,并支付报酬的权利。

6. 信息网络传播权

信息网络传播权是指表演者许可他人通过信息网络向公众传播其表演并获得报酬的权利。随着新技术的发展,互联网络已走进千家万户,网络传播速度快,成本较低,内容可载量大,因此已被普遍运用。但随之而来的就是网络侵权的大量发生,正因为网络已成为信息传播的主要途径之一,才使得网络侵权现象日趋严重。新修改的《著作权法》扩大了表演者权利内容,加强了对表演者权的保护。

(二)表演者的义务

《著作权法》第36条对表演者的义务作了下列规定:

1. 表演者(包括演员和演出单位)使用他人作品演出,应当取得著作权人的许可,并支付报酬。演出组织者组织演出的,由该组织者取得著作权人许可,并支付报酬。例7.2中,甲使用乙的作品演出,应当取得乙的许可并支付报酬。但此处存在晚会的组织单位,因此,取得著作权人同意并支付报酬的义务由演出单位承担而非由表演者承担。

2. 表演者使用通过改编、翻译、注释、整理已有作品而产生的作品进行演出,应当取得改编、翻译、注释、整理作品的著作权人和原作品的著作权人的许可,并支付报酬。

3. 表演者依照著作权法使用他人作品的,不可侵犯作者的署名权、修改权、保护作品完整权和获得报酬的权利。

表演者权利的保护期限因各项具体权利的性质不同而有所区别。根据《著作权法》第38条的规定,表明表演者身份权和保护表演形象不受歪曲的权利具有人身属性,不受时间限制;表演者其他权利的保护期为50年,截止于该表演发生后的第50年的12月31日。

外国人、无国籍人在中国境内的表演,受著作权法保护。外国人、无国籍人根据中国参加的国际条约对其表演享有的权利，受著作权法保护。

第三节　录音录像制作者的权利

例7.3　北京鸟人艺术有限公司1999年制作完成了《彝人制造》国语专辑，收录了11首歌曲。2002年广东珠影公司复制生产《山鹰、月亮与井》CD光盘，收录了《彝人制造》中的5首歌曲，未经北京鸟人艺术有限公司同意，珠影公司侵犯了鸟人公司的什么权利？

一、录音录像制作者的概念

录音录像制作者实际上是录音制作者和录像制作者的合称，简称音像制作者。由于录音与录像在著作权的保护问题上完全一致，因此，著作权法将二者相提并论。

（一）录音制作者

录音制品，是指任何对表演的声音和其他声音的首次录制品。这里的制品并不是有形载体，而是类似作品的信息，即首次录制的声音，它是制作者的非独创性劳动成果。录音制品制作者是指首次制作录音制品的自然人、法人或者其他组织。对录音制品进行复制的人，如将录音带转为CD、VCD盘的人是录音制品复制者而不是录音制作者。不过，某一声音可能有多个原始录制品，例如，经演讲者同意，听众中可能有多人同时对该演讲进行录音，从而产生多个相同的录音制品。此时，各录音制作者对其各自所录制的制品均享有法律规定的权利。

（二）录像制作者

录像制品，是指电影作品和类似于摄制电影的方法创作的作品以外的任何有伴音或无伴音的连续相关形象图像的首次录制品。同样道理，录像制品是制作者首次录制的图像而非承载图像的载体。制作者也是指首次制作录像制品的自然人、法人或者其他组织。转录他人的录像制品，即使是在原来的基础上进行了删节，或对其音质、音量，或在剪辑、放映方面作了技术性调整和改进，但只要没有实质超出原有音像制品，转录者就不能享有录像制作者权。

二、录音录像制作者权

我国著作权法规定录音录像制作者权（简称音像制作者权）是指音像制作者对其制作的录音录像制品，享有许可他人复制、发行、出租、通过信息网络向公众传播并获得报酬的权利。

随着传播技术的发展，音像制作者权利也受到越来越多的侵犯，如很多互联网站和音像复制单位依靠大量的转载、下载、KTV和发行盗版光盘等方式增加自己的点击率和经济收益。而他们并没有取得音像制作者的同意并支付报酬，这些行为侵犯了音像制作者的权利，法律需要加强对音像制作者的保护。例7.3中，鸟人公司是5首歌曲的首次录制者,享有5首歌曲的录音制作者权,珠影公司复制鸟人公司首次录制的5首歌曲却未征得其同意,其行为侵犯了鸟人公司的录音制作者权。

需要注意的是,只要制作音像制品就享有音像制作者权吗?对此,学术界有两种主要观点:一是合法出版物说。该观点认为,主张音像制作者权时,应该以是否在出版(或发行)的音像制品上署名为依据,只要没有相反证明,就推定在该出版的音像制品上署名的音像制作者享有音像制作者权。二是授权许可说。该观点认为,不能仅仅依据合法出版的音像制品上的署名判定是否享有制作者权,该署名只能推定其为音像制品的制作者,但实际上是否为合法权利人,还必须看该制作者制作音像制品时,是否取得所使用的作品著作权人的授权许可以及是否与表演者订立合同。从法律上分析,著作权法理论中存在两种权利制度,一种是著作权制度,另一种是邻接权制度。两种权利受法律保护的前提不同。前者要求作品符合法定条件后,一经创作完成就享有著作权。后者不仅要制作制品,而且还必须取得所使用作品的著作权人授权以及取得表演者同意并按规定支付报酬。目前,司法实践中,要证明音像制作者享有权利并予以保护,不仅需要提供署有名字的合法音像制品,还需要提供该项邻接权的有关权利的认证证明,二者缺一不可。所以,第二种观点更符合法理及司法实践。

三、录音录像制作者的权利和义务

(一)录音录像制作者的权利

《著作权法》第42条规定:"录音录像制作者对其制作的录音录像制品,享有许可他人复制、发行、出租、通过信息网络向公众传播并获得报酬的权利……"

1. 复制权。是指音像制作者许可或者禁止他人复制其音像制品的权利。音像制品复制的形式很多,主要包括相同信号形式或相同载体的复制,同时也包括不同载体和不同信号形式之间的转录,如将模拟信号转为数字信号,将录音带转为CD、MP3等。

2. 发行权。是指音像制作者许可或禁止他人发行其音像制品的权利。

3. 出租权。是指音像制作者许可或禁止他人商业性出租其音像制品的原件或者复印件的权利。

4. 信息网络传播权。是指音像制作者许可或禁止他人通过信息网络传播其音像制品的权利。需要注意的是,复制权、发行权和出租权的直接标的是音像制品的载体,而音像制品的网络传播权的直接标的是记录在载体中的形象、图像。

5. 录像制品的播放权。录音制作者不享有播放权,但根据《著作权法》第45条的规定,对于录像制品,电视台进行播放应当获得录像制作者的许可,并支付报酬。因此录像制作者享有播放权。被许可人播放录像制品的,还应当获得著作权人的许可(但不必获得表演者的许可),并支付报酬。

(二)录音录像制作者的义务

根据《著作权法》的规定,音像制作者应履行下列义务:

1. 音像制作者使用他人作品制作录音录像制品,应当取得著作权人的许可,并支付报酬。

2. 音像制作者使用改编、翻译、注释、整理已有作品而产生的作品制作录音录像制品,应当取得改编、翻译、注释、整理作品的著作权人和原作品的著作权人的许可,并支付报酬。

3. 录音制作者使用他人已经合法录制为录音制品的音乐作品制作录音制品,可以不经著作权人许可,但应当按照规定支付报酬,著作权人声明不许使用的不得使用。

4. 音像制作者制作录音录像制品,除应尊重作者的权利外,还应尊重表演者的权利,即应当同表演者订立合同,并支付报酬。

录音录像制作者权的保护期限为50年,截止于该作品首次制作完成后的第50年的12月31日。

外国人、无国籍人在中国境内制作、发行的录音制品,受著作权法保护。外国人、无国籍人根据中国参加的国际条约对其制作、发行的录音制品享有的权利受我国著作权法的保护。

第四节 广播组织的权利

一、广播组织及广播组织权

(一)广播组织的概念

广播组织,按照《罗马公约》的定义,是指通过无线方式传播信号的组织,具体为无线广播组织。根据我国《广播电视管理条例》的规定,广播电台电视台是指"采编、制作并通过有线或者无线方式播放广播电视节目的机构"。故我国的广播组织包括"有线广播组织"和"无线广播组织",其范围比《罗马公约》的界定要广。

(二)广播组织权的概念

广播组织权依照我国《著作权法实施条例》的规定,是指广播电台、电视台对其播放的广播、电视节目享有的权利。但这里的电视节目具体指什么并不明确。有人解释为节目信号,有的认为是电台电视台播放的作品、制品等。节目信号不同于电视节目,信号是指无线发射机发射出的电波或用来传递信息或命令的光、电波、声音、动作等,节目信号的重点是信号而不是节目;电视节目则是信号所承载的内容,重点在于信息内容,如作品、制品等。现实中,广播组织有三种行为,一是自己创作作品;二是首次录制音像制品;三是播放自己或他人的作品或制品以及公共资源等。其中第一种行为属于狭义著作权范畴,第二种行为属于音像制作者权范畴。属于广播组织权范围的应该是第三种行为,广播组织播放节目时付出了非独创性的劳动,对其劳动成果即发射、接收载有节目内容的电波(节目信号)具有专有的控制权。

二、广播组织的权利和义务

(一)广播组织的权利

《著作权法》第44条规定,广播电台、电视台有权禁止未经其许可的下列行为:1. 将其播放的广播、电视节目转播。2. 将其播放的广播、电视节目录制在音像载体上以及复制音像载体。从以上规定可知,广播电视组织权包括两项权利:一是转播权,即禁止他人未经其许可将其播放的广播电视信号进行转播的权利。这种转播既包括有线方式,也包括无线方式。应当注意的是,广播电视组织播放的如果是他人享有著作权的作品,如电影、电视剧,转播方还应当获得著作权人的许可。二是录制权和复制权,即将其播放的广播电视节目录制在音像载体上以及复制该音像载体的权利。

广播电视组织的录制权和复制权仅仅限于为播放的目的而录制和复制,不包括将其录制的广播电视节目进行复制发行。复制、发行广播电视节目是著作权人、表演者、录音录像制作者的权利,而不是广播电视组织的权利。他人要复制发行广播电视组织播放的广播电视节目,必须获得著作权人、表演者、音像制作者的许可。

广播电台、电视台行使权利,应当注意尊重他人的权利。也就是说,广播电视组织许可他人转播、录制、复制其广播电视节目,如果涉及第三人的作品、表演或者音像制品,必须经著作权人、表演者或者音像制作者的许可。此外,广播组织权和广播权是两种性质不同的权利,前者属于邻接权,后者为著作权。前者的客体是广播电台、电视台播放的广播电视节目,后者的客体是作品。

(二)广播组织的义务

为了督促广播组织处理好与著作权人、表演者、录音录像制作者的关系,《著作权法》第42条、第43条和第45条对广播电视组织的义务作了下列规定:

1. 广播电台、电视台播放他人未发表的作品,应取得著作权人的许可,并按规定向著作权人支付报酬。

2. 广播电台、电视台播放他人已发表的作品,可以不经著作权人许可,但应当支付报酬。

3. 广播电台、电视台播放已经出版的录音制品,可以不经著作权人许可,但应当支付报酬。当事人另有约定的除外。

4. 电视台播放他人的电影作品和以类似摄制电影的方法创作的作品、录像制品,应当取得制片者或者录像制作者的许可,并支付报酬;播放他人的录像制品,还应当取得著作权人许可,并支付报酬。

广播电视组织的权利保护期为50年,截止于该广播、电视首次播放后第50年的12月31日。

外国的广播电台、电视台根据中国参加的国际条约对其播放的广播、电视节目享有的权利,受我国著作权法保护。

第五节　其他邻接权

一、出版者权

出版者权不同于出版权。依照《著作权法》第58条的规定,本法第2条所称的出版,指作品的复制、发行。那么出版权自然是著作权人的权利。不过,对于出版权应该属于著作权人还是出版商,在现实中存在一定分歧,如有种观点认为专有出版权属于出版者。因为,《著作权法》第31条规定,图书出版者对著作权人交付出版的作品,按照合同约定享有的专有出版权受法律保护,他人不得出版该作品。由此推出出版权属于出版商。但这种观点值得商榷,出版权是属概念,专有出版权则是种概念。换言之,专有出版权是出版权的下位概念。法条使用了专有出版权由出版商"享有"的用词并不准确,专有出版权实际只是由出版商行使出版权而非享有该权利。

依照《著作权法》第36条的规定,出版者有权许可或者禁止他人使用其出版的图书、期刊的版式设计。也即出版者对其非独创性劳动成果版式设计享有专有权利。版式设计是指对印刷品版面格式的设计。版面是书报杂志的每一面上文字图画的编排形式,版面设计包括对版心(书刊等每面排印文字、图画的部分)、行距、字距、标点等版面布局因素的安排。版式设计从其性质来讲,其结果不产生新的作品,但其又是在利用作品的基础上为传播作品的需要而产生的,这完全符合邻接权的特征,应当受邻接权保护。

二、邻接权种类的特殊问题

(一)著作权人能否成为邻接权主体

例7.1中所提出的一个问题就是著作权人能否成为自己作品的邻接权人。对此,理论界有不同的认识。一种观点认为,著作权人可以成为自己作品的传播者,如例7.1中,当某甲创作完成歌曲后就成了该音乐作品的著作权人,享有表演权、摄制权、信息网络传播权等著作权。同时他又传播了自己的作品,当众表演并拍摄演出场面,他应当也是自己作品的表演者和录像制品的制作者。因此,某甲既是著作权人又是邻接权人,两项权利在此竞合。

另一种观点与之截然相反,认为著作权人不能成为邻接权人。这是由邻接权的立法目的和作者权利已受保护所决定的。首先,邻接权的立法目的是保护作品的专职传播者,不论是从《罗马公约》还是从我国的《著作权法实施条例》中都可以非常清楚地看到这一点,没有在传播者中列举作品的作者,并非遗漏而是著作权已经通过法律得到了保护,邻接权立法的目的就是保护职业传播者以平衡作者与传播者的利益。如果将两个权利混为一谈就违背了邻接权的立法目标。其次,作者的权利在著作权法中已经完全覆盖。例7.1中,作者某甲当众表演的权利、拍摄表演的权利、在网上传播作品的权利等都在著作权中的表演权、复制权、摄制权、信息网络传播权中得到了全面保护，没有必要再放入邻接权中重复保护，不仅意义不大，反而混淆了著作权与邻接权的关系。[1] 最后，著作权人成为自己作品的邻接权人不合逻辑。邻接就是与自己毗邻的意思，如果认可著作权人又是邻接权人在逻辑上很难推理，这就如同说自己是自己的邻居一样不合逻辑。所以著作权人不能也不应该成为邻接权的主体。

(二)信息网络传播者能否成为邻接权主体

网络传播形式的出现和普及，使得网络传播者的邻接权问题进入了人们的视野。“网络传播者”主要指在因特网上通过传播工具进行传播的网络服务商。对于其能否成为新的邻接权主体，理论界的观点大相径庭。有学者认为信息网络传播者权是虚无的，反对将信息网络传播者确定为新的邻接权人。首先，信息网络传播者权是基于我国信息网络传播权引发的，而信息网络传播权是著作权人的诸多权能之一，它包括著作权人自己直接在网络传播、禁止他人网络传播、许可他人网络传播。前两者不存在邻接权，因为著作权人不能成为自己作品的邻接权人。其次，网络时代人人都可参与传播并且有能力传播，“网络传播者”不可能再具有纸张时代的出版者和模拟信号时代的录音录像制作者和广播电视时代的电台、电视台那样的传播控制力，所以不可能，也不应该在立法上为他们建立专门的邻接权制度。相反的观点认为“网络传播者”应该享有邻接权。首先，网络传播者与出版商、表演者、电台电视台组织、音像制作者一样，都在充当传播作品的角色，其他主体可以获得使用他人已发表的作品的法定许可，那么，被称作“第四媒体”的网络传播者也应该享有传播权，否则就是法律歧视。其次，网络传播者不断地投入大量的资金，开发功能更好、更为便利的软件与硬件，加强对网络的控制，寻求对自己技术和信息的保护，希望在用户利用其网络资源中获得利益。由此通过法律将具备一定资格条件并经行政主管部门审查的大型传播者的权益制度化是无可厚非的。最后，给予网络传播者邻接权有利于向公众传播作品。给予网络传播者邻接权，这样大型网络服务商可以被确定为网络著作权集体管理组织，统一规定法定许可收费标准，方便人们对海量的网络作品的使用。[2] 根据传播技术发展的现实状况及大型传播者为网上获取作品所带来的方便，给予有资质的网络传播者邻接权是符合时代发展要求的。

▲ 讨论案例

甲电视台获得2006年德国世界杯足球赛A队与B队比赛的现场直播权。乙电视台未经许可将甲电视台播放的比赛实况予以转播，丙电视台未经许可将乙电视台转播的实况比赛录制在音像载体上以备将来播放，丁某未经许可将丙电视台录制的该节目

---

〔1〕 董皓等:《论邻接权制度的正当性基础》，载《科技与法律》2007年第6期。
〔2〕 董皓等:《论邻接权制度的正当性基础》，载《科技与法律》2007年第6期。

复制一份供其儿子观看。

问：分析乙、丙电视台及丁某的行为有无侵权？

课后思考

1. 如何理解邻接权与著作权的关系？
2. 简述表演者权、录制者权、广播电视组织权的含义和内容。
3. 简述表演者权与表演权的区别。

第八章　著作权的限制

◇ 知识结构图

- 著作权的限制
  - 著作权限制概述
    - 著作权限制的概念
    - 著作权限制的原则
    - 著作权限制的表现形态
  - 合理使用
    - 合理使用的概念
    - 合理使用的判断标准
    - 我国著作权合理使用的规定
  - 法定许可
    - 法定许可的概念
    - 著作权声明及付酬制度
    - 我国法定许可的规定
    - 著作权法定许可与合理使用
  - 强制许可
    - 强制许可的概念
    - 强制许可与合理使用
    - 强制许可与法定许可

◈ 本章导读

综观各国的著作权制度不难看出，其都在保护作者利益和维护使用者利益之间寻求平衡。也就是说，在保护作者利益的同时也要保护公众对作品的利用，以促进社会科学文化事业的发展和繁荣。为此，现代著作权制度都确立了对著作权的限制制度。通过本章的学习，理解著作权受限制的原因，明确具体的限制措施以及合理使用与法定许可的异同等。

◉ 司考重点

著作权限制中司法考试最常涉及的考点是合理使用，应掌握合理使用的概念和合理使用的情形等相关法律规定。

第一节　著作权限制概述

一、著作权限制的概念

著作权限制，是指对著作权人行使其著作财产权作出的限制或者说是对使用者在著作权人权利保护期内使用其财产权利不必承担侵权责任的豁免。理解著作权限制应把握以下几点：

1. 从两个角度理解。从著作权人的角度理解，著作权限制是合法剥夺著作权人的部分权利，允许他人行使。从使用者的角度理解，是允许使用者在法律规定的范围内行使著作权人的权利而免除其承担侵权责任的后果。从不同侧面理解著作权限制也恰好说明该制度的目的与作用。各国著作权法都对著作权人和邻接权人的权利作出了种种限制。因为一方面，作品和邻接权客体的产生尽管是作者个人的劳动成果，但作者创作时，往往吸收了他人或者社会的知识成果，所以作者在享有权利的同时，也应该对社会和公众承担一定的义务；另一方面，著作权制度的根本目的是促进作品的传播和社会文化的繁荣与发展，对著作权的限制有利于这一目的的实现。国家为促进文化知识的传播，需要对著作权进行必要的限制。

2. 限制的是财产权。著作权包括人身权和财产权两方面的内容。一般来说，著作权的限制只限于对著作财产权的限制，著作人身权是不能限制的，因为这些权利与作者的精神人格密切联系。但也有一些学者认为，著作权限制也包括对作者精神权利的限制，如对发表权一次用尽，不能行使两次，就是对著作人身权的限制。

3. 限制并非针对普遍原则。任何权利的行使都要受到国家利益、社会公平正义与公序良俗的限制，这是一个普通原则，作为民事权利的著作权也不例外。但这里所说的著作权限制是指除上述一般原则以外，法律明确而具体的规定对著作权人可行使权利的限制。作为一项法律制度，是指著作权法普遍规定的对著作权的“合理使用”、“法定许可”和“强制许可”制度。〔1〕

各国对著作权限制的程度往往与本国的经济文化发展水平相关，一般而言，经济文化发达的国家，强调著作权人的权利，因而对著作权的限制较少；而发展中国家更多地考虑发展本国文化科学事业的要求，往往对著作权作出更多的限制。

二、著作权限制的原则

（一）三步检验原则

三步检验原则是著作权限制的重要原则之一，它是指在某些特殊情形下，不得与作品的正当利益相冲突，不可以不合理地损害权利持有人的合法利益的前提下，他人

〔1〕　刘春田：《知识产权法》，中国人民大学出版社2000年版，第107页。

就可以合法使用著作权人的作品而不作为侵权。该原则是由《伯尔尼公约》首次确立的,1979 年《伯尔尼公约》第 9 条规定,本同盟成员国法律得允许在某些特殊情况下复制上述作品,只要这种复制不损害作品正常使用也不致侵害作者的合法利益。任何成员国对著作权的限制与例外规定都必须接受该条的约束。以后大部分国际条约都采取了三步检验原则,并突破了该原则最初仅适用于复制权限制的原有限制而成为一个独立的限制著作权与有关权利的基本原则。

(二)公平原则

对著作权行使进行限制的目的是平衡著作权人和社会公众的利益,同时要把握好度。如果掌握不好,其积极意义会被负面影响所掩盖。因为适度的限制能对著作权人进行有效约束,有利于社会公众接触和使用作品,而过分的限制则会扼杀作者的创作积极性,不利于社会科学文化的进步。所以在思想上既要抛弃"个人本位"、"个人利益至上"的观念,也要摒弃"国家本位"、"公共利益至上"的想法,寻找出一条合适的中间道路,找到平衡双方利益的结合点,做到既不损害著作权人的利益,让其权利在作品传播中得以实现,也不忽视公众利益,让公众在作品传播中得到益处。

(三)法定原则

著作权行使的限制是著作权法对著作权人行使著作权的约束,限制的范围、程度等都只能由法律直接规定,否则可能会使著作权人的合法权益无法得到保障,给著作权制度蒙上阴影,影响整个社会的进步和发展。

三、著作权限制的表现形态

著作权的限制有广义和狭义之分。广义的著作权限制,包括对著作权保护期限的限制、地域的限制、范围的限制、权能的限制等;狭义的著作权限制则仅指各国著作权法对著作权权能的限制,主要表现为合理使用、法定许可和强制许可三种制度。如果从著作权限制制度本身的含义讲,著作权限制不针对权利的普遍原则。广义著作权限制所指的地域限制、时间限制是任何权利的应有之义,属于著作权的普遍原则,不属于真正意义的著作权限制。广义著作权限制所指的范围限制中的时事新闻、历法、通用数表、通用表格和公式等因为缺乏独创性而不构成作品,不享有著作权保护,不存在著作权,就谈不上著作权的行使和限制。而在"范围限制"中的禁止出版传播以及法律、法规、国家机关的决议、决定、命令等虽然具有作品的特征,但由于社会原因进行限制或剥夺权利人权利,属于著作权限制。所以,一般来讲,只有狭义的著作权限制,即合理使用、法定许可、强制许可才是著作权法中所指的著作权限制的形态。

第二节 合理使用

一、合理使用的概念

合理使用,是指在特定的条件下,法律允许他人以一定方式使用作品可以不经权利人的同意,也不向其支付报酬的合法行为。在一般情况下,未经权利人许可而使用其作品的,就构成侵权,但为了保护公共利益,一些对著作权危害不大的行为,著作权法规定不视为侵权行为。这些行为在理论上被称为“合理使用”。

二、合理使用的判断标准

合理使用是对著作权的限制,但它本身也受到法律的严格限制,必须符合法律规定的条件,如我国《著作权法》第22条规定,在法律列举的情形下使用作品,可以不经著作权人的许可,不向其支付报酬,但应当指明作者姓名、作品名称,并且不侵犯著作权人依照本法享有的其他权利。除了这些具体规定外,一些国家还确定有比较原则的判断标准,以便法官根据其精神自由裁量。确定合理使用的判断标准,应该以衡平精神为指导,既要促进科学、文化事业发展,也要保护作者的权益,保护和限制不能偏废。《美国著作权法》第107条规定了判断某一行为是否构成合理使用的四条标准并被各国广泛接受,具体标准是:

1. 使用作品的目的和性质。使用目的是为教育目的,为了促进科学文化进步并有益于社会公众,并且使用不具有商业性质,一般仅限于个人使用、教学使用、公务使用等非营利使用作品的情况。

2. 被使用的作品的性质。被使用的作品有各种类型,使用何种作品更容易被认定为合理使用,对此并没有具体适用的标准,立法者和法官必须通过所有因素来判断其范围。所以国内学者对该标准的解释也五花八门。比较有说服力的解释是被合理使用的作品通常为两类:第一是已经出版或发表的作品,因为这样就不会涉及侵犯他人的发表权;第二是事实性的论述作品,因为这样不会涉及作者的独创性而更容易被认定为合理使用。

3. 使用作品的程度。该标准指与享有著作权的作品整体相比,使用的数量与质量所占有的比例。数量上大量引用原文视为不适当。质量上对原作的精华部分、对作品非常重要的核心部分复制引用并且引用的部分构成引用人作品的独创性部分和最有价值部分时则视为不适当。换言之,不能认为只要引用他人核心部分就一定不合理,如完整引用他人的诗歌作为自己作品的一部分并非不恰当,只有引用的实质部分也构成引用人作品的实质部分时才属于不适当。

4. 对被使用作品潜在市场和价值的影响。使用他人作品即使是法律豁免不构成侵权的行为,对著作权的利益都有一定的影响,虽然这种不利影响是不可避免的,但是必须控制在一定的范围内。通常引用而产生的作品对原作品在市场销售等方面造成不利影响,减少其收入,就属于不适当的引用。

三、我国著作权合理使用的规定

我国《著作权法》第22条对于合理使用的范围作了列举式规定,具体内容是:

(一)为个人学习、研究或欣赏的合理使用

例8.1 某歌厅老板购买了若干正版卡拉OK光盘后,未经任何人的许可,在其办公室闲暇之时娱乐享受,该老板的行为如何定性?

为个人学习、研究或欣赏的合理使用,是指为个人学习、研究或欣赏的目的,使用他人已经发表的作品。这种使用需要符合以下几点:1. 在使用目的上,仅限于个人学习、研究或者欣赏,而不能用于出版、出租、出借等商业使用。不过对于欣赏目的的使用有部分国家不认为是合理使用,因为此种使用不同于学习研究等基本的学习需求,而属于奢侈享受目的。2. 在使用范围上,仅限于为满足个人实现上述目的的使用。3. 在使用对象上也仅指已发表的作品,未发表的作品不在合理使用之列。对此,部分国家并不认为个人的合理使用应该以“已经发表”为前提,如德国、日本。《日本著作权法》第30条规定,仅为个人或家庭使用而复制作品,可以不区分有关作品是否已经发表。4. 合理使用的主体为个人。不过,有的学者认为作出严格的界定对于保护作者的权利固然有利,但是在家庭联系如此紧密的中国,如果将家庭范围内的学习、研究和欣赏也列为非合理使用,在实践中难以施行,就连举证也存在很大的难度。所以,我们主张这里的“个人”可以扩充解释为“家庭”,超出家庭范围的使用即属于侵犯他人著作权的行为。此外,合理使用还应该不对他人潜在市场构成影响。合理使用他人作品的方式主要是复制,但又不限于复制,朗诵、改编、翻译、表演他人的作品都属于使用作品的方式。合理使用他人作品应当尊重著作权人的精神权利。例8.1中,老板虽然经营歌厅,但所购买的光盘并未用于营业而是个人欣赏,因此属于合理使用。

(二)评论性合理使用

例8.2 某甲将电影《挑战极限》中的部分镜头剪接下来拼成新的作品,并在画面上配上滑稽配音和讽刺性解说语言以抨击该作品编导的荒诞不经,该剧导演起诉至法院,要求认定某甲侵犯了其著作权。

评论性合理使用是指为介绍、评论某一作品或者说明某一问题,在作品中适当引用他人已经发表的作品。人们在创作评论性作品时,往往会引用被评论人的作品,对于这种合理使用,须满足以下条件:1. 只有对已发表的作品才可以作为合理引用的对象,未发表作品不在此列。2. 引用目的仅限于介绍、评论某一作品或者说明某一问题。如果引用他人的作品从事商业广告或其他活动,不能构成合理使用。评论性引用中有一种特殊方式,即挖苦、讽刺、恶搞,它是否构成合理使用,在我国没有明确规定。但欧美国家比较成熟的著作权法理论认为这类使用属于一种特殊的评论方式,如果被模仿讽刺的部分经过加工改造后,达到了对原作品进行讽刺或批评的效果,这种使用是适当的。所以,只要引用人从主观上没有恶意,只是为了讽刺、挖苦原作品,应视为合理使用。著作权人有创作保护作品的权利,公众也有自由表达的权利,二者相比,应该偏向公众的自由表达这一更高的价值。所以,我国应该尽快在立法上作出明确规定。

3. 引用他人的作品,必须注明引文的作者和出处,否则,容易被认为是剽窃、抄袭他人作品。例 8.2 中,虽然复制了原作作品并对其进行了改动,但是目的是评论而非复制或修改作品,所以虽然我国对此没有明确规定,但仍应属于评论性的合理使用,不构成侵权。

(三)为报道时事新闻的合理使用

例8.3　某电视台为了报道在该市举办的全国青年国画画展盛况,在电视新闻中播放了这些被展览的国画作品。请问电视台的行为是否侵权?

为报道时事新闻的合理使用,是指在报纸、期刊、广播电台、电视等媒体中不可避免地再现或者引用已经发表的作品。时事新闻是人们了解国家大事、世界风云的重要途径,为了及时、全面报道时事新闻,在报纸、期刊、广播电台、电视台等媒体中不可避免地要引用他人的作品。根据新闻报道的需要,这种引用可以是部分引用,也可以是全部引用,但必须满足以下条件:1. 他人作品已经合法发表。2. 引用目的仅为了报道时事新闻。3. 应标明作品的名称、出处、作者的姓名,且不得侵犯著作权人的其他权利。4. 是为报道时事新闻“不可避免”的再现或者引用,即作品本身是新闻报道或者作品处于新闻报道的环境之中。所谓“不可避免”的再现或者引用,是指如果不“再现或者引用”,该时事新闻的报道就难以实现。例 8.3 中,电视台为了报道该美术展览,播放一些展览中的美术作品,属于不可避免的再现作品,并不构成侵权。

(四)时事性文章的合理使用

时事性文章的合理使用,是指报纸、期刊、广播电台、电视台等媒体刊登或者播放其他报纸、期刊、广播电台、电视台等媒体已经发表的关于政治、经济、宗教问题的时事性文章,但作者声明不许刊登、播放的除外。时事性文章的合理使用的规定也是非常必要的,时事性文章是宣传党和国家政策方针的主要阵地,为了广泛宣传,扩大影响,应该允许各媒体自由宣传和报道。但是,这类使用需要具备法定条件:1. 这种刊登或者播放仅限于已经发表的关于政治、经济、宗教问题的时事性文章,其他文章不能成为合理使用的对象。2. 只有经过正式批准手续的新闻媒体才可能自由引用其他新闻媒介的关于政治、经济、宗教问题的时事性文章,引用和被引用主体都局限于新闻媒体,其他组织或出版物则无权享受此项自由。3. 对于此类合理使用,作者声明不许刊登、播放的除外。

(五)公众集会上发表的讲话的合理使用

例8.4　某大学教授在经济论坛上发表了慷慨激昂的演讲,本人未发表任何声明。甲电视台将其演讲词全文报道,电视台的行为是否合法?

公众集会上发表的讲话的合理使用,是指报纸、期刊、广播电台、电视台等媒体刊登或者播放在公众集会上发表的讲话,但作者声明不许刊登、播放的除外。公众集会一般是指在公共场所举行的政治集会和公众可自由参加的群众庆祝集会。在公众集会上的讲话一般仅指涉及当前政治、经济、文化等重大社会问题的讲话,不包括即兴表演。这种讲话属于已经公开发表的作品,是可以刊登或播放的。但是,这类讲话可能涉及复杂的利益关系,讲话者有权选择传播的范围。但作者无声明时,《著作权法》规定报纸、期刊、广播电台、电视台可以部分或全部刊登、播放他人在公众集会上发表的讲话,无须征得讲话人的同意,也无须向其支付报酬,只需指出作者姓名、作品名称即可。例 8.4 中,电视台并未侵权,属于合理使用行为。

（六）为学校课堂教学或者科学研究的合理使用

例 8.5 某法律院校的刑法教研室将甲主编的《刑法教程》复印 10 本发给该教研室的 10 位教师,另外又复印了 8 本给其他教研室教师学习使用,刑法教研室的行为是否属于合理使用?

为学校课堂教学或者科学研究的合理使用,是指为学校课堂教学或者科学研究,翻译或者少量复制已经发表的作品,供教学或者科研人员使用,但不得出版发行。

教学科研是传播科学文化知识、培养人才、提高科学文化水平的重要途径,因此,我国著作权法把为学校课堂教学或科学研究而翻译或者少量复制已经发表的作品的行为规定为合理使用。这类使用需要满足以下条件:1. 使用的目的是为学校课堂教学。学校课堂教学一般限于教师与学生在教室、实验室等处所进行的现场教学。合理使用并不区分学校是否以营利为目的,如不论公立学校还是私立学校,只要在课堂使用都为合理使用。另外,对专门培训机构的使用是否为合理使用应该具体分析,如果培训机构仅在课堂使用应视为合理使用,如果该机构扩大复印数量并向社会大量发行则属于不合理使用。2. 所使用的作品应当是已经发表的作品。3. 使用的方法主要是翻译或者少量复制。但是对其他为课堂教学所需要的使用方式不应视为侵权,如艺术学院为教学目的,将小说改编并拍摄成电影在课堂播放,法律不应当禁止。4. 供教学或者科研使用。5. 不得出版发行。例 8.5 中,发给刑法教研室教师的复印本属于合理的教学科研使用,但发给其他教研室复印本的行为则不属于合理使用,因为它不属于该教研室教学科研的范围。

（七）国家机关为执行公务的合理使用

国家机关为执行公务的合理使用,是指国家机关为执行公务在合理范围内使用已经发表的作品。国家机关,是指管理国家事务的机关,包括立法机关、行政机关、司法机关和军事机关。国家机关执行公务是基于公众、社会和国家的利益,所以,著作权法允许国家机关为执行公务在合理范围内使用已发表的作品可以不经著作权人许可,不向其支付报酬。例如,立法机关为制定法律而复印有关论文、译文;司法机关为办案需要复制与案件有关的文字作品、摄影作品等。国家机关使用他人已发表的作品,应严格限定在执行公务的范围内。对于合理范围有关规定应该尽量明确,否则可能导致国家机关借合理使用之名行非公务活动之实。国家机关的非公务使用则必须征得作者的许可,并支付报酬。

（八）馆藏合理使用

馆藏合理使用，是指图书馆、档案馆、纪念馆、博物馆、美术馆等为陈列或者保存版本的需要，复制本馆收藏的作品。图书馆、档案馆、纪念馆、博物馆、美术馆收藏有大量的作品。这些作品中，有的因年代久远已陈旧、破损，有的是绝版图书或仅有一份真迹，著作权法为了适应人类文化发展的需求，规定图书馆、档案馆、博物馆、美术馆等为陈列或者保存版本的需要，可以复制本馆收藏的作品。如图书馆复印某些图书；档案馆将某些历史资料制成胶片存留；纪念馆将某人的手稿、日记摄制成照片展览；博物馆将某些历史照片翻拍后陈列，等等。馆藏使用应满足两个条件：一是复制他人作品的目的是陈列或保存作品，不得用于借阅、出售或出租；二是所复制的作品仅限于本馆收藏的作品，不能去复制其他馆所收藏的作品，其他馆也不能复制本馆所收藏的作品。此外，著作权法没有规定复制本馆的收藏作品必须是已发表的，也就是说，为了保存版本的需要而复制未发表的作品也可以纳入合理使用的范围。

（九）免费表演的合理使用

例8.6　在某次赈灾义演中，组织演出单位将出售的门票所得全部捐献给灾区，所以，事先对所表演的作品均未征得作者的同意，也未向他们支付报酬，演出单位是否侵权？

免费表演的合理使用，是指未向公众收取费用，也未向表演者支付报酬而免费表演已经发表的作品。免费表演必须符合的条件是：1. 免费表演的作品，必须是已发表的。2. 要尊重著作权人的人身权，指明作者姓名、作品名称和出处。3. 表演必须是免费的，未向公众收取费用，也未向表演者支付报酬。需要注意的是，免费表演并不一定为公益性表演。例 8.6 中，虽然是赈灾义演，演出单位将门票所得全部捐献给灾区，属于公益性表演，但演出时向观众收取了门票，所以，它不是著作权法意义上的免费表演，演出单位未取得著作权人同意和支付报酬的行为属于侵权。此外，在实践中，有的演员在演出之后虽然未要求获取演出费，但收取纪念品、提出免费旅游等属于变相收取报酬，不能称为免费表演。

（十）临摹等室外公共场所的艺术作品的合理使用

例8.7　甲设计并雕刻了一尊黄河母亲的雕塑，置于公园门口招揽顾客，乙以该雕塑为背景拍照纪念是否构成侵权？

临摹等室外公共场所的艺术作品的合理使用，是指对设置或陈列在室外公共场所的艺术作品进行临摹、绘画、摄影、录像的合理使用。“室外公共场所”主要指室外向一般公众开放的场所、建筑物的外壁以及其他公众容易看见的室外场所。如广场、公园、道路、风景旅游点等。设置或者陈列在室外公共场所的艺术作品主要包括绘画、书法、雕塑等，其主要目的在于美化环境或进行展览宣传活动等。对这些作品可以自由进行临摹、绘画、摄影、录像。如果法律禁止对其进行合理使用则会妨碍人们的自由活动，因为这些设置在室外公共场所的艺术作品不可避免地要进入人们的自由活动范围和视线中,要求人们刻意避开这些作品将使其自由行动受到限制,所以法律允许使用而不作为侵权对待。例8.7中,乙的行为属于合理使用,不构成对甲的侵权。

但对设置或者陈列在室外公共场所的艺术作品临摹、绘画、摄影和录像后能否进行商业使用,我国著作权法及其实施条例并没有规定。根据最高人民法院《关于审理著作权民事纠纷案件适用法律若干问题的解释》的规定,对设置或者陈列在室外公共场所的艺术作品进行临摹、绘画、摄影和录像的人,可以对其成果以合理的方式和范围再行使用,不构成侵权。这就表明,临摹、绘画、摄影和录像者对其成果再使用,原则上不受原来作品著作权的限制。但应当注意的是,这里的再行使用应当在合理的方式和范围内。所谓"合理的方式和范围",是指该使用不得影响原作品的正常使用,也不得不合理地损害著作权人的合法利益。例如,对绘画、书法等拍摄、录像下来以后制成音像制品予以复制发行,则是不合理地损害了著作权人的合法利益。

(十一)满足少数民族学习需要的合理使用

例8.8 某外籍作者史密斯用汉语创作了一篇小说,发表在《文化交流》杂志上,发表时未作任何声明。乙未经史密斯同意将该小说翻译成蒙文在中国出版发行。该行为是否侵犯史密斯的著作权?

满足少数民族学习需要的合理使用,是指将中国公民、法人或者其他组织已经发表的以汉语言文字创作的作品翻译成少数民族语言文字在国内出版发行。我国拥有众多的少数民族,由于历史和地理原因,少数民族地区经济文化大多比较落后,为使他们能够学到更多的现代科学文化知识,促进其民族经济文化的发展,我国著作权法作出了这种规定。但这种合理使用必须具备以下条件:1. 仅限于已经发表的作品。2. 作品的著作权人仅限于中国公民、法人或者其他组织,对外国人或者无国籍人的作品不能进行这种合理使用。3. 该作品是以汉语创作的,而不是少数民族语言创作的作品,也不是汉语译著。4. 只能是翻译成少数民族语言,而不是其他语言。5. 只能在国内出版发行。例8.8中,虽然将汉语译成我国少数民族文字,但是史密斯并非中国公民,所以该行为仍为侵权。

(十二)为满足盲人学习的合理使用

例8.9 甲未经作者乙的同意,将甲已经出版的中文科技作品《未来世界》一书翻译成盲文出版。甲的行为是否构成合理使用?

为满足盲人学习的合理使用,是指为满足盲人文化知识的学习将已经发表的作品改成盲文出版。出于关怀与扶持残疾人的公益性目的,著作权法允许将已发表的作品变换为盲文读物出版,盲文读物的翻译人由此还享有新的独立的著作权。例8.9中,甲的行为属于合理使用。

以上十二种合理使用行为,同样适用于对出版者、表演者、录音录像制作者、广播电台、电视台的权利的限制。

第三节　法定许可

例8.10　甲刊物不愿意让别的刊物随便转载其刊物上发表的文章，于是在刊物上发表了不得转载的声明，但乙刊物仍然刊登其杂志上的文章。乙的行为是否合法？

一、法定许可的概念

法定许可，是指在法律明确规定的情形下，可以使用著作权人已经发表作品，可以不经著作权人的许可但应向其支付报酬的一项制度。根据我国著作权法的规定，法定许可制度应该具备以下条件：1. 使用作品必须是已发表的作品。2. 必须在法律规定的范围内。作为一种权利限制制度，著作权限制范围必须在法律设定的范围内。对此，大多数国家的著作权法都作出了明确规定，但范围有所不同。通常发达国家法定许可的范围较窄，发展中国家法定许可适用范围较宽。另外，学界对法定许可的适用范围也有分歧，有的主张应缩小法定许可使用制度的范围，甚至主张废除。有的主张继续保留法定许可制度并且扩大使用的范围，但是需要完善法定许可制度的保障措施。3. 必须支付报酬。法定许可制度可以不经过著作权人的同意但必须向其支付使用报酬。著作权人的权益在特殊情况下被合法剥夺，在满足了公共利益的同时，著作权人得到相应的补偿是应当的。因此，支付报酬成为法定许可制度顺利推行的前提保障。4. 著作权人享有保留权。我国著作权法适用法定许可制度时注重保护著作权人的精神权利。规定著作权人可以预先决定其作品是否同意他人未经授权再行传播，可以自主地排除法律推定其同意作品被再传播的可能，即规定了著作权人的声明制度。这一制度与国际上通行的法定许可制度有较大差别。又被学界认为是"准法定许可"。

法定许可制度虽然在一定程度上限制了著作权人的权利，但保障了公共利益，促进了作品的传播。同时，该制度提高了著作权交易效率，降低了交易成本，最终也有利于著作权人财产利益的实现，它是一种必要的著作权法律制度。

二、著作权声明及付酬制度

（一）著作权声明制度

著作权声明制度，是指作品发表时或发表后，著作权人表明其作品未经许可，除合理使用外他人不得使用其作品的一项制度。这是一项我国特有的制度，与国际上全面的法定许可制度不同。国际上的法定许可制度是作品使用人不必经过著作权人的授权，只需支付报酬就可使用的制度。而我国著作权法却规定了法定许可的前提是作者享有声明保留权。对此，有学者认为我国施行的法定许可制度比国际上通行的法定许可使用更为合理，应予坚持。在一般情况下，作者的作品能够被更广泛地传播并获得报酬也是著作权人的利益所在，他们不会反对。但是在特殊情况下，作者只希望特定刊物登载其作品，著作权人的声明制度可使这一愿望得到尊重和实现。

在声明权制度中需要注意两个问题：第一，声明权的主体。声明权的主体是著作权人而非作品使用人。有些报社和杂志社在报纸和期刊上作出类似声明："凡本刊发表的作品，未经本刊授权同意，一律不得转载。"这种声明并不能限制其他报刊转载，因为声明主体是著作权人，是否同意转载，决定权在于作者，而不在于报社或杂志社。报社和杂志社未经著作权人的同意，擅自声明著作权人的作品他人不得使用的行为是对声明权的侵犯，同时也间接侵犯了著作权人的财产权。例8.10中，甲刊物无权发表声明，乙刊物不受其声明限制可以转载。第二，声明权例外情况。声明权例外指在某些情况下法律不允许著作权人享有声明权。目前，我国著作权法中一般都规定，著作权人有事先主动排除法定许可使用的权利。但特殊情况下，著作权人不享有声明权。这种情况有两种：一是广播电台、电视台播放他人已发表的作品，可以不经著作权人许可，但应当支付报酬。二是广播电台、电视台播放已经出版的录音制品，可以不经著作权人许可，但应当支付报酬。

（二）著作权使用付酬制度

著作权使用付酬制度，是指作品使用人根据法定许可使用制度的规定使用他人作品时应当依法向著作权人支付相应报酬的一项制度。该制度是法定许可制度顺利推行的基础和保障。

我国为配合《著作权法》，由国家版权局先后颁布的向著作权人支付报酬的规定主要有：《报刊转载、摘编法定许可付酬标准暂行规定》、《录音法定许可使用付酬标准暂行规定》、《演出法定许可付酬标准暂行规定》、《出版文字作品报酬规定》、《广播电台电视台播放录音制品支付报酬暂行办法》等。这些规定为我国法定许可使用他人作品支付报酬提供了依据。但是，我国付酬制度还存在诸多问题：1. 有些情况下法定许可没有明确的支付标准。如科教书编写、广播电台或电视台播放已发表作品、网络法定许可使用的付酬标准等。2. 付酬标准定得过低，不适应市场变化的需要，明显有失公允。3. 缺乏完善有力的制裁不依法付酬的行为的制度。4. 未建立例外协商付酬制度。该制度允许当事人在法律规定下可以不采用国家统一付酬标准而通过自由协商确定使用费数额的制度，发达国家一般都有此类制度，我国目前还未建立。这就使得著作权交易双方在法律规定的统一付酬标准难以适用时没有合理的弥补措施。

三、我国法定许可的规定

（一）报刊转载、摘编的法定许可

报刊转载、摘编的法定许可指作品刊登后，除著作权人声明不得转载、摘编的以外，其他报刊可以转载，或者作为文摘资料刊登，但应当按规定向著作权人支付报酬。这一许可不包括书籍之间、书籍与报刊杂志之间的转载。另外，在网络上未经许可转载已经发表的作品构成侵权。

（二）制作录音制品的法定许可

该法定许可指录音制作者使用他人已经合法录制为录音制品的音乐作品制作录

音制品,可以不经著作权人许可,但应当按规定支付报酬;著作权人声明不许使用的不得使用。录音法定许可的对象是他人已经合法录制为录音制品的音乐作品,对于非音乐作品,以及尚未有人合法录制为录音制品的音乐作品,必须经过著作权人的许可才能对其制作录音制品。该规定主要是为了防止唱片公司对录音制品制作的垄断,但是,由于该条法定许可允许著作权人有声明权,抵消了防止垄断立法目的的作用。

(三)播放作品的法定许可

该法定许可指广播电台、电视台播放已经出版的录音制品,可以不经著作权人许可,但应当支付报酬。当事人另有约定的除外。具体办法由国务院规定。该法定许可中著作权人无声明权。

(四)播放录音制品

该法定许可指广播电台、电视台播放他人已发表的作品,可以不经著作权人许可,但应当向著作权人支付报酬。该法定许可中著作权人没有声明权。

(五)教科书汇编

该法定许可指为实施九年制义务教育和国家教育规划而编写出版教科书,除作者事先声明不许使用的外,可以不经著作权人许可,在教科书中汇编已经发表的作品片段或短小的文字作品、音乐作品或者单幅的美术作品、摄影作品,但应当按照规定支付报酬,指明作者姓名、作品名称,并且不得侵犯著作权人依照本法享有的其他权利。为了实施科教兴国战略,提高教科书的质量,在借鉴外国立法的基础上,著作权法修改时增加了这种法定许可。这种法定许可应当具备以下要点:(1)只适用于九年制义务教育和国家教育规划内的教科书。(2)教科书是指课堂教学用的正式教材,不包括教学参考书、辅导资料等。(3)使用的对象仅限于已经发表的作品。(4)使用的作品种类和数量只能是作品片段,或者短小的文字作品、音乐作品,或者单幅的美术作品、摄影作品。(5)作者事先声明不许使用的,不得使用。(6)应当按照规定支付报酬,指明作者姓名、作品名称;并且不得影响该作品的正常使用,也不得侵犯著作权人的其他权利。

根据《信息网络传播保护条例》第8条的规定,该法定许可的规定延伸到了网络环境中,因为许多教育机构开设了远程网络教育课程,需要使用作品片段制作多媒体课件在网络课堂中使用。当然,这种法定许可必须符合条件,即只能在九年义务教育或者国家教育规划项目中符合条件的特定学生群体中使用。

(六)通过网络向农村提供特定作品

《信息网络传播保护条例》第9条规定:为扶助贫困,通过信息网络向农村地区的公众免费提供中国公民、法人或者其他组织已经发表的种植养殖、防病治病、防灾减灾等与扶助贫困有关的作品和适应基本文化需求的作品,网络服务提供者应当在提供前公告拟提供的作品及其作者、拟支付报酬的标准。自公告之日起30日内,著作权人不同意提供的,网络服务提供者不得提供其作品;自公告之日起满30日,著作权人没有异议的,网络服务提供者可以提供其作品,并按照公告的标准向著作权人支付报酬。

网络服务提供者提供著作权人的作品后,著作权人不同意提供的,网络服务提供者应当立即删除著作权人的作品,并按照公告的标准向著作权人支付提供作品期间的报酬。依照前款规定提供作品的,不得直接或者间接获得经济利益。

四、著作权法定许可与合理使用

著作权法定许可与合理使用的相同之处表现为:

(1)其目的都是侧重于维护社会公共利益,限制著作权人的权利。

(2)使用的一般都是他人已经发表的作品,凡未公开发表的作品不在法定许可使用和合理使用的范围之内。

(3)使用他人作品时都无须取得著作权人许可。

(4)都必须注明作者姓名、作品名称。

二者的不同之处表现为:

(1)法定许可的使用者有限制,主要是表演者、录音制作者、广播组织、报刊社等特定对象或机构,而合理使用却无主体范围的限制。

(2)在法定许可的情况下,使用作品后应向著作权人支付报酬,在合理使用的情况下则不必向著作权人支付报酬。

(3)在法定许可使用的情况下,著作权人一般有声明权可排除他人使用;而合理使用一般没有声明权。

第四节　强　制　许　可

一、强制许可的概念

强制许可,是指在著作权人无正当理由而拒绝与使用者达成使用作品协议的情况下,使用者经向著作权行政管理部门申请并获授权而使用该作品。获得强制许可使用后,仍应向著作权人支付报酬。设立这项制度的目的在于防止著作权人滥用其专有权利而拒绝他人基于正当理由使用其作品的现象发生。

强制许可制度最早见于英国1909年版权法,其适用目的是将音乐作品录制唱片。美国1919年以后也明文规定了强制许可的条款。随着世界各国经济往来的日益频繁,著作权强制许可制度也逐渐从英美国家扩展至大陆法系国家,如德国、日本、法国、意大利等国。许可范围从原来仅限于音乐作品扩展到其他作品,同时它还为两个主要著作权国际公约即《伯尔尼公约》和《世界版权公约》所认可。《伯尔尼公约》承认作者享有翻译权和复制作品的专有权利。发展中国家认为应当对作者的专有翻译权和复制权加以制约,以便本国成员有权翻译和复制其他成员国的作品。而发达国家则反对一切非经作者许可的侵犯作者专有翻译权和复制权的行为。最终将其归入《伯尔尼公约》的附件。《世界版权公约》也对该制度作了规定。

强制许可使用制度使用的主体为发展中国家,而且只能是依据联合国大会惯例视为发展中国家的任何国家。我国《著作权法》没有规定强制许可制度,但是由于我国已经加入《伯尔尼公约》和《世界版权公约》,故公约中有关强制许可的规定也可引用。不过,如果在我国著作权法中明确、系统地规定强制许可制度,可使该制度的实施更加方便、更具有可操作性。

二、强制许可与合理使用

强制许可使用与合理使用同属对著作权的限制,其区别在于合理使用不需征得著作权人同意,也不用向其支付报酬。强制许可使用必须先由使用人以合理条件和理由请求著作权人许可,如著作权人无理拒绝或不作答复,还须向国家有关主管部门申请,由该机关授权许可使用作品,并且支付报酬。

三、强制许可与法定许可

强制许可使用与法定许可使用的区别在于:法定许可无须经过著作权人同意,但要向其支付报酬,如果著作权人声明不准使用的则不得使用。而强制许可的程序较为繁琐,在向著作权人申请许可未成功时还要向主管部门申请授权,通过强制许可证的形式获得作品使用权,并且同样要向著作权人支付报酬。

▲ 讨论案例

作家甲与乙公司签订合同,约定甲允许乙对其拥有版权的作品《受戒》进行影视改编及拍摄;甲保证在1998年3月15日之前不将该作品的改编权及拍摄权转让他人;乙向甲支付改编转让费。丙电影学院文学系学生A为完成改编课程作业,将甲的小说《受戒》改编成电影剧本。丙电影学院对在校学生上交的改编作业审核后,选定将学生A改编的剧本《受戒》用于学生毕业作品的拍摄。丙电影学院与乙公司协商拍摄事宜未果。

其后,丙电影学院投资人民币5万元,并组织该院学生联合摄制电影《受戒》。拍摄完成的影片全长30分钟,片头写有:"根据甲同名小说改编"。影片摄制完成后,曾在该电影学院小剧场内放映一次,用于教学观摩,观看者系该院教师和学生。之后,该电影学院携《受戒》等片参加法国国际学生电影节。在该电影节上放映了《受戒》影片,观众系参加电影节的各国学生及教师,也有当地公民。放映该片时,电影节组委会对外公开出售少量门票。乙公司认为,丙电影学院的行为侵犯了其改编权和拍摄权,向法院提起诉讼。

问:1. 根据作家甲与乙公司签订的合同,乙公司获得的是什么权利?

2. 丙电影学院的行为属于合理使用还是侵权?

3. 为学校课堂教学的合理使用,应当具备哪些条件?

课后思考

1. 试论对著作权和邻接权进行限制的原因。
2. 何为合理使用？合理使用包括哪些情形？
3. 何为法定许可？法定许可的方式有哪些？
4. 简述合理使用与法定许可的异同。
5. 何为强制许可？它与合理使用、法定许可的区别是什么？

第九章　著作权的利用、管理和保护

◇ 知识结构图

- 著作权的利用、管理和保护
  - 著作权的利用
    - 著作权的转让
    - 著作权的许可使用
    - 著作财产权的其他利用
    - 著作权利用中的纠纷解决
  - 著作权的管理
    - 著作权集体管理
    - 著作权集体管理组织的性质
    - 著作权集体管理组织的职能
    - 我国著作权集体管理组织性质定位
    - 著作权延伸集体管理制度
  - 著作权的保护
    - 著作权侵权行为的认定
    - 著作权侵权行为的法律责任
    - 著作权保护的诉前措施

◈ 本章导读

著作权利用制度是调整作品创作者、传播者及使用者利益关系的重要制度。著作权的利用一般包括著作权的转让、许可使用、质押等方式。通过本章的学习，应了解著作权利用的各种方式，掌握著作权的转让、许可使用、质押的基本概念和特点，明确著作权转让与许可使用合同的主要条款。著作权管理主要包括行政管理和集体管理，两者都是保证著作权实现的重要措施。通过本章的学习，了解著作权行政管理机关的主要职责，明确著作权集体管理的概念和意义，著作权集体管理组织的性质和职能。而著作权的保护主要在于了解著作权侵权行为的各种表现、侵权行为应承担的法律责任等。

◉ 司考重点

本章的司法考试内容主要集中于著作权的利用、保护等方面，具体包括著作权转让、许可、著作权侵权行为、法律责任等。

第一节 著作权的利用

一、著作权的转让

例9.1 某艺术中心制作了电视剧《穿越火线》,然后与某铝业公司签订了《电视剧版权转让协议书》,约定由中心将电视剧的播映权转让给铝业公司,时间3年,限于在甲乙丙三地播映。但播映事宜由中心联系,铝业公司支付转让费30万元。如果三地不能满足铝业公司的权利或不能播映该剧,中心应退还转让费。合同签订后铝业公司按规定支付了转让费,但由于中心联系播映未果,致使该剧从未在三地播映过,铝业公司起诉至法院。

(一)著作权转让的概念

著作权的转让,是指著作权人将其财产权部分或全部转移给他人所有的法律行为。著作权一经转让,出让人就丧失了原有的权利。受让人成为著作权的继受主体。受让人有权使用作品,也有权再向第三者转让著作权。对于侵犯著作权的行为,受让人有权追究侵权人的法律责任。

世界上许多国家都规定了著作权的转让制度,但法律规定有所不同。对著作权转让通常有三种态度:第一种是不允许著作权转让。这些国家认为著作权为精神权利,与作者不能分开,所以,财产权利也只能专属于作者,代表国家为德国。第二种是允许著作权部分转让,而不允许全部转让。这些国家重视作者权利,不允许转让精神权利,允许财产权的转让,但对财产权利的转让作出了某些限制。代表国家为法国、日本等。第三种是既允许部分转让,也允许全部转让,而且法律对转让的限制条款很少,代表国家有美国、英国、澳大利亚等。我国1990年颁布的著作权法对著作权的转让未作明确规定。但随着社会主义市场经济体制的建立,出版业原有的垄断局面被打破,著作权人出版作品可以有多种选择。国际贸易中也存在大量的著作权转让活动。世界上许多国家都规定了著作权的转让制度。著作权作为具有内容的一种民事权利,按照民法理论应当可以转让。2001年修改后的《著作权法》第10条明确地规定了著作权人可以转让著作权。

(二)著作权转让的主要特征

1. 著作权转让是主体主动行为

著作权转让不同于著作权限制,著作权限制是权利人被动的被依法剥夺部分著作权。而著作权转让则是权利人积极主动行使权利的结果,没有任何外力的强制,著作权人主动将全部或部分权利出让他人。

2. 著作权转让的标的一般仅限于著作财产权

著作权转让一般限于财产权,多数国家都规定著作人身权不可转让。如《英国著作权法》第94条规定，精神权利不可转让；《法国知识产权法典》明确指出，人身权利是终身的，不可转让、不可剥夺的权利；日本、意大利、俄罗斯等国也都有同样的规定。我国虽然没有明确指出，但从《著作权法》第10条只规定了著作财产权的转让可以推断出我国不允许著作人身权的转让。

3. 著作权转让与作品载体的所有权无关

作品通常都附着在一定的载体上，但著作权的转让，并非作品载体的转让。因为作品和作品的载体分别涉及的是所有权和著作权两个不同的权利。如果著作权转让涉及对作品原件的使用，在使用完毕后，应将作品原件返还给原件的合法所有人。如转让小说出版权，受让人使用完小说的手稿后，应将手稿退还给手稿的合法所有人。如果受让人出于某种需要，要将手稿存档，应征得手稿的合法所有人的同意。同理，作品原件物权的转移，并非著作权的转移。例如，对于油画、雕塑等美术作品原件的转让并不导致著作权的转让。

4. 著作权转让将导致主体变更

著作权转让后，受让人成为该作品的新的著作权人，著作权主体发生变更。受让人一旦成为著作权主体，它就可以使用或许可他人使用该著作权，并获得相应的报酬。著作权转让后，当发生著作权侵权时，受让人可以享有独立的诉权，即以自己的名义起诉、应诉和作出处理决定的权利。

（三）著作权转让合同

著作权转让合同是就著作财产权的转让而达成的协议。这种合同是诺成合同、有偿合同、双务合同。我国合同法中没有涉及著作权转让合同的专门条款，发生纠纷主要以著作权法为依据解决。但是对于合同的一般性问题，著作权法没有规定的，应当适用合同法。根据我国《著作权法》第25条的规定，著作权转让合同应包括下列主要内容：

1. 作品的名称

无论是小说，还是电影剧本或者音乐作品，凡是著作权转让合同所必须涉及的作品名称都必须明确。对一篇完整的作品，需要确定是用作者创作的原作品名称还是另选名称。如果是部分作品，还要标明开始和结尾及其名称。

2. 转让的权利种类、地域范围

权利种类是指复制、发行、出租、展览、表演、翻译、改编、汇编等具体的著作权使用方式。转让的权利种类是著作权转让合同的主要内容，必须明确、具体地予以规定。地域范围是指著作权转让后允许使用的地理范围。

3. 转让价金

价金也是合同的基本条款。由于著作财产权的价值确定比较复杂，除当事人协商约定金额外，还可以请专门机构通过评估、拍卖或者竞标等方式来确定转让的具体金额。

4. 交付转让价金的日期和方式

采用何种方式交付价金以及何时支付价金，在转让合同中必须明确规定。例如，应标明是一次性支付还是分期支付，是现金支付还是支票支付等。

5. 违约责任

违约责任是指合同一方或双方没有履行合同约定的义务或者不适当履行合同约定的义务而应承担的法律责任。订立违约责任条款在于促使当事人履行合同义务，从而少受或免受损失。违约责任的具体内容，如规定赔偿金额及其计算方法等。

6. 双方认为需要约定的其他内容

例9.1中，双方签订的《电视剧版权转让协议书》是著作权转让合同。合同涉及了作品名称、转让种类、地域范围、时间、转让金、违约责任等内容。因为铝业公司支付了合同对价转让金，但未实现相应的合同目的，其责任在于中心未履约，故中心应承担违约责任，退还转让费，并支付诉讼费用和其他合理费用。

（四）关于著作人身权可否转让的问题

各国著作权法一般都规定著作权转让的是财产权而不是人身权，即认为著作人身权不可转让，主要原因是知识产权属于民法体系，因此，著作人身权的有关规定应当遵循民法的原理。民法中认为人身权与主体不可分，不可转让，因此著作人身权也不可转让。具体表现为三个方面：第一，著作人身权是作者身份所固有的绝对权利，只能由作者享有。第二，作品是作者人格的反映，个性的体现，事关宪政理念，不可随便否定。第三，作者人身权的转让还会涉及公共利益，随意转让署名权等人身权是对公众的欺骗，不利于正常的文化传播和交流。

但随着传播技术的革新、数字时代的到来以及版权贸易的日益频繁和飞速发展，传统的著作人身权理论受到越来越多的挑战。要在新的环境下更好地维护作者的精神权利，就不能拘泥于该权利与主体不可分或绝对不可转让的理论。人们开始从理论和实践等方面论证著作人身权可以转让，也已经发生了转让。

认为著作人身权可以转让的原因有五个方面：第一，著作人身权与一般人身权虽然有联系但又有区别，并且该区别导致著作人身权完全可以转让。一般人身权基于生命产生，权利内容涉及生命、健康、肖像、姓名、荣誉等，与财产没有必然关系，有无人身权涉及有无法律主体资格。因此，一般人身权与主体不可分割，不能转让和剥夺。但著作人身权是基于作者的作品而产生，作者丧失著作权不意味着丧失基本的法律主体资格，也即不会对他的生命、健康等基本权利造成威胁。该权利与著作权人本身没有直接的关系，转让著作人身权并不导致作者人身权受损，所以可以转让。第二，作品并不必然是作者人格的反映。“文如其人”，作品与作者人格等同的观点在作品极度丰富扩大的今天已无法拥有说服力。作者人格与作品的格调大行径庭也是常有之事。另外，计算机作品中完全看不到作者人格个性的内容。作品可以给作者带来人格利益但是并不一定反映作者的人格。第三，著作人身权不可转让违背民法中私法自治和契约自由的原则。只要双方买卖没有社会危害性，不违反社会的公序良俗，这种交易是完全合法的，法律不应该强制干预，这是私法自治和契约自由的必然要求。而且转让著作人身权并不必然损害社会公共利益，相反，对著作人身权严格控制，反而不利于优秀作品的再创作和传播，阻碍科学文化的交流和进步。第四，著作人身权不可转让有损于著作权人的经济利益。无论是著作财产权还是著作人身权都可以给作者带来一定的经济利益，人身权不可转让，对受让人来说，自己通过转让而获得的经济权利缺乏某种可靠性。著作人身权不能转让，很难保证受让人经济利益的顺利实现。第五，各国立法存在广泛的著作人身权转让情形。美国、英国虽然规定人身权不可转让，但却规定人身权可以放弃和继承。根据我国著作权法的规定，委托作品、特殊职务作品、视听作品、合作作品都在某种情况下依据法律或合同约定允许著作人身权与主体发生分离。尤其在网络时代，无论是大陆法系还是英美法系国家均认为在数字技术环境下，应该放松对著作人身权不可转让的限制，具体表现为对计算机软件作品的著作人身权大多数国家均认为应该转让。

总之，著作权人身权不能转让的传统观念在网络技术时代，在作品创作层出不穷海量出现的情况下，无论从理论上还是在实践中都面临诸多挑战，如果囿于传统民法理论的囹圄，就无法真正维护作者的人身权利；也无法解释著作权法上的很多自相矛盾的规定；更无法解决现实中存在的大量问题。我国根据国内外立法及实践的变化，应该适时地修改著作人身权不能转让的传统规定，尤其是计算机软件作品，这样不仅可以适应现实需要，也可适应国际著作权法的发展趋势。

二、著作权的许可使用

例9.2　周海婴将《鲁迅与我七十年》一书与南海出版公司签订了专有出版合同。双方约定，任何一方不得将上述权利许可第三方使用。但南海出版公司据此出版该书后，同意光明日报社所属的《生活时报》连载了该书。周海婴在时报连载过程中写信给时报收集连载报刊、寄来《正误表》、询问稿酬情况。请分析南海出版公司和光明日报社的行为。

（一）著作权许可使用的概念

著作权许可使用，是指著作权人将其作品授权使用人以一定方式，在一定地域或期限内使用的法律行为。

著作权许可使用是著作权人行使著作权的重要方式。著作权法规定，著作权人有权以复制、发行、出租、展览、表演、放映、广播、改编、翻译、汇编、信息网络传播等方式使用自己的作品，也有权许可他人以上述方式使用作品，并依照约定或根据法律有关规定获得报酬。

著作权的许可使用是一种重要的法律行为。许可人和被许可人之间的权利、义务关系可以通过合同予以约定。通过许可使用合同，被许可人获得了按合同约定的内容使用作品的权利。当许可使用合同约定的期限届满后，著作权仍然回归原著作权人。

著作权人利用许可使用合同可以将财产权中的一项或多项内容许可他人使用,同时向被许可人收取一定数额的使用费,以实现其经济利益。这种形式也被称为著作权许可证贸易。目前,各国之间实行著作权贸易最主要的内容是互相购买作品翻译权。

(二)著作权许可使用的特点

著作权许可使用与著作权转让尽管都是著作权利用的方式,但两者性质不同,产生的后果等也不同。两者比较,著作权许可使用具有以下特点:

1. 著作权许可使用不改变著作权的归属

通过著作权许可使用合同,被许可人得到的仅仅是在一定的期限、在约定的范围内以一定的方式对作品的使用权。著作权仍然全部属于著作权人。而著作权的转让,受让人取得的是著作权。

2. 被许可人的权利受制于合同的约定

被许可人所取得的使用权,在内容、期限和地域范围内都不能超出合同约定的范围;不能将所获得的使用权再让与给第三人,当然著作权人同意的除外。而著作权转让后,受让人不仅自己可以使用作品,还可以许可他人使用。

3. 被许可人对第三人侵犯著作权的行为一般不能以自己的名义向侵权人提起诉讼

因为被许可人不是著作权的主体,被许可人要求保护的权利仅限于许可使用合同中被许可人应享有的权利范围。而著作权转让后,任何受让人对侵害其财产权利的行为均可提起侵权之诉。

(三)著作权许可使用合同

著作权许可使用合同是著作权人与使用者就作品的使用达成的协议。同著作权转让合同一样,这种合同也是诺成合同、有偿合同、双务合同。通过合同,既能保障著作权许可使用的安全可靠,又可以减少不必要的纠纷,提高使用效率。根据我国《著作权法》第24条的规定,著作权许可使用合同应包括下列主要内容:

1. 许可使用的权利种类

著作权许可使用合同必须明确约定著作权人授权被许可人的是著作权法中的哪一项权利。因为著作权法中规定的财产权内容很多,使用不同类型的作品,要求签订不同类型的许可使用合同。如图书出版合同、作品改编合同等。使用的方式可以是一种,也可以是多种。

2. 许可使用的权利是专有使用权还是非专有使用权

专有使用权,是指著作权人将其享有的著作权许可他人独家使用,合同生效后,著作权人不得再将同种使用权在同一时间、同一范围授予被许可人以外的任何人,而且著作权人自己在此期间也不得行使这些权利。非专有使用权,是指著作权人同被许可人签订了著作权许可使用合同后,不仅自己有权使用作品,而且有权在相同的时间和范围内,许可被许可人以外的任何人使用该作品。这种非专有使用权没有排他性。不论是专有使用权还是非专有使用权,都必须在合同中明确规定。如果未作约定,或约定不明,一旦发生争议,法律通常只能认为被许可人取得的是专有使用权。

3. 许可使用的地域范围和期间

许可使用的地域范围,是指被许可的著作权在地域上的效力,通常表现为作品复制发行范围、播放范围等。如著作权人只许可出版社在甲国出版发行其作品,则出版社不能去乙国出版,也不能将其在甲国出版的作品输出到乙国,否则即构成违约行为。许可使用的期间,是指被许可使用的著作权在时间上的效力。

4. 付酬标准和办法

根据《著作权法》第 27 条的规定,使用作品的付酬标准可以由当事人约定,也可以按照国务院著作权行政管理部门会同有关部门制定的付酬标准支付报酬。当事人约定不明确的,按照国务院著作权行政管理部门会同有关部门制定的付酬标准支付报酬。付酬办法是支付报酬的具体方式,是一次性支付,还是分次支付;是现金支付,还是使用支票;是付人民币,还是可兑换的外国货币等,均应在合同中明确约定。

5. 违约责任

违约责任是督促缔约双方认真履行合同义务的有力保证。违约责任的形式可以是终止合同,也可以针对每一项可能发生的具体违约行为预先规定违约金等。如双方可以约定发生纠纷时的解决办法。

6. 双方认为需要约定的其他内容

这条规定是为了使合同的定立更加完善而提出来的。即合同中除了上述内容外,只要双方认为有必要约定的事项,都可以依法在合同中约定。

例 9.2 中,周海婴和南海出版公司签订的出版合同其实是作者将其作品的复制权和发行权许可给出版者行使。出版者应按约定使用作品,作者从中获得财产利益。案中南海出版公司未经作者同意将该书的出版权许可光明日报社,违反了合同约定,承担违约责任。而《生活时报》未经作者同意擅自连载作品构成侵权。

(四)著作权许可使用模式

1. 一对一许可使用模式

一对一许可使用模式是最初的著作权许可使用模式,它指对作品的每一次使用都要事先征得权利人的同意。这种模式主要适应的是作品数量和种类不多的情形,在著作权法发展的最初阶段能较好地保护作者的权利。但随着作品数量和种类不断增多,面对大量的权利许可问题,一对一许可使用模式显得“力不从心”。

2. 集体管理的许可使用模式

集体管理的许可模式仍然是一种传统著作权保护模式,但它比一对一的模式适应性更强,更为成熟。它是由作者先授权一个著作权集体管理机构,再由该集体管理机构征收费用和分配费用。该许可模式运作的前提仍然是获得作者的同意,所以它仍然存在一些弊端。如在作者授权意识滞后的情况下,著作权集体管理机构的作用是有限的。再如,集体管理机构诞生的基础是为少数名人作者服务,而对大量的普通作者来说,都加入一个集体管理机构是不现实的。对于人人都是作者、人人都是使用者的网络时代,如果全民都加入一个文字集体管理机构,并与其签订一份授权许可使用合同,集体管理机构还要逐一从每一个使用者那里收取使用费分配给每一个作者,是非常无效率的事情。

3. 补偿金制度

补偿金制度,是指通过权利人放弃难以实现的许可使用授权,转而以实现获取报酬权为主的讲究效率的制度。使用者无须费时费力寻求授权,但以支付一定的费用作为使用作品的代价,给权利人以补偿。这种许可制度是针对日益普遍且无法控制的家庭、私人复制影响作者利益而出现的。它与复制工具,如录音、录像机、复印机、计算机的广泛应用密切相连,因此有特定的适用范围。与其他实现版权利益的传统许可制度相比,属于法定许可的制度。[1]

4. 自由开放许可使用模式

传统著作权许可模式对大量的计算机软件作品的适用表现出极大的负面影响。面对著作权阻断信息和创新的问题,该模式在美国首先提出,20 世纪 80 年代,麻省理工学院的软件编程人员认为商业软件的著作权许可证极端地约束或限制了程序员得到源程序,阻碍了软件的创新和发展,遂发起了自由软件的运动,其理念是软件的使用和修改应该是自由的,软件开发合作应该是有益于软件的创新,而并非是出于个人的商业利益。此后,这种思想又被不断调整和完善,逐渐形成了一种新的著作权许可使用模式即自由开放模式。它主张实行统一的开放许可证模式,放弃著作财产权,采取自由、开放、共享的使用作品的模式。这种崭新的模式为网络时代知识产权的授权许可展现了一条希望之路,正在改变着传统的知识产权价值观。当然这只是著作权许可模式的终极模式,在当下实行还有一定的困难。[2]

三、著作财产权的其他利用

例9.3 甲公司资金紧缺,欲贷款解燃眉之急。拟将市场表现最好的软件——工程造价软件的著作权作为质物向银行申请贷款。银行可否办理该笔贷款?

著作财产权除转让及许可使用以外,还可以用来作为债的质押、信托、破产财团、强制执行的对象。

(一)著作权质押

由于著作财产权的可转让性,著作权可以用来作为债的担保,具体形式表现为用著作权设质,担保债权的履行。当债务人不履行债务时,债权人有权依法将该财产权折价或者以拍卖、变卖该财产权的价款优先偿还债权。其中债权人即成为质押关系中

---

〔1〕 张平:《数字技术的知识产权保护》,载《华东政法大学学报》2007 年第 4 期。

〔2〕 张平:《数字技术的知识产权保护》,载《华东政法大学学报》2007 年第 4 期。

的质权人，著作权人则成为出质人，提供质押的著作权人既可以是债务人本人，也可以是第三人，但必须是对该著作财产权享有完整权利并能对它进行自由处分的人。

著作财产权的质押在我国担保法中属于权利质押，当事人不仅应签订书面质押合同，而且还应向主管部门办理出质登记，质押合同自登记之日起生效。登记是著作权质押合同的一般生效要件，为此国家版权局于1996年9月23日发布了《著作权质押合同登记办法》。例9.3中，工程软件的著作权完全可以作为质物申请贷款，银行应首先对该著作权进行价值评估，再决定贷款数额。另外，双方应该依据《著作权质押合同登记办法》办理相关事宜。

在著作权质押合同中，对出质的著作财产权必须明确约定其种类、地域范围和出质期限，这是著作权质押不同于动产质押和普通的权利质押之处。著作财产权能够作为质权标的的根本原因在于著作财产权能够带来收益，通过一定的方式能够满足债权人的物质需要。然而，著作财产权的任何利用都必须明确权利的种类、地域范围和出质期限，如未发表的文字作品的著作权人可将其作品的中文版本在中国大陆的5年出版权出质，音乐作品的著作权人可将其在美国范围内10年的表演权出质。任何含混不清的表述都可能引起争议，致使著作权质押在债务不能履行时无法起到应有的担保作用。

为了保护债权人的利益，著作财产权出质后，出质人不得将其转让或者许可他人使用，但经出质人和质权人协商同意的，可以转让或者许可他人使用。出质人所得的转让费、许可使用费应当向质权人提前清偿所担保的债权或者将上述费用提存。

（二）著作权信托

著作权信托，是指著作权人通过转让或其他处分方式将著作权托付给受托人，让受托人以自己的名义按一定的目的对著作权进行管理或作其他处分的行为。在信托关系中，著作财产权归受托人。但受托人必须按照信托的目的和要求行使著作权，以保障向信托人承担的义务，如按照约定的标准和办法向信托人支付报酬等。在一些国家，著作权的集体管理就是采取信托的方式。

（三）破产财团

债务人资不抵债，被依法宣告破产后，债务人所享有的著作权可成为清偿债务的财产。债权人能从债务人处获得的全部财产即为破产财团。

（四）强制执行的对象

如果被执行人享有著作财产权，则该项权利也可以成为强制执行的对象。此外，著作权亦可作为财产继承的对象以及离婚时夫妻共同财产分割的对象。

四、著作权利用中的纠纷解决

著作权利用中产生的纠纷主要为合同纠纷和权属纠纷。在一些情况下，还会发生侵权纠纷，或者是违约与侵权的竞合。在纠纷产生后，双方当事人可以根据《中华人民共和国合同法》（简称合同法）、《中华人民共和国仲裁法》（简称仲裁法）、《中华人民共和国民事诉讼法》(简称民事诉讼法)以及著作权法的有关规定,分别通过协商、调解、仲裁、诉讼等途径解决。

(一)协商

著作权利用中产生纠纷后,双方可以先行协商解决。而且,由于这种纠纷多为双方当事人在平等合作中产生的,因而通过协商解决也有比较好的基础。这有利于双方消除隔阂,相互体谅,并最终解决问题;有利于节约成本,提高效率;有利于双方进一步的合作,避免纠纷再次发生。

(二)调解

当事人可以在第三方的参与下,由该第三方作为中间人对发生在他们之间的纠纷进行调解。该第三方既可以是他们共同信赖的人,也可以是专门组织如著作权行政管理机关,还可以是其他团体或组织。由于这种方式给争议双方制造了一种较和缓的气氛,大多数情况下也能顾全当事人的声誉,所以通常能为双方当事人所接受。通过调解解决纠纷,有利于双方作出让步和谅解,尽快消除争端,改善相互之间的关系。但是,由于这是一种诉讼外的调解,双方达成的调解协议不具有法律效力,而是靠当事人自觉履行。如果一方当事人不履行调解协议,则无法请求强制执行。当事人对达成的调解协议反悔的,有权向人民法院提起诉讼。此外,调解也不是解决著作权合同纠纷的必经程序。调解应当在自愿基础上进行。

(三)仲裁

当事人可以在仲裁机构的主持下,由仲裁员对双方发生的争议,依据事实和法律的规定,作出裁决,并由当事人遵守。仲裁与法院诉讼相比,其优点是:第一,解决争议较为迅速;第二,由于仲裁员对特定行业的知识和惯例比较熟悉,可以省去一些查证的麻烦和费用;第三,由于仲裁的程序和结果可以不公开,有助于维护当事人的声誉。仲裁的提起,需要当事人双方达成一致意见,如在合同中签订仲裁条款,或另行专门签订仲裁协议,或在纠纷发生后签订仲裁协议。仲裁裁决具有执行力,法院可依当事人的申请强制执行仲裁裁决。

(四)诉讼

通过诉讼的途经解决纠纷是最正规、最权威和最有效的方式。对于生效判决,当事人必须遵守,法院可依当事人的申请强制执行,以国家强制力保证判决的实现。诉讼方式在保护当事人合法权益,维护社会秩序和维护法律尊严方面具有明显的优势。

第二节 著作权的管理

例9.4 谷歌在未经中国著作权人授权的情况下擅自将570位权利人的著作进行扫描并放入其数字图书馆供读者观看,严重侵犯了中国作家的权益。中国作家该如何维权?

一、著作权集体管理

著作权集体管理，是指著作权人、邻接权人在无法行使权利或行使权利存在实际困难时，授权集体管理组织代为管理著作权、邻接权的制度。著作权集体管理制度是版权保护体系的重要组成部分，是有效实施著作权法的一项基本制度，也是衡量一个国家版权制度是否完善的重要标志。由权利人授权集体管理组织集中行使有关著作权是国际通行的做法，这既有助于实现和维护著作权人的合法权益，同时也为作品传播者提供授权作品使用的通畅渠道，有利于文学、艺术和科学作品的广泛传播。

著作权集体管理始于法国著作权管理。1777 年，法国著名戏剧家博马舍与拒绝支付演出费的剧院老板斗争，创立了戏剧立法局，以保护戏剧作者和作曲者的精神及财产权利。1847 年，两位法国作曲家在餐厅就餐时，听到餐厅演奏他们创作的曲目，认为他们需要为饮食支付费用，而餐厅也应该支付使用他们所作曲目的费用，因而拒绝支付餐饮费，由此引发了一场诉讼。此后他们组建了世界上第一个集体管理组织即音乐作者作曲者出版社（SACEM）。从此，著作权集体管理组织正式登上了历史舞台，一些国家相继成立了各种集体管理组织，有的还单独立法对集体管理组织加以管理。如德国颁布了《著作权集体管理机构法》，日本颁布了《著作权中介业务法》。1989 年，世界知识产权组织领导机构指示该组织国际局准备一份研究报告，就著作权中某些权利的集体管理问题向各国政府提出适当建议。可见，著作权集体管理受到了各国及国际组织的重视。

目前我国关于著作权的集体管理组织有四家，1992 年我国成立的第一个著作权集体管理组织——中国音乐著作权协会（MCSC）。此后，2008 年 5 月 28 日经国家版权局正式批准成立中国音像著作权集体管理协会。2008 年 10 月 24 日成立的中国文字著作权协会，成为我国文字作品著作权集体管理机构。2008 年 11 月 21 日成立的中国摄影著作权协会，是由中国摄影家协会联合众多摄影团体和一百余位著名摄影家共同发起，经国家版权局批准成立的从事摄影著作权集体管理的社团法人机构。有关著作权集体管理的法律法规也从无到有，1990 年的著作权法没有相关的著作权集体管理规定，1991 年在《著作权法实施条例》中指出，可以通过集体管理的方式，行使其著作权；国家版权局有批准设立著作权集体管理机构的职责。2001 年《著作权法》修正案中增加了关于著作权集体管理的规定。2005 年 3 月颁布实施了《著作权集体管理条例》，就著作权集体管理组织的性质、管理的权利种类、使用费收取和转付以及对集体管理组织的监督管理作了详细的规定。

二、著作权集体管理组织的性质

1. 民间社团性

从世界范围来看，著作权集体管理组织主要有民间私人团体和官方、半官方机构两种形式。其中以民间团体为主要形式。世界上第一个集体管理组织——法国戏剧作家协会就是一个非官方、非营利的民间团体。协会的最高权力机构为大会。协会由董事会负责管理。"二战"之后的东欧国家出现了官方和半官方机构,后来一些非洲国家中也建立了此类官方、半官方性质的组织。近年来,西欧国家政府加强了对集体管理协会的监督。

2. 非营利性

全球多数国家规定集体管理组织为非营利性组织。国际作者和作曲者协会联合会在其章程中规定,世界作者作曲者大会为非营利性国际非政府组织。英国公司法规定,英国的音乐著作权集体管理组织 ARS 属于非营利性的有限责任公司。西班牙也是如此。但也有部分国家采取营利性组织的形式,如俄罗斯。但这种形式容易造成组织为追求自身利益最大化而损害著作权人和邻接权人的利益。

3. 垄断性

根据世界知识产权组织关于著作权和邻接权集体管理的基本原则,在通常情况下,就同一种类的权利而言,一个国家只应成立一个管理机构。从各国对于著作权集体管理组织的具体做法看,主要有绝对垄断、自由竞争和相对垄断三种形式。绝对垄断是同一类作品只能由一个集体管理组织管理,这种形式容易导致权利滥用。自由竞争是同一类作品允许多家著作权集体管理组织同时存在,这种形式容易导致业务交叉管理,效率不高。相对垄断是针对不同类别的作品分别建立著作权集体管理组织,同一类别作品在全国只有一个集体管理组织。

4. 自愿性

集体管理组织的自愿性和强制性是对其从著作权人和邻接权人一方所获授权的性质的一种划分。大部分国家集体管理组织实行会员制,即由著作权人和邻接权人申请加入统一管理,并定期获得组织分配的作品使用报酬。著作权是一种民事权利,属于私权范围,理所应当实行意思自治,由权利人自由决定权利的行使和转让。自愿入会制度有利于保护著作权人和邻接权人的经济权利和精神权利。

三、著作权集体管理组织的职能

(1)代表著作权人授权或许可他人使用作品。

(2)负责与使用人谈判、签约。

(3)追索作品使用费并定期向作者分配。

(4)追究侵权行为和以自己的名义参加诉讼。

(5)建立国际间的集体管理网络,维护本国作者在国外享有的权利。

(6)向著作权人宣传著作权知识,提高著作权意识,增强著作权人自我保护合法权益的能力。

四、我国著作权集体管理组织性质定位

前述特性属于著作权集体管理组织的一般情况,但不排除特殊情况。根据我国《著作权集体管理条例》(以下简称《条例》)有关规定,我国该组织是官方扶持的民间社团组织形式,是非营利性组织,管理模式具有垄断性。此外,著作权人和著作权集体

管理组织应当订立著作权集体管理合同,这体现了著作权集体管理组织自愿入会的性质。不过学界对我国著作权集体管理组织的性质及定位存在分歧,主要集中在民间性和垄断性方面。

(一)民间性

从我国立法和几个著作权管理组织的成立看基本属于民间性质,除了条例颁布前成立的中国音乐著作权协会是由国家版权局和中国音乐家协会共同发起成立,有半官方性质外,其余集体组织都符合条例规定的非营利的民间社会团体。但有学者根据《条例》第7条和第9条认为我国集体管理组织具有官方性和垄断性。《条例》第7条对集体管理组织"唯一性"和"全国性"的要求,实际上排除了私人创制集体管理组织的可能,因为有能力一次性在全国范围内取得代理权的,只有官方性机构。同时,《条例》第9条在设立程序中的行政许可要件,使作为著作权管理部门的国家版权局,有权阻止已符合其他法定成立要件的集体管理组织设立,给集体管理组织的设立增加了法定条件之外的不确定性。如此一来,使用者面对的只能是官方性和垄断性的集体管理组织。[1] 以上判断说明我国集体管理组织的垄断性尚可,但说明官方性则有些牵强。

《条例》第7条规定,依法享有著作权或者与著作权有关的权利的中国公民、法人或者其他组织,可以发起设立著作权集体管理组织。设立著作权集体管理组织,应当具备下列条件:(一)发起设立著作权集体管理组织的权利人不少于50人;(二)不与已经依法登记的著作权集体管理组织的业务范围交叉、重合;(三)能在全国范围代表相关权利人的利益;(四)有著作权集体管理组织的章程草案、使用费收取标准草案和向权利人转付使用费的办法。根据能在全国范围代表相关权利人的利益的要求来断定一定是官方机构过于武断,当然官方机构容易达到这个要求,但条例要求的是享有著作权或者与著作权有关的权利的中国公民、法人或者其他组织才能发起集体管理组织,则官方组织并不能满足对权利人的这个要求,即使有实力代表但也无资格代表,这一点从后来成立的集体管理组织就可以看出。因此,总体来讲,我国著作权集体管理组织的民间性特点定位是恰当的。至于中国音乐著作权协会由于历史原因,由官方协助共同发起并不能代表其他集体组织也是同样性质。

(二)垄断性

对于我国集体管理组织的垄断性并没有分歧,不同之处在于是保留这个特性还是去掉这个特性。有观点认为,我国集体管理组织的垄断性让使用者只能面对官方性和垄断性的集体管理组织,因此在许可条件的设计和选择上只能接受无效率的结果;增加了作品许可的交易成本,与集体管理制度的宗旨相悖;导致既有集体管理组织数量

---

[1] 熊琦:《论著作权集体管理中的私人自治——兼评我国集体管理制度立法的谬误》,载《法律科学》(西北政法大学学报)2013年第1期。

和效率远落后于市场需求，以及使用者获取许可的渠道匮乏。所以，必须限制集体管理组织的垄断，规定非专属许可，变更设立规则，增加使用者的请求权以对抗管理组织的垄断等。[1]

集体管理组织的垄断性并不是我国所特有的，一般西方发达国家常采用自由竞争模式，发展中国家采用垄断模式。如俄罗斯的延伸集体管理组织直接由官方委托成立，由官方负责监督管理。我国现实中的集体管理组织在某一领域都是唯一的，而且法律明确规定保护这种唯一性。如《条例》第44条规定，擅自设立著作权集体管理组织或者分支机构，或者擅自从事著作权集体管理活动的，由国务院著作权管理部门或者民政部门依照职责分工予以取缔，没收违法所得；构成犯罪的，依法追究刑事责任。但是制度无所谓先进或落后，也没有绝对的好与坏，关键看是否符合本国国情。不能否认垄断带来的弊端，但是自由竞争同样有缺点，允许同一类型的集体管理组织建立多家，虽然有利于组织之间的竞争和使用者的选择，促使集体管理组织为作者和使用者提供更好的服务，但是这种模式也存在业务重复交叉，为争取用户降低许可使用费等问题，这不仅可能造成社会资源浪费，也会不同程度的损害著作权人的利益。比如，我国在对外开放吸引外资方面就有这样的教训，全国没有统一引资的安排，任由各地政府“八仙过海，各显其能”，争着吸引外资，甲地的条件优惠，乙地的条件就更优惠，结果各地区拼谁的资源更廉价、谁的劳动力价值更低、谁的环境准入标准更低等，也许外资是引进了，但是却牺牲了国家和地区的整体利益，所以过度的自由竞争未必是好事。在著作权集体管理方面也一样，不管垄断还是竞争，都是为权利人服务的，只要扬长避短就不能过于苛求。笔者认为，垄断的集体管理组织只要做一些制度调整，完全可以发挥其规模经营的优势，降低成本，增强权威性，吸引用户从而为权利人和用户架起畅通的桥梁。

对于垄断性的问题，笔者认为，在宏观上应保持我国集体著作权组织的垄断性，但在微观制度上应作必要的调节。坚持宏观上的垄断性使指在某一领域应该坚持只有一家集体管理组织，集中管理同类著作权委托事宜，这样可以有效避免机构的重复设置和资源的浪费。但是对集体管理组织操作方面应有些变化。比如，《条例》第25条规定，著作权集体管理组织应当根据国务院著作权管理部门公告的使用费收取标准，与使用者约定收取使用费的具体数额。此规定等于排除了集体管理组织在定价上的灵活性，使其直接参与交易的信息成本优势无法实现。管理部门对使用费的收费标准进行调控并无不可，对于不合理的交易价格应该发挥管理控制的作用，因为管理机关是站在第三方的超然位置上，一方是代表权利人的集体管理组织，一方是使用人，为了实现著作权的立法目标，平衡双方的利益，对于明显不利于一方的行为和交易价格有

---

[1] 熊琦：《论著作权集体管理中的私人自治——兼评我国集体管理制度立法的谬误》，载《法律科学》（西北政法大学学报）2013年第1期。

必要控制,但是也不能管得过死,可以在一段时期内对使用费确定一个上限,然后由双方在这个限度之下自由协商费用。此外,对于集体管理组织的管理费比例应加以限制,不能名义上是非营利组织,实际的管理费比正常利润都高。对此,一些学者提出了中肯的意见。如从许可费率的定价与分配上看,根据中国音像集体管理协会2010年公布的《全国卡拉OK著作权使用费分配方案》,音集协的管理费支出高达每年所收版税的50%;而中国音乐著作权协会颁布的《使用音乐作品进行表演著作权许可使用费标准》(试行),其定价从2000年至今从未进行任何调整。[1] 如果以法律的名义让著作权人和邻接权的利益长期得不到应有的回报,就无法彰显法律的公平原则,就会使著作权集体管理模式的垄断弊端放大,所以,在具体费用上应该让权利人和使用者有一定的协商余地。使集体管理组织发挥应有的代理维权作用。

五、著作权延伸集体管理制度

著作权延伸集体管理是指在著作权与邻接权领域,在全国范围内具有代表性的著作权人组织(通常包括作者和一些制作者)与使用者达成的作品使用协议,依据法律规定其约束力也同样及于不是该组织成员的权利人。[2]

著作权延伸集体管理的特点主要包括以下几个方面:第一,该集体组织必须是在全国范围内具有代表性的集体组织.该制度中集体组织事先没有与权利人签订使用合同,让非会员相信该集体组织能为其利益着想必定要先使其对该组织高度信任。此外,使用者与该组织签订合同并缴纳使用费也需要对该组织的信任,确信合同的效力。所以法律要求必须是有代表性的全国集体管理组织就是为了便于组织与非会员的权利人之间能建立起高度的互信。第二,与使用人达成的许可使用协议对非会员的权利人有法律效力。该协议必须保证使用人使用了协议中允许的作品,包括非会员的作品不承担侵权责任。第三,非会员的权利人有合法权利,包括声明权、付酬权、退出权等。

著作权延伸性集体许可制度并未为各国著作权法普遍采用,而是北欧国家的著作权法所独创。最早规定著作权延伸性集体许可规则的是瑞典1960年通过的《著作权法》,此后挪威于1961年、冰岛于1972年、丹麦于2010年颁布的《著作权法》均有类似规定。此外,《俄罗斯联邦民法典》第1242条至第1244条具体规定了著作权的集体管理制度,并在其中规定了延伸的著作权集体管理。目前,我国对于是否引进该制度还存在争议,但从长远来看,引入著作权延伸集体管理制度势在必行。

---

〔1〕 熊琦:《论著作权集体管理中的私人自治——兼评我国集体管理制度立法的谬误》,载《法律科学》(西北政法大学学报)2013年第1期。

〔2〕 梁志文:《著作权延伸性集体许可制度的移植与创制》,载《法学》2012年第8期。

第三节 著作权的保护

一、著作权侵权行为的认定

例9.5 王某发表小说《灵异闪恋》,将小说的影视改编权转让给甲电影厂,期限4年。双方约定,在此期间甲电影厂若要将该小说的影视改编权许可或转让给第三方,必须征得王某的书面同意。期间甲厂将小说委托改编后将剧本和该小说的影视改编权转让乙电影厂,乙厂拍摄成电影。甲和乙是否构成对王某的侵权?

著作权侵权行为,是指未经著作权人的同意,又无法律上的依据,擅自对他人享有著作权的作品进行利用以及其他以非法手段行使著作权的行为。

侵犯著作权人的行为可以分为直接侵权和间接侵权。直接侵权是指不法行为直接侵犯受著作权法所保护的作品,如未经授权复制、发行权利人的作品。间接侵权是指不法行为并未直接侵犯受著作权法保护的作品,但为侵权行为提供条件,从而对著作权造成侵害,如出售非法复制的图书、影碟等。对于侵犯著作权行为的认定,国际上有三种不同的立法体例:一是正面规定著作权法保护的内容;二是采取概括性的规定,规定任何人侵犯法律所列的专有权,均视为侵权行为,如意大利和美国著作权法的规定;三是对那些属于侵犯著作权的行为采取详细的列举式规定。我国《著作权法》采用的是第三种方式。依我国《著作权法》第47条、第48条的规定,侵犯著作权及相关权利的行为主要有以下19种:

1. 未经著作权人许可发表其作品的行为。

未经著作权人同意而擅自将其作品予以发表,或者未按著作权人决定的时间、地点和方式发表其作品,都构成对著作权人发表权的侵犯。实践中,侵犯发表权的行为大都同侵犯某种使用权联系在一起。如未经作者许可,将其创作的摄影作品在某杂志上发表。这既侵犯了作者的出版权,又侵犯了作者的发表权。

2. 未经合作作者许可将与他人合作创作的作品当作自己单独创作的作品发表的行为。

合作作品凝结了合作作者共同的创造性劳动,故其著作权应当由合作作者共同享有。将合作创作的作品当作自己单独创作的作品发表,是侵犯合作作者署名权和发表权的行为。

3. 没有参加创作而在他人作品上署名的行为。

署名权是作者享有的专有权利,没有参加创作的人不能在他人的作品上署名。但是,如果是作者为扩大自己作品的影响等而要求一些没有参加创作的名人在自己的作品上署名,在这种情况下,可能造成读者的误认和误购,侵犯的是读者的知情权。

4. 歪曲、篡改他人作品的行为。

作品往往是作者思想、情感、学识的体现,如果他人擅自对作品进行修改、删节,会使作品表达的思想、情感被曲解。因此,著作权法赋予了作者修改权和保护作品完整权。

这类侵权行为主要表现为:在改编、翻译、注释、整理他人作品或者在摄制成电影、电视作品时,没有按照被利用的作品的原意进行使用,歪曲了原作的原意;出版部门对稿件修改时歪曲、篡改了稿件的原意。

5. 剽窃他人作品的行为。

剽窃指将他人创作的作品的全部或者部分据为己有,使公众误认为其本人就是作者的行为。例如,将他人创作的情节、故事进行加工后,以改头换面的形式发表。

6. 未经著作权人许可,以展览、摄制电影和以类似摄制电影的方法使用作品或者以改编、翻译、注释等方式使用作品的行为。

以展览、摄制、改编、翻译、注释等方式使用作品是著作权人的专有权利。除法律另有特殊规定外,他人未经著作权人同意而擅自采用上述方法使用其作品,即构成著作权侵权行为。应当指出的是,这种侵权行为并不以行为人主观上具有营利目的为成立要件。行为人擅自使用他人作品,即使其主观上不为营利,也不妨碍侵权行为的成立。例9.5中,王某转让的影视改编权就是著作权法中的摄制权,该权往往与作品改编权交织在一起。因为文学作品要拍摄成电影,必须先将作品改编成电影剧本再拍摄。本案中甲违反约定在转让期间未经王某书面同意将小说的影视改编权转让给乙,构成违约。而乙电影厂未经王某同意擅自拍摄电影的行为侵犯了王某的摄制权。

7. 使用他人作品,应当支付报酬而未支付的行为。

依著作权法规定,除合理使用外,使用他人作品应按规定支付报酬。实践中,使用人未按规定支付报酬的行为包括发表他人作品而拒付报酬;未按规定的付酬标准或合同约定的数额支付报酬等。应当注意的是,在法定许可的情况下,虽然使用他人作品可以不经著作权人许可,但仍应向其支付报酬。

8. 未经电影作品和以类似摄制电影的方法创作的作品、计算机软件、录音录像制品的著作权人或者与著作权有关的权利人许可,出租其作品或者录音录像制品的行为。

这类情况专指对影视作品、音像制品和计算机软件的侵权,这种行为侵犯的是权利人的出租权。

9. 未经出版者许可,使用其出版的图书、期刊的版式设计的行为。

《著作权法》新增加了对出版者的版式设计权的保护,未经出版者许可使用其图书、期刊的版式设计则为侵权。

10. 未经表演者许可,从现场直播或者公开传送其现场表演或者录制其表演的行为。

这种行为是对表演者权的侵犯。许可他人从现场直播或者公开传送其现场表演或者录制其表演，是表演者专有的权利之一，未经表演者许可而从现场直播或者公开传送其现场表演或者录制其表演，侵犯了表演者就其表演活动所享有的权利，行为人应对其侵权行为承担责任。根据《著作权法》第47条的规定，对于以上侵权行为，应当根据情况，承担停止侵害、消除影响、赔礼道歉、赔偿损失等民事责任。

11. 未经著作权人许可，复制、发行、表演、放映、广播、汇编、通过信息网络向公众传播其作品的行为。

复制、发行、表演、放映、广播、汇编、通过信息网络向公众传播都是著作权人对其作品享有的财产权，未经著作权人许可，而以这些方式使用其作品，即构成了对其著作权的侵犯，但《著作权法》规定的合理使用和法定许可的情形除外。

12. 出版他人享有专有出版权的图书的行为。

《著作权法》第31条规定，图书出版者对著作权人交付其出版的作品，按照合同约定可以享有专有出版权，他人不得出版该作品。因此，出版他人享有专有出版权的图书的行为，侵犯了图书出版者享有的专有出版权。

13. 未经表演者许可，复制、发行录有其表演的录音录像制品，或者通过信息网络向公众传播其表演的行为。

《著作权法》第38条规定，表演者有权许可他人复制、发行录有其表演的录音录像制品，有权许可他人通过信息网络向公众传播其表演，并获得报酬。因此未经表演者同意而为上述行为即构成对表演者权的侵犯，但《著作权法》规定的合理使用和法定许可的情形除外。

14. 未经录音录像制作者许可，复制、发行、通过信息网络向公众传播其制作的录音录像制品的行为。

这种行为是对音像制作者权利的侵犯。我国《著作权法》第42条规定，音像制作者对其制作的录音录像制品，享有许可他人复制、发行、通过信息网络向公众传播并获得报酬的权利。因此，未经音像制作者许可而复制、发行、通过信息网络向公众传播其制作的录音录像制品的行为，侵犯了音像制作者所享有的复制权、发行权和信息网络传播权。

15. 未经广播电台、电视台许可，播放、复制其制作的广播、电视节目的行为。

《著作权法》第45条规定，广播电台、电视台对其制作的广播、电视节目享有许可他人转播及将节目录制在音像载体上并复制的权利。因此，擅自播放或复制他人制作的广播、电视节目，侵犯了广播电台、电视台对广播、电视节目所享有的专有权利。

16. 未经著作权人或者与著作权有关的权利人许可，故意避开或者破坏权利人为其作品、录音录像制品等采取的保护著作权或者与著作权有关的权利的技术措施的行为。

17. 未经著作权人或者与著作权有关的权利人许可，故意删除或者改变作品、录音录像制品等的权利管理电子信息的行为。

18. 制作、出售假冒他人署名的作品的行为。

19. 其他侵犯著作权以及与著作权有关的权利的行为。这是指在上述18种行为以外,而又确实侵犯了他人著作权和与著作权有关的权益的行为。

二、著作权侵权行为的法律责任

例9.6　甲从书画市场购得乙的摄影作品《鸟巢》,与其他摄影作品一起用于营利性展览。丙偷偷将《鸟巢》翻拍后以自己的名义刊登在某杂志上,丁经丙同意将刊登在该杂志上的《鸟巢》又制作成挂历销售。对此,下列哪个选项是正确的?

A. 甲无权将《鸟巢》进行营利性展览

B. 丙的行为构成剽窃

C. 丙的行为侵犯了乙的发表权

D. 丁应停止销售,但因无过错免于承担赔偿责任

例9.7　甲公司的游戏软件工程师刘某利用业余时间开发的"四国演义"游戏软件被乙公司非法复制,丙书店从无证书贩手中低价购进该盗版软件,丁公司从丙书店以正常价购买该软件在其经营的游戏机上安装使用。下列哪些说法是正确的?

A. 甲公司应当对刘某进行奖励　　B. 丙书店应当承担赔偿损失等法律责任

C. 丁公司不承担赔偿责任　　D. 乙公司、丙书店应当承担共同侵权责任

侵犯著作权的法律责任是指侵权行为依法所应承担的法律后果,包括民事责任、行政责任和刑事责任。

(一)民事责任

如根据《著作权法》第47条的规定,对于前述的第1至10种侵权行为,应当根据情况,承担停止侵害、消除影响、赔礼道歉、赔偿损失等民事责任。值得注意的是,该规定并没有对以上侵权行为的主观状态予以要求。即不论主观有无过错,只要出现以上行为就应当承担相应民事责任,包括赔偿损失。可见,我国著作权法采用的是无过错责任原则。根据第48条的规定,对于前述的第11至18种侵权行为,应当根据情况,承担停止侵害、消除影响、赔礼道歉、赔偿损失等民事责任。例9.6中,按照《著作权法》第47条的规定,不问丁公司是否有过错,都应当承担赔偿责任。所以在案例中丁没有过错就免于承担赔偿责任的说法是错误的。例9.7和例9.6的情形一样,丁公司没有过错,按照第47条规定即使丁无过错也应承担赔偿责任。所以选项C"丁公司无过错不承担责任"是错误的。可是答案认为这个选项是正确的。显然这个答案不是依据我国著作权法规定得出的,而是依据民法有过错才赔偿的基本原则而得出。出现这样的矛盾体现出我国学界对知识产权归则原则问题的不同认识。但是,根据世界大多数国家法律规定,侵犯著作权赔偿损失时应该以主体有主观过错为前提。而我国著作权法中无论主体有无过错都要承担赔偿损失的责任,这种规定有悖于民法的基本原则。

由于著作权或者邻接权的客体是一种无形财产,无法像有形财产那样计算损害赔

偿额。因此,《著作权法》第49条专门规定了赔偿额的计算方法,该条规定,侵犯著作权或者与著作权有关的权利的,侵权人应当按照权利人的实际损失给予赔偿;实际损失难以计算的,可以按照侵权人的违法所得给予赔偿。赔偿数额还应当包括权利人为制止侵权行为所支付的合理开支。权利人的实际损失或者侵权人的违法所得不能确定的,由人民法院根据侵权行为的情节,判决给予50万元以下的赔偿。据此,侵犯著作权的赔偿数额,有下列计算方式:

(1)按权利人的实际损失计算。权利人的实际损失,可以根据权利人因侵权所造成的复制品发行减少量或者侵权复制品销售量与权利人发行该复制品单位利润乘积计算。发行减少量难以确定的,按照侵权复制品市场销售量确定。所谓权利人发行该复制品的单位利润,是指权利人授权的正版复制品的每件平均利润,而不是侵权复制品的平均利润。(2)按侵权人的违法所得计算。实际损失难以计算的,可以按照侵权人的违法所得给予赔偿。侵权人的违法所得可以按照侵权复制品销售量与侵权复制品的单位利润之乘积计算。(3)协议赔偿额。当事人就赔偿数额达成协议的,人民法院应当准许。(4)法定赔偿额。权利人的实际损失或者侵权人的违法所得不能确定的,由人民法院根据侵权行为的情节,判决给予50万元以下的赔偿。人民法院在确定赔偿数额时,应当考虑作品类型、侵权行为性质、后果等情节综合确定。

应当注意的是,前述四种赔偿额计算方式中,第一种方式是基本方式,只有在难以计算实际损失的情况下,才可以按照侵权人的违法所得给予赔偿。在权利人的实际损失或者侵权人的违法所得不能确定时,才能适用法定赔偿额。还应当注意的是,无论是按实际损失计算还是按侵权人的违法所得计算,都应当将权利人为制止侵权行为所支付的合理开支作为应当给予赔偿的范围。所谓"制止侵权行为所支付的合理开支",包括权利人或者委托代理人对侵权行为进行调查、取证的合理费用以及律师费等。

(二)行政责任

有些侵犯著作权的行为不仅侵害了著作权人、邻接权人的合法权益,同时还损害了社会公共利益,破坏了国家正常的经济秩序。对于这种行为,除了依法承担民事责任外,还应承担相应的行政责任。如前所述,我国《著作权法》第47条规定了八种可以处以行政处罚的侵权行为。对于上述侵权行为,有权给予行政处罚的机关只能是著作权行政管理部门。行政处罚的方式主要有:

(1)责令停止侵权行为。

(2)没收非法所得。

(3)没收、销毁侵权复制品。

(4)罚款。著作权行政管理部门可以处非法经营额3倍以下的罚款,非法经营额难以计算的,可以处10万元以下的罚款。

(5)情节严重的,著作权行政管理部门还可以没收主要用于制作侵权复制品的材料、工具、设备等。上述各种处罚方式,既可以单独适用,也可以合并适用。

（三）刑事责任

多数国家的著作权法对严重的侵权行为规定了刑事责任。通过刑罚手段惩戒著作权犯罪行为是保护著作权的有效方式。

我国现行《刑法》第217条和第218条明确了严重侵犯著作权的行为应承担的刑事责任，即违法所得数额较大或者有其他严重情节的，处3年以下有期徒刑或者拘役，并处或者单处罚金；违法所得数额巨大或者有其他严重情节的，处3年以上7年以下有期徒刑并处罚金。我国著作权法虽然没有直接规定侵犯著作权行为应承担的刑事责任，但规定对《著作权法》第47条所列的侵权行为构成犯罪的依法追究刑事责任。

三、著作权保护的诉前措施

一般而言，对于著作权侵权行为，只有在权利人向法院起诉，法院依法判决被告的行为构成侵权以后，法院才能采取责令被告停止侵权的措施。但是，对于侵犯包括著作权在内的知识产权的行为，从权利人发现侵权行为到提起诉讼，再到法院判决往往需要一段较长的时间。在此期间，如果不及时采取措施制止侵权行为，任凭侵权行为发生或者继续进行，将使权利人的损失不断扩大。此外，在侵权诉讼期间，侵权人还可能转移侵权设备、侵权复制品，隐匿财产，导致证据灭失，权利人得不到应有的赔偿。为了充分保护权利人利益，新修改的《著作权法》增加了诉前临时措施的规定。诉前临时措施包括诉前申请临时禁令、诉前财产保全和诉前证据保全。

（一）诉前申请临时禁令和财产保全

根据《著作权法》第50条第1款的规定，著作权人或者与著作权有关的权利人有证据证明他人正在实施或者即将实施侵犯其权利的行为，如不及时制止将会使其合法权益受到难以弥补的损害的，可以在起诉前向人民法院申请采取责令停止有关行为和财产保全的措施。

诉前申请临时禁令的目的在于及时制止涉嫌侵权的不法行为，其表现形式是人民法院代表国家发出裁定，禁止被申请人实施某种行为。申请人在法院采取措施后15天内不提出起诉的，人民法院将撤销该措施。被申请人因错误申请所造成的损失，由申请人负责赔偿。

诉前财产保全，是指人民法院根据著作权人或者邻接权人在起诉前提出的申请而裁定采取的保全有关财产的措施。诉前财产保全制度是我国民事诉讼制度之一。对于著作权案件是否适用诉前财产保全制度，原著作权法没有明确规定。为了进一步保护著作权人和邻接权人的合法权益，新修改的著作权法明确规定了诉前财产保全制度。根据《著作权法》以及《民事诉讼法》的有关规定，诉前财产保全制度的主要内容如下：

（1）申请的条件。著作权人或者邻接权人有证据证明他人正在实施或者即将实施侵犯其权利的行为，如不及时制止将会使其合法权益受到难以弥补的损害。

（2）申请人。申请主体为著作权人或者邻接权人。

(3)申请人应当提交申请书,并缴纳申请费用。

(4)申请人应当提供担保,不提供担保的,驳回申请。

(5)人民法院接受申请后,必须在48小时内作出裁定。裁定采取财产保全措施的,应当立即开始执行。

(6)财产保全限于请求的范围或者与本案有关的财物。财产保全采取查封、扣押、冻结或者法律规定的其他方法。人民法院冻结财产后,应当立即通知被冻结财产的人。

(7)被申请人提供担保的,人民法院应当解除财产保全。

(8)申请人在人民法院采取保全措施后15日内不起诉的,人民法院应当解除财产保全。

(9)申请有错误的,申请人应当赔偿被申请人因财产保全所遭受的损失。

(10)当事人对财产保全的裁定不服的,可以申请复议一次。复议期间不停止裁定的执行。著作权法将诉前申请临时禁令和财产保全措施相结合,更有利于著作权人通过司法救济手段对合法权益进行有效保护。

(二)诉前证据保全

诉前证据保全,是指法院根据著作权人或者邻接权人在起诉前提出的申请裁定采取的保全证据的措施。《民事诉讼法》第74条规定了证据保全制度。但是,这种证据保全只能是在起诉的同时或者起诉的时候才能启动。鉴于著作权侵权案件的特殊性,《著作权法》第51条规定了诉前证据保全的制度。

根据《民事诉讼法》和《著作权法》的有关规定,著作权侵权案件的诉前证据保全制度的主要内容如下:

(1)申请的条件。证据可能灭失或者以后难以取得,且当事人及其诉讼代理人因客观原因不能自行收集。

(2)申请人。申请主体为著作权人或者邻接权人。

(3)申请人应当向对案件享有管辖权的法院提交申请书,并缴纳申请费用。

(4)申请人应当提供担保,不提供担保的,驳回申请。

(5)人民法院接受申请后,必须在48小时内作出裁定,裁定采取保全措施的,应当立即开始执行。

(6)人民法院作出保全证据的裁定事项,应当限于著作权人或者邻接权人申请的范围。

(7)申请人在人民法院采取保全措施后15日内不起诉的,人民法院应当解除保全措施。

(8)申请有错误的,申请人应当赔偿被申请人因保全措施所遭受的损失。

(9)当事人对保全措施的裁定不服的,可以申请复议一次。复议期间不停止裁定的执行。

实践中，不少侵权人为了逃避法律责任，隐匿、销毁或者转移证据，给著作权人主张权利和人民法院审判案件带来了很多困难。为了有效地保障证据的收集和获取，著作权法规定，在证据可能灭失或者以后难以取得的情况下，著作权人或者与著作权有关的权利人可以在起诉前向人民法院申请保全证据。此外，著作权法还规定，人民法院审理案件，对于侵犯著作权或者与著作权有关的权利的，可以没收违法所得、侵权复制品以及进行违法活动的财物。

讨论案例

著名画家L根据武松打虎的故事于1954年创作完成了绘画作品《武松打虎》组画。1957年《武松打虎》组画由人民美术出版社出版发行。1980年甲厂将《武松打虎》组画中的第11幅修改后，作为瓶贴和外包装装潢使用在其生产的景阳冈陈酿系列白酒酒瓶上。1989年甲厂将其使用的该画再次修改后向国家商标局申请商标注册，获得批准。1990年甲厂携产品参加了首届中国酒文化博览会。1995年6月9日，该厂又在北京人民大会堂举行了“景阳冈陈酿品评会”。画家L已于1983年去世，A某、B某系L作品的继承人。上述活动，甲厂均未邀请A某、B某参加，也未与A某、B某进行联系。1996年7月，A某、B某以甲厂未经许可将该组画第11幅修改后作为商标和装潢使用，侵犯了L及A某、B某的著作权为由向法院提起诉讼。此后，A某、B某又向商标评审委员会申请撤销了甲厂的《武松打虎》注册商标。

问：1. 本案中甲厂的行为是否属于侵权行为？如果侵权，甲侵犯了L及A某、B某的什么权利？

2. 原告的主张是否超过诉讼时效？

3. 如何处理著作权和商标权的冲突？

课后思考

1. 简述著作权集体管理的概念和意义。
2. 简述著作权集体管理组织的性质和功能。
3. 简述侵犯著作权应承担的法律责任。
4. 简述为保护著作权而采取的诉前措施。
5. 简述著作权转让的概念和特征。
6. 简述著作权许可使用的概念和特征。
7. 简述著作权质押。
8. 著作权利用中产生纠纷的解决途径有哪些？各有什么特点？

第三编　专　利　法

第十章　专利制度概述

◇ 知识结构图

- 专利制度概述
  - 专利与专利权的概念
    - “专利”在不同语境下的含义
    - 专利权的概念与基本特征
  - 专利制度的起源与传播
    - 专利制度的起源
    - 专利制度的传播
  - 中国专利制度的产生与发展
    - 解放前的中国专利制度
    - 新中国成立后的专利立法概况
    - 专利制度的有关学说
  - 专利制度的作用
    - 保护和鼓励发明创造
    - 促进发明创造投入实际应用
    - 为社会提供技术信息和资料
    - 有利于国际技术的交流与合作

◈ 本章导读

专利制度是随着商品生产的发展而产生、发展起来的一种管理科学技术的法律制度，也是利用法律和经济的手段推动技术进步的管理制度。本章主要介绍了专利的基本含义、专利权的概念及特征、专利制度的起源和传播、中国专利制度的产生和发展以及专利制度的作用等。

◉ 司考重点

深刻理解专利权的基本特征；了解专利制度的产生与传播，尤其是有关国际公约的产生时间和主要内容；了解新中国成立后的专利立法概况，尤其是专利法新修改的内容；理解专利制度的作用。

第一节 专利与专利权的概念

一、“专利”在不同语境下的含义

“专利”的英文为“patent”，源自英国中世纪国王常使用的“letters patent”，即可以打开的文件。该文件加盖国王的印章，可以任意打开阅读，了解其中的内容。该文件授予某人对其新技术拥有一定期限的垄断权，因此，该文件是某种特权的象征。

现代意义上的“专利”，具有多种含义：（一）是“专利权”的简称；（二）指受专利法保护的发明创造本身；（三）指记载发明创造内容的专利文献，如专利说明书及其摘要、权利要求书等。要了解“专利”究竟属于上述哪种含义，需要结合具体的场景来判断。更多情况下，“专利”是指“专利权”。

二、专利权的概念与基本特征

（一）专利权的概念

专利权是指国家专利机关（国家知识产权局）依法授予发明人、设计人或者其所在单位等在一定期限内对某项发明创造享有的专有权。

（二）专利权的特征

讲“特征”时，一般都应当有一个参照的对象。这里专利权的特征，主要是与著作权比较而言的。

专利权与著作权虽然都属于知识产权，具有知识产权的一般特征，但它也有自己的鲜明特征：

1. 较强独占性

“独占性”又称“专有性”，著作权与专利权都具有这一特征，但专利权的独占性更强。例如，甲先创作完成一幅作品，该作品乙从未见过。恰巧，乙也独立创作完成了相同的作品，这时，甲乙两人都各自享有著作权。但如果甲乙两人先后独立完成了相同的发明创造，甲在中国先申请并取得了专利权，那么，乙在中国就不能再取得专利权了。因为，相同主题的发明创造，只能被授予一次专利权。可见，专利权的独占性很强。当然，同样的发明创造在不同的法域可以分别被批准为专利。

2. 客体具有公开性

作者在作品创作完成后，自动取得著作权。即使作品不发表，也不会影响其取得著作权。换言之，尚未公之于众的作品，仍然受著作权法保护。而发明人或者其单位要想获得专利权，必须允许其技术方案向社会公开。向社会公开技术是获取专利权的前提条件。可见，专利权的获得是有代价的。

专利机关在审查合格后将技术方案公开，主要基于以下原因：其一，公众可以从公开的技术方案中获得技术信息和启发，从而做出更新的发明创造，促进科学研究和创造活动;其二,避免重复研究,节约研究资源;其三,促进该技术的实施。他人若想实施该技术,可以通过与相关权利人协商,获得该技术的实施权。

不管相关权利人愿不愿意,必须以公开其技术方案作为获取专利权的代价。这种近乎苛刻的公开要求是与专利权近乎绝对的垄断性相适应的。因为一旦授予发明创造人专利权,除了个别情形外,他人未经许可均不得使用该技术。

3. 国家授予性

作品一旦创作完成,即自动产生著作权,受到著作权法的保护。至于作者是否将作品送交版权部门审查与登记,听其自愿,法律无强制性要求。而专利权却不是自动产生的。发明创造完成后,发明人或者其所在单位等需要将其提交专利管理机关审查,符合授权条件的,才授予专利权,并向权利人颁发专利证书。这一特征同样是与专利权近乎绝对的垄断性相适应的。

4. 鲜明的地域性、时间性

多数知识产权都要受到地域性和时间性的限制,但专利权的地域性和时间性特征更加突出。在绝大多数国家加入《伯尔尼公约》后,著作权的地域性受到很大削弱。这是因为《伯尔尼公约》要求自动取得著作权,且要求成员国相互保护著作权。如中国公民在中国创作完成一部作品,该作品不但在中国自动产生著作权,而且其著作权同时在所有《伯尔尼公约》成员国受到承认和保护。专利权则不同。仅在一国获得的专利权,在其他国家并不能当然受到承认和保护。《保护工业产权巴黎公约》仅要求各成员国在专利申请方面给予成员国国民以国民待遇和优先权等保护,并未要求各成员国保护在其他成员国获得的专利权。

此外,出于社会公共利益和技术更新换代较快等因素的考虑,法律对专利权的保护期明显短于著作权。发明专利权的保护期为20年,实用新型和外观设计专利权的保护期为10年。而著作权的保护期一般为作者终生加死后50年。

第二节 专利制度的起源与传播

一、专利制度的起源

专利制度是随着人类科学技术的进步和商品经济的发展而逐步建立起来的。它的产生经历了一个漫长的历史发展过程。

(一)专利制度的萌芽

在工业革命之前,人类社会尚处于自然经济状态,生产力中的基础技术主要是农业社会中的耕作技术,水平相对比较低下。作为这些技术主要载体的生产工具基本上都是些结构简单的农具,或者是用于狩猎的弓箭或石器。在这样的社会环境中,人类社会的竞争更多地表现为体力竞争而不是智力竞争。由于智力成果水平相对低下导致其在竞争中无法发挥决定性的作用。这样的社会不可能产生利用法律保护发明创造的需求,也就不可能产生专利制度。

随着生产力水平的提高,依靠技术创造的财富在社会总财富中所占的比例也逐渐提高。人们开始认识到技术的重要性,并加以保护。一般认为,专利制度起源于中世纪的欧洲。大约在十二三世纪时,英王开始以特许令方式奖励在技术上有创新的人。例如,1236年英王亨利三世授予一市民独家制作色布15年的垄断权;1331年英王爱德华三世曾授予佛兰德的工艺师约翰·卡姆比(John Kempe)在缝纫与染织技术方面的特权;1421年在意大利的佛罗伦萨,建筑师布鲁内来西(Brunelleschi)为运输大理石而发明的"带吊机的驳船",被授予了三年垄断权。

(二)1474年颁布的威尼斯专利法

15世纪,工业革命在欧洲大规模展开,当时,地中海沿岸的贸易交往已经相当发达,人们愈加意识到技术在商品生产和交换中的重要性。为鼓励发明创造,许多国家开始着手建立保护新技术的法律制度。1474年3月19日,威尼斯率先制定了世界上第一部专利法。该法规定:"任何人在本城市制造了本城市前所未有的、新而精巧的机械装置,一俟改进趋于完善以便能够使用和应用,即应向市政机关登记。本城市其他任何人在10年内没有得到发明人的许可,不得制造与该装置相同或者近似的产品。如有任何制造者,上述发明人有权在本城市任何机关告发,该机关可以命令侵权者赔偿100金币,并将该装置立即销毁。"该法对于保护和鼓励发明创造起到了重要作用。1594年,根据该法授予意大利著名物理学家、天文学家伽利略发明的扬水灌溉机械专利权。

这部法律虽然比较简单,但已大体上勾勒出了现代专利法的轮廓,其所创立的一些基本原则在现代专利法中仍然适用。威尼斯专利法被认为是"世界上第一部最接近现代专利制度的法律"。[1]

(三)1623年颁布的英国垄断法

到了16世纪至17世纪时,工业化革命席卷欧洲,尤其是英伦三岛。曾为英国纺织工业的崛起发挥了重要作用的早期的钦赐特权制度在这时已被英王滥用为增加王室收入的一种手段,致使民众怨声载道。这时,英国议会中的新兴资产阶级利用国民的不满,要求限制王权。1623年,英国议会颁布了《垄断法规》(Statute of Monopolies),并于1624年开始实施。从此将授予垄断权纳入法制的轨道,禁止国王今后再授予这种权利。该法规被认为是世界上第一部具有现代意义的专利法。它对后世立法有很大影响,许多国家在制定专利法时加以仿效,其中的许多原则和制度一直沿用至今。

二、专利制度的传播

工业革命后,各国纷纷效仿英国,建立了自己的专利制度。美国在其独立后不久,

[1] 郑成思:《知识产权法》,法律出版社1997年版,第229页。

就在宪法中确立了保护专利技术的原则,并于1790年2月颁布了专利法;法国在资产阶级大革命胜利后,于1791年颁布了专利法,并在专利法序言中明确提出无视他人对技术发明的专利权就等于无视人权,从而明确了专利权作为人权的地位。此后俄国于1812年、瑞典于1819年、西班牙于1826年、德国于1877年、日本于1885年相继颁布了专利法。英国于1852年也颁布了一部正式的专利法。

但是,专利制度的传播并不是一帆风顺的。19世纪中叶西欧发生了一场关于专利制度的大论战,在一定程度上阻碍了专利制度的发展。在1850年前后,自由贸易的拥护者以反垄断的名义攻击专利制度,认为专利法授予一定期限的垄断权,阻碍了经济的发展,要求取消专利制度。这场论战在荷兰和瑞士进行的特别激烈。荷兰本来在1809年制定了专利法,在这种反对声中,于1869年通过决议废除了专利法。直到19世纪末,人们在充分认识到专利制度的作用后,专利制度才得以在世界范围内顺利发展。

随着专利制度在各国的建立以及国际贸易的日益频繁,人们对于专利技术和商标的跨国界保护意愿强烈。于是,1883年3月,法国、比利时、巴西、意大利、荷兰、葡萄牙、西班牙、瑞士等11国在巴黎外交会议上签订了《保护工业产权巴黎公约》,成立了国际保护工业产权巴黎联盟。1884年,英国、突尼斯、厄瓜多尔也加入该公约。该公约于1884年7月生效。1985年3月19日该公约对我国生效。

第二次世界大战后,伴随着经济贸易活动的全球化趋势,专利制度趋向于国际化。1967年签订的《成立世界知识产权组织公约》,1970年签订的《专利合作条约》及1973年签订的《欧洲专利公约》等,使得专利制度的国际化速度进一步加快,也促使各国的专利制度更趋于完善。

第三节 中国专利制度的产生与发展

一、解放前的中国专利制度

在我国历史上,虽然有过许多发明创造,但官方并没有将其作为发明人的“专利”加以保护。发明创造技术方案主要是通过“保守秘密”的方式由发明人自力保护。直到19世纪中叶,专利立法思想才从西方传入我国。第一个将西方专利立法思想介绍到我国来的是太平天国时期天王洪秀全的族弟洪仁玕(1822~1864年)。洪仁玕曾居住香港多年,学习过近代科学知识,研究过西方的政治、经济和社会政策,比较了解资本主义制度。1859年回国后,即被洪秀全任命为总理,主持朝政。[1] 在总理朝政期间,他写成著名的《资政新篇》,《资政新篇》首次提出了建立专利制度的建议。他认为,

---

〔1〕 汤宗舜:《专利法教程》(第2版),法律出版社1996年版,第18页。

对发明创造实行专利保护，是赶上西方发达国家的必备条件。他还提出，根据发明的大小，应设定不同的保护期："器小者赏五年，大者赏十年，益民多者年数加多"。由于太平天国在1864年被清政府剿杀，洪仁玕被凌迟处死，《资政新篇》在国内遭到禁毁，他的专利立法思想未得到实施。

《资政新篇》发表二十余年以后，资产阶级改良派同时又是实业家的郑观应[1]，在筹建上海机器织布局时，于1881年向清朝大臣李鸿章上书，要求给予上海机器织布局专利保护。1882年，李鸿章在呈送给光绪帝的奏折中，陈述了我国应效仿西方国家实行专利制度："查泰西通例，凡新创一业，为本国未有者，例得畀以若干年限。该局用机器织布，事属创举，应酌定十年以内，只准华商附股搭办，不准另行设局。"1882年8月，光绪帝授予上海机器织布局10年专利权。

从"只准华商附股搭办，不准另行设局"可以看出，这种专利实际上是一种专营特权。由于授予了上海机器织布局"十年专利"，当时上海、湖北等地商人虽均有筹办纱厂的酝酿和尝试，但都以失败告终。

光绪帝授予上海机器织布局的专利，是我国历史上第一件专利。自此，清政府在造纸、酿酒、纺纱等新工业方面批准的专利权逐渐增多。如1889年，商人钟锡良在广州开设造纸厂，被批准专利10年。1895年，在李鸿章等人的支持下，南洋首富张弼士投资兴建烟台酒厂（张裕葡萄酒公司）。采用葡萄酿酒，被批准专利15年。15年内，不准他人仿造。需要指出的是，此时的中国还没有专利法。

我国历史上第一部有关专利的法规是1898年光绪帝颁发的《振兴工艺给奖章程》。该章程也是"百日维新"的重要成果之一。《章程》共12条。其中以授予专利的方式来振兴工艺的有3条，其余各款是对著书、捐资办学等的规定。该章程规定：(1)发明新方法制造船械、枪炮者，可授予50年专利权。(2)对制造的其他新产品，可授予30年或10年专利权。(3)依发明的大小，分封大小不等的官职。官职有工部郎中、工部主事等。赏官职，赐匾额，是我国传统的奖励方式。很明显，该章程有极大的鼓励发明创造的作用。然而，由于清政府中保守势力极力反对实行专利制度，使得该法基本上处于搁置状态。

中华民国政府成立后，工商部于1912年12月颁发《奖励工艺品暂行章程》，该章程是我国历史上第一部专门的专利法规，共13条。较之1898年《振兴工艺给奖章程》有较大进步。该法也是我国历史上第一部真正实施的专利法。1912～1928年，根据该法共批准专利121件，平均每年专利数7件。[2]

该章程的主要内容有：

---

[1] 郑观应（1842～1921年），中国早期资产阶级维新派最负盛名的思想家、教育家、实业家，中国近代史上改良主义的杰出代表，著有《盛世危言》等。

[2] 王家福：《中国专利法》，群众出版社1987年版，第55页。

(1)只保护"工艺品",不保护新方法。"工艺品"为发明或改良之制造品。[1]

(2)保护期5年。"许其制造品于五年之内得专卖之",[2]可见,当时的专利权还只是"专卖"权,"专卖5年"。

(3)规定了不授予专利权的对象。下列制造品"不在奖励之列":饮食品;医药品;"紊乱秩序妨碍风俗"的发明;业有同样制品呈请在先者。

该章程于1923年3月进行了修正,并更名为《暂行工艺品奖励章程》,由13条改为19条。修改的主要内容有:

(1)奖励的对象,由产品扩展到制造方法。

(2)将专利期限分为3年和5年,并称为"专利",而不再称"专卖"。

(3)明确规定专利权只授予"中华民国人民",不准外国人申请专利。

(4)确立了专利审查和说明书制度。规定申请人必须递交专利说明书。

(5)军事上应秘密之物品,不授予专利权。

(6)规定了专利权应予以取消的情形等。

1923年修改后的章程与修改前相比,更详细、合理,更具可操作性。直到1944年颁布《中华民国专利法》之前,我国专利制度的实施基本上是以该章程为基础并逐步完善的。

1944年5月29日,南京国民政府立法院颁发了我国历史上第一部正式的专利法,即《中华民国专利法》。该法于1949年1月1日起施行,共4章133条。该法规定对发明、新型和新式样授予专利权。发明专利权的期限是15年,新型专利权的期限是10年,新式样专利权的期限是5年,均自申请日起计算。

二、新中国成立后的专利立法概况

(一)1950年颁布《保障发明权与专利权暂行条例》

新中国成立后,中央人民政府政务院于1950年8月11日颁布了《保障发明权与专利权暂行条例》,同年10月又颁布了该条例的实施细则。该条例自公布之日起施行,至1963年11月国务院明令废止。

根据该条例,共批准过4项专利权和6项发明权。这4项专利权都是1953年授予的。6项发明权的授予时间分别是:1953年(3件)、1956年(2件)和1957年(1件)。也就是说,自1957年以后,再没有根据该条例批准过任何专利权或者发明权,该条例这时实际上已经废止了。以上专利权和发明权的有效期,有的3年,有的5年。

按照该条例的规定,原则上,发明人可以依其自愿对其发明申请发明权或者专利权。不过,对有的发明只能申请发明权,不授予专利权。只能申请发明权,不授予专利权的情形有:(1)有关国防的发明;(2)有关广大群众福利并有迅速推广必要的发明,如

---

〔1〕 参见1912年12月5日北洋政府工商部颁布的《奖励工艺品暂行章程》第1条。

〔2〕 参见1912年12月5日北洋政府工商部颁布的《奖励工艺品暂行章程》第4条。

药品、农牧业品种;(3)发明人在国家单位工作,并在本职范围内所完成的发明或者接受国家单位委托并领取报酬所完成的发明等。

获得发明证书后,发明人有权得到奖金、奖章以及荣誉学位等。其发明成果归国家所有。

(二)1963 年颁布《发明奖励条例》

1963 年,随着国务院《发明奖励条例》的颁布,《保障发明权与专利权暂行条例》被明令废止。自此,政府鼓励发明创造的措施,从过去的专利权与发明证书并存的双轨制,转变成为单一的发明证书制度。

《发明奖励条例》中所指的发明必须是重大的科学技术新成就,且应同时具备以下条件:一是前人所没有的;二是先进的;三是经过实践证明可以应用的。申报发明奖励的程序是:由发明人的所在单位按照隶属关系逐级上报,层层筛选,最后由国家科委所设的发明评选委员会评定奖励等级。对发明人的奖励是:发给奖金、奖章和发明证书。

根据条例的规定,发明属于国家所有,全国所有的单位(全民的、集体的)都可无偿利用。

首先,发明奖励制度的目的是表彰和奖励发明人,推动技术进步,但由于只对重大的发明才给予奖励,因而这种奖励不具有普遍意义,起不到鼓励广大科技人员进行发明创造的作用;其次,发明人所在单位对发明的完成虽然作出了人力、物力和资金方面的贡献,但是得不到任何回报,这不利于调动所在单位的积极性;最后,发明人虽然获得一些奖金和荣誉,但与之所作出的贡献相比,得到的回报仍然过少,有失公平。

(三)党的十一届三中全会后,开始加强专利立法

1978 年 12 月党的十一届三中全会后,党的工作中心转移到经济建设上来,中国开始实行有计划的商品经济。这时,只有奖励制度没有专利制度的弊端越来越明显。1979 年,国务院委托国家科委组织起草中国专利法。1980 年,国务院批准成立了中国专利局,并由其负责起草专利法。与此同时,一场围绕着专利制度是"利大于弊"还是"弊大于利"的讨论也激烈地展开。1980 年 10 月和 11 月,国家分别召开了专利问题座谈会和专利法研讨会。当时的主流意见是:在中国建立专利制度利大于弊。然而,1981 年 3 月,在《专利法(草案)》第 11 稿送国务院征求意见时,反对之声占了上风,使专利法的起草工作一度停滞。1982 年,在有关方面的呼吁下,国家再度启动《专利法》的立法程序。

1984 年 3 月 12 日,在第六届全国人民代表大会常务委员会第四次会议上通过了《中华人民共和国专利法》,该法自 1985 年 4 月 1 日起施行。实施第一天,申请量就达 3455 件,被当时的世界知识产权组织总干事鲍格胥称为"创造了绝对的世界纪录"。

1985 年 1 月 19 日,经国务院批准,中国专利局公布了《专利法实施细则》,自 1985 年 4 月 1 日起实施。

(四)专利法的修改

1984 年《专利法》的颁布和实施,对鼓励发明创造,保护专利权人的利益,促进我国

科技进步和社会经济的发展发挥了重要作用。但是,随着我国改革开放和对外经济技术交往的频繁,现行专利法存在的缺陷和不足愈加明显,已不能适应我国经济建设的需要。在此情形下,修改专利法成为必然。1992 年 9 月 4 日,第七届全国人大常委会第二十七次会议通过了《关于修改〈中华人民共和国专利法〉的决定》,并于 1993 年 1 月 1 日起施行。1992 年 12 月 21 日,中国专利局又公布了修改后的《专利法实施细则》,并于 1993 年 1 月 1 日起实施。此次修改的内容主要有:第一,拓展了专利的保护范围。将 1984 年专利法明确不予保护的饮料、食品、调味品和药品、用化学方法获得的物质等纳入了专利保护范围。第二,强化了专利权的保护。如为专利权人增加了进口权,对专利方法的保护延及到依照该方法直接获得的产品等。第三,延长了专利保护期限。发明专利保护期由原来的 15 年增加到 20 年;实用新型和外观设计保护期也增加到 10 年。第四,引入本国优先权制度。第五,改授权前的异议程序为授权后的撤销程序。第六,进一步明确了专利权被宣告无效的法律后果等。

为了更好地适应我国社会主义市场经济体制的要求,全面满足中国加入世界贸易组织在法律法规方面的最低要求,2000 年 8 月 25 日,第九届全国人大常委会第十七次会议通过了《专利法》第二次修正案,修正后的《专利法》于 2001 年 7 月 1 日生效。同时,2001 年 6 月 15 日,国务院公布了修改后的《专利法实施细则》,并于 2001 年 7 月 1 日起实施。2002 年 12 月 28 日国务院再次修改了《专利法实施细则》,并于 2003 年 2 月 1 日起实施。此次修订的内容主要有:第一,进一步强化了专利权的保护。在 1992 年《专利法》的基础上,又为专利权人设定了“许诺销售权”。第二,将专利审查完全置于司法监督之下。所有类型的专利行政审查,其终审权都将由法院行使。第三,增加了诉前临时措施。第四,进一步明确了侵权赔偿数额的计算标准。第五,将原来的撤销程序与无效宣告程序并存改为单一的无效宣告程序等。

2008 年 12 月 27 日,第十一届全国人大常委会第六次会议对《专利法》进行了第三次修改,修正后的《专利法》于 2009 年 10 月 1 日生效。2010 年 1 月 9 日,国务院公布了修改后的《专利法实施细则》,并于 2010 年 2 月 1 日起实施。本次修改旨在总结过去专利立法的经验,立足我国国情,顺应国际知识产权制度的发展趋势,认真贯彻执行《国家知识产权战略纲要》,为建设创新型国家提供重要支撑。本次修改涉及条款共 36 处。修订的内容主要有:第一,将授予专利权的新颖性条件由原来的“相对新颖性”标准修改为“绝对新颖性”标准。第二,提高了外观设计专利的授权门槛。第三,对违法获取或者利用遗传资源,并依赖该遗传资源完成的发明创造,明确规定不授予专利权。第四,完善了强制许可制度。第五,为了防止重复授权,明确了一个技术或者设计方案只能授予一种形式的专利权。第六,进一步完善了不构成专利侵权的情形等。

三、专利制度的有关学说

专利制度的建立涉及国家的政治、经济、文化以及社会本身的具体情况。自 18 世纪以来,各国学者曾从不同的角度,提出过各种理论,来论证建立专利制度的合理性,以下介绍几种具有代表性的学说。

(一)自然权利说

自然权利说是在自然法学派的理论基础上发展起来的。按照自然法学派的理论，法律只是公平、正义等意志的一种体现方式;法律的制定只是为实现这种意志而设置的一种技术手段;权利是天赋的,法律只是对天赋人权加以确认,而不是创制权利。在这一理论的统领下,一些学者进一步认为专利权是一种自然权利,或者说是一种天赋人权。发明人因其实际完成了发明创造工作而对其创造的成果自然享有权利;专利法只是从法律的角度对这种权利给予了确认。

自然权利说在专利制度发展的早期曾为人们所普遍接受。但是,随着时间的推移,人们逐渐意识到该学说存在一些难以自圆其说的弊端:既然专利权是一种天赋人权,那么,为什么每一个独立完成发明的人,对其发明并不都享有权利?而是只授予最先发明人或者最先申请人?如果是自然权利,为什么对专利权只保护一段时间?为什么专利法只保护在本国获得的专利权?在外国获得的专利权为什么不保护?所有这些问题都是自然权利说所不能解释的。进入20世纪后人们逐渐放弃了这种学说。

(二)社会契约说

按照社会契约说,专利制度实际上是一种发明人与社会(国家)订立的契约。按照这种契约,发明人以公开其最新的发明创造作为对价,来换取社会(国家)对其专利权的承认和保护。

这一学说如今仍为许多国家的学者所接受,有着广泛的影响。但是也有对契约说提出不同看法的,认为公开发明创造和保护技术发明都只是专利法促进技术发展的一种手段,而不是目的,专利法的目的是促进技术进步,这一说法仅从表面上反映了专利制度的特性。

(三)报酬说

该学说认为,发明人为了完成发明创造势必要耗费大量的人力和财力,法律授予其专利权是对其付出人力和财力的一种回报。这种学说体现了朴素的“按劳取酬”和“按资取酬”思想。但是,按照专利法规定,当两个以上的人完成了相同的发明创造时,专利权只授予最先申请人或者最先发明人。后一申请人或者发明人尽管也付出了人力和财力,却得不到相应的报酬。故该学说在理论上同样难以成立。

(四)发展经济说

按照该学说,建立专利制度的根本目的是发展国家经济。这一学说目前无论是在发达国家还是发展中国家都得到认可,只是各自分别从不同的角度对这一学说进行诠释。发达国家掌握着大量的高新技术,因而认为发展国家经济,必须对高新技术给予高水平的保护;而发展中国家则普遍认为,既然专利法是为发展国家经济服务的,那么它的保护水平就应与本国的技术发展水平相适应。

第四节　专利制度的作用

一、保护和鼓励发明创造

国内外经验表明，为鼓励发明创造，必须采取相应的措施奖励发明者。专利法以授予专利权的方式保护和鼓励发明创造。依照专利法的规定，被授予专利权的发明创造，专利权人享有专有权。专利权人可以通过自行实施专利取得收益，也可以通过许可他人实施专利取得使用费或者通过转让专利取得转让费，还可以用专利投资取得股权。总之，专利制度使发明人的智力成果进一步得到社会的承认和法律的保护，这种承认和保护又进一步刺激更多的人从事发明创造。正如美国前总统林肯所言，专利制度为天才之火浇上利益之油。

二、促进发明创造投入实际应用

鼓励发明创造并不是终极目的。发明创造最根本的价值在于投入实际应用。因此，如果将发明创造束之高阁，不予实施，再好的发明创造也没有实际意义。选择用专利法保护发明创造是因为专利制度比商业秘密保护制度更有利于发明创造的推广应用。其表现为：第一，发明人在获得专利权后，一般会竭力尽快实施专利。因为专利权有时间限制，只有在专利保护期内，权利人才能享有独占权，独占竞争优势。第二，在专利保护期内，通过许可他人实施专利获得使用费，而且许可他人实施时不必担心技术的泄密。一般来讲，专利推广应用的范围越广，专利权人能够获得的收益也越多，这显然有利于调动其推广应用的积极性。此外，为了促进发明创造的推广应用，专利法还采取了一系列措施：其一，专利权人每年都要缴纳专利维持费，而且逐年提高。这种缴纳专利维持费制度，一方面会促使专利权人尽可能实施专利，另一方面也会促使专利权人尽早放弃过时的专利，使原本处于垄断之下的技术尽早进入公有领域。其二，设立“强制许可”制度。当专利权人自己不实施，又拒绝他人实施时，国家专利机关可以依法定条件和程序给他人颁发强制许可证，实施其专利。

三、为社会提供技术信息和资料

任何科学技术上的进步与创新一般都需要建立在前人研究的基础上。技术人员在缺乏技术资料和文献的情况下是很难做出创新的。专利制度以公开技术方案作为授予专利权的条件，这样，就会有大量原本会被保密的技术得以公开。一旦公开，方便了研究，有利于创新。同时，技术信息和资料的公开，可以在较大程度上避免他人对相同技术的重复研究开发。

四、有利于国际技术的交流与合作

科学技术成果是全人类智慧的结晶。在世界上没有任何一个国家能够在所有的技术领域中始终处于领先地位，这就需要技术的交流与合作。专利制度在技术的交流与合作中起着十分重要的作用。我国专利制度的建立，不仅为外国人在我国申请专利提供了法律保障，而且有利于我国的发明创造在外国申请专利，有利于维护我国国民在国际经济交往中的利益。

课后思考

1. 专利制度的基本作用是什么？
2. 简述专利权的概念及特征。
3. 简述我国专利制度的产生和发展。

第十一章　专利权的客体

◇ 知识结构图

- 专利权的客体
  - 发明
    - 发明的概念和特点
    - 发明的分类
  - 实用新型
    - 实用新型制度的历史沿革
    - 实用新型的概念和特点
    - 实用新型专利与发明专利的区别
  - 外观设计
    - 外观设计制度的历史
    - 外观设计的概念和特点
    - 外观设计与实用新型的区别
  - 不授予专利权的对象
    - 违反法律、社会公德或妨害公共利益的发明创造
    - 对违法获取或利用遗传资源完成的发明创造
    - 向外国申请专利前，未依法报请保密审查的在中国完成的发明或者实用新型
    - 不授予专利权的具体情形

◈ 本章导读

专利权的客体，是记载在专利文件中的已被公开并由权利要求的内容所限定的发明创造。专利法中所称的发明创造包括技术领域中的发明创造和与技术无关的工业品外观设计。其中，技术领域中的发明创造又包括发明和实用新型。我国专利法以授予专利权的方式保护发明创造。本章着重阐述发明、实用新型、外观设计的概念及其特点，介绍不授予专利权的对象。

◉ 司考重点

熟悉并理解发明的概念及其特点，了解发明的分类；熟悉并理解实用新型的概念及其特点，掌握实用新型与发明的区别；熟悉并理解外观设计的概念及其特点，掌握它与实用新型的区别；理解并掌握不授予专利权的对象。

第一节 发 明

例11.1 某人在深山野林中首次找到一种未知的毒蛇,此人能否就这种毒蛇获得专利权?此人研究发现,毒蛇体内有一种物质可抗癌,对这种发现能否获得专利权?根据这种发现制成的特效药,能否获得专利权?

一、发明的概念和特点

(一)发明的概念

首先需要指出的是,在有关国际公约中,如《保护工业产权巴黎公约》中,只把授予专利权的发明称为"专利"。实用新型和外观设计并不称为专利。我国专利法将三者皆称为专利。

现实生活中,人们对"发明"一词的应用是相当广泛的,对创造或者设计出的前所未有的东西,皆称为"发明"。但是,专利法意义上的发明是有特定含义的,它一定与技术有关,换言之,它比日常生活中所称的发明范围窄得多。例如,《日本专利法》第2条规定,发明是指"利用自然规律所作出的高水平的技术创造"。《美国专利法》第102条规定,发明是指"任何新颖而有用的制法、机器、制造品、物质的组合,或者任何新颖而有用的改进"。世界知识产权组织1979年公布的《发展中国家发明专利示范》认为,发明是"发明人的一种思想,能在实践中解决技术领域的某个具体问题"。我国《专利法》第2条第2款规定:"发明,是指对产品、方法或者其改进所提出的新的技术方案。"

(二)发明的特点

尽管国际上对发明还没有一个统一的定义,但以下几点认识应是共同的。

1.发明是一种技术上的创新

所谓"创新"就是指与现有技术相比发明必须是前所未有的,并且相对于现有技术而言有一定的进步或者难度。如果完完全全重复前人的成果,那就不是发明。当然,这并非不能借鉴前人的成果。利用、借鉴前人成果,在现有技术的基础上做出改进,也是一种创新。

2.发明必须是正确利用自然规律的结果

自然规律是存在于客观世界之中,不以人的意志为转移的。水有浮力,地球有引力,这都是自然规律。自然规律是客观的,只能发现,不能创造。但发现规律往往是创造的基础。发明是一种技术方案,而技术则是在利用自然规律或法则的基础上发展起来的各种工艺操作方法或生产技能,以及与之相应的生产工具、物资设备,等等。从这种意义上讲,发明是利用自然规律的结果,而没有利用自然规律的方案则不属技术方案,故而也不应称其为发明。比如,财务结算办法、体育比赛规则、逻辑推理法则以及数学运算方法等,均不是专利法意义上的发明。

违背自然规律的创造也不是发明。现实中有的发明人由于对自然规律的认识错误,导致其方案所利用自然规律的基本前提错误,即使某些局部方案正确利用了自然规律,也不可能称为发明专利;至于有的从整体上就违背自然规律的方案,则更不能称为发明。历史上曾有人就"永动机"的设计方案申请发明专利权。而事实上,"永动机"违反了能量守恒这一基本自然规律,是不可能实现的。因此,"永动机"也不是专利法意义上的发明。

3. 发明必须是一种具体的技术解决方案

所谓"具体"是指发明必须能够实施,具有一定的实用性,能够解决技术领域中的特定问题。换言之,它不是单纯地提出课题或者设想。虽然专利法并不要求发明必须是已经完全实施或者已转化为客观存在的产品,但这个技术方案必须是科学的,行之有效的,即只要付诸实施,就可以通过该方案取得一定的效益。纯理论的、缺乏可实施性的思想或者设想,都不是专利法意义上的发明。

4. 发明能够被较为稳定地重复实施

发明是一种技术方案,这种技术方案能够被较为稳定地重复实施。因为只有这样,才能够给社会带来确定的利益,对其也才有保护的必要。此外,发明表现为一种新产品或者新方法。

二、发明的分类

根据不同的标准可以将发明作不同的分类。在专利法上最为常见也是最为基本的一种分类是将发明分为产品发明和方法发明,划分产品发明和方法发明的意义在于被授予专利权的产品和方法其权利效力范围不尽相同、诉讼中有关举证责任的规定有所不同等。

(一)产品发明

产品发明是指发明的最终表现形态是一种实物,包括制造品、零件、化合物、组合物、材料、机器设备、装置和工具等。

"发明"与"科学发现"不同。科学发现是指对自然现象、物质或规律的发现或认识,"发现"的对象是自然规律或者自然现象,而发明的对象则是技术方案。"发现"只是人类对自然界的认识,并非人类的创造,故而不是发明。事实上,如果将自然规律或自然现象当作发明授予专利,他人不得随意应用,这也是极不公平。需要说明的是,前面所述科学发现不是人类的创造,并不否认科学家在发现自然现象和认识自然规律过程中的创造性劳动。例11.1中,此人首次发现的动物(毒蛇)以及发现毒蛇体内有一种物质可抗癌,均属于发现的范畴,不是发明,故不能获得专利权;根据这种发现,制成的特效药,是产品发明,可以获得专利权。

(二)方法发明

方法发明是指发明的最终表现形态为一种实现某种技术效果的程序或者步骤。如产品的制造方法、测试方法、化学方法、生产基因产品的生物方法等。原先乙肝疫苗价格昂贵,后来因发明了使用基因工程技术制造乙肝疫苗的方法,大大降低了疫苗的价格。这种利用新的基因工程技术制造乙肝疫苗的方法,就属于方法发明。

此外,发明还可以分为基础发明和改进发明。改进发明是指对现有产品发明或方法发明作出的实质性革新的技术方案。纵观人类历史,其实许多重要的发明都是改进发明。如爱迪生在对前人发明的电灯进行了多项重大改进之后,发明了以碳丝为灯芯的灯泡,大大提高了灯泡的寿命。需注意的是,即使基础发明已经获得了专利权,改进发明也可以获得新的专利权。但如果基础发明专利尚在保护期内,对改进发明的实施就需要获得基础发明专利权人的许可。

第二节 实用新型

例 11.2 某市郊区农民李某种植花卉多年,培育出一种高效花肥,拟申请实用新型专利。

例 11.3 某厂生产出一种新产品——磁化杯,该产品的重要特点是将普通的水倒入磁化杯中后,即变成对人体有益的磁化水。该厂向专利局申请并获得了实用新型专利。

一、实用新型制度的历史沿革

1843 年,英国制定了《实用设计法》,对以实用为目的的产品新设计给予三年的保护。但到了 1883 年,英国修改了法律,将此全部纳入外观设计的保护体系。此后一百多年,尽管也曾有人提出过所谓"短期专利"的提案,但终未能通过。

在 19 世纪后半叶,发明专利制度已基本完善。但由于发明专利有较高的创造性要求,致使大量以实用为目的、却又不属于外观设计的小发明创造得不到有效的保护。这导致在发明专利与外观设计之间有一片空白地带。为弥补这一空白,1891 年,德国制定了第一部正式的《实用新型保护法》,对实用新型给予三年的保护。这种保护方式逐渐为其他国家所采用。

实用新型保护的必要性主要体现在:第一,鼓励研究开发实用新物品,满足人们工作和生活上的需要。第二,弥补发明专利的不足。因为发明专利对不符合其专利条件的小发明是不保护的,而且这种保护方式可以防止发明专利制度为了保护小的发明而降低其价值。

1984 年以来,我国一直采用实用新型制度。从实施情况来看,实用新型专利的申请数量远远超过了发明专利申请,而且实施的经济效果也比较好,这说明我国采用实用新型制度是恰当的。此外,一些国家的实用新型制度的保护范围也在逐步扩大。如日本,建筑物、用显微镜才能看见的微观结构以及电路等均可申请实用新型。

二、实用新型的概念和特点

(一)实用新型的概念

我国《专利法》第2条第3款规定:“实用新型,是指对产品的形状、构造或者其结合所提出的适于实用的新的技术方案。”

所谓产品的形状,是指产品的外部立体表现形式,且具有相当的体积。换言之,能够获得实用新型专利的产品,应具有从外部观察到的确定的空间形状。所谓产品的构造,是指产品的内部构造,是产品之部件或零件的有机结合或联结。产品的构造可以是直接从外部观察到的,也可以是只有剖开才可发现的。

(二)实用新型的特点

1. 实用新型是针对产品而言的。获得实用新型专利的,只可能是产品。这里的“产品”是指经过工业或手工业方法制造的,占据一定空间的实体。一切有关方法以及未经人工制造的自然形成的物品,不属于实用新型专利保护的客体。例如,某产品的制造方法、除尘方法、数据处理方法,自然雕琢而成的雨花石等,均不能获得实用新型专利。

2. 该产品具有固定的立体形状,而不能是气态、液态、粉末状态、糊状、颗粒状的产品。如药品、化肥等不能获得实用新型专利。例11.2中,李某培育的花肥,是不能获得实用新型专利的,因为它缺乏固定的立体形状。此外,视力检查表等因缺乏立体特征也不能获得实用新型专利。

3. 该产品的形状或者构造能产生特定的效能或者使用上的便利。即产品的形状或者构造具有实用性。例11.3中,磁化杯之所以能获得实用新型专利保护,原因之一是它的构造能产生特定的效能,即能够将倒入其中的水磁化,变成对人体有益的磁化水。再如,将雨伞设计成折叠状,能够减少雨伞的体积,携带更方便。这样的形状设计有功能作用,是实用新型。如果产品的形状仅能给人以美感,不具有技术效果,也不能获得实用新型专利。

4. 该产品必须是可自由移动的物品。不可移动的建筑物不能获得实用新型专利。

5. 该产品具有一定的创新性。实用新型产品的创新性,体现在产品的形状或构造上。即产品的形状或构造是新的。以塑料替代玻璃的同样形状的水杯,是不能获得实用新型专利的,因为产品的形状或内部构造并未发生改变。如果材料(塑料)是新的,可就该新材料申请发明专利。

三、实用新型专利与发明专利的区别

(一)两者的保护主题不同

实用新型仅限于产品,且保护的是产品的形状、构造或者其结合;发明专利保护的既有产品,也有方法,且产品的范围很广。比如,对于气态、液态、粉末状、颗粒状等缺乏固定形状的产品,以及以平面图案设计为特征的产品均不能被授予实用新型专利,但却可以授予发明专利。

(二)两者的创造性要求不同

实用新型一般比发明的创造性要低一些。建立实用新型保护制度的重要目的就是保护那些达不到发明专利要求的一些小发明创造。我国《专利法》规定,“与现有技术相比”,发明应具有“突出的实质性特点和显著的进步”,实用新型应具有“实质性特点和进步”。

(三)两者的审查程序不同

实用新型专利的审查程序比发明专利简单、快捷。我国对实用新型专利的保护,采取登记制(也称“初步审查制”)。对实用新型专利申请只进行初步审查(形式审查)而不进行实质审查,经初步审查合格即可授予实用新型专利权。与之相比,发明专利申请的审查程序要复杂得多。

(四)两者的保护期不同

法律对实用新型专利的保护期限要比发明专利短得多。我国专利法规定,发明专利权的期限为20年,实用新型专利权的期限为10年,均自申请日起计算。各国对发明专利的保护期一般都长于实用新型专利。

需要指出的是,当一项产品发明既可以申请发明专利,也可以申请实用新型专利时,由当事人自己决定。当事人既可以同时提出申请,也可以选择其一提出申请。当同时提出申请时,先获得的专利权应是实用新型专利权。《专利法》第9条规定,“同样的发明创造只能授予一项专利权。但是,同一申请人同日对同样的发明创造既申请实用新型专利又申请发明专利,先获得的实用新型专利权尚未终止,且申请人声明放弃该实用新型专利权的,可以授予发明专利权”。

第三节 外观设计

例11.4 ①某灯具厂开发出一种造型独特美观的灯具,希望获得独家生产销售权;②某地毯厂编织生产的地毯,图案新颖别致,颇有美感,希望独家生产此种地毯,独占竞争优势。

例11.5 某厂生产的暖气片形状,既美观,又有极好的散热效果,如何申请专利?

一、外观设计制度的历史

一般认为,对外观设计给予保护最早始于1711年的法国里昂。该市为保护丝绸织品图案,而给予外观设计保护,开了保护外观设计的先河。其后,在工业革命的推动下,外观设计所赖以依托的产品越来越多,从而保护范围也就越来越宽。1806年法国建立了比较完整的外观设计保护制度。现在,已有一百多个国家和地区的法律保护外观设计。

保护外观设计的法律形式多种多样。一些国家制定了专门的外观设计保护法,如德国、瑞典、日本等国;也有一些国家在专利法中规定外观设计的保护问题,如美国、中国等。

由于外观设计制度只保护产品的造型而不保护功能,所以早期的外观设计保护法甚至不允许对外观设计的图形作任何文字说明,但在法律实施过程中,人们逐渐发现,在某些情况下加上文字说明还是有必要的。如今,各国都允许申请人在申请外观设计保护时对照片或者图片进行必要的说明。

给予外观设计保护的必要性在于:可以鼓励人们创造出外形美观的产品,满足人们对美的需求,促进产品的竞争力。

二、外观设计的概念和特点

(一)外观设计的概念

我国《专利法》第2条第4款规定:外观设计是指对产品的形状、图案或者其结合以及色彩与形状、图案的结合所作出的富有美感并适于工业应用的新设计。

可以构成外观设计的有:(1)产品的形状;(2)产品的图案;(3)产品的形状和图案;(4)产品的形状和色彩;(5)产品的图案和色彩;(6)产品的形状、图案和色彩。

需要特别注意的是,产品的色彩不能单独构成外观设计。因为色彩是有限的,如果允许单纯的色彩获得外观设计专利,会导致有限的色彩在短期内被全部垄断,对后来者不公平。

(二)外观设计的特点

1. 外观设计是对产品的外表所作的设计。外观设计必须与产品结合,通过以产品为载体,来展现其富有美感的设计。需要指出的是,这里的"产品"必须有实际用途。换言之,外观设计的对象是实际工作、生活中使用的产品。外观设计是对有实用价值的物品作出的造型、图案及色彩三方面的设计。纯粹的艺术品以及人的视觉看不到的内部装置,不能获得外观设计专利权。

2. 外观设计是对产品形状、图案和色彩的设计。例11.4中,灯具厂开发的造型美观的灯具,是对产品形状所作的设计;地毯厂编织的地毯图案,是对产品图案所作的设计,两者均可申请外观设计专利权。一旦获得外观设计专利权,便获得了独占实施权,从而独占竞争优势。

3. 外观设计必须能够使人产生美感。外观设计是为了使产品博得消费者的喜爱而作的设计,因此,它必须让人看后有赏心悦目的感觉。但是,对美的感受和评价是因人而异的,只要应用在产品上的设计有一定特色,使一部分消费者认为美观,该设计就符合美感要求。

4. 附载外观设计的产品必须适合于工业上的应用,即可以通过工业手段批量复制生产。因此,下列情形不能获得外观设计专利权:第一,取决于特定地理条件,不能重复再现的建筑物、桥梁的形状等。第二,根雕艺术品。如根雕的桌椅、茶壶等不能获得外观设计专利,因为它们不能被批量生产。

此外,申请外观设计专利时需要指明该设计用于何产品。如衣料上的图案获得外观设计专利后,对该图案的专利权只限于衣料上。若有人将该图案用于瓷砖上,则不构成侵权。

三、外观设计与实用新型的区别

外观设计与实用新型有诸多共同点,比如两者保护期都是10年,审查程序相同等。此外,两者都可能是对产品的形状所作的设计。

外观设计与实用新型最本质的区别是:法律并不要求外观设计解决任何实际技术问题,只要求其外观具有美感,对消费者有吸引力;而实用新型是技术领域内的发明创造,是一种技术方案,能够解决一定技术问题。具体来讲,两者还有以下区别:

1. 两者保护的主题虽然都可能是产品的形状,但实用新型专利保护的是有一定技术效果的产品形状,外观设计专利保护的是富有美感的产品形状。

2. 能够获得实用新型专利的产品必须是立体的,而外观设计既可以是立体的,也可以是平面的。

3. 实用新型的设计既可能是形状设计,也可能是内部构造设计,而外观设计基本不包括内部结构的设计。视觉看不到的内部构造不能获得外观设计专利。

此外,对于产品形状的新设计,如果该设计既增加或者改善了产品的功能,又增加了产品的美感,那么,该设计既属于外观设计,又属于实用新型。申请专利时,是允许当事人自由选择的。例11.5中,对该厂设计生产的暖气片形状,既可以选择申请实用新型专利,也可以选择申请外观设计专利。

第四节 不授予专利权的对象

我国专利法对专利保护的客体进行了概括性规定,同时还明确了不保护的对象。具体如下:

一、违反法律、社会公德或妨害公共利益的发明创造

例11.6 某人发明了一种用于防盗门上的防盗装置,该装置具有很强的防盗效果:当防盗门被强行撬开时会发出强光,该强光能够致人失明。发明人拟对该发明申请专利权。

例11.7 某人发明了一种"投币式"弹子游戏机。该游戏机的特点是:游戏者如果达到一定的分数,机器就会抛出一定数量的钱币。发明人拟对该发明申请专利权。

我国《专利法》第5条第1款规定:"对违反法律、社会公德或妨害公共利益的发明创造,不授予专利权。"依照此规定,不授予专利权的发明创造主要有:

（一）违反法律的发明创造

这里讲的“法律”，主要是指全国人大及其常委会制定的法律。所谓违反法律的发明创造，是指该发明创造本身的目的与法律相违背。例如，专门用于赌博的设备或者工具；吸毒的器皿；伪造国家货币的设备等。这些都属于违反法律的发明创造，不授予专利权。

如果发明创造本身的目的并没有违反法律，但由于被滥用而违反法律的，不属于违反法律的发明创造。例如，以医疗为目的的研制的各种麻醉品、镇静剂、兴奋剂和以娱乐为目的开发的麻将桌、棋牌等，虽然可以被滥用于诸如杀人、赌博等犯罪，仍然可以获得专利权。

需要指出的是，《与贸易有关的知识产权协定》并未排除“违反国家法律”的发明创造的可专利性。该协定第 27 条之二规定，“为了保护公众利益或者社会公德，包括保护人类、动物或植物的生命及健康，或者为了避免对环境的严重污染，各成员均可以排除某些发明的专利性，禁止这类发明在该成员地域内的商业性实施。”这样规定的出发点是担心有些国家基于意识形态、文化传统等原因，或者仅仅从保护民族、国家利益出发，排除一些发明创造获得专利保护的可能性，从而影响外国申请人的利益。

从我国《专利法》第 5 条第 1 款的表述看，该规定与《知识产权协定》的规定确实存在一定的差别。因为《知识产权协定》仅允许各国排除违反社会公德或妨害公共利益的发明创造的可专利性。为履行我国作为《知识产权协定》成员的义务，我国《专利法实施细则》第 10 条明确规定，“专利法第五条所称违反法律的发明创造，不包括仅其实施为法律所禁止的发明创造”。这实际上大大缩小了违反法律的发明创造的范围，与《知识产权协定》的要求趋于一致。

（二）违反社会公德的发明创造

社会公德是指公众普遍认为正当并被广泛接受的伦理道德观念和行为准则。违反社会公德的发明创造不能被授予专利权。如克隆人的方法，因这种发明创造会使正常的人伦秩序遭到破坏，因此不能被授予专利权。

（三）妨害公共利益的发明创造

妨害公共利益是指发明创造的实施或使用会给公众或社会造成危害，或者会使社会的正常秩序受到不良影响。例 11.6 中，该防盗装置是不能被授予专利权的。因为，该装置虽然具有很强的防盗效果，但它不仅可能误伤好人，也可能对小偷等非法入室者造成不当人身伤害，妨害公共利益，因此不能被授予专利权。

此外，如果一项申请专利的发明创造的一部分属于违反国家法律、社会公德或者妨碍社会公共利益，而其他部分是合法的，按照国家知识产权局有关专利审查的要求，审查人员应当通知申请人进行修改，删除违反专利法规定的部分。如果申请人不同意删除或者修改，就不能被授予专利权。例 11.7 中，该游戏机是不能被授予专利权的。因为，它不是一个单纯的游戏机，十分类似于赌博工具。如果发明人想获得专利权，必须将抛出钱币的部分删除或者修改,使之成为一个单纯的游戏机。

二、对违法获取或利用遗传资源完成的发明创造

例11.8 某科学家甲在对中国一种野生大豆品种进行检测和分析后,从中发现了与控制大豆高产性状密切相关的"标记基因",并进行了提取。甲就该基因拟向我国专利局提出专利申请。按照现行专利法,甲能否在我国获得专利权?

我国《专利法》第5条第2款规定:"对违反法律、行政法规的规定获取或者利用遗传资源,并依赖该遗传资源完成的发明创造,不授予专利权。"

遗传资源是指来自植物、动物、微生物或其他来源的任何含有遗传功能的、有实际或者潜在价值的遗传材料。依照我国专利法的规定,依赖遗传资源完成的发明创造,其遗传资源的获得和利用应当符合我国有关法律、行政法规的规定,否则,不授予专利权。例11.8中,科学家甲就该基因向我国专利局提出专利申请时,应当说明该遗传资源的来源,提交有关证明,证明该遗传资源的获得和利用符合中国有关法律、行政法规的规定。否则,不授予专利权。

从严格意义上讲,保护遗传资源并不属于专利法的内容,但由于依赖遗传资源完成的发明创造一旦被授予专利权,便具有了独占性,使提供遗传资源的国家不仅不能分享专利权人因此获得的经济利益,相反,如果使用其专利,还要支付许可费。这对于遗传资源的提供国来说是不公平的。实践中,随着生物技术的发展,遗传资源在农业、医药、化工、环保等领域发挥着越来越重要的作用。由于缺乏有效的制度和措施,创新能力较强的发达国家往往随意获取并利用他国(主要是遗传资源丰富的发展中国家)的遗传资源,再使该遗传资源在这些国家获得专利权,损害其利益。为此,1993年生效的《生物多样化公约》(CBD)规定了一系列遗传资源保护规则。比如,该公约确立的国家主权原则、事前知情同意原则和惠益分享原则,这对于保护发展中国家的遗传资源,维护其利益具有重要的作用。

过去,我国缺乏对遗传资源的有效保护,致使遗传资源流失的情况时常发生。

三、向外国申请专利前,未依法报请保密审查的在中国完成的发明或者实用新型

我国《专利法》第20条第1款规定:"任何单位或者个人将在中国完成的发明或者实用新型向外国申请专利的,应当事先报经国务院专利行政部门进行保密审查……"如果在没有事先报经国务院专利行政部门保密审查的情况下,就将在中国完成的发明或者实用新型向外国申请专利,则日后再将同一发明创造在中国申请专利时,不能授予专利权。要求申请人事先报经国务院专利行政部门进行保密审查,主要是审查该发明创造是否涉及国家安全或国家重大利益。如果涉及国家安全或重大利益,该发明是不允许在国外申请专利的。由于外观设计不可能涉及国家安全或国家重大利益,因此,审查的范围不包括外观设计。

四、不授予专利权的具体情形

例 11.9　微生物学家 C 就自己合成的一种转基因细菌申请发明专利权。该细菌能够分解原油中的多种物质，对于炼油业有重大意义。该成果能否获得专利权？

《专利法》第 25 条列举了不授予专利权的具体情形：

(一) 科学发现

科学发现是对自然界中客观存在的现象、物质和规律的揭示。它不是对产品、方法及其改进所提出的一种新的技术方案，因而不能被授予专利权。例如，某人发现卤化银在光照下有感光特性，这种发现不能被授予专利权。但是，据此制造出的感光胶片以及此胶片的制造方法，可以获得专利权。

需要指出的是，根据我国《专利审查指南》，首次从自然界提取出的物质，其结构、形态或者其他物理化学参数是现有技术（物质）中没有的，并能被确切地表征，且在产业上有利用价值，则该物质本身以及取得该物质的方法，均可获得专利。

很多发明是建立在发现的基础上的，发现经常是发明的第一步。因此，为鼓励发现，《民法通则》第 97 条规定，“公民对自己的发现享有发现权。发现人有权申请领取发现证书、奖金或者其他奖励”。

(二) 智力活动的规则和方法

智力活动的规则和方法是指导人们思维、推理、分析和判断的规则和方法，包括教学方法、速算法、口诀、图书分类规则、会计记账方法、统计方法、游戏规则等。上述规则和方法不是在利用自然规律的基础上提出的技术方案，不具备技术特征，不是专利法意义上的发明创造，因此不能被授予专利权。

(三) 疾病的诊断和治疗方法

疾病的诊断和治疗方法是指以有生命的人或者动物为直接实施对象，进行识别、确定或者消除病因或疾病的过程。疾病的诊断和治疗方法之所以不能获得专利权，理由主要是：其一，出于人道主义的考虑。疾病的诊断和治疗方法不宜为医生个人所独占。其二，该方法具有不确定性。病人和动物体的个体差异性决定了疾病的诊断和治疗方法的实施在很大程度上依赖于被实施者本人的生理和心理状态。换言之，该方法不能被稳定地重复实施。例如，诊脉法、外科手术方法、药物疗法、心理疗法、针灸、推拿法等，均不能获得专利权。

根据《专利审查指南》，下列情形可以获得专利权：

(1) 为诊断和治疗疾病而使用的药物和医疗器具；

(2) 烫发、染发等美容方法及物品的消毒方法；

(3) 在人或动物体之外进行的化验方法；

(4) 尸体的测试及处理方法等。

(四) 动物和植物品种

动物和植物品种，有自然长成的，有人工培育的，无论哪种情形，都不授予专利权。

但是,对动物和植物品种的生产方法,可以授予专利权。

虽然植物品种不给予专利保护,但可以通过其他方法保护。1997年国务院颁布了《中华人民共和国植物新品种保护条例》,对符合条件的植物新品种提供法律保护。

需要指出的是,细菌、真菌和病毒等微生物,在专利法上既不属于动物也不属于植物的范畴。因此,人为培养或者分离出的微生物,如果具有特定的产业用途,是可以获得专利权的。例11.9中,该微生物是可以获得专利权的。

(五)用原子核变换方法获得的物质

原子核变换方法是指通过使一个或几个原子核经分裂或者聚合,形成一个或几个新原子核的过程,如实现核裂变的各种类型反应堆的方法。用原子核变换方法获得的物质,主要是指利用加速器、反应堆以及其他核反应装置,通过核裂变、核聚变等方法获得的元素或化合物。由于用原子核变换方法获得的物质关系到国家的经济、国防、科研和公共生活的重大利益,关系到国家安全,不宜公开,各国大都对此类物质不授予专利权。

对涉及国家安全或者重大利益需要保密的发明创造,可申请保密专利。这种专利在申请和授权后都不向社会公布其具体技术内容。我国的保密专利包括两类:一类是国防专利;另一类是普通保密专利。国防专利是指涉及国防利益或者对国防建设有潜在作用需要保密的发明专利。根据《国防专利条例》的规定,国防专利权的保护期为20年。但绝密级涉及国防秘密的发明,不得申请国防专利。

发明专利申请人认为其发明涉及国防以外的国家重大利益,可以在提出专利申请的同时,要求保密审查。国家知识产权局受理申请后,将需要进行保密审查的申请转送国务院有关主管部门审查;审查后,将审查结果通知国家知识产权局;需要保密的,由国家知识产权局按照保密专利申请处理。保密专利只限于发明。

(六)对平面印刷品的图案、色彩或者二者的结合作出的主要起标识作用的设计

"平面印刷品"主要是指平面包装袋、瓶贴、标贴等用于装入商品或附着在产品上的印刷品。这些印刷品的图案、色彩或者二者的结合如果主要起到识别商品来源的作用,完全可以通过《商标法》和《反不正当竞争法》保护。如果一种设计的主要作用不在于增强商品对消费者的吸引力,而在于识别商品来源,则不应受到《专利法》的保护。过去,由于没有明确将主要起标识作用的设计排除在专利保护之外,导致大量的此类外观设计申请被授权。这一方面不利于我国外观设计整体水平的提高,另一方面也增加了与其他法律保护机制之间的重叠和冲突。因此,修改后的《专利法》不再提供对此类设计的保护。

▲ 讨论案例

1. 上海某生物研究所发明了一种"抗衰老饮料",这种饮料由多种营养成分组成。经提取、净化、过滤、灭菌而制成。它可以改善老年人的体质,延缓衰老。

问:这项发明是否可以申请实用新型专利?

2. 山东省某地区农业研究所于2001年培育出了一种新型玉米品种。该品种产量高,抗高温、抗旱和抗病能力强,适于在高温、缺水地区推广种植。该研究所于2002年向国家专利局就该玉米品种提出专利申请。

问:专利局能否就该玉米新品种授予专利权?并说明理由。

课后思考

1. 发明的概念和特征是什么?
2. 发明的种类有哪些?
3. 实用新型的概念和特征是什么?实用新型专利与发明专利的区别有哪些?
4. 外观设计的概念和特征是什么?
5. 简述中国专利法不予保护的客体。

第十二章　专利权的主体

◇ 知识结构图

- 专利权的主体
  - 发明人或者设计人
    - 发明人或者设计人的概念
    - 不能算作发明人或者设计人的情形
    - 发明人或者设计人可以为自己申请专利的情形
  - 发明人或者设计人的工作单位
    - 单位有权申请专利的情形
    - 职务发明创造的概念和种类
    - 职务发明人的权利
  - 合作发明与委托发明的权利人
    - 合作发明
    - 委托发明
  - 外国人
  - 发明创造的权利继受人
    - 权利继受人的概念
    - 发明成果的转让或者继承
    - 向外国人转让专利申请权或者专利权时应注意的问题

◈ 本章导读

专利权主体即专利权人，是指依法享有专利权并承担相应义务的人。要成为专利权人，有两种途径：一是对自己拥有的发明创造，通过向国务院专利行政部门申请专利而获得专利权，从而成为专利权人；二是通过专利权受让，从他人那里获得专利权，从而成为专利权人。上述取得专利权的方式，第一种为原始取得，第二种为继受取得。专利法对继受主体一般是不加限制的，即任何人都可以从其他专利权人那里获得专利权。本章主要阐述专利权的原始取得。

◉ 司考重点

明确发明人或者设计人的概念及非职务发明的权利归属；界定职务发明的标准及职务发明的权利归属；合作发明与委托发明的概念、权利归属及权利的行使；外国人在中国申请专利时的待遇；转让发明创造时应注意的法律要求等。

第一节　发明人或者设计人

例 12.1　一位 15 岁的少年在暑假期间独立完成一项发明创造，该少年是否具有发明人资格？他能否为自己申请并获得专利权？

例 12.2　甲研究所研制出一固体发酵罐。B 主持样机调试中，A 参与进来。A 为甲研究所临时工，负责事务性勤杂工作。A 是否为发明人？

一、发明人或者设计人的概念

世界上所有的发明创造都是自然人作出的，不可能由“单位”或者“法人”等法律上拟制的人作出。概言之，完成发明创造的人就是发明人或者设计人。我国《专利法实施细则》第 13 条规定，发明人或者设计人是指对发明创造的实质性特点作出创造性贡献的人。其中，作出发明的人称为发明人，作出实用新型和外观设计的人称为设计人。习惯上，发明人或设计人统称为发明人。

理解发明人或者设计人时应注意以下几点：

第一，发明人或者设计人是直接参与发明创造活动并作出创造性贡献的人。

第二，发明人或设计人只能是自然人，不能是法人或其他组织。

发明创造行为是一种具有探索性的智力劳动，因而只有具体的自然人才能从事这种行为，故发明人只能是自然人。事实上，法人或者其他组织只是法律拟制的主体，它的意志或者行为都是由该组织的具体的自然人来操纵，法人或者其他组织自身绝不可能直接从事发明创造行为。

第三，发明人或设计人无论是否具有民事行为能力，均不影响其成为发明人。

与作品的创作一样，发明创造活动也是一种事实行为，并非法律行为。因此，无论从事发明创造的人是否具备完全民事行为能力，只要他完成了发明创造，就应认定为发明人或设计人。例 12.1 中，该少年既然独立完成一项发明创造，那么，他就是发明人。当然，其发明创造要想获得专利权，需由其法定代理人代为申请。

二、不能算作发明人或者设计人的情形

一项发明创造的完成，往往有多人参与。这些参与人中，哪些人不是发明人或者设计人？根据我国专利法及其实施细则的有关规定，在完成发明创造的过程中，只负责组织工作的人，为物质技术条件的利用提供方便的人，或者从事其他辅助性工作的人，均不是发明人或设计人。如试验员、描图员、机械加工人员等。例 12.2 中，A 是否为发明人，关键看其对发明创造的完成是否作出了创造性贡献。本例中的 A 作为参与人，只负责事务性勤杂工作，没有参与具体研制，没有作出创造性贡献，因而不是发明人。

三、发明人或者设计人可以为自己申请专利的情形

发明人或者设计人对其完成的发明创造有权申请专利,一直是各国的普遍做法。我国专利法规定,发明人或者设计人所完成的非职务发明创造,申请专利的权利属于发明人或者设计人;申请被批准后,该发明人或者设计人为专利权人。

第二节　发明人或者设计人的工作单位

例12.3　刘某是某市医院的护士长,在医院从事护理工作多年。她结合临床护理实践,发明了一种“多功能急救床”。在完成这一发明的过程中,她利用了部分上班时间,但没有影响到本职工作。现刘某打算为自己申请专利权。

例12.4　赵某是甲研究所的电器工程师,1994 年 1 月退休,同年 9 月,设计完成新型节能开关。就该新型节能开关,赵某能否为自己申请专利权?

例12.5　陈某是某大学环境研究所书记。在被提拔为书记前,一直从事微量元素与健康研究与教学工作,因而有较扎实的专业功底。有一年暑假期间,陈某接受本市印染厂的科研项目,发明“污水处理新方法”。研究过程中利用了本单位实验室及其设备。该发明是职务发明还是非职务发明?

一、单位有权申请专利的情形

按照我国《专利法》的规定,发明人或者设计人所完成的职务发明创造,申请专利的权利属于发明人或者设计人的所在单位。申请被批准后,该单位为专利权人。可见,在我国,只要是职务发明创造,发明成果就归发明人或者设计人所属的单位,申请并取得专利的权利也属于该单位。这与我国职务作品的权利归属有所不同。

二、职务发明创造的概念和种类

职务发明创造是与非职务发明创造相对应的概念。职务发明创造,又称“雇员发明”,简言之,是指发明人在履行工作职责中完成的发明创造。现代科技日益复杂,个人想凭一己之力完成较为重要的发明变得越来越困难。多数发明的完成往往需要借助于单位的资金、设备等物质条件以及对外不公开的技术资料等。因此,多数发明创造为职务发明创造。我国《专利法》第 6 条第 1 款规定,“执行本单位的任务或者主要是利用本单位的物质技术条件所完成的发明创造为职务发明创造。职务发明创造申请专利的权利属于该单位;申请被批准后,该单位为专利权人。”可见,按照现行专利法,职务发明创造包括“执行本单位的任务”所完成的发明创造和“主要是利用本单位的物质技术条件”所完成的发明创造这两大部分。《专利法实施细则》第 12 条又对“执行本单位的任务”所完成的发明创造作了进一步解释,规定“执行本单位的任务”所完成的发明创造,包括以下三种情形:“(一)在本职工作中作出的发明创造;(二)履行本

单位交付的本职工作之外的任务所作出的发明创造;(三)退休、调离原单位后或者劳动、人事关系终止后1年内作出的,与其在原单位承担的本职工作或者原单位分配的任务有关的发明创造。”据此,认定职务发明创造的具体标准有四个:

(一)在本职工作中作出的发明创造

所谓在本职工作中作出的发明创造,是指该发明创造的完成是履行本职工作的当然结果。注意,在本职工作中作出的发明创造并不等同于在上班时间作出的发明创造。在上班时间作出的超出职责范围的发明创造,仍可认定为非职务发明创造。例12.3中,刘某的发明就属于非职务发明创造,可以为自己申请专利权。因为对医院现有的物质条件如病床加以改进或者创新,不属于刘某的职责范围,不属于在本职工作中完成的发明创造。

(二)履行本单位交付的本职工作之外的任务所作出的发明创造

所谓本单位交付的本职工作之外的任务,包括时间较长的任务和临时性任务。不管是长期任务还是临时任务,都必须是具体的、明确的,而不能是一般性口号、方针等。此外,所谓本单位,包括存在长期劳动合同关系的单位和临时工作单位。

(三)退休、调离原单位后或者劳动、人事关系终止后1年内作出的,与其在原单位承担的本职工作或者原单位分配的任务有关的发明创造

理解该法条,应把握以下两点:其一,在时间上,该发明创造是在退休、调离原单位后或者劳动、人事关系终止后1年内作出的;其二,在发明创造内容上,该发明创造与其在原单位承担的本职工作或者原单位分配的任务密切相关。

这两点同时具备,该发明创造才属于职务发明创造。例12.4中,赵某完成的新型节能开关属于职务发明创造,申请专利的权利属于甲研究所。因为:其一,该成果是他退休后1年内作出的;其二,该成果与他在原单位从事的本职工作密切相关。

之所以将上述(三)纳入原单位的职务发明创造,主要是为了规范、约束恶意跳槽行为,保护原单位利益。

(四)主要是利用本单位的物质技术条件所完成的发明创造

本单位的物质技术条件,是指本单位的资金、设备、零部件、原材料或者不对外公开的技术资料等。

一般来讲,执行本单位的任务进行发明创造时,往往需要利用本单位的物质技术条件,但是,利用本单位的物质技术条件完成发明创造时,并不一定是在“执行本单位的任务”。

如果不属于“执行本单位的任务”完成的发明创造,但却在发明创造的过程中利用了本单位的物质技术条件,这时就要看利用本单位的物质技术条件的程度如何。如果主要是利用本单位的物质技术条件完成的发明创造,该发明创造就是职务发明创造。

根据2001年最高人民法院纪要[1]，主要利用单位的物质技术条件是指职工在完成技术成果的过程中，全部或者大部分利用了单位的物质条件，或者该技术成果的实质性内容是在该单位尚未公开的技术成果的基础上完成的。

例12.5中，陈某的发明，既不是本职工作的要求，也不是单位（大学环境研究所）交给的本职工作之外的任务，只是在发明过程中利用了本单位的实验设备。这种利用对其发明创造的完成只起一种辅助性作用。换言之，利用了实验设备，不构成"主要利用"本单位的物质技术条件。因而属于非职务发明。

实践中，判断是否属于"主要利用"本单位的物质技术条件所完成的发明创造，有时较为困难。因此，我国《专利法》第6条第3款又规定，"利用本单位的物质技术条件所完成的发明创造，单位与发明人或者设计人订有合同，对申请专利的权利和专利权的归属作出约定的，从其约定"。该规定可以看作倡导性条款。也就是说，在发明人的发明创造活动不属于"执行本单位的任务"的情形下，如果发明人仍需"利用本单位的物质技术条件"，最好与单位协商确定发明成果的权利归属，这样就可避免在认定是否构成"主要利用"本单位物质技术条件上可能产生的纷争。如果没有约定的，仍需判断是否"主要利用"本单位的物质技术条件。因此，2000年《专利法》第6条第3款之规定，仍然没有从根本上解决问题。

新近公布的《专利法修改草案（送审稿）》对这一问题作出了令人欣喜的、更趋合理的规定。具体而言：一是重新划分了职务发明创造的范围，仅规定"执行本单位任务所完成的发明创造"为职务发明创造，不再规定"主要利用本单位物质技术条件所完成的发明创造"为职务发明创造；二是明确了"利用单位物质技术条件所完成的发明创造"的权属划分。规定双方对其权利归属有约定的，从其约定；没有约定的，申请并取得专利的权利属于发明人或者设计人。

三、职务发明人的权利

完成职务发明创造的发明人或者设计人，简称职务发明人。尽管职务发明创造的完成，一般离不开所在单位物质技术条件的扶持，但发明创造是发明人或者设计人智力劳动的成果，因此，由发明人或者设计人对发明创造成果享有一定的权利是应当的。根据我国专利法和专利法实施细则的规定，职务发明人享有如下权利：

（一）署名权

发明创造是发明人或者设计人的创造性智力成果。要鼓励发明创造，首先应当对发明人或者设计人的艰辛智力劳动的付出予以表彰，为其"扬名"。我国《专利法》第17条规定，发明人或者设计人有权在专利文件中写明自己是发明人或设计人。发明人或设计人的这一署名权，也称发明人或设计人的精神权利。《专利法》中涉及的精神权利，只此一条。发明人或设计人无论是否为专利权人，均有署名权。该权利不因专利

[1] 该纪要的全称是：《全国法院知识产权审判工作会议关于审理技术合同纠纷案件若干问题的纪要》。

权的转让而转移,它是独立于专利权的一项精神权利。

(二)获得奖金、报酬的权利

根据《专利法实施细则》的规定,被授予专利权的单位可以与发明人、设计人约定或者在其依法制定的规章制度中规定《专利法》第16条规定的奖励、报酬的方式和数额。被授予专利权的单位未与发明人、设计人约定也未在其依法制定的规章制度中规定《专利法》第16条规定的奖励的方式和数额的,应当自专利权公告之日起3个月内发给发明人或者设计人奖金。一项发明专利的奖金最低不少于3000元;一项实用新型专利或者外观设计专利的奖金最低不少于1000元。由于发明人或者设计人的建议被其所属单位采纳而完成的发明创造,被授予专利权的单位应当从优发给奖金。

被授予专利权的单位未与发明人、设计人约定,也未在其依法制定的规章制度中规定《专利法》第16条规定的报酬的方式和数额的,在专利权有效期限内,实施发明创造专利后,每年应当从实施该项发明或者实用新型专利的营业利润中提取不低于2%或者从实施该项外观设计专利的营业利润中提取不低于0.2%,作为报酬给予发明人或者设计人,或者参照上述比例,给予发明人或者设计人一次性报酬;被授予专利权的单位许可其他单位或者个人实施其专利的,应当从收取的使用费中提取不低于10%,作为报酬给予发明人或者设计人。此外,根据《合同法》第326条的规定,单位转让职务发明成果时,作为转让人的单位应从转让所得的收益中提取一定比例,给予发明人或者设计人。

(三)优先受让权

单位转让职务发明成果时,职务发明人享有以同等条件优先受让的权利。发明人或者设计人最了解该技术,由发明人或者设计人享有以同等条件优先受让的权利,有利于技术的实施。

第三节　合作发明与委托发明的权利人

例12.6　甲单位接受乙单位委托的研究任务完成一项发明创造。在双方事先无约定的情况下,对该成果的专利申请权问题应该如何认定?

A. 专利申请权应属于甲单位

B. 专利申请权应属于乙单位

C. 专利申请权应属于甲乙两单位共同拥有

D. 专利申请权应属于两单位中先提出专利申请者

一、合作发明

合作发明是指两个或者两个以上的单位或者个人,互相配合,共同进行研究和开发形成的发明创造。合作发明的特征是:各方共同出资、共同参与研究开发。

根据《合同法》第 340 条的规定,对于合作完成的发明创造,除当事人另有约定以外,申请专利的权利属于合作开发的当事人共有。申请被批准后,专利权由各合作方共有。

在共有发明成果的情形下,各合作方如何行使权利呢?《专利法》第 15 条规定,专利申请权或者专利权的共有人对权利的行使有约定的,从其约定。没有约定的,共有人可以单独实施或者以普通许可方式许可他人实施该专利;许可他人实施该专利的,收取的使用费应当在共有人之间分配。除前款规定的情形外,行使共有的专利申请权或者专利权应当取得全体共有人的同意。

对于合作发明,还应注意把握以下几点:

(1)当事人一方转让共有的专利申请权或者专利权的,其他各方享有以同等条件优先受让的权利。

(2)当事人一方声明放弃其共有的专利申请权的,另一方可以单独申请或者由其他各方共同申请。申请人取得专利权的,放弃专利申请权的一方可以免费实施该专利。需要指出的是,合作方声明放弃专利申请权,并不意味着放弃对发明成果的实施权。因此,即使合作的另一方获得了专利权,并不妨碍放弃专利申请权的一方的免费实施权。

(3)当事人一方不同意申请专利的,另一方或者其他各方不得申请专利。不得申请专利,即意味着合作各方应共同保守技术秘密,以维持发明成果的专属性。

二、委托发明

委托发明是指一方提供经费和报酬,委托另一方进行研究和开发所完成的发明创造。委托发明的特征是:由委托人出资,受托人研究开发并交付研究成果。委托人不参与具体的研究开发,是委托发明与合作发明的重要区别。

关于委托发明的权利归属,《专利法》第 8 条和《合同法》第 339 条均作出了规定。委托发明的专利申请权由合同约定,合同约定不明或者未作约定时,归完成发明创造的一方,即由受托人享有。申请被批准后,申请的单位或者个人为专利权人。例 12.6 中,甲单位和乙单位没有约定专利申请权的归属,在此情况下,专利申请权应属于受托方甲。答案为 A。

当受托人获得专利权后,委托人依然可以免费实施该专利。当受托人转让专利申请权或者专利权的,委托人享有以同等条件优先受让的权利。

第四节 外 国 人

例 12.7 台湾人甲发明一项专利,向我国专利局申请专利。该台湾人在中国大陆既没有经常居所也没有营业所。我国专利局工作人员告知其应当委托代理人办理。请问,甲应当委托何种机构代办专利申请?

A. 司法部指定的律师事务所　　B. 依法设立的国内专利代理机构
C. 国务院专利行政部门指定的专利代理机构　　D. 国家指定的会计师事务所

外国人是指具有外国国籍的自然人和依照外国法律成立并在外国登记注册的法人。我国《专利法》将其称为"外国人、外国企业或者外国其他组织"。

允许外国人在本国申请和获得专利权，是《保护工业产权巴黎公约》、《知识产权协定》等国际公约规定的一项基本原则，各国专利法一般都确定了这一原则。允许外国人在本国申请和获得专利权，有利于实现国与国之间科学技术的交流与合作，有利于引进外国的先进技术，促进本国经济的发展。但是各国对于如何允许外国人在本国申请和获得专利权，做法不尽相同：有的国家无条件地给予外国人以国民待遇，如美国、英国等；有的国家则是在互惠的基础上给予外国人以国民待遇，如日本、法国、意大利等。

根据我国的实际，参照国际惯例，我国《专利法》在对待外国人在我国申请专利的问题上，分以下两种情况处理：

（一）在中国有经常居所或者营业所的外国人、外国企业或者外国其他组织在中国申请专利时，享有与中国单位和个人同等的待遇。

（二）在中国没有经常居所或者营业所的外国人、外国企业或者外国其他组织在中国申请专利时，分以下三种情况处理：

1. 依照其所属国同中国签订的协议办理。这里讲的协议，主要是指我国同其他国家签订的双边协议。

2. 依照其所属国同中国共同参加的国际条约办理。如依照《巴黎公约》的规定，各成员国应允许互相申请和获得专利权，并实行国民待遇原则。

3. 依照互惠原则办理。互惠原则又称对等原则，即如果允许我国的国民在该国申请和获得专利权，那么，我国也允许该国国民在我国申请和获得专利权。

此外，我国《专利法》第19条第1款规定："在中国没有经常居所或者营业所的外国人、外国企业或者外国其他组织在中国申请专利和办理其他专利事务的，应当委托依法设立的专利代理机构办理。""应当委托"依法设立的专利代理机构办理，主要基于以下考虑：其一，中国专利代理机构熟悉中国法律和语言，方便与专利局沟通；其二，便于文件的送达。

还应注意的是，外国单位或者个人在我国所委托的专利代理机构，只要是依法设立的专利代理机构即可，并不像过去那样必须委托"指定的"代理机构。《专利法》允许所有依法设立的专利代理机构承接外国单位或者个人向中国申请专利的有关业务。这种规定使在中国没有经常居所或者营业所的外国人、外国企业或者外国其他组织在中国申请专利和办理其他专利事务时，选择代理机构的范围更大了。

中国单位或个人在国内申请专利和办理其他专利事务时，可以委托依法设立的专利代理机构办理，也可以不委托专利代理机构而由自己亲自办理。专利代理机构以及专利代理人应当遵守法律、行政法规,按照被代理人委托办理专利事务,对被代理人发明创造的内容,负有保密责任。需要指出的是,未取得专利代理师资格的人,不能为经营目的从事专利代理业务。

港澳台地区法人或者自然人,若在大陆没有经常居所或者营业所,申请专利时,同外国人一样,应当委托专利代理机构办理。例 12.7 中,答案为 B。

第五节 发明创造的权利继受人

一、权利继受人的概念

权利继受人,是指通过购买、继承等方式依法取得发明成果的单位或者个人。除法律、法规有特别规定的以外,任何单位或者个人都可以成为权利继受人。

二、发明成果的转让或者继承

在发明创造完成后,对该发明成果可以依法转让或者继承。不过,在不同的阶段,转让(或继承)的权利是不同的:

(一)在提出专利申请前,转让(或继承)的是技术秘密权

根据《合同法》的有关规定,技术转让时应采用书面形式。技术秘密转让合同的让与人应当按照约定提供技术资料,进行技术指导,保证技术的实用性、可靠性,承担保密义务。

(二)在提出专利申请后至授予专利权以前,转让(或继承)的是专利申请权

根据我国《专利法》的有关规定,转让专利申请权的,当事人应当订立书面合同,并向国务院专利行政部门登记,由国务院专利行政部门予以公告。专利申请权的转让自登记之日起生效。

转让专利申请权之所以需要登记,是因为这时申请人的姓名或者名称已被记载在申请文件中,如果自行转让专利申请权,会导致专利申请文件以及日后的专利文件中的记载与实际权利人不一致的情形,这样可能会误导公众并可能使他人利益受损。

(三)授予专利权后,转让(或继承)的是专利权

同转让专利申请权一样,转让专利权的,当事人也应当订立书面合同,并向国务院专利行政部门登记,由国务院专利行政部门予以公告。专利权的转让自登记之日起生效。

需要指出的是,当事人办理登记,是专利申请权或者专利权发生转移的要件,不是转让合同生效的要件。依照《合同法》的规定,依法成立的转让专利申请权或者转让专利权的合同,自成立时生效,当事人一方不得以未经登记为由主张合同无效。

三、向外国人转让专利申请权或者专利权时应注意的问题

我国《专利法》第 10 条第 2 款规定:“中国单位或者个人向外国人、外国企业或者

外国其他组织转让专利申请权或者专利权的，应当依照有关法律、行政法规的规定办理手续。”这一规定修改了原专利法关于“向外国人转让专利申请权或者专利权，必须经国务院有关主管部门批准”的规定。

随着我国经济的发展和加入世界贸易组织的需要，我国对技术进出口的管理也有所变化。2001 年国务院发布《技术进出口管理条例》，对技术的出口分三类进行管理：第一类是禁止出口的技术；第二类是限制出口的技术，这类技术经有关主管部门许可才能出口；第三类是自由出口的技术。这类技术只需到国务院对外贸易主管部门登记，不需要审批。

由于外观设计不涉及技术，更不涉及国家安全或者国家重大利益，因此，外观设计专利申请权和专利权，可以向外国人自由转让，不必经过有关部门审批。

◬ 讨论案例

哈某是某医院麻醉科主治医师，长期从事麻醉工作。该医院医生给病人做手术时，哈某看到，由于喉镜上没有麻醉配件，病人十分痛苦，因此他设想把喉镜与麻醉系统连在一起。在发明的过程中，哈某借用了单位的“新喉镜、手柄、窥视片”。1988 年 1 月，哈某完成了“多功能喉镜”，并向专利局申请实用新型专利权。申请专利时，以“新喉镜研制费”的名义向医院借款 300 元。1989 年 3 月取得专利权。之后，哈某欲将该专利转让给某医疗器械厂，引起医院的不满。

问：该“多功能喉镜”是职务发明还是非职务发明？为什么？

۞ 课后思考

1. 简述发明人、专利申请人与专利权人的区别。
2. 哪些人员不能算作发明人、设计人？
3. 什么是职务发明创造？专利申请权归谁？
4. 职务发明人享有哪些权利？
5. 简述合作发明与委托发明的权利归属与权利行使。

第十三章　授予专利权的条件

◇ 知识结构图

- 授予专利权的条件
  - 授予发明或者实用新型专利权的实质条件
    - 新颖性
    - 创造性
    - 实用性
  - 授予外观设计专利权的实质条件
    - 新颖性
    - 创造性
    - 不得与他人的合法权利相冲突
    - 美观性

◈ 本章导读

发明创造要取得专利权,必须满足法律规定的实质条件和形式条件。实质条件是指申请专利的发明创造自身必须具备的属性要求,形式条件则是指申请专利的发明创造在申请文件和手续等程序方面的要求。此处所讲的授予专利权的条件,仅指授予专利权的实质条件。本章着重阐述授予发明、实用新型专利权和授予外观设计专利权各应具备的实质条件,以及新颖性、创造性和实用性的含义和判断标准。

◉ 司考重点

明确授予发明和实用新型专利权应具备的实质条件;掌握新颖性的判断标准和抵触申请的含义;熟悉并理解不丧失新颖性的三种情形;明确创造性和实用性的含义;明确授予外观设计专利权应具备的实质条件。

第一节　授予发明或者实用新型专利权的实质条件

专利法规定,申请专利的发明或者实用新型必须具备新颖性、创造性和实用性。否则,即使获得了专利权,该专利权也处于不稳定状态,有随时被宣告无效的可能。

一、新颖性

例13.1　发明人甲发明了一种改进内部结构的变压器，很快就投入生产并公开销售。之后，甲向专利局申请专利权。其是否符合新颖性要求？

例13.2　甲于2006年3月6日向专利局提交了一项发明专利申请，之后，乙也完成了同样的发明，乙于2006年12月2日也向专利局就相同主题提交了专利申请。甲的申请文件于2007年9月6日由专利局公布。乙的申请是否符合新颖性要求？

（一）新颖性的概念和判断标准

新颖性，简言之，是指发明创造是"新"的，不是"旧"的。比如，我国古代的"四大发明"，在今天是不能被授予专利权的，因为它早已丧失了新颖性。如何判断新颖性呢？我国《专利法》第22条第2款规定："新颖性，是指该发明或者实用新型不属于现有技术；也没有任何单位或者个人就同样的发明或者实用新型在申请日以前向国务院专利行政部门提出过申请，并记载在申请日以后公布的专利申请文件或者公告的专利文件中。"

1. 判断新颖性的一般标准是"该发明或者实用新型不属于现有技术"

所谓现有技术，是指申请日以前在国内外为公众所知的技术。换言之，如果发明创造在申请日以前已经脱离了秘密状态，公众可以通过公开渠道获得，那么，该发明创造就丧失了新颖性。要求被授予专利权的发明创造具备新颖性，是由专利制度本身的特性决定的。国家之所以对一项发明创造授予专利权，是由于发明创造的拥有人向社会提供了前所未有的新东西，为社会带来了福利。对于已经为公众所知的发明创造，由于已经成为现有技术的一部分，公众有自由实施的权利，如果将其纳入专利的范围，就剥夺了公众原本已经具有的自由实施权，这对公众而言是不公平的。

"为公众所知"，即指该发明或者实用新型已经面向公众公开了。公开的方式主要有：

（1）出版物公开。这里的出版物，是指记载技术或设计内容的独立存在的有形传播载体。如专利文献、科技杂志、胶片、光盘、互联网等。所谓出版物公开，是指上述出版物处于不特定多数人可以看到的状态。如果在申请日以前的出版物上已经记载了同样的发明创造，则丧失新颖性。

（2）使用公开。所谓"公开使用"，是指通过公开制造、销售、样品展示等，使公众能够了解其技术内容。例13.1中，这种变压器公开销售后，购买者通过拆卸就可了解其内部结构，导致使用公开。既然在申请日以前已经公开使用过，即已丧失新颖性。

（3）其他方式公开。例如，通过在公开场合作报告、演示等，使公众得知技术内容。

综上，在申请日之前，某发明创造在全世界的任何地方都没有公开过，才符合新颖性要求。可见，我国专利法采用的是"绝对新颖性标准"。这也是世界上绝大多数国家专利法规定的标准。需要指出的是，申请日当天公开，不丧失新颖性。

2. 如果有抵触申请存在,也会影响发明创造的新颖性

抵触申请,是指申请日之前,已经有单位或者个人就同样的发明或者实用新型向国务院专利行政部门提出过申请并且记载在申请日以后公布的专利申请文件或者公告的专利文件中,先申请就是后申请的抵触申请。例13.2中,甲的申请一公布,乙的发明就丧失新颖性。甲的申请就是乙的申请的抵触申请。设立抵触申请的目的是防止专利的重复授权。需要说明的是,任何人的前一申请均可能构成对后一申请的抵触申请。以前的专利法中,先申请只抵触"他人"的申请,不抵触先申请人本人的申请。

(二)不丧失新颖性的公开

技术一旦以某种方式公开,就构成了现有技术,不再具有新颖性。但现实情况是复杂多样的,如果一概认为只要公开就丧失新颖性,并不完全合理。为适应现实需要,专利法作出了一些例外规定。《专利法》第24条规定,申请专利的发明创造在申请日以前6个月内,有下列情况之一的,不丧失新颖性:

1. 在中国政府主办或者承认的国际展览会上首次展出的

所谓国际展览会,是指展出的展品除了举办国的产品以外,还应当有来自外国的展品。之所以给予这种优惠,其意义在于鼓励人们尽快把新的发明成果拿到国际展览会上展出。需要注意的是,第一,这种保护是有一定风险性的,不可过分依赖。表现在:在国内,如果他人独立地作出了同样的发明创造,而且首先提出了专利申请,那么,首先展出之人就得不到专利权。因此,在国际展览会上展出发明创造后,应尽快向专利局递交专利申请,确定申请日。第二,在国际展览会上展出后,在申请专利前,仍不可以其他方式公开。否则,仍会丧失新颖性。

2. 在规定的学术会议或者技术会议上首次发表的

规定的学术会议或者技术会议,是指国务院有关主管部门或者全国性学术团体组织召开的学术会议或者技术会议,不包括省以下或者受国务院各部委或者全国性学会委托召开的学术会议或者技术会议。除非后者的会议上有保密规定。

3. 他人未经申请人同意而泄露其内容的

他人未经申请人同意而对发明创造予以公开,是违反申请人本意的公开。他人的这种公开既包括未遵守明示的或者默示的保密约定而将发明内容公开,也包括有人用威胁、欺骗、偷窃等手段获取技术内容而后公开。

只要在发生上述三种情形后的6个月内申请专利,均不丧失新颖性。

二、创造性

例13.3 对于电动机的换向器和电刷间界面,传统观点认为,越光滑接触越好,电流损耗也越小。后来,一项发明将换向器表面制造出一定粗糙度的细纹,其结果电流损耗更小,优越于光滑表面。该发明是否有创造性?

(一)创造性的概念

创造性是在新颖性的基础上对可授予专利的发明创造作出的更进一步的限定。

如果说新颖性的关键在于"前所未有",强调一个"新"字,那么,创造性的核心则在于"实质特点",强调一个"难"字。如果一项技术方案虽然前所未有,但在技术上缺乏难度,本技术领域的普通技术人员能够很容易地想到,也不应当授予专利权。因为设立专利制度的一个重要目的是促进技术的进步。创造性在不同国家的专利法中有不同的称谓。英美等国称为"非显而易见性",《欧洲专利公约》的成员国多使用"先进性"或"进步性"。我国专利法称为创造性。我国《专利法》第22条第3款规定:"创造性,是指与现有技术相比,该发明有突出的实质性特点和显著的进步,该实用新型有实质性特点和进步。"可见,对发明的创造性要求较高,要求该发明"有突出的实质性特点和显著的进步";对实用新型的创造性要求较低,只要求实用新型"有实质性特点和进步"即可。

(二)判断创造性的具体标准

创造性虽然是客观存在的,但却是一个无法量化的概念。对创造性的判断往往带有很大的主观性,因此,应当为判断创造性确定一定的标准和方法。实践中,我国常以下列标准作为衡量发明创造是否具有创造性的参考:

(1)发明创造具有开拓性。开拓性发明创造,也称首创性发明创造,这种发明创造在国内外科技史上是前所未有的,它为人类科学技术在某个时期的发展开创了新纪元。如我国古代的四大发明,就是典型的开拓性发明。

(2)发明创造解决了人们一直渴望解决的难题。在科学技术领域,有的技术难题是人们一直渴望解决的,如果有人经过努力,解决了这一难题,应认为具有创造性。

(3)发明克服了技术偏见。"技术偏见"是指在某段时期内,在某个技术领域中,技术人员对某类技术普遍存在的成见,这种成见在客观上阻碍该领域技术的发展和进步。如果发明改变了人们的看法,克服了原有的偏见,应认为其有创造性。例13.3中,该发明克服了长久以来形成的技术偏见,具有创造性。

(4)发明取得了意想不到的技术效果。所谓意想不到的技术效果,是指发明的技术效果与现有的技术效果相比,发生了本质上的变化,具有新的性能,或者发生了量上的变化,而这种变化超出了所属技术领域的普通技术人员能够想象的范围。当发明产生了这种预想不到的效果时,发明即具有创造性。

(5)由于发明的技术特征,直接导致商业上的成功。换言之,这种商业上的成功,是发明的技术特征直接导致的,如果商业上的成功是由于经营策略的成功导致的,则不能作为发明具有创造性的依据。

三、实用性

例13.4　李某发明了一种"人体快乐仪"。用它按摩人的身体,能够使人快乐。李某拟申请发明专利权。经审查,发现该仪器虽然能够使人快乐,但对人的健康损害较大。该发明是否符合实用性?

(一)实用性的概念

虽然建立专利制度的目的是鼓励发明创造,但鼓励发明创造的最终目的是实施发明创造,从而造福社会。因此,一项发明创造要想被授予专利权,还必须能够在产业上应用,并且有积极效果。即发明创造应当具有实用性。

实用性,亦称工业实用性。我国《专利法》第22条第4款规定:"实用性,是指该发明或者实用新型能够制造或者使用,并且能够产生积极效果。"

(二)实用性的判断标准

判断发明或者实用新型是否具有实用性,一般从以下几个方面判断:

1. 可实施性。可实施性是指发明或者实用新型能够在产业中应用。如果发明或者实用新型是一种产品,该产品必须能够在产业上制造;如果发明是一种方法,该方法必须能够在产业上使用,能够解决一定的技术问题。可实施性要求该发明创造必须是一项完整、成熟的技术方案。

2. 可再现性。可再现性是指所属技术领域的技术人员,根据公开的技术内容,能够重复实施发明创造的技术方案。这种重复实施不得依赖任何随机的因素,并且实施结果应该是相同的。实践中,对于利用独一无二的自然条件的创造性设计,如长江大桥因其是利用特定的自然环境创造的,不具有可再现性,因此不能授予专利权。

3. 有益性。发明或者实用新型的实施必须能够产生积极的效果。比如,该发明或者实用新型有利于提高产品性能,有利于节约能源,提高产品质量,以及对人们的健康有益等。例13.4中,该仪器对人的健康损害较大,因此,该发明不符合实用性要求,不能获得专利权。

第二节 授予外观设计专利权的实质条件

例13.5 ①甲厂就其完成的一汽车外形申请外观设计专利,经查,该汽车的车前部分模仿奔驰车型。该汽车外观能否被授予专利权?②乙厂在飞利浦电熨斗造型的基础上,增加一个充电插座,拟申请外观设计专利。其能否获得授权?

一、新颖性

我国《专利法》第23条第1款规定:"授予专利权的外观设计,应当不属于现有设计;也没有任何单位或者个人就同样的外观设计在申请日以前向国务院专利行政部门提出过申请,并记载在申请日以后公告的专利文件中。"

判断外观设计新颖性时,应把握以下几点:

1. 授予专利权的外观设计,应当不属于现有设计

所谓现有设计,是指申请日以前,在国内外为公众所知的设计。"为公众所知",即指该外观设计已经面向公众公开了。外观设计的公开方式主要有:

(1)出版物公开。比如,在申请日以前的出版物上已经记载了同样的外观设计,则构成出版物公开。

(2)使用公开。比如,公开销售载有这种外观设计的产品,则构成使用公开。

(3)其他方式的公开。比如,通过报告、公开演示等方式使公众得知设计的内容。

总之,不论是哪种方式公开,只要在申请日之前,在国内或者国外公开,都丧失新颖性。可见,我国对外观设计所采用的新颖性标准,也是"绝对新颖性标准"。

申请日当天公开,不丧失新颖性。

2. 判断外观设计新颖性时,还要看是否存在影响新颖性的抵触申请

抵触申请是指在申请日以前,有单位或者个人就同样的外观设计向国务院专利行政部门提出过申请,并且记载在申请日以后公告的专利文件中。先申请就是后申请的抵触申请。如果存在这种抵触申请,后一申请就不具备新颖性。

二、创造性

外观设计的创造性,又称外观设计的独特性。我国《专利法》第 23 条第 2 款规定:"授予专利权的外观设计与现有设计或者现有设计特征的组合相比,应当具有明显区别。"

1. 判断外观设计创造性的对比对象

(1)现有设计。授予专利权的外观设计作为整体和现有设计进行对比,应当具有明显区别。

(2)现有设计特征的组合。授予专利权的外观设计与两项以上现有设计特征的组合相比,应当具有明显的区别。这样的标准能够将那些对数项现有设计的特征进行简单组合而形成的设计排除出授权范围。例 13.5 中,甲厂的汽车外形设计和乙厂的电熨斗造型均不能获得外观设计专利权,因为两者都是将已有设计进行简单组合而形成的设计。

2. 判断外观设计创造性的标准

外观设计创造性的判断标准,是与现有设计或者现有设计特征的组合相比具有明显区别。所谓"明显区别",是指不相同或者不相近似,具有明显的视觉差异,不会引起公众混同与误认。法律保护外观设计的目的在于鼓励创新。如果与已有的公开设计相近似,就不是创新,不值得保护。

三、不得与他人的合法权利相冲突

我国《专利法》第 23 条第 3 款规定:"授予专利权的外观设计不得与他人在申请日以前已经取得的合法权利相冲突。"他人在先的合法权利包括著作权、商标权、企业名称权、肖像权、知名商品特有包装或者装潢使用权等。如果申请专利的外观设计与他人的在先权利相冲突,则不能获得专利权。

四、美观性

外观设计必须能够使人产生美感,增加产品的吸引力。

△ 讨论案例

某农场喂养着大批牛、羊等牲畜。为了使其牲畜与附近农民喂养的牲畜区别开来，农场便希望在其牲畜身上打上印记。起初，该农场用烧红的铁块刺在牲畜身上留下烙印。但这样做缺陷是明显的：不仅损坏了牲畜的皮毛，还使牲畜十分疼痛。该农场一直渴望有一种新方法，能够克服上述缺陷。这时，有人发明了"冷冻烙印法"，该方法不仅能在牲畜身上留下永久标志，还不会损坏牲畜的皮毛，更不会使牲畜疼痛。

问：这一"冷冻烙印法"是否有创造性？

课后思考

1. 简述授予发明或者实用新型专利权的实质条件。
2. 简述不丧失新颖性的例外情形。
3. 简述授予外观设计专利权的实质条件。

第十四章　专利的申请和审批

◇ 知识结构图

- 专利的申请和审批
  - 专利的申请
    - 专利申请的原则
    - 申请专利时应当提交的文件
  - 专利申请的审批
    - 各国的专利审批制度简介
    - 我国对发明专利申请的审批
    - 对实用新型和外观设计专利申请的审批
    - 复审

◈ 本章导读

专利权是国家授予的，不是自动产生的。发明创造人要使其发明创造成果获得专利权，必须依照专利法的规定向国务院专利行政部门提出专利申请，经审查合格，才能授予专利权。即专利权的取得，要经过专利申请、审查和授权的过程。本章着重阐述了专利申请原则，申请专利时应提交的文件以及专利申请的审批制度等。

◉ 司考重点

理解先申请原则的含义，理解并把握优先权的概念、享有国外优先权和国内优先权各应符合的条件，理解并把握单一性原则的含义与例外，熟悉申请专利时应当提交的文件以及各个申请文件的撰写要求，明确发明专利申请的审批程序，实用新型和外观设计专利申请的审批程序以及复审的有关规定等。

第一节　专利的申请

一、专利申请的原则

(一)先申请原则

先申请原则是指两个以上的申请人分别就同样的发明创造申请专利的，专利权授予最先申请的人。先申请原则与先发明原则相对应。世界上多数国家的专利法均采用先申请原则,但具体标准不尽相同。其主要有两种:一是以申请的时刻为判断申请先后的时间标准,如德国、法国等;二是以申请日为判断申请先后的时间标准。我国采用后一种标准。这样,当两个或两个以上的申请人分别就同样的发明创造在同一天申请专利的,就视为同时申请。这时,各个申请人应当在收到专利局的通知后,自行协商确定申请人。协商不成的,都不授予专利权。这一机制可以促使当事人达成协议。

由于我国采取先申请原则,因此,申请日的确定就显得尤其重要。根据《专利法》和《专利法实施细则》的规定,申请日的确定方法是:(1)申请人直接递交申请文件的,以专利局收到日为申请日;(2)申请文件是邮寄的,以寄出的邮戳日为申请日;(3)邮戳日不清晰的,除当事人能够提出证明外,以专利局收到日为申请日。

确定申请日有以下重要意义:(1)可以排斥他人的在后申请;(2)申请日是判断发明创造是否具有新颖性、创造性的时间界限;(3)申请日是专利权保护期限的起算日。

先申请原则与先发明原则相比,具有以下优点:(1)确定申请人较为容易,审查成本低。(2)可以促使申请人早日递交专利申请,早日公开发明创造;这在一定程度上可以避免他人的重复研究。(3)事后发生争议较少,有利于权利的稳定。

(二)优先权原则

优先权分为国外优先权和国内优先权。

1. 国外优先权

由于专利权具有强烈的地域性,发明创造人在本国申请专利后,如果希望自己的发明创造在其他国家也受到保护,必须再到其他国家申请专利权。而到其他国家申请专利是需要做一系列准备工作的,如按照该国专利法的要求准备材料和翻译资料等。而在此期间,可能已经有他人在他国就同样的发明创造提出了专利申请。根据先申请原则,任何在后的相同申请都无法获得授权。显然,这对希望进行跨国申请的发明创造人是极为不利的。

为了解决这一问题,《巴黎公约》规定了国外优先权。国外优先权又称"国际优先权",它是《巴黎公约》的基本原则之一。依照该公约,申请人在任一巴黎公约成员国首次提出正式专利申请后的一定期限内,又在其他巴黎公约成员国就同一内容的发明创造提出专利申请的,可将其首次申请日作为其后续申请的申请日。这种将后续申请的申请日提前至首次申请的申请日的权利就是优先权。在要求优先权时,首次申请日被称作优先权日。享有优先权的一定期限被称作优先权期。

到目前为止,国外优先权制度已成为国际上普遍遵循的制度。作为巴黎公约的成员国,我国在专利法中专门规定了国外优先权制度。我国《专利法》第29条第1款规定:"申请人自发明或者实用新型在外国第一次提出专利申请之日起十二个月内,或者自外观设计在外国第一次提出专利申请之日起六个月内,又在中国就相同主题提出专利申请的,依照该外国同中国签订的协议或者共同参加的国际条约,或者依照相互承认优先权的原则,可以享有优先权。"这里的"优先权"即指国外优先权。

根据我国专利法的规定,享有国外优先权应符合以下条件:

(1)申请人第一次递交专利申请的国家与我国有相互给予优先权的协议或者有共同参加的相互给予优先权的国际条约,或者有相互承认优先权的惯例。该申请人可以是外国人,也可以是在外国提出首次申请的中国人。此外,该外国申请必须是正规申请。所谓正规申请,是指足以确定申请日的申请。只要该国专利行政部门已经就该申请确定了申请日,即使日后该申请被撤回、放弃或者驳回,申请人也依然可以在我国享有优先权。

(2)申请人应在优先权期限内在我国提出专利申请。发明或者实用新型的优先权期限为12个月,外观设计的优先权期限为6个月。

(3)申请人应就相同主题来我国提出专利申请。

(4)在申请时需提出要求优先权的书面声明,并在3个月内提交第一次提出的专利申请文件的副本。通过提交副本,了解第一次申请的主题以及第一次申请专利的国家等。

国外优先权制度的确立,有利于维护国际间公平竞争。具体来讲,确立国外优先权,具有以下重要意义:

(1)在优先权期内,如果他人也提出了同样的专利申请,享有优先权的申请将处于优先地位;

(2)在优先权期内,任何人以任何方式对发明创造公开,都不影响其新颖性和创造性。

此外,需要指出的是:第一,同一申请人就同样的发明创造,如果先后申请的类别不同,不影响享有优先权。比如,申请人先在外国提出发明专利申请,之后就同样的发明创造来我国申请实用新型专利,仍可要求优先权。第二,专利申请权转让时,优先权也可以随之转让。

2. 国内优先权

我国在1992年修改专利法时,增加了国内优先权制度。《专利法》第29条第2款规定:"申请人自发明或者实用新型在中国第一次提出专利申请之日起十二个月内,又向国务院专利行政部门就相同主题提出专利申请的,可以享有优先权。"这里的"优先权"即指国内优先权,又称"本国优先权"。

根据我国专利法的规定,享有国内优先权应符合以下条件:

(1)前后申请人是同一人,或者后一申请人是前一申请人的合法继受人。

(2)应在优先权期限内提出专利申请。优先权期限为12个月。

(3)应就相同主题提出专利申请。换言之,前后申请的主题应相同。

(4)申请人应在申请时提出书面声明,并在3个月内提交第一次提出的专利申请文件的副本。由于第一次申请也在专利局,因此,"申请人在请求书中写明在先申请的申请日和申请号的,视为提交了在先申请文件副本”。[1]

(5)只能就发明或者实用新型专利申请要求国内优先权。对外观设计不能要求国内优先权。

国内优先权制度的设立,有利于申请人对其发明创造进一步修改和完善。此外,《专利法实施细则》第32条第2款还规定,“申请人要求本国优先权,在先申请是发明专利申请的,可以就相同主题提出发明或者实用新型专利申请;在先申请是实用新型专利申请的,可以就相同主题提出实用新型或者发明专利申请……”可见,实行国内优先权制度的另一个重要好处是,申请人在优先权期限内可实现发明专利申请和实用新型专利申请的互换。

申请人要求本国优先权的,由于后一申请总是包含了前一申请的内容,因此,其在中国的在先申请,自在后申请提出之日起即被视为撤回。

(三)单一性原则

例14.1 ①甲发明了一种新型插座和与之相配套的新型插头,拟申请专利权。②乙设计出一套茶具——茶杯和茶壶。茶杯和茶壶各具特色,是两项外观设计,拟申请外观设计专利权。

所谓单一性原则,又称一申请一发明原则,它是指一件专利申请只能限于一项发明创造。要求一件专利申请只限于一项发明创造的原因主要是:(1)便于专利局对申请进行分类审查和对专利文献进行分类检索。(2)防止申请人少交专利申请费、审查费等。

我国专利法确立了单一性原则,但也有例外。如果两个以上的发明创造之间关联密切,以至于放在一个专利申请中更便于审查和检索时,《专利法》允许将这些发明创造放在一个专利申请中提出。《专利法》第31条第1款规定:“一件发明或者实用新型专利申请应当限于一项发明或者实用新型。属于一个总的发明构思的两项以上的发明或者实用新型,可以作为一件申请提出。”例14.1中,甲发明的新型插座和与之相配套的新型插头,虽然属于两项发明,但它们属于一个总的发明构思,可以作为一件申请提出。

外观设计专利申请的单一性原则也有例外。《专利法》第31条第2款规定:“一件外观设计专利申请应当限于一项外观设计。同一产品两项以上的相似外观设计,或者用于同一类别并且成套出售或者使用的产品的两项以上外观设计,可以作为一件申请提出。”例14.1中,乙设计的茶杯和茶壶虽然是两项外观设计,但由于茶杯和茶壶属于同一类别,并且往往是成套出售和使用,因此,申请外观设计专利时,可以作为一件申请提出。

---

[1] 参见《专利法实施细则》第31条。

(四)书面申请原则

书面申请是指申请人必须以书面形式提出专利申请并办理各种手续。要求书面申请的目的是将相关资料保存下来,为日后检索提供资料,并在发生纠纷时有据可查。《专利法实施细则》第2条规定:"专利法和本细则规定的各种手续,应当以书面形式或者国务院专利行政部门规定的其他形式办理。"这里的"其他形式",主要指通过网络进行的电子信息形式。书面申请原则要求,申请专利时,不得以口头、实物等形式代替书面申请。

二、申请专利时应当提交的文件

例14.2 甲公司拥有一项汽车仪表盘的发明专利,其权利要求记载的必要技术特征可以分解为a+b+c+d共四项。乙公司制造四种仪表盘,其必要技术特征可以作四种分解,甲公司与乙公司的必要技术特征所代表的字母相同,表明其相应的必要技术特征相同或等同。乙公司的哪项技术侵犯了甲公司的专利?

A. b+c+d　　　　B. a+b+c

C. a+b+d+e　　　D. a+b+c+d+e

(一)申请发明或者实用新型专利时应提交的文件

1. 请求书

请求书,是指专利申请人向国务院专利行政部门提交的请求授予其发明或者实用新型以专利权的一种书面文件。专利申请人向国务院专利行政部门提交的请求书应当使用由国务院专利行政部门规定的表格。请求书的内容包括发明创造的名称;发明人或设计人的姓名;申请人姓名或者名称、地址(含邮政编码)以及其他事项。填写时应当使用中文。

2. 说明书

说明书是对发明创造的具体内容加以说明的文件。它是最基本的专利申请文件。它不仅是国家专利行政部门进行实质审查的基础,而且最终要向社会公开,为社会提供技术资料。因此,专利法对说明书的撰写有严格的要求,要求说明书必须充分公开发明创造的内容。《专利法》第26条第3款规定:"说明书应当对发明或者实用新型作出清楚、完整的说明,以所属技术领域的技术人员能够实现为准;必要的时候,应当有附图……"这里的"能够实现",是指所属技术领域的普通技术人员按照说明书记载的内容,不需要创造性的劳动,就能够再现该发明或者实用新型的技术方案,并能够达到预期的效果。附图是说明书的组成部分。附图有助于直观地理解发明或者实用新型的每个技术特征和整体技术方案。用文字足以清楚描述的技术方案,可以没有附图,但实用新型说明书必须有附图。这是因为实用新型的保护客体为具有一定形状或者构造的产品,只有附图才能直观、清楚地描述具体的技术方案。

3. 权利要求书

权利要求书是重要的专利申请文件,它直接划定了专利保护的范围。《专利法》第

26条第4款规定:“权利要求书应当以说明书为依据,清楚、简要地限定要求专利保护的范围。”这里的“以说明书为依据”,指的是权利的要求应当得到说明书的支持,即不能要求保护说明书及附图中找不到的东西。此外,专利权被授予后,权利要求书是认定他人是否侵权的依据,因此,申请人应认真撰写权利要求书中的专利保护范围。

权利要求书中应当有独立权利要求,也可以有从属权利要求。

独立权利要求应当从整体上反映发明创造的技术方案,记载解决技术问题的必要技术特征。这些技术特征的总和足以构成发明或实用新型的技术方案,使之区别于背景技术中所述的其他技术方案。

独立权利要求由前序部分和特征部分构成。前序部分写明要求保护的发明或者实用新型的主题名称,以及该发明或者实用新型主题与最接近的现有技术共有的必要技术特征。特征部分使用“其特征是……”的表述或者类似的用语,写明发明或者实用新型区别于最接近的现有技术的技术特征。这些特征和前序部分写明的特征合在一起,限定了发明或者实用新型要求保护的范围。通常独立权利要求采取这样一种句式:“一种——的产品(或装置或方法等),其特征在于——”前半句即是前序部分,后半句属于特征部分。

假如指南针刚被发明出来,发明人在申请专利时,可提出如下独立权利要求:一种指示方向的装置,其特征是一片磁针连接在一个支架上,可自由转动指示南北。在该独立权利要求中,“一种指示方向的装置”为前序部分;“其特征是一片磁针连接在一个支架上,可自由转动指示南北”为特征部分。

需要指出的是,独立权利要求是通过在“前序部分”和“特征部分”列举必要技术特征,来划定请求保护的范围的。取得授权后,如果他人未经许可使用的技术具有独立权利要求中所列举的全部技术特征,则构成侵权。反之则不构成侵权。例14.2中,答案应为D。因为乙公司制造的D仪表盘,其必要技术特征覆盖了甲的专利的全部必要技术特征。

从属权利要求是指记载了附加技术特征的权利要求,用于对独立权利要求作进一步限定。从属权利要求由引用部分和限定部分组成。引用部分写明引用的独立权利要求的编号和主题名称,限定部分写明发明或者实用新型附加的技术特征。从属权利要求只能引用在前的权利要求。假如一种只有三条腿的凳子刚被发明出来,拟申请专利权。权利要求可作如下表述:

独立权利要求1:“一种凳子,其特征在于由三只腿支撑——”;

从属权利要求2:“权利要求1所述凳子,其特征在于所述腿脚上均有滚动装置——”。

其中,“腿脚上均有滚动装置——”是附加技术特征。“权利要求1所述凳子”为引用部分,“其特征在于所述腿脚上均有滚动装置”为限定部分。

如果有人做了有三只腿且每个腿上有滚动装置的凳子,则侵犯了从属权利要求2

和独立权利要求1。但如果该凳子的腿上没有滚动装置，则没有侵犯从属权利要求2，但侵犯了独立权利要求1。

4. 说明书摘要

说明书摘要是对说明书内容的简要概括。说明书摘要应当写明发明或者实用新型专利申请所公开内容的概要，即写明发明或者实用新型的名称和所属技术领域，并清楚地反映所要解决的技术问题、解决该问题的技术方案的要点以及主要用途。摘要文字部分不得超过300个字。

说明书摘要的作用主要是：(1)使人一看便知发明的主题是什么，便于专利局分类审查；(2)便于公众查阅专利文献。

此外，如果一项发明创造是依赖遗传资源完成的，申请人应当在专利申请文件中说明该遗传资源的直接来源和原始来源。遗传资源的直接来源，即直接提供该遗传资源的国家、地区及提供者。对于遗传资源的直接来源，申请人必须说明。否则，专利申请将被驳回。遗传资源的原始来源，是指遗传资源的原产地，即该遗传资源的所属国。对于遗传资源的原始来源，申请人也应说明，无法说明原始来源的，应当陈述理由。否则，不能获得专利权。

(二)申请外观设计专利时应提交的文件

1. 请求书

申请人应当填写《外观设计专利请求书》表格，表示请求授予外观设计专利权的愿望。请求书中应当说明使用外观设计的产品名称以及产品所属类别或所属领域，设计人的姓名，申请人的姓名或者名称、地址，专利代理机构的名称以及其他事项。

2. 该外观设计的图片或者照片

该外观设计的图片或者照片应当清楚地显示要求专利保护的产品的外观设计。国务院专利行政部门认为必要时，可以要求外观设计专利申请人提交使用外观设计的产品样品或者模型。

3. 外观设计简要说明

简要说明应当写明使用该外观设计的产品的主要创作部位，请求保护的色彩等情况。简要说明不得使用商业性宣传用语，也不能用来说明产品的性能和用途。

专利申请人除应提交以上必要的申请文件外，根据具体情况还应提交附加文件，如优先权证明、代理人委托书、不丧失新颖性的证明文件等。

第二节　专利申请的审批

一、各国的专利审批制度简介

(一)登记制

登记制又称“形式审查制”。按照这种制度，专利局对专利申请只作形式上的审查。审查的内容大致有:(1)申请文件是否完备;(2)文件的书写是否符合要求;(3)申请费是否交纳;(4)是否明显属于不授予专利权的范围等。只要这些条件符合要求,即予以登记授权。对发明创造是否具备新颖性、创造性和实用性等实质条件,则不进行审查。采用这种制度的国家有比利时、意大利、西班牙等国。

这种登记制的好处是:不需要很多审查人员,花费少,可以在较短时间内授予专利权。但该制度的缺点也是明显的:由于不进行实质审查,可能会出现一些不符合实质条件的发明创造被授予专利权。因而,该专利权的稳定性较差,易被宣告无效。

(二)文献报告制

文献报告制又称为“文献检索制”,是1968年法国首创的。文献报告制是指专利局受理专利申请后,除了进行形式审查,还通过文献检索进行新颖性审查。

(三)实质审查制

实质审查制是指专利局受理专利申请后,不仅进行形式审查,还进行新颖性、创造性和实用性等实质审查。实质审查制的优点是能够保障专利的质量,专利的稳定性较高。但缺点是专利局的工作量大,申请人不能很快取得专利权。

实质审查制又分为两种类型:即时审查制和延迟审查制。

(1)即时审查制

即时审查制又称“保密审查制”,是指专利局收到专利申请后,首先进行形式审查,合格后,自动启动实质审查程序。通过实质审查后,予以公告授权。可见,专利局在授予专利权之前,没有将申请文件公开。该制度对申请人是有好处的。因为如果实质审查不能通过,申请人还可以将技术作为商业秘密保护起来。但这种制度对公众并不利,公众无法及时了解申请案内容,容易导致重复研究。目前,美国专利法采用这种制度。

(2)延迟审查制

延迟审查制又称“早期公开、延迟审查制”。该制度于1964年由荷兰创立。之后,瑞典、丹麦、挪威等国家也相继沿用这种制度。它是指专利局收到专利申请后,首先进行形式审查,合格后,将申请文件公开,之后再进行实质审查。通过实质审查后,予以公告授权。

延迟审查制的好处是对于没有市场前景的发明,可以不要求实质审查。这样,申请人可节约实质审查费,也可减轻专利局的工作负担。同时,公众也能从早期公开的专利申请文件中及时获得技术信息。

对申请人来说,延迟审查制最大的缺点是,申请文件“早期公开”后,如果没有通过实质审查,申请人便丧失了收回该技术作为自己的商业秘密的可能性。

我国对发明专利申请也采用这种“早期公开、延迟审查制”。

二、我国对发明专利申请的审批

例14.3 甲完成一项发明,向专利局提出了发明专利申请。专利局初步审查合格后,予以公布。乙通过公开后的文件得知该技术后,未经甲的许可便实施该技术。乙是否构成专利侵权?

(一)初步审查

发明专利申请的初步审查是专利申请公布之前的必经程序。初步审查包括对形式要件审查和对申请内容初步审查。

对形式要件的审查主要包括:(1)申请文件是否完备;(2)文件的书写是否符合要求;(3)申请费是否交纳等。

对专利申请内容的初步审查主要包括申请的内容是否违反社会公德或者妨害公共利益;申请的内容是否明显属于《专利法》第25条规定的不授予专利权的情形;完成该发明所依赖的遗传资源的获取与利用是否合法等。

经过初步审查,认为发明专利申请不符合有关规定的,将通知申请人,要求其在指定时间内补正,或者陈述意见或修改。申请人期满未答复的,专利申请视为撤回。经补正或者陈述意见后,仍未能消除缺陷的,将作出驳回决定。

(二)公布申请(早期公开)

我国《专利法》第34条规定:"国务院专利行政部门收到发明专利申请后,经初步审查认为符合本法要求的,自申请日起满十八个月,即行公布。国务院专利行政部门可以根据申请人的请求早日公布其申请。"

可见,自申请日起满18个月时应公布申请。当然,也可以根据申请人的请求早日公布申请。公布的内容主要包括申请书、说明书、权利要求书、摘要等。公布专利申请的方式,各国规定不同,我国采用的是在专利公报上登载请求书中记载的事项和发明的摘要,另外还出版发明说明书和权利要求书的全文单行本,允许公众查阅。专利申请公布后,由于任何人都可以查阅已公开的技术资料,因此,可以在一定程度上避免重复研究。同时,他人也可以在此基础上进一步研究,作出更新的发明。此外,自发明专利申请公布之日起至公告授予专利权之前,公众可就申请案向专利局提出意见。这些意见仅供专利局的审查员审查时参考,对提出意见的公众可不予答复。

专利申请公布后,任何人未经申请人的许可实施该技术不构成侵犯专利权。但是,专利法也对申请人的利益进行了临时性保护。根据我国《专利法》第13条的规定,申请人可以要求实施人支付适当的费用。例14.3中,乙的行为不构成专利侵权,乙只需向甲支付适当的费用即可。

需要注意的是,此时的申请人能否如愿成为专利权人尚不确定,因此会出现有些实施人不支付费用的情况。对此,申请人只能等到授予专利权后,再要求其支付费用。

(三)实质审查

实质审查是指对发明是否具有新颖性、创造性和实用性等依法进行审查。

根据《专利法》第35条的规定,发明专利申请自申请日起3年内,申请人可随时提出实质审查请求;无正当理由逾期不提出的,申请视为撤回。

申请人请求实质审查的时候,应当提交在申请日前与其发明有关的参考资料。这些参考资料主要是指发明人在完成发明过程中,所参考借鉴的与发明相关的技术资料,包括专利文献,科技书籍、科技期刊等。

发明专利已经在外国提出过申请的,国务院专利行政部门可以要求申请人在指定期限内提交该国为审查其申请进行检索的资料或者审查结果的资料;无正当理由逾期不提交的,该申请即被视为撤回。

专利局认为必要时,可以主动进行实质审查。专利局主动进行实质审查的,往往是对国家和社会利益有重大影响的发明。

(四)公告授权

对经实质审查没有发现驳回理由的,专利局应当作出授予发明专利权的决定,并发给发明专利证书,同时予以登记和公告。发明专利权自公告之日起生效。对专利权的完全保护是从授权公告之日起开始的。

三、对实用新型和外观设计专利申请的审批

同多数国家的做法一样,我国对实用新型和外观设计专利申请不进行实质审查,只进行初步审查,即对形式要件进行审查和对内容进行初步审查。

对形式要件进行审查,主要包括:(1)申请文件是否完备;(2)文件的书写是否符合要求;(3)申请费是否交纳等。对内容进行初步审查,主要包括该申请案是否明显属于专利法规定的不授予专利权的范围,如是否违反《专利法》第 2 条、第 5 条和第 25 条等。

我国《专利法》第 40 条规定,实用新型和外观设计专利申请经初步审查没有发现驳回理由的,由国务院专利行政部门作出授予实用新型专利权或者外观设计专利权的决定,发给相应的专利证书,同时予以登记和公告。实用新型专利权和外观设计专利权自公告之日起生效。

由于没有对实用新型和外观设计申请进行实质审查,可能会存在不符合专利授权条件而授予专利权的情形。这只能留待无效宣告程序解决。

四、复审

专利局的审查结论只可能有两类,即驳回专利申请和授予专利权。对于在初步审查或者实质审查后驳回申请的决定,申请人应当获得救济的机会。我国《专利法》第 41 条规定:“国务院专利行政部门设立专利复审委员会。专利申请人对国务院专利行政部门驳回申请的决定不服的,可以自收到通知之日起三个月内,向专利复审委员会请求复审……”需要指出的是,对于驳回申请的决定,有些国家规定可以直接向法院起诉,而我国则必须首先进行复审,即复审是向法院起诉的前置条件,不能逾越。

专利复审委员会收到复审请求后,对复审请求进行审查,并将复审决定通知专利申请人。如果专利申请人对专利复审委员会的复审决定仍然不服的,可以自收到复审委员会通知之日起三个月内以专利复审委员会为被告,向北京市第一中级人民法院提起行政诉讼。

需要注意的是,2001 年修改专利法之前的原专利法规定,专利复审委员会对实用新型和外观设计专利申请的复审决定,是终局决定,有关当事人不能向法院起诉。显然,这种规定与《知识产权协定》的要求相背离。《知识产权协定》规定,当事人有权将最终行政裁决提交司法审查。因此,2001 年修改《专利法》时不再规定专利复审委员会对实用新型和外观设计所作的复审决定为终局决定,允许当事人向法院起诉。

▲ 讨论案例

法国的甲公司完成一项汽车外观设计,于 2002 年 5 月 10 日首次在法国提交了外观设计申请,然后又于 2002 年 10 月 18 日在我国就相同汽车外观设计递交了外观设计专利申请,并递交了要求优先权的书面声明和第一次提交的专利申请文件的副本。恰巧,我国的乙公司也独立完成了相同汽车外观设计,于 2002 年 8 月 8 日向我国专利局申请外观设计专利权(注:法国和我国都是《巴黎公约》的成员国)。

问:专利权应授予谁?并说明理由。

◈ 课后思考

1. 简述确定申请日的意义。
2. 简述我国对发明专利申请的审批制度。
3. 什么是优先权?享有本国优先仅和国外优先权的条件分别是什么?
4. 权利要求书有什么作用?如何撰写?
5. 专利申请文件有哪些?

第十五章　专利权的终止与无效宣告

◇ 知识结构图

- 专利权的终止与无效宣告
  - 专利权的期限与终止
    - 专利权的期限
    - 专利权的终止
  - 专利权的无效宣告
    - 专利权无效宣告的概念
    - 宣告专利权无效的理由
    - 宣告专利权无效的程序
    - 宣告专利权无效的法律后果

◈ 本章导读

专利权具有时间性，它仅在法律规定的期限内有效，一旦保护期届满，该发明创造就进入公有领域，任何人都可以无偿使用。即使在法律规定的有效期内，专利权也可能因某种事由的出现而终止。另外，国务院专利行政部门依法定程序所授予的专利权，并不能保证其绝对正确，更何况我国对实用新型和外观设计专利申请实行初步审查制，很难从制度上保证所授予的专利权真正符合授权条件。因此，设置无效宣告制度，可以使不符合授权条件的专利权归于无效。

◉ 司考重点

掌握专利权的期限及专利权终止的原因，明确专利权被宣告无效的程序以及宣告无效的法律后果。

第一节　专利权的期限与终止

例15.1　美国某公司于2004年12月1日在美国就某口服药品提出专利申请并被受理，又于2005年5月9日就同一药品向中国专利局提出专利申请，要求享有优先权并及时提交了相关证明文件。中国专利局于2008年4月1日授予其专利。关于该中国专利,下列哪一选项是正确的?

A. 保护期从2004年12月1日起计算　　B. 保护期从2005年5月9日起计算

C. 保护期从2008年4月1日起计算　　D. 该专利的保护期是10年

一、专利权的期限

专利权是一种具有时间限制的专有权,一旦超过法律规定的保护期限,就不再受保护。世界各国关于专利权期限的规定不一,最短的为5年,最长的为20年,多数国家为10年至20年之间。法律对专利权期限的规定,既要考虑专利权人的利益,使其因发明创造所付出的劳动得到有效补偿和回报,因此专利权期限不能太短,否则不利于激发人们发明创造的积极性;同时,又要考虑国家和社会公众的利益,对专利权的保护周期不能太长,否则不利于先进技术的推广和利用。

我国《专利法》规定,发明专利权期限为20年,实用新型专利权和外观设计专利权期限为10年,均自申请日起计算。根据《专利法实施细则》第11条的规定,此处所指的"申请日",是在我国提交申请的实际申请日,不包括优先权日。换言之,对于享有优先权的专利申请,其专利权的保护期限不是自优先权日起算,而是自专利申请人向中国国务院专利行政部门提交专利申请之日起计算。例15.1中,答案为B。

我国专利法关于专利权的保护期限的规定,与《知识产权协定》的要求是一致的。我国专利权的期限是在原《专利法》规定的基础上修改确定的。1984年颁布的《专利法》规定,发明专利权的期限为15年,自申请日起计算。实用新型专利权和外观设计专利权的期限为5年,自申请日起计算,期满前专利权人可以申请续展3年。为了使专利权人的权利获得更长时间的保护,更好地调动发明创造人的积极性,也使我国《专利法》的规定与有关国际公约协调一致,更好地促进和保障知识产权国际贸易,我国于1992年9月4日对原《专利法》进行了修改,将发明专利权的保护期限从原来的15年延长至20年,将实用新型和外观设计专利权的保护期限从5年延长至10年。

二、专利权的终止

专利权的终止是指在法定事由发生时终止专利权的效力。专利权终止后任何人都可以自由、无偿使用相应的发明创造。

根据我国《专利法》的有关规定,专利权终止的原因有:

(1)保护期届满。专利权有法律规定的保护期限,一旦保护期限届满,专利权就自行终止。

(2)专利权人没有按照规定缴纳专利年费。我国《专利法》第43条规定:"专利权人应当自被授予专利权的当年开始缴纳年费。"所谓年费,又称为专利维持费,各国专利法都规定专利权人应当缴纳年费,这是专利权人的一项基本义务。按照《专利法》第44条的规定,如果不按照规定缴纳年费,将导致专利权提前终止。此外,专利年费是逐年递增的。法律作出这样的规定,一方面可以督促专利权人早日放弃一些没有经济效益或者效益不高的专利权;另一方面,国家为专利权人的专利权提供保护,要求专利权人缴纳一定的费用也是合理的。

(3)专利权人以书面方式向国务院专利行政部门声明放弃专利权。专利权是一项民事权利,专利权人有权依法取得这项民事权利,也有权放弃这项民事权利。一般情况下,专利权人是要尽力维护专利权的有效性的,但是,在有些情况下,比如随着产品的更新换代,其拥有的专利已经失去保护的价值,专利权人可以声明放弃该专利权。一旦声明放弃其专利权,会导致该专利权提前终止。如果专利权人在放弃专利权之前已许可他人实施其专利,则在放弃之前应征得被许可人的同意。被许可人不同意放弃专利权的,可由其代缴年费,以保证专利权的效力。

专利权是一种需要公示的权利,其生效和失效都应当告知公众。因此,专利权在期限届满前终止的,由国务院专利行政部门登记和公告。对于因保护期届满而正常终止的专利权,则不需要公告。因为专利权被国家知识产权局公告授权之时就等于同时公告了该专利权的终止日期,因而不需要再公告专利权的终止。

专利权的终止不影响专利权人此前享有的权利。专利权人可以就他人在专利权终止前实施其专利的行为收取使用费,也可以就他人在专利权终止前未经其许可而实施其专利的行为提起专利侵权诉讼。

第二节 专利权的无效宣告

例15.2 甲公司开发了一种汽车节能环保技术,并依法获得了实用新型专利证书。乙公司拟与甲公司签订独占实施许可合同引进该技术,但在与甲公司协商谈判过程中,发现该技术在专利申请日前已经属于现有技术。乙公司可以诉请人民法院宣告该专利权无效吗?

一、专利权无效宣告的概念

专利权的无效,又称“专利权无效宣告”,是指对已经生效的专利权,由专利复审委员会宣告其不具有法律约束力的制度。我国《专利法》第45条规定:“自国务院专利行政部门公告授予专利权之日起,任何单位或者个人认为该专利权的授予不符合本法有关规定的,可以请求专利复审委员会宣告该专利权无效。”可见,专利权的无效宣告请求由专利复审委员会受理。例15.2中,乙公司不能诉请人民法院宣告该专利无效,而只能请求专利复审委员会宣告该专利无效。因为,宣告专利权无效只能由专利复审委员会作出。

专利法设立无效宣告程序,是为了纠正那些不符合授权条件的发明创造被授予专利权的现象,确保所授予的专利权的质量,保护其他发明创造人以及公众的利益。

二、宣告专利权无效的理由

申请人必须基于一定的理由,才可向专利复审委员会提出宣告专利权无效的申请，专利复审委员会才能作出宣告专利权无效的决定。按照我国《专利法》的规定，宣告专利权无效大致有以下理由：

(1)授予专利权的发明创造不属于专利法所指的发明、实用新型或者外观设计，或者其属于违反国家法律、社会公德或妨碍社会公共利益的发明创造。

(2)授予专利权的发明创造不符合实质条件。即授予专利权的发明或者实用新型不具有新颖性、创造性和实用性；授予专利权的外观设计不具有新颖性、创造性、美观性和合法性。

(3)专利申请文件不符合要求。如说明书没有对发明或者实用新型作出清楚、完整的说明，不具有可实现性；权利要求书没有以说明书为依据等。

(4)同样的发明创造被“重复授权”。如同样的发明创造已经授予申请人专利权，后又授予他人同样的专利权。

(5)申请人不合格。如将非职务发明创造的专利权授予了发明人所在单位或者将职务发明创造的专利权授予了发明人等。

三、宣告专利权无效的程序

任何单位或者个人请求宣告专利权无效，必须依法向专利复审委员会提交请求书及有关文件，说明理由。

专利复审委员会对宣告专利权无效的请求应当及时审查。专利复审委员会审查并受理后，应将请求书及有关文件的副本送交专利权人，要求其在指定的期限内陈述意见。专利权人在指定的期限内未答复的，不影响专利复审委员会的审理。专利复审委员会经审查认为请求人的请求理由全部或者部分成立的，应当宣告专利权全部或者部分无效。如果认为宣告专利权无效的理由不成立的，应当作出维持该专利权的决定。专利复审委员会应将上述决定通知请求人和专利权人。宣告专利权无效的决定，由国务院专利行政部门登记和公告。

对专利复审委员会宣告专利权无效或者维持专利权的决定不服的，可以自收到通知之日起 3 个月内向人民法院起诉。人民法院应当通知无效宣告请求程序的对方当事人作为第三人参加诉讼。

四、宣告专利权无效的法律后果

根据《专利法》第 47 条的规定，专利复审委员会宣告专利权无效后，将产生以下法律后果：

(1)被宣告无效的专利权视为自始不存在。即该专利权自授权之日起就不产生法律上的约束力。

(2)宣告专利权无效的决定，对在宣告专利权无效前人民法院作出并已执行的专利侵权的判决、调解书，已经履行或者强制执行的专利侵权纠纷处理决定，以及已经履行的专利实施许可合同和专利权转让合同，不具有追溯力。但是，这里有两点例外：其一，因专利权人的恶意给他人造成的损失，应当给予赔偿；其二，专利权人不返还专利侵权赔偿金、专利使用费或者转让费,明显违反公平原则的,应当全部或者部分返还。

(3)宣告专利权无效,即产生一事不再理的效力。根据《专利法实施细则》第66条的规定,在专利复审委员会就无效宣告请求作出决定之后,有人又以同样的理由和证据请求无效宣告的,专利复审委员会不予受理。注意,这里专利复审委员会作出的决定,一定是维持专利权的决定。

讨论案例

甲从公开出版物上抄袭某一技术,之后申请并获得了专利权。甲知道其专利不具有新颖性,不应获得专利后,便向他人转让该专利,获取了转让费。不久,该专利权被依法宣告无效。

问:受让人能否要求甲赔偿损失?

课后思考

1. 简述专利权终止的原因。
2. 简述专利权无效的含义及专利权被宣告无效的法律后果。

第十六章　专利权的内容与限制

◇ 知识结构图

- 专利权的内容与限制
  - 专利权人的权利
    - 专有权(独占权)
    - 转让权
    - 实施许可权
    - 标记权
    - 其他权利
  - 专利权人的义务
    - 缴纳专利年费
    - 不得滥用专利权
    - 依照国家需要推广应用专利
    - 对职务发明人或者设计人给予奖励和报酬
  - 专利权的限制
    - 不视为侵犯专利权的行为
    - 专利的强制许可
    - 专利的指定许可

◈ 本章导读

专利权人依法取得专利权后,即享有一定的权利并承担一定的义务。此外,出于国家和社会公共利益的考虑,专利法又对专利权进行了一系列限制。本章着重阐述了专利权人所享有的各项权利,应承担的法律义务,不视为侵犯专利权的情形,以及关于强制许可的规定等。

◉ 司考重点

熟悉并理解专利权人享有的各项权利,尤其重点掌握专利权人的各项专有权利;明确专利转让和许可实施中的法律要求,理解各类专利实施许可合同的特点;了解专利权人的主要义务;理解并掌握不视为侵犯专利权的行为,理解"平行进口"的含义;熟悉并理解强制许可的种类,尤其要重点掌握新修订的内容。

第一节　专利权人的权利

一、专有权(独占权)

我国《专利法》第11条规定:“发明和实用新型专利权被授予后,除本法另有规定的以外,任何单位或者个人未经专利权人许可,都不得实施其专利,即不得为生产经营目的制造、使用、许诺销售、销售、进口其专利产品,或者使用其专利方法以及使用、许诺销售、销售、进口依照该专利方法直接获得的产品。外观设计专利权被授予后,任何单位或者个人未经专利权人许可,都不得实施其专利,即不得为生产经营目的制造、许诺销售、销售、进口其外观设计专利产品。”

本条是关于专利权人对其专利产品和专利方法所享有的专有权的规定。专有权是专利权人的一项最基本的权利。分述如下:

(一)关于发明和实用新型专利的专有权

例16.1　甲的专利产品,保护期未满,乙便擅自大量制造之,只等专利权届满后进行销售。此时乙是否构成侵权?

例16.2　甲公司开发的新型节能空调获得专利权,乙公司未经许可便擅自批量生产。丙公司从乙公司购入该空调后,安装在车间、办公室使用。丙公司的行为是否构成侵权?

例16.3　甲厂研制的新产品获得专利权。乙厂未经许可擅自生产该产品。丙公司接受乙厂的委托,为乙厂生产的该种产品做销售广告。丙公司的行为是否构成侵权?

例16.4　甲厂研制的新产品获得专利权。乙厂未经许可擅自制造该产品,丙公司不知该产品是乙厂未经许可制造的,丙公司的销售行为是否构成侵权?

例16.5　甲的产品只在中国获得专利权,未在日本获得专利权。乙在日本擅自生产,是否构成专利侵权?之后,乙将其生产的该产品大量进口到中国,是否构成专利侵权?

发明专利可分为产品专利和方法专利,前者保护产品,后者保护方法。而实用新型专利只能是产品专利。根据《专利法》第11条第1款的规定,发明和实用新型专利权人对其专利产品享有五项专有权利,即制造权、使用权、许诺销售权、销售权、进口权。

1.制造权。在专利权保护期内,专利权人享有专有制造权。任何人未经许可,以生产经营目的制造该专利产品,即构成专利侵权。例16.1中,乙的行为构成专利侵权。

2. 使用权。在专利权保护期内,专利权人享有专有使用权。任何人未经许可,以生产经营目的使用该专利产品,即构成专利侵权。当然,专利产品被合法销售后,就意味着已经许可购买者使用该专利产品。这时购买者的使用,不构成专利侵权。需要指出的是,如果有人擅自制造专利产品或者擅自销售专利产品,购买者即使不知道该专利产品是擅自制造或者销售的,也不能以生产经营为目的使用该产品。例 16.2 中,丙的行为构成专利侵权。

3. 许诺销售权。在专利权保护期内,专利权人享有专有许诺销售权。任何人未经许可,均不能许诺销售专利产品,否则构成专利侵权。当然,专利产品被合法销售后,任何人的许诺销售不再构成侵权。

许诺销售,是指以做广告、在商店橱窗中陈列或者在展销会上展出等方式做出愿意销售商品的意思表示。许诺销售权是 2000 年修订《专利法》时新增加的一项专有权利。赋予专利权人许诺销售权的理由主要是:现实中,一些广告商受专利侵权产品的制造者或者销售者的委托在各种媒体上做广告,推销未经专利权人许可而制造的专利产品,或者专利侵权产品的制造者或销售者直接在展览会、展销会上展出侵权产品,为下一步销售侵权产品做准备。按照以往的专利法,即使专利权人发现了上述行为,也无权予以制止,只有等到专利侵权产品进入实际销售阶段才能主张权利,而此时往往已经“覆水难收”,这显然不利于专利权人权益的维护。因此,赋予专利权人许诺销售权,可以使其在商业交易的早期阶段及时制止专利侵权行为。许诺销售权的设立,体现了对专利权加强保护的趋势,同时也使我国的专利立法与《知识产权协定》第 28 条的要求相一致。例 16.3 中,丙公司的行为构成专利侵权,侵犯了甲专有的许诺销售权。

4. 销售权。在专利权保护期内,专利权人享有专有销售权。任何人未经许可,均不能为经营目的销售专利产品,否则构成专利侵权。当然,专利产品被合法销售后,任何人的销售不再构成侵权。但如果专利产品是未经许可而制造的,则不但首次销售该专利产品者是侵权者,购买者的再销售也构成侵权,且不论再销售者是否知道该产品是未经许可而制造的。例 16.4 中,丙公司的行为构成专利侵权。

5. 进口权。在专利权保护期内,专利权人享有专有进口权。任何人未经许可,均不能为生产经营目的进口专利产品,否则构成专利侵权。例 16.5 中,乙在日本擅自生产该产品,不构成侵权,因为甲只在中国获得了专利权,因此只在中国获得法律的承认和保护,在日本无效。但乙擅自进口到中国的行为构成专利侵权。

进口权,是 1992 年修订《专利法》时增加的一项专有权利。增设专利权人的进口权是十分必要的。因为,若允许专利产品擅自进口,无论进口的产品是为了在中国销售还是在中国使用,都必定会侵占本属于专利权人的市场份额。赋予专利权人进口权,专利权人还可以凭借专利证书等在海关将擅自进口的专利产品拒之门外。

根据《专利法》第 11 条的规定,专利法对专利方法的保护延及产品。即发明专利权人不但对其专利方法享有专有使用权,对依照该专利方法直接获得的产品也享有专有使用权、许诺销售权、销售权和进口权。

具体而言,对专利方法享有的专有权体现在:

1. 使用专利方法的专有权。在专利权保护期内,专利权人享有使用专利方法的专有权。任何人未经许可,不得为生产经营目的使用专利方法,否则构成专利侵权。

2. 使用、许诺销售、销售、进口依照该专利方法直接获得的产品的专有权。

(二)关于外观设计专利的专有权

例16.6 甲公司于2005年获得一项外观设计专利权。乙公司未经甲公司许可,以生产经营为目的制造该专利产品。丙公司未经甲公司许可以生产经营为目的所为的下列行为中,哪一项构成专利侵权?

A. 使用乙公司制造的该专利产品　B. 销售乙公司制造的该专利产品

C. 许诺销售乙公司制造的该专利产品　D. 使用甲公司制造的该专利产品

同实用新型一样,外观设计只涉及产品而不涉及方法。根据《专利法》第11条第2款的规定,外观设计专利权人对其外观设计享有四项专有权利,即制造权、许诺销售权、销售权和进口权。

需要指出的是,外观设计专利权的内容不包括使用权。换言之,任何人以生产经营为目的,使用未经许可制造、销售或者进口的外观设计专利产品,不构成侵权。例16.6中,答案应为BC。不能选择A,因为专利权人对其外观设计专利产品,不享有专有使用权。

二、转让权

专利权是财产权,可以依法转让给他人。我国《专利法》第10条第1款规定:"专利申请权和专利权可以转让。"专利权转让后,原专利权人就丧失了专利权,受让人获得专利权,成为专利权人。专利权只能作为一个整体转让。在理论上,每一项专利涉及一项发明创造,其客体是一个单一体,因此,专利权人不能将其专利权分割转让。

转让专利申请权或者专利权时,当事人必须订立书面合同,并经国务院专利行政部门登记和公告。专利申请权或者专利权的转让,自登记之日起生效,即自登记之日起,专利申请权或者专利权转移给受让人。

此外,我国《专利法》第10条第2款规定:"中国单位或者个人向外国人、外国企业或者外国其他组织转让专利申请权或者专利权的,应当依照有关法律、行政法规的规定办理手续。"注意,这里讲的"中国单位"包括依法取得中国法人资格的各类法人和其他组织;这里讲的"个人",即指中国公民。当然,香港和澳门两个特别行政区的单位和个人除外。本条第2款的规定,修改了原专利法关于"向外国人转让专利申请权或者专利权,必须经国务院有关主管部门批准"的规定。可见,这一修改使专利申请权和专利权的对外转让更加自由和便捷。

三、实施许可权

实施许可权是指专利权人通过实施许可合同的方式,许可他人实施其专利并收取专利使用费的权利。

(一)专利权人(许可人)许可他人实施其专利时,应注意符合相关法律要求

(1)专利权人应与被许可人签订专利实施许可合同

专利实施往往涉及复杂的技术和法律问题,因此,专利实施许可合同最好采取书面形式,以书面形式明确双方的权利和义务,更便于双方履行合同,也在一定程度上避免和减少纠纷的发生。

(2)应当自专利实施许可合同生效之日起3个月内,向专利局备案

根据最高人民法院的有关解释,[1]专利许可合同不因未备案而无效。但如果未备案,将对被许可人不利。比如,遇到专利侵权时,如果被许可人以自己的名义向人民法院申请"临时禁令",人民法院通常要求被许可人提供许可合同备案证明材料。不能提供备案证明材料的,人民法院则不颁发制止专利侵权的禁令。

(3)专利权人应当交付与实施专利有关的技术资料并提供必要的技术指导

(二)实施他人专利时,被许可人应注意符合相关法律要求

(1)向专利权人支付使用费

专利实施的主要方式有专利权人自行实施、自愿许可他人实施、强制许可实施以及根据国家的需要指定许可等。

在专利权人自愿许可他人实施专利的情形下,由双方约定使用费的数额;在强制许可实施的情形下,使用费的数额先由当事人双方约定,约定不成时,由颁发强制许可的专利部门裁决;在指定许可的情形下,使用费的数额由国家规定。

(2)被许可人无权允许合同以外的任何单位或者个人实施该专利。换言之,被许可人只能按约定自己实施专利。

(三)专利实施许可合同的类型

例16.7　甲厂开发出一种新产品,获得了发明专利权。乙厂在此基础上完成改进发明,并就该改进发明获得了专利权。乙厂实施自己的专利有赖于实施甲的专利,甲厂也很希望实施乙的专利。

当事人根据需要,可以签订不同类型的许可合同。根据专利实施许可合同中双方当事人的权利和义务的不同,可以将其分为以下几类:

(1)独占实施许可合同

这种许可合同的特点是:在合同约定的时间和地域范围内,只有被许可人可以实施该专利。专利权人不得再允许他人实施,专利权人自己也不得实施。

(2)排他实施许可合同

这种许可合同的特点是:在合同约定的时间和地域范围内,专利权人不得再许可

---

[1]《全国法院知识产权审判工作会议关于审理技术合同纠纷案件若干问题的纪要》(2001年发布)。

他人实施该专利,但专利权人自己可以实施该专利。

(3)普通实施许可合同

这种许可合同的特点是:专利权人在允许被许可人实施其专利的期间和地域,可以再允许他人实施该专利,专利权人自己也可以实施该项专利。换言之,在合同约定的时间和地域范围内,被许可人、专利权人以及专利权人许可的第三人均可实施该专利。

(4)分实施许可合同

分实施许可,又称"分许可证"。这种许可合同的特点是:根据许可合同,被许可人除了自己实施专利外,还可以许可第三方部分或者全部实施该专利。被许可人与第三方签订的许可合同称为分实施许可合同。需要注意的是,被许可人的这种与他人签订分实施许可合同的权利,应是原专利实施许可合同授予的。此外,专利权人还有权从分实施许可中获得报酬。

(5)交叉实施许可合同

交叉实施许可合同,又称"相互许可"合同。这种许可合同的特点是:许可合同的双方当事人相互许可对方实施自己所拥有的专利技术。交叉实施许可合同以存在两项有效专利为前提,实践中常表现为从属专利权人和原专利权人之间的许可贸易。例16.7中,甲乙双方完全可以通过签订交叉实施许可合同,实施对方的专利。

四、标记权

标记权是指专利权人享有在专利产品或者该产品的包装、容器、说明书上以及产品广告中做上专利标记和专利号的权利。此处所称的"专利标记",是指"中国专利"、"专利"等字样。此处所称的"专利号"是专利权人申请专利时由国家专利行政部门确定的专利号码,该号码在专利权的保护期内始终如一。专利权人行使标记权的意义在于向社会明示该产品或者方法获得了专利权,该产品是专利产品或者是用专利方法直接获得的产品,以此获得消费者的信赖和好感,增强产品的市场竞争力。此外,在产品上标上专利标记,还可以警示其他经营者,在一定程度上起到防止侵权的作用。

只有专利权人和被许可人可以使用专利标记和专利号。专利权终止后,专利权人和被许可人仍在自己制造、销售的该种产品上标注专利标记的,是冒充专利的行为。

五、其他权利

专利权人依法享有的上述各项权利,是由专利法明文规定的权利。另外,根据《担保法》的规定,专利权人享有将其专利权进行质押的权利。

第二节　专利权人的义务

例16.8　甲公司与乙公司签订一份专利实施许可合同,约定乙公司在专利有效期限内独占实施甲公司的专利技术,并特别约定乙公司不得擅自改进该专利技术。后乙公司根据消费者的反馈意见,在未经甲公司许可的情形下对专利技术做了改进,并对改进技术采取了保密措施。该特别约定是否有效?对乙的改进技术,甲是否有权分享?

一、缴纳专利年费

根据《专利法》第 43 条的规定,专利权人应当自被授予专利权的当年开始缴纳年费。专利权人没有按照规定缴纳年费的,专利权在期限届满前终止。

专利年费采用累进制,即应缴纳的专利年费的数额是逐年增加的,这样,一方面可以促使专利权人将其专利产品或者专利方法付诸实施;另一方面也有利于缩短经济价值较低的专利权的有效期,使相关发明创造早日成为公众可以无偿使用的公共财富。

二、不得滥用专利权

不得滥用专利权是指专利权人必须在法律规定的范围内正确行使专利权,不得利用专利权损害社会利益或者他人合法利益。如果专利权人在专利的使用许可或者转让中向被许可人或者受让人提出限制竞争的交易条件,妨碍技术进步,则属于滥用专利权的行为,必须依法予以禁止。例 16.8 中,要求乙公司不得擅自改进专利技术的约定,是专利权人向被许可人提出的限制竞争的条件,应认定无效。乙公司对其改进技术独享技术秘密权,甲无权分享。

三、依照国家需要推广应用专利

根据我国《专利法》第 14 条的规定,专利权人有义务按照国家需要,推广应用专利,允许并接受国家指定的单位实施其发明专利。此外,当专利行政机关依法颁布强制许可时,专利权人有接受强制许可的义务。

四、对职务发明人或者设计人给予奖励和报酬

我国《专利法》第 16 条规定:"被授予专利权的单位应当对职务发明创造的发明人或者设计人给予奖励;发明创造专利实施后,根据其推广应用的范围和取得的经济效益,对发明人或者设计人给予合理的报酬。"可见,职务发明创造获得专利权后,作为专利权人的单位应当对职务发明人或者设计人给予奖励和报酬。这一规定,一方面肯定了职务发明人或者设计人在职务发明创造中所做出的贡献,另一方面也有利于调动职务发明人或者设计人进行发明创造的积极性。

第三节　专利权的限制

一、不视为侵犯专利权的行为

我国《专利法》第69条规定了"不视为侵犯专利权"的五种情形。分述如下:

(一)专利权用尽后的特定实施行为

专利权用尽,又称专利权穷竭,是指对于经专利权人许可或者以其他方式合法进

入市场的专利产品或者依照专利方法直接获得的产品，他人在购买之后无须经过专利权人许可，就可以使用、许诺销售、销售和进口。专利权用尽，是目前国际上通行的原则。

我国《专利法》第69条第1项规定，“专利产品或者依照专利方法直接获得的产品，由专利权人或者经其许可的单位、个人售出后，使用、许诺销售、销售、进口该产品的”，不视为侵犯专利权。可见，经过专利权人许可，将专利产品或者依照专利方法直接获得的产品销售给公众后，专利权人对该产品的使用权、许诺销售权、销售权、进口权就“穷竭”了，任何购买者获得该产品后，都可以使用、许诺销售、销售、进口，而无须再经过专利权人许可。

这里需要注意的是：

(1)专利权人的制造权没有穷竭。也就是说，当专利产品由专利权人或者经其许可的单位、个人售出后，任何人获得该产品后，仍不得擅自制造该专利产品，否则构成侵权。

(2)我国专利法明确允许专利“平行进口”。即专利产品或者依照专利方法直接获得的产品经专利权人或其授权的人售出后，购买者可将该产品自由进口到专利权人取得专利权的其他国家，这种进口行为不视为侵犯专利权。他人的这种进口权与专利权人的进口权并存，即称“平行进口”。

(二)先用权人的制造和使用

例16.9 2003年，甲发明了一种培育海带的新方法，并付诸实施。该方法未申请专利权，只采取了保密措施。之后，乙通过自己的独立研究也发明了同样的方法，2004年，乙就该方法申请发明专利权，并如愿获得了授权。乙获得专利权后，甲能否继续使用该方法？

所谓先用权人，是指在他人申请专利权之前，就已经制造了相同产品、使用了相同方法，或者已经做好了制造、使用的必要准备的人。

我国《专利法》第69条第2项规定，“在专利申请日前已经制造相同产品、使用相同方法或者已经做好制造、使用的必要准备，并且仅在原有范围内继续制造、使用的”，不视为侵犯专利权。理解该法条，需把握以下几点：

(1)先用权人制造的产品或者使用的方法必须是自己发明的或者通过合法方式得到的。非法得到的技术不能享有先用权。此外，先用权人的“先用”，只能是“非公开”使用。如果先用权人在“先用”时已经将该技术公开，则该技术因丧失新颖性，而使他人无法获得专利权。

(2)先用权人必须具备先使用的事实。即在专利申请日前已经开始制造与专利产品相同的产品、已经开始使用与专利方法相同的方法，或者已经做好制造、使用的必要准备。

(3)他人获得专利权后，先用权人只能在原有范围内继续制造该产品、使用该方法,不得扩大生产规模,也无权将该技术许可他人使用。

例16.9中,甲享有先用权,可以在原有范围内继续使用该方法,不构成侵权。先用权制度的设立,是对先申请制度可能带来的弊端的弥补。先申请制度尽管有一系列优点,但如果彻底执行先申请主义,只保护先申请人的专利权,对先发明人会造成不当损害。先用权制度,旨在实现专利权人与先用权人之间的利益平衡。

(三)临时过境的外国运输工具对专利的使用

我国《专利法》第69条第3项规定,"临时通过中国领陆、领水、领空的外国运输工具,依照其所属国同中国签订的协议或者共同参加的国际条约,或者依照互惠原则,为运输工具自身需要而在其装置和设备中使用有关专利的",不视为侵犯专利权。

这一规定符合国际惯例,与《巴黎公约》的规定相符合。《巴黎公约》第5条之三规定,对于缔约国的船舶、飞机或者车辆暂时或者偶然进入其他缔约国境内时,在这些运输工具的装置上使用专利,不构成侵权。

享受这种待遇,必须具备以下条件:

第一,外国运输工具必须是临时或者偶然通过中国领陆、领水或者领空。运输工具包括船舶、飞机或者车辆等,这些运输工具既可以用于载人,也可以用于载物。判断是否属于"外国运输工具",应当以其注册地为准。

第二,必须是为运输工具自身需要而在其装置和设备中使用有关专利,而不是在运输工具上制造或装运这种产品。这里所使用的"专利",要么是他人享有专利权的产品,要么是他人享有专利权的方法。无论使用的是专利产品还是专利方法,均未经过专利权人许可。换言之,如果所使用的专利产品是经过专利权人或其授权的人合法售出的,所使用的专利方法是经过合法授权的,任何使用者的使用均不构成专利侵权,当然也就无须在这里进行例外规定了。因此,这里所使用的专利产品,一定是未经专利权人许可而制造的专利侵权产品。为经营目的使用专利侵权产品而不视为专利侵权,体现了对临时过境的外国运输工具的宽容,为跨国交通运输提供了便利。

第三,本条只适于与中国订有相关条约如《保护工业产权巴黎公约》或者有互惠关系的国家的运输工具。

(四)为科学研究和实验使用有关专利

我国《专利法》第69条第4项规定,"专为科学研究和实验而使用有关专利的",不视为侵犯专利权。

这里所说的"专为科学研究和实验"使用专利,是指针对获得专利的技术本身进行科学研究和实验。通过科学研究和实验,希望达到的目的大致有:通过研究和实验,判断专利权保护的专利技术是否能够产生预期的发明效果;通过研究和实验,确定实施专利技术的最佳方案;通过研究和实验,在熟悉和掌握此技术的基础上探索如何改进该技术等。

(五)为提供行政审批信息使用或者提供专利药品或者专利医疗器械

例16.10 法国的甲公司在中国取得的一项药品专利即将到期,中国的乙公司打算在该药品的专利保护期届满后以较低的价格及时推出该药品。由于药品上市前必须经过有关行政部门的严格审批,因此,乙公司为提供行政审批所需要的信息,制造、使用该药品。乙公司的行为是否构成专利侵权?

我国《专利法》第69条第5项规定,“为提供行政审批所需要的信息,制造、使用、进口专利药品或者专利医疗器械的,以及专门为其制造、进口专利药品或者专利医疗器械的”,不视为侵犯专利权。

药品或者医疗器械,关系到公众健康。因此,这类产品在投放市场前,各国都实行严格的审批制度,且审批时间较长。为了通过审批,生产厂家要进行研究、分析和临床试验等,以取得审批所需要的数据和其他信息。

对获得专利权的药品和医疗器械,非专利权人为了能够在专利权期满后及时推出该产品,往往需要在专利保护期内制造、使用、进口这些专利药品或者专利医疗器械,并通过研究、分析等活动,获取有关数据和信息,报请有关行政部门审批。如果在专利保护期内为取得审批所需要的数据和其他信息,而制造、使用、进口这些专利药品或者专利医疗器械,必须征得专利权人许可,这对打算将来销售该产品的当事人来讲是极为不利的。为解决这一问题,专利法规定上述行为不视为侵犯专利权,即为提供行政审批所需要的信息,制造、使用、进口专利药品或者专利医疗器械的,以及专门为其制造、进口专利药品或者专利医疗器械的,不视为侵犯专利权。例16.10中,乙公司的行为不构成专利侵权。

还应注意的是,我国《专利法》第70条规定:“为生产经营目的使用、许诺销售或者销售不知道是未经专利权人许可而制造并售出的专利侵权产品,能证明该产品合法来源的,不承担赔偿责任。”理解该条,需要把握以下几点:

(1)这种使用、许诺销售或者销售,尽管属于主观上不知情,仍构成专利侵权行为。只不过在满足一定条件的情况下,不承担赔偿责任。

(2)“免除赔偿责任”须具备的条件是:

第一,行为人主观上不知情。即使用、许诺销售或者销售这些专利侵权产品,是因为不知道这些产品是未经专利权人许可而制造并售出的。这里的“不知道”,是指实际不知道且不应当知道。

第二,能证明该产品的合法来源。根据最高人民法院《关于审理侵犯专利权纠纷案件应用法律若干问题的解释(二)》(以下简称《审理专利纠纷案件解释(二)》)第25条第3款,这里的“合法来源”,是指通过合法的销售渠道、通常的买卖合同等正常商业方式取得产品。对于合法来源,使用者、许诺销售者或者销售者应当提供符合交易习惯的相关证据。

需要指出的是,《审理专利纠纷案件解释(二)》第25条第1款规定,“为生产经营目的使用、许诺销售或者销售不知道是未经专利权人许可而制造并售出的专利侵权产品,且举证证明该产品合法来源的,对于权利人请求停止上述使用、许诺销售、销售行为的主张,人民法院应予支持,但被诉侵权产品的使用者举证证明其已支付该产品的合理对价的除外”。从该规定中可见,如果被诉侵权产品的使用者举证证明其已支付该产品的合理对价的,依然可以继续使用侵权产品。

二、专利的强制许可

(一)强制许可的概念和种类

强制许可是指国务院专利行政部门依照法律规定,可以不经专利权人的同意,直接允许他人实施发明或者实用新型专利的一种行政措施。强制许可的对象只能是发明或实用新型专利,不能是外观设计专利。因为《专利法》设立强制许可制度的目的是防止专利权人对专利的过分垄断,阻碍技术进步和损害公众利益。外观设计是否实施基本不涉及公众利益,因此对外观设计专利不给予强制许可。

强制许可制度是我国现行《著作权法》中所没有的,我国及各国的《商标法》中也没有该制度。

强制许可是与专利权人自愿许可相对而言的,强制许可并非出自专利权人的自愿,而是国务院专利行政部门根据国家和公众的利益,运用国家行政权力强制专利权人允许他人使用其专利。我国《专利法》规定的强制许可的种类有:

1. 防止专利权滥用的强制许可

根据《专利法》第48条的规定,有下列情形之一的,国务院专利行政部门根据具备实施条件的单位或者个人的申请,可以给予实施发明专利或者实用新型专利的强制许可:

(1)专利权人自专利权被授予之日起满三年,且自提出专利申请之日起满四年,无正当理由未实施或者未充分实施其专利的。这里的“未充分实施”专利,是指专利权人及其被许可人实施其专利的方式或者规模不能满足国内对专利产品或者专利方法的需求。[1] 专利权人未实施或者未充分实施其专利的举证责任应当由强制许可的申请人承担。

(2)专利权人行使专利权的行为被依法认定为垄断行为,为消除或者减少该行为对竞争产生的不利影响的。这里的“依法”,主要依据的是《反垄断法》。《反垄断法》第55条规定,“经营者依照有关知识产权的法律、行政法规规定行使知识产权的行为,不适用本法;但是,经营者滥用知识产权,排除、限制竞争的行为,适用本法。”也就是说,一般情况下,行使知识产权的行为不适用《反垄断法》,但是,利用知识产权排除或者限制竞争的,就可能构成垄断行为,适用《反垄断法》。

国家授予发明创造人专利权,一方面是为了鼓励更多的人从事发明创造,另一方

---

〔1〕 参见2010年《专利法实施细则》第73条第1款。

面也是因为专利的实施能够给社会带来利益。如果专利权人取得专利后一直不实施,也不允许他人实施,社会就无法从该项发明创造中直接受益。因此,《巴黎公约》第5条允许成员国采取立法措施给予强制许可,以防止专利权人以不实施等方式对专利权进行滥用。

须有具备实施条件的单位或者个人的申请,才能给予这种强制许可。具备实施条件的单位或者个人提出强制许可申请时,应提供证据,证明曾以合理条件请求许可,但未能在合理时间内获得许可。

2. 根据公共利益需要的强制许可

例16.11 甲厂研制开发出一种治疗"甲型流感"的特效药品,并在中国获得了专利权。当时,在中国正流行甲型流感,该药品价格高且供不应求。

根据《专利法》第49条的规定,在国家出现紧急状态或者非常情况时,或者为了公共利益的目的,国务院专利行政部门可以给予实施发明专利或者实用新型专利的强制许可。

"紧急状态"和"非常情况"有近似的含义,但两者所指事件对国家或者社会的危害和紧迫程度有所不同。"紧急状态"主要是指出现战争、外敌入侵、较大范围的暴乱等危及国家安全的特别紧急和严重的情况;"非常情况"主要是指发生严重自然灾害或者疾病流行等其他影响社会稳定的突发事件。[1]

当国家出现严重危及国家安全、社会安定和人民正常生活的紧急状态和非常情况时,国家和公众的利益显然要高于专利权人的私利。这时,如果专利权人的某项专利为国家和公众所急需,国务院专利行政部门可以作出强制许可的决定。

例16.11中,国务院专利行政部门可以给有生产能力的药厂颁发强制许可证,生产这种特效药品,以满足市场需要。

3. 制造并出口专利药品的强制许可

例16.12 中国甲药厂研制的一种治疗A疾病的特效药,在中国获得了专利权。而此时,非洲的某一经济很不发达的国家爆发了A疾病,急需治疗A疾病的特效药。但该国的企业没有能力生产这种药品,希望从中国进口该药品。

根据《专利法》第50条的规定,为了公共健康目的,对取得专利权的药品,国务院专利行政部门可以给予制造并将其出口到符合中华人民共和国参加的有关国际条约规定的国家或者地区的强制许可。

本规定是2008年修订后的《专利法》新增加的内容,这一规定与《知识产权协定》的要求相一致。本规定也可称为"为公共健康目的给予强制许可"。

一般来讲,颁发强制许可,主要是为了满足国内市场的需求,不能出口。可是,有

---

[1] 尹新天:《中国专利法详解》(缩编版)(第2版),知识产权出版社2012年版,第397页。

些科技发展较落后的国家,其制药企业没有生产能力生产某些公众急需的药品。而具有生产能力的国家在没有法律依据的情况下,也无权通过颁发强制许可将生产的药品出口到上述国家。面对这种情形,为了平衡知识产权与公共利益的关系,在广大发展中国家的推动下,围绕《知识产权协定》如何解决公共健康问题先后通过了多个文件。2001 年 11 月,多哈部长会议通过了《TRIPS 与公共健康多哈宣言》,指出应关注解决发展中国家所面临的公共健康问题。2003 年 8 月,总理事会又通过决议,规定在符合有关条件的情况下,成员国可以给予国内企业制造并出口特定专利药品的强制许可。

这里需要注意的是:第一,强制许可的内容,仅限于对专利药品的制造并出口。被许可人依据强制许可制造的药品数量不得超过进口方所需的数量,并且必须全部出口到该进口国。第二,进口该药品的国家或者地区,一般为最不发达国家或者地区。

例 16.12 中,我国专利局可以给中国有生产能力的药厂颁发强制许可,允许其生产该种专利药品并出口到急需这种药品的非洲国家。

4. 从属专利的强制许可

根据《专利法》第 51 条的规定,一项取得专利权的发明或者实用新型比前已经取得专利权的发明或者实用新型具有显著经济意义的重大技术进步,其实施又有赖于前一发明或者实用新型的实施的,国务院专利行政部门根据后一专利权人的申请,可以给予实施前一发明或者实用新型的强制许可。

在依照前述规定给予实施强制许可的情形下,国务院专利行政部门根据前一专利权人的申请,也可以给予实施后一发明或者实用新型的强制许可。

本规定也可称为"依存专利的强制许可"。现实中,不少发明是在原有发明的基础上完成的"改进发明"。如果原有发明已经取得专利权且仍在保护期内,改进发明取得专利权后,其实施就有赖于基础发明的专利权人(即前一专利权人)的许可。一般来讲,如果得不到前一专利权人的许可,后一专利就不能实施。显然,这不但使后一专利权人自身的利益无法实现,也影响到了新技术的推广应用,影响到了公众利益。因此,我国专利法规定在这种情况下可以给予强制许可。

具体而言,给予这种强制许可应符合下列条件:

(1)前后两项专利,必须是从属关系,后一项专利的实施,有赖于实施前一专利。

(2)给予这种强制许可,必须有后一专利权人的申请。申请时,应提供证明,证明曾向前一专利权人提出了合理条件,但未能在合理时间内获得许可。

(3)后一专利权人先申请获得强制许可后,前一专利权人也可以申请实施后一专利。

5. 涉及半导体技术的强制许可

《专利法》第 52 条规定:"强制许可涉及的发明创造为半导体技术的,其实施限于公共利益的目的和本法第四十八条第(二)项规定的情形。"

据此,颁发这种强制许可,限于以下两种情形:

(1)为了公共利益的目的;

(2)专利权人的行为被依法认定为垄断行为,为消除或者减少该行为对竞争产生的不利影响。

除了上述两种情形外,不得对涉及半导体技术的发明专利实施强制许可。

(二)强制许可的程序

根据我国《专利法》的规定申请强制许可的,应当向国务院专利行政部门提交强制许可请求书,说明理由并附具有关证明文件。国务院专利行政部门收到请求书和有关文件后,应将申请书的副本送交专利权人,并通知专利权人在指定的时间内陈述意见。专利权人是否陈述意见,不影响国务院专利行政部门作出关于强制许可的决定。对于申请人申请强制许可的请求进行审查后,认为不符合强制许可实施条件的,驳回申请;认为符合条件的,应当作出给予强制许可的决定。

根据我国《专利法》第53条的规定,除法律规定的特别情形外,强制许可的实施应当主要为了供应国内市场。

国务院专利行政部门在作出专利实施强制许可的决定时,应当根据强制许可的理由,规定实施的范围和时间。申请人取得专利实施强制许可后,只能在规定的范围和时间内实施专利。关于强制许可的时间,从专利强制许可的特点看,对于从属专利的强制许可,应当限于前一专利权的有效期内;根据公共利益需要作出的强制许可,强制许可的时间不应当超过紧急状态或者非常情况持续的时间。当强制许可的理由消除并不再发生时,国务院专利行政部门应当根据专利权人的请求,经审查后作出终止实施强制许可的决定。

国务院专利行政部门作出的给予实施强制许可的决定,应当及时通知专利权人,并予以登记和公告。通过登记和公告,有利于公众了解该专利强制许可的现状,满足公众的知情权。

根据我国《专利法》第58条的规定,专利权人对国务院专利行政部门关于实施强制许可的决定不服的,专利权人和取得实施强制许可的单位或者个人对国务院专利行政部门关于实施强制许可的使用费的裁决不服的,可以自收到通知之日起三个月内向人民法院起诉。

由于国务院专利行政部门关于实施强制许可的决定和关于实施强制许可的使用费的裁决都属于行政机关的行政决定,因此,对这两类行政决定不服的,应当以国务院专利行政部门为被告,向有管辖权的人民法院提起行政诉讼。

(三)强制许可情形下专利权人的权利

1. 专利权人可以自己实施,也可以再许可他人实施其专利。

2. 有权要求取得强制许可的单位或者个人支付合理的使用费。使用费的数额由双方协商确定,协商不成的,由国务院专利行政部门裁决。当事人对裁决不服的,可以自收到通知之日起3个月内向人民法院起诉。由于关于使用费的裁决是国务院专利行政部门的行政决定，因此，对这一行政决定不服而提起的诉讼应为行政诉讼。

3. 当强制许可的理由消除并不再发生时，专利权人有权请求国务院专利行政部门终止实施强制许可的决定。

(四)取得强制许可的单位或者个人的义务

1. 取得实施强制许可的单位或者个人应当向专利权人支付合理的使用费。

2. 取得实施强制许可的单位或者个人不享有独占的实施权，并且无权允许他人实施。

3. 取得实施强制许可的单位或者个人必须按照规定的范围和方式实施专利。

三、专利的指定许可

专利的指定许可是指国家主管机关对国有企事业单位拥有的对国家利益或者公共利益具有重大意义的需要推广应用的发明专利，按照法定程序，许可指定单位实施的一种行政措施。

我国《专利法》第 14 条规定："国有企业事业单位的发明专利，对国家利益或者公共利益具有重大意义的，国务院有关主管部门和省、自治区、直辖市人民政府报经国务院批准，可以决定在批准的范围内推广应用，允许指定的单位实施，由实施单位按照国家规定向专利权人支付使用费。"

指定许可是我国专利制度中一个特有的制度，体现了"中国特色"。根据法律规定，指定许可应当符合下列条件：

1. 被指定许可的专利，仅限于发明专利，不包括实用新型和外观设计专利。此外，成为指定许可的发明专利，必须是对国家利益或者公共利益具有重大意义或者影响的发明专利，而不是一般的发明专利。

2. 被指定许可的专利，仅限于国有企业事业单位拥有的发明专利。

3. 指定许可的实施，必须由国务院有关主管部门和省、自治区、直辖市人民政府报经国务院批准。

4. 指定许可的实施范围，仅限于在批准推广应用的范围内，由指定实施的单位实施。个人不能作为指定许可的被许可人。

此外，获得指定许可实施的单位应当按照国家规定向专利权人支付使用费。

▲ 讨论案例

(一)发明人甲首先在中国政府主办的国际展览会上展出其发明的新产品，随后又在6个月内申请专利权，并获得授权。乙在国际展览会上知晓了该技术，并在甲的专利申请日前，制造了相同产品。[1]

问：甲获得专利权后，乙享有先用权吗？

---

〔1〕 王迁：《知识产权法教程》(第 2 版)，中国人民大学出版社 2009 年版，第 361 页。

(二)中国的甲公司对一种新型汽车发动机享有专利权。中国的乙运输公司购买的汽车中安装了未经许可而制造的这种发动机。

问:1. 中国的乙公司使用该汽车从事营运,是否构成专利侵权?

2. 假如在A国(《巴黎公约》的缔约国)的丙公司的汽车,也安装了未经许可而制造的这种发动机,在营运时临时驶入我国境内,是否构成专利侵权?

◈ 课后思考

1. 简述专利权人的权利。
2. 简述方法专利权的效力。
3. 专利实施许可合同的种类有哪些? 各有什么特点?
4. 简述专利产品的平行进口。
5. 简述不视为侵犯专利权的行为。
6. 简述强制许可的概念和种类。

第十七章　专利权的保护

◈ 知识结构图

- 专利权的保护
  - 专利权的保护范围
    - 专利权的保护范围及其认定方法
    - 我国专利权的保护范围
  - 专利侵权行为及其法律责任
    - 专利侵权行为的概念和构成要件
    - 侵犯专利权的法律责任
    - 专利侵权诉讼中现有技术或现有设计抗辩
    - 假冒专利

◈ 本章导读

各国在确定专利权的保护范围时，所依据的都是权利要求书。但对权利要求的解释各国不尽相同，本章介绍了对权利要求的主要解释方法，以及我国的有关规定；阐述了专利侵权行为的概念、构成要件以及专利侵权应承担的法律责任。其中着重阐述了专利侵权应承担的民事责任、赔偿额的计算方法、专利侵权诉讼中的举证责任以及现有技术或现有设计的抗辩等。

◉ 司考重点

掌握解释权利要求的各种方法、熟悉我国不同类型专利权的保护范围；明确专利侵权行为的构成要件及法律责任；熟悉专利侵权赔偿额的计算方法；明确专利侵权诉讼中的举证责任；深刻理解专利侵权诉讼中的现有技术或现有设计的抗辩；了解假冒专利的具体表现及其法律责任，等等。

第一节　专利权的保护范围

一、专利权的保护范围及其认定方法

所谓专利权的保护范围，是指发明、实用新型和外观设计专利权的法律效力所及

的范围。专利权是一种无形财产权,由法律明确规定专利权的保护范围,划清专利侵权和非侵权的界限,既有利于依法充分保护专利权人的合法权益,又可以避免不适当地扩大专利保护的范围,损害专利权人以外的社会公众的利益。

各国在确定专利权的保护范围时,所依据的都是权利要求书。但是,权利要求书中的技术特征总是通过语言文字加以表述的,而对于任何语言文字的含义都存在一个如何进行解释的问题。不同的解释方法就会导致不同的专利保护范围。综观各国专利法,对权利要求书的解释,存在不同的方法。

1. 中心限定法

"中心限定法"是指在解释权利要求时,以其所陈述的内容为中心,向外做适当扩大解释。这种做法在效果上使得专利权的范围略宽于权利要求书的字面范围。其好处在于可以给予专利权人以灵活有效的法律保护,但这种方法不利于公众确切地预知专利权的保护范围。对公众而言似有不公平之嫌。

2. 周边限定法

"周边限定法"是指专利权的保护范围完全由权利要求的文字内容确定。只有当被控侵权行为严格地从文字意义上再现了权利要求中所记载的每一个必要技术特征时,才被认为落入该权利要求的保护范围。只要存在任何不同,侵权行为就不成立。这种解释方法的好处在于使专利保护范围对公众而言一目了然,有利于清楚地确定专利保护范围,但不利于为专利权人提供灵活有效的法律保护。专利申请人在撰写权利要求时稍有疏忽,如将技术特征多写了一个,或者用语过于具体,就将导致日后授权后专利保护范围大为减少。

3. 折中法

按照"折中法",专利保护范围应根据权利要求所表示的实质内容确定,权利要求中所表示的技术特征有疑义时,可以引用说明书和附图进行解释。这种方法既不拘泥于权利要求书的文字和措辞,又结合说明书和附图,较确切地划定了专利保护范围。这种方法已逐渐被各国专利法所接受。我国一直采取折中法解释权利要求。

二、我国专利权的保护范围

(一)发明或者实用新型专利权的保护范围

我国《专利法》第59条第1款规定:"发明或者实用新型专利权的保护范围以其权利要求的内容为准,说明书及附图可以用于解释权利要求的内容。"《专利法》第26条第4款规定:"权利要求书应当以说明书为依据,清楚、简要地限定要求专利保护的范围。"

确定发明或者实用新型专利权的保护范围时,应注意以下几点:

1. 确定发明或者实用新型专利权的保护范围,应以权利要求的内容为准,而不是以权利要求的文字或者措辞为准。权利要求记载的内容是确定发明或者实用新型专利权保护范围的直接依据,说明书和附图处于从属地位。一项技术构思尽管在说明书或者附图中有所体现,但如果在权利要求中没有出现,则不在专利权的保护范围。

2. 权利要求只是发明或者实用新型专利说明书所记载的必要构成事项的简明表达。应当参考和研究说明书及附图，了解发明或者实用新型的目的、作用和效果，以确定权利要求的确切内容。《审理专利纠纷案件解释(二)》第4条规定，“权利要求书、说明书及附图中的语法、文字、标点、图形、符号等存有歧义，但本领域普通技术人员通过阅读权利要求书、说明书及附图可以得出唯一理解的，人民法院应当根据该唯一理解予以认定”。

(二)外观设计专利权的保护范围

外观设计与技术无关，不是技术领域中的发明创造，这点决定了外观设计专利申请文件中没有权利要求书，也没有说明书，只有表现该外观设计的图片或者照片。外观设计专利权的保护范围，只能根据外观设计的图片或者照片确定。我国《专利法》第59条第2款规定：“外观设计专利权的保护范围以表示在图片或者照片中的该产品的外观设计为准，简要说明可以用于解释图片或者照片所表示的该产品的外观设计。”《审理专利纠纷案件解释(二)》第15条进一步规定，“对于成套产品的外观设计专利，被诉侵权设计与其一项外观设计相同或者近似的，人民法院应当认定被诉侵权设计落入专利权的保护范围”。

确定外观设计专利权的保护范围时，应注意以下几点：

(1)外观设计专利权的保护范围，是表示在图片或者照片中的外观设计。任何单位或者个人不得仿制外观设计专利权人提交的图片或者照片中的外观设计。对于成套产品的外观设计专利，被诉侵权设计与其一项外观设计相同或者近似的，也构成外观设计专利侵权。

(2)外观设计专利权的保护范围，仅限于专利授权时其所指定的使用产品的范围。

(3)外观设计专利权的保护范围不仅涉及相同的产品上使用相同的外观设计，而且也包括相同的产品上使用近似的外观设计。

(4)外观设计的简要说明可以用于解释图片或者照片所表示的该产品的外观设计。外观设计的简要说明相对于外观设计本身而言，只具有从属地位，但充分发挥简要说明的作用，对合理界定外观设计的保护范围，具有重要意义。

第二节　专利侵权行为及其法律责任

一、专利侵权行为的概念和构成要件

专利侵权行为是指没有合同或法律依据，以生产经营为目的实施他人的专利的行为。构成专利侵权行为，应同时具备以下条件：

1. 侵犯的对象必须是受我国专利法保护的有效专利权

专利权是专利权人依法取得的对发明创造独占利用的权利，该权利在有效期间内

受法律保护,他人擅自实施该发明创造才可能构成侵权行为。因此,构成专利侵权必须以存在有效的专利为前提。如果所实施的发明创造,其专利权已经终止或者专利权已经被宣告无效,则不构成专利侵权行为。

2. 有侵害行为发生

有侵害行为发生,即指行为人在客观上未经许可实施了他人的专利。具体来讲:

对产品专利而言,未经许可,他人以生产经营为目的制造、使用、许诺销售、销售、进口该专利产品的行为,是专利侵权行为;

对方法专利而言,未经许可,他人以生产经营为目的使用该专利方法以及使用、许诺销售、销售、进口依照该专利方法直接获得的产品的行为,是专利侵权行为;

对外观设计专利而言,未经许可,他人以生产经营为目的制造、许诺销售、销售或者进口体现了该外观设计产品的行为,是专利侵权行为。

3. 以生产经营为目的

任何单位或者个人未经许可,不得为生产经营目的利用专利。因为他人以生产经营目的利用专利的结果,必定会侵占本属于专利权人的市场份额,给专利权人带来一定的损害。由此可见,以生产经营为目的是构成专利侵权的条件之一。非生产经营目的的实施,不构成侵权。如专为科学研究和实验而使用有关专利的,以及出自私人爱好和需要实施有关专利的,均不属于专利侵权行为。

二、侵犯专利权的法律责任

例 17.1 甲饮料厂研制开发出一种新的保健饮料,经申请,该保健饮料的生产方法获得专利权。之后,甲厂发现乙厂生产销售的饮料在口感、颜色等方面均与甲厂的相同。甲厂怀疑乙厂使用了甲厂的专利方法。

发生专利侵权行为后,专利权人或者利害关系人可以就侵权行为与侵权人进行协商解决;不愿协商或者协商不成的,专利权人或者利害关系人可以向人民法院起诉,也可以请求管理专利工作的部门处理。专利权的具体保护方式包括民事保护、行政保护和刑事保护三种。此外,为了有效保护专利权人的合法权益,我国《专利法》还规定了"诉前临时禁止令"和"诉前证据保全"。

(一)诉前措施

1. 诉前临时禁令的申请人及相关措施

根据《专利法》第 66 条的规定,专利权人或者利害关系人有证据证明他人正在实施或者即将实施侵犯专利权的行为,如不及时制止将会使其合法权益受到难以弥补的损害的,可以在起诉前向人民法院申请采取责令停止有关行为的措施。

由此可见,申请诉前禁令的主体限于专利权人和利害关系人。这里的"利害关系人"包括专利实施许可合同的被许可人、专利权的合法继承人等。独占实施许可合同的被许可人可以单独提出申请;排他实施许可合同的被许可人在专利权人不提出申请的情况下可以单独提出申请;普通实施许可合同的被许可人未经专利权人授权一般不能以自己的名义提出临时禁令申请，因为，普通实施许可合同的被许可人得到的仅仅是普通专利实施权，不具有排除他人实施专利的权利。

此外，《专利法》第 66 条还对诉前申请人民法院采取临时措施作了如下规定：

(1) 申请人提出申请时，应当提供担保；不提供担保的，人民法院将驳回申请。要求申请人提供担保是为了防止申请人恶意提出申请，从而损害被申请人的利益。

(2) 人民法院应当自接受申请之时起 48 小时内作出裁定；有特殊情况需要延长的，可以延长 48 小时。裁定责令停止有关行为的，应当立即执行。当事人对裁定不服的，可以申请复议一次；复议期间不停止裁定的执行。之所以"不停止裁定的执行"，是因为作出这种裁定的目的在于避免对申请人造成难以弥补的损害，如果暂停执行，则难以达到裁定的目的，可能会给申请人造成难以弥补的损害。

(3) 申请人自人民法院采取责令停止有关行为的措施之日起 15 日内不起诉的，人民法院应当解除该措施。"责令停止有关行为"，主要指责令被申请人停止专利制造行为、销售行为、使用行为等。被申请人停止上述行为的时间越长，对其损害可能越大，因此，要求申请人尽快就专利侵权纠纷向法院起诉，使法院尽快对纠纷的是非曲直作出实体判断是必要的。

(4) 申请有错误的，申请人应当赔偿被申请人因停止有关行为所遭受的损失。

2. 诉前停止侵权的管辖法院

诉前申请人民法院采取责令停止有关侵权行为的，应当向有专利案件管辖权的人民法院提出。原因主要是：第一，对权利人诉前提出的责令停止有关行为的申请，受案法院必须有能力判断被申请人的行为是否构成专利侵权，不具有管辖权的法院往往缺乏判断能力。第二，申请人在规定时间内提起专利侵权诉讼的，只能向有专利案件管辖权的人民法院提出。因为如果诉前临时措施的申请是向甲法院提出的，之后再向乙法院提起侵权诉讼，必然会降低执法效率，同时也难免在两者的衔接上产生问题。

有专利案件管辖权的人民法院包括两类：一是根据指定管辖获得管辖权的人民法院；二是根据级别管辖和地域管辖享有管辖权的人民法院。

根据 2015 年最高人民法院修正的《关于审理专利纠纷案件适用法律问题的若干规定》第 2 条，专利纠纷第一审案件，由各省、自治区、直辖市人民政府所在地的中级人民法院和最高人民法院指定的中级人民法院管辖。最高人民法院根据实际情况，可以指定基层人民法院管辖第一审专利纠纷案件。

因侵犯专利权提起的诉讼，一般由侵权行为地或者被告住所地人民法院管辖。侵权行为地是指侵权行为的实施地和侵权结果的发生地。具体包括被控侵犯发明、实用新型专利权的产品的制造、使用、许诺销售、销售、进口等行为的实施地；专利方法使用行为的实施地，依照该专利方法直接获得的产品的使用、许诺销售、销售、进口等行为的实施地；外观设计专利产品的制造、许诺销售、销售、进口等行为的实施地。

3. 诉前证据保全

为了加强对专利权的保护，防止侵权人在专利权人起诉前转移、毁灭证据，《专利法》第 67 条第 1 款规定，"为了制止专利侵权行为，在证据可能灭失或者以后难以取得的情况下，专利权人或者利害关系人可以在起诉前向人民法院申请保全证据"。

申请诉前证据保全，应当具备以下条件：其一，为了制止专利侵权行为；其二，如果不采取诉前证据保全，有关侵权的证据就可能灭失或者以后难以取得。

此外，《专利法》第 67 条还就申请诉前证据保全的程序作了如下规定：

(1)人民法院采取保全措施，可以责令申请人提供担保；申请人不提供担保的，驳回申请。

(2)人民法院应当自接受申请之时起 48 小时内作出裁定；裁定采取保全措施的，应当立即执行。

(3)申请人自人民法院采取保全措施之日起 15 日内不起诉的，人民法院应当解除该措施。

(二)民事保护

专利权本质上是一种私权，一种民事权利。因此，侵犯专利权将首先导致民事责任。

1. 民事责任的承担方式

由于专利权属于纯粹的财产权，因此，侵权人主要应当承担停止侵害和赔偿损失的民事责任。如果人民法院在作出判决时侵权行为仍在继续，那么停止侵权将是侵权人首先应当承担的民事责任。

赔偿损失是民事责任中最普遍、适用最广的一种方式，也是对专利侵权的一种重要补救措施。关于赔偿额的计算，根据《专利法》第 65 条的规定，侵犯专利权的赔偿数额按照权利人因被侵权所受到的实际损失确定；实际损失难以确定的，可以按照侵权人因侵权所获得的利益确定。根据《审理专利纠纷案件解释(二)》第 27 条的规定，"权利人因被侵权所受到的实际损失难以确定的，人民法院应当依照专利法第六十五条第一款的规定，要求权利人对侵权人因侵权所获得的利益进行举证；在权利人已经提供侵权人所获利益的初步证据，而与专利侵权行为相关的账簿、资料主要由侵权人掌握的情况下，人民法院可以责令侵权人提供该账簿、资料；侵权人无正当理由拒不提供或者提供虚假的账簿、资料的，人民法院可以根据权利人的主张和提供的证据认定侵权人因侵权所获得的利益"。

权利人的损失或者侵权人获得的利益难以确定的，参照该专利许可使用费的倍数合理确定。赔偿数额还应当包括权利人为制止侵权行为所支付的合理开支。权利人、侵权人依法约定专利侵权的赔偿数额或者赔偿计算方法，并在专利侵权诉讼中主张依据该约定确定赔偿数额的，人民法院应予支持。

权利人的损失、侵权人获得的利益和专利许可使用费均难以确定的，人民法院可以根据专利权的类型、侵权行为的性质和情节等因素，确定给予1万元以上100万元以下的赔偿。

2. 民事保护的时效

我国《专利法》第68条规定："侵犯专利权的诉讼时效为二年，自专利权人或者利害关系人得知或者应当得知侵权行为之日起计算。发明专利申请公布后至专利权授予前使用该发明未支付适当使用费的，专利权人要求支付使用费的诉讼时效为二年，自专利权人得知或者应当得知他人使用其发明之日起计算，但是，专利权人于专利权授予之日前即已得知或者应当得知的，自专利权授予之日起计算。"

如果专利权人或者利害关系人已经知道或应该知道专利侵权行为存在的时间已超过两年，但是，只要侵权行为一直处于持续状态，专利权人仍然可以通过诉讼要求侵权人停止侵权并获得赔偿。只是人民法院仅仅支持从起诉时间向前追溯二年之内的侵权损害赔偿，超过二年的侵权损失因超过诉讼时效，法院不予支持。

3. 专利侵权诉讼中的举证责任

《专利法》第61条规定，专利侵权纠纷涉及新产品制造方法的发明专利的，制造同样产品的单位或者个人应当提供其产品制造方法不同于专利方法的证明。

专利侵权诉讼，属于一般民事诉讼。一般民事诉讼的举证责任实行"谁主张，谁举证"的原则，即由当事人对自己提出的诉讼请求所依据的事实或者反驳对方诉讼请求所依据的事实提供证据加以证明。但是，当专利侵权纠纷涉及新产品制造方法专利时，由于制造方法只有在产品的制造过程中使用，要求权利人进入生产现场进行调查，取得被控侵权人使用了专利方法的证据是较为困难的。因此，为了更有效地保护专利权，在涉及新产品制造方法的发明专利侵权诉讼中实行举证责任倒置，即由被告负举证责任。

例17.1中，甲厂如果怀疑乙厂使用了甲厂的专利方法，可以向法院起诉。法院可以要求乙厂提供证据证明其所用方法不同于甲厂的专利方法。如果乙厂举证不能，则法院可以推定乙厂生产的饮料使用了甲厂的专利方法。

应当注意的是，在方法专利的侵权诉讼中实行举证责任倒置的原则，并不意味着专利权人或者利害关系人（原告）就不需要提供任何证据。专利权人或者利害关系人至少需要提供如下证据：第一，原告是该方法的专利权人或者合法使用人，拥有独占权；第二，被告制造、使用、许诺销售、销售或者进口的产品与原告采用专利方法所直接获得的产品相同。

此外，专利侵权纠纷涉及实用新型专利或者外观设计专利的，人民法院或者管理专利工作的部门可以要求专利权人或者利害关系人出具由国务院专利行政部门对相关实用新型或者外观设计进行检索、分析和评价后作出的专利权评价报告，作为审理、处理专利侵权纠纷的证据。因为在我国，对实用新型专利申请和外观设计专利申请不作实质审查，这必然会影响实用新型和外观设计专利的质量。为了保证纠纷处理结果的公正，要求权利人提供专利权评价报告是合理的。

（三）行政保护

根据《专利法》第60条的规定，未经专利权人许可，实施其专利，即侵犯其专利权，引起纠纷的，专利权人或者利害关系人可以向人民法院起诉，也可以请求管理专利工作的部门处理。管理专利工作的部门处理时，认定侵权行为成立的，可以责令侵权人立即停止侵权行为，当事人不服的，可以自收到处理通知之日起15日内依照《中华人民共和国行政诉讼法》向人民法院起诉；侵权人期满不起诉又不停止侵权行为的，管理专利工作的部门可以申请人民法院强制执行。进行处理的管理专利工作的部门应当事人的请求，可以就侵犯专利权的赔偿数额进行调解；调解不成的，当事人可以依照《中华人民共和国民事诉讼法》向人民法院起诉。

（四）刑事保护

我国《专利法》对一般的专利侵权行为不追究刑事责任，只有假冒他人专利，情节严重的才可能构成犯罪，追究刑事责任。

此外，根据我国《专利法》第71条的规定，违反本法第20条的规定向外国申请专利，泄露国家秘密的，由所在单位或者上级主管机关给予行政处分；构成犯罪的，依法追究刑事责任。

三、专利侵权诉讼中现有技术或现有设计抗辩

例17.2 甲开发了一项新产品，并将其核心技术在某公开出版物上公开，之后才向专利局申请专利，并获得了专利权。甲获得专利权后，发现乙擅自使用该技术，便向法院起诉乙。

专利法的根本目的在于鼓励创新。因此，任何在专利申请日前在国内外公开的技术和设计，也即现有技术和现有设计，都不能被授予专利权。但是，在对发明专利进行实质审查的过程中，由于可供审查员检索的文献在数量上总是少于申请日之前世界上的所有公开文献，因此，审查员一般难以检索到所有现有技术。此外，对于那些没有在公开出版物上公开但却已经公开使用的发明创造，审查员更是难以知晓。这就导致了在现实中，会有一些发明创造属于申请日之前的现有技术，不符合专利授权条件而被授予了专利权。另外，对于实用新型和外观设计专利而言，由于它们在申请专利时均不需要实质审查，因此，现有技术和现有设计被错误授权的可能性就更大。

既然现实中确实存在那种属于现有技术或者现有设计而被授予专利权的情况，那么，在专利侵权诉讼中，就应当允许被控侵权人以其所实施的技术属于现有技术或者现有设计作为抗辩理由。因此，我国《专利法》第62条规定："在专利侵权纠纷中，被控侵权人有证据证明其实施的技术或者设计属于现有技术或者现有设计的，不构成侵犯专利权。"

在专利法中规定被控侵权人享有现有技术抗辩权，是2008年修订《专利法》时新增加的内容。根据原《专利法》的规定，被控侵权人如果要证明自己的行为不构成侵权,必须先向专利复审委员会提出专利无效宣告申请,在专利复审委员会宣告该专利权无效后,人民法院根据专利复审委员会的处理结果,才能认定被控侵权人的行为不构成专利侵权。这一过程往往程序复杂,耗时长。

2008 年修订的《专利法》对于被控侵权人来讲,维权的途径变得更为简捷。在专利侵权诉讼中,如果被控侵权人有证据证明其实施的技术或者设计属于现有技术或者现有设计,可以不用向专利复审委员会提出无效宣告申请,而直接向处理案件的人民法院提出现有技术或者现有设计抗辩,人民法院一旦认定被控侵权人所实施的技术或者设计属于现有技术或者现有设计,就可以直接认定被控侵权人不构成侵权。

例 17.2 中,被控侵权人乙在诉讼中只要证明其所实施的技术在甲申请专利前已经公开,即该技术属于现有技术,法院就可以直接认定乙不构成侵权。

需要注意的是,现有技术或者现有设计抗辩,以及人民法院或者专利行政部门认定侵权不成立的结论只具有个案效力。换言之,在个案支持现有技术或者现有设计抗辩而宣布侵权不成立的情况下,涉案专利权并不因此而无效。要彻底否认专利权的有效性,仍然要通过专利权无效宣告程序来确认。

四、假冒专利

(一)假冒专利的具体表现

假冒专利包括以下两种情形。

假冒专利的第一种情形是:未经许可,在有关载体上使用他人真实有效的专利标记或者专利号,使人误以为有关产品或者方法是他人的专利的行为。具体而言,这种假冒专利最常见的表现形式为:

(1)未经许可,在其制造或者销售的产品、产品的包装上标注他人的专利号;

(2)未经许可,在广告或者其他宣传材料中使用他人的专利号,使人将所涉及的技术或者设计误认为是他人的专利技术或者专利设计;

(3)未经许可,在合同中使用他人的专利号,使人将合同所涉及的技术或者设计误认为是他人的专利技术或者专利设计;

(4)伪造或者变造他人的专利证书、专利文件或者专利申请文件。

假冒专利的第二种情形是:捏造出一个根本不存在或者不再受保护的专利,然后声称自己的产品或者方法是专利产品或者专利方法。具体而言,这种假冒专利最常见的表现形式为:

(1)制造或者销售标有专利标记的非专利产品;

(2)专利权被宣告无效后,继续在其制造或者销售的产品上标注专利标记;

(3)在广告或者其他宣传材料中将非专利技术或者设计谎称专利技术或者专利设计;

(4)在合同中将非专利技术称为专利技术;

(5)伪造或者变造专利证书或者其他专利文件。

以上这两种假冒专利的情形的区别在于：

其一，被假冒的对象不同，后者为从未存在过的专利、已经终止的专利或者已经被宣告无效的专利，而前者为他人真实有效的专利。

其二，后者并未导致任何专利权人的利益受损，但会使公众误认为相关的产品或者方法为专利产品或者专利方法，从而上当受骗，而前者不仅会使专利权人的声誉和经济利益遭到损害，还会使公众上当受骗，损害公众利益。

(二)假冒专利的法律责任

我国《专利法》第63条规定："假冒专利的，除依法承担民事责任外，由管理专利工作的部门责令改正并予公告，没收违法所得，可以并处违法所得四倍以下的罚款；没有违法所得的，可以处二十万元以下的罚款；构成犯罪的，依法追究刑事责任。"据此，假冒专利应承担的法律责任是：

1. 民事责任

假冒专利，同时又构成侵犯他人专利权的，应依法承担停止侵权、赔偿损失的民事责任。

2. 行政责任

假冒他人专利的行为，一方面以假乱真，欺骗公众，使公众利益受损；另一方面，假冒行为损害了专利产品的形象，损害了公众对专利制度的信心，破坏了专利行政管理秩序，是一种行政违法行为，应当承担行政责任。对于假冒他人专利的行为，由管理专利工作的部门责令改正并予以公告，没收违法所得，可以并处违法所得四倍以下的罚款；没有违法所得的，可以处20万元以下的罚款。

3. 刑事责任

我国《刑法》第216条规定，假冒他人专利，情节严重的，处3年以下有期徒刑或者拘役，并处或者单处罚金。

根据最高人民法院、最高人民检察院《关于办理侵犯知识产权刑事案件具体应用法律若干问题的解释》，假冒他人专利，具有下列情形之一的，属于"情节严重"：(1)非法经营数额在20万元以上或者违法所得数额在10万元以上的；(2)给专利权人造成直接经济损失50万元以上的；(3)假冒两项以上他人专利，非法经营数额在10万元以上或者违法所得数额在5万元以上的。

此外，由于专利证书和专利文件是国家专利行政机关颁发的正式文件，伪造或者变卖他人专利证书、专利文件的行为还可能构成《刑法》第280条规定的"伪造、变卖、买卖国家机关公文、证件、印章罪"。

▲ 讨论案例

甲是"全密封式地漏排水器"实用新型专利的专利权人。乙公司也制造地漏产品，并由丙家居建材超市销售。甲起诉两公司擅自制造、销售其专利产品。两被告提出了现有技术抗辩。两公司提交的证据表明:在原告专利申请日之前,已有公开文献记载了这样一种技术,故该技术早已进入了公有领域,属于现有技术。

问:如果两被告的证据被法院采信,法院能否直接认定两被告不构成侵权?

课后思考

1. 确定专利权保护范围的依据是什么?简述认定专利权保护范围的方法。
2. 简述专利侵权行为的构成条件。
3. 简述专利侵权赔偿额的计算方法。
4. 简述专利侵权诉讼中的举证责任。

第四编　商　标　法

第十八章　商标与商标法概述

◇ 知识结构图

- 商标与商标法概述
  - 商标的概念、特征和功能
    - 商标的概念
    - 商标的基本特征
    - 商标的功能
  - 商标与其他商业标记
    - 商标与商号
    - 商标与商品装潢
    - 商标与商务标语
    - 商标与地理标志
    - 商标与特殊标志
    - 商标与域名
  - 商标的类型
    - 平面商标、立体商标、非形象商标和组合商标
    - 商品商标和服务商标
    - 集体商标和证明商标
    - 等级商标、联合商标和防御商标
  - 商标法律制度的产生和发展
    - 商标法律制度在西方国家的起源与发展
    - 我国商标制度的历史沿革

◈ 本章导读

本章主要讲解商标法所涉及的基本问题：商标的概念、特征和功能，商标与商号、商品装潢等商业标记的联系与区别，商标的种类、商标制度的起源与发展等问题。使大家对商标与商标法律制度有一个梗概性的认识，这些内容是理解和把握商标法其余内容的基础。

◉ 司考重点

正确理解商标的概念、特征和功能；掌握商号、商品装潢的概念以及它们与商标的

区别;认识不同类型的商标,重点掌握服务商标、立体商标、集体商标、证明商标、联合商标、防御商标的概念和特点。

第一节 商标的概念、特征和功能

例 18.1 ①甲厂是生产鞭炮商品的厂家,打算在其生产的鞭炮上注册"恭贺新禧"、"吉祥如意"等标记作为该种商品的商标。②乙厂是生产"杏仁露"商品的厂家,打算在其生产的"杏仁露"商品上注册纯粹的"杏仁"图案作为该商品的商标。

一、商标的概念

商标(trademark)俗称"牌子",是依附于商品的识别同类商品或服务来源的标记。在人类社会早期已经开始在物品上使用标记,但真正意义上的商标却是随着工业革命的兴起而发展起来的。各国由于侧重点不同,对商标的表述也不尽相同。《法国知识产权法典》规定,商标或服务商标指用以区别自然人或法人的商品或服务可用书写描绘的标记。[1]《日本商标法》规定,本法中所谓"商标",系指由文字、图形、符号,或立体图形,或它们的组合,或它们与色彩的组合,系指如下所列:(1)以生产、证明或转让商品为业者在其商品上所使用的标志;(2)以提供服务或证明为业者在其服务上所使用的标志。[2]《与贸易有关的知识产权协定》第 15 条也明确界定了商标的含义:"任何能够将一个企业的商品或者服务与其他企业的商品或者服务区分开的标记或者标记组合,均可构成为商标。"

我国《商标法》第 8 条规定,任何能够将自然人、法人或者其他组织的商品与他人的商品区别开的标志,包括文字、图形、字母、数字、三维标志、颜色组合和声音等,以及上述要素的组合,均可以作为商标申请注册。

从各国的立法规定我们可以看出,商标是生产经营者为了使自己的商品或服务与其他生产经营者的同类商品或服务相区别而采用的一种标记。

二、商标的基本特征

在商品经济高度发达的今天,商标是人们最为常见、使用最为普遍的一种标记。商标由文字、图形、字母、数字、三维标志、颜色组合和声音等构成,同时《商标法》第 9 条规定,申请注册的商标,应当有显著特征,便于识别,并不得与他人在先取得的合法权利相冲突。由此可知,商标具有如下法律特征:

(一)商标是一种具有显著特征的标志

从商标本身的特征看,商标是一种具有显著特征的标记。商标是由文字、图形、字

---

〔1〕《法国知识产权法典》第 L711 - 1 条。

〔2〕《日本商标法》第 2 条。

母、数字、三维标志、颜色组合和声音等以及上述要素的组合构成的标志。使用商标的目的是将自然人、法人或者其他组织的商品与他人的商品相区别,因此构成商标的标志必须具有显著特征,否则不能起到区别的作用。

例 18.1 中,甲厂和乙厂是不能将这些标记注册为商标的。因为:第一,缺乏显著性。“恭贺新禧”、“吉祥如意”等标记是鞭炮等“喜庆商品”使用的常用语,不足以将甲厂生产的鞭炮与其他厂家生产的鞭炮区别开来;单纯的“杏仁”图案,也是“杏仁露”商品上最常见的图案,不足以将乙厂生产的“杏仁露”与其他厂家生产的“杏仁露”区别开来。第二,这些标记如果由某一经营者所独占,对其他经营者不公平。

(二)商标是区别商品或服务来源的标志

从商标的使用目的看,使用商标的根本目的是区别市场上的同类商品或者服务。现实生活中,人们根据不同的需求可能会使用不同的标记,如代表中国到国际上参赛的运动员在其运动服上标有的“中国”标记,某国际组织在其建筑物上或者在其组织召开的会议上标有的专有标记,在进出口商品上标有的检验标记等。虽然现实生活中存在大量的标记,但是只有附着于商品或服务上的,起到区别商品或服务来源作用的标记才是商标。商品的通用名称、通用图形虽然也出现在商品或包装上,但是它们并不具有区别同类商品或服务来源的功能,所以它们不能构成商标。

(三)商标必须要依附于商品或服务而存在

从商标的存在空间看,商标对商品或者商业服务具有依附性。商标是使用在商品或者服务上的标记。离开了商品或者商业服务,任何标记都不能称之为商标。商标在商品或者服务中使用的方式可以是将商标直接粘贴在商品上,或者将其附着在商品的包装或者容器上,或者使用在商品的说明书上,或者使用在服务场所或者包装袋上等。

(四)商标具有财产属性是经营者的无形财产

商标具有财产属性,是企业信誉的载体。在当今社会商标的价值甚至远远高于其实体财产的价值。商标的市场知名度越大,信誉越高,其财产性越明显。如“可口可乐”、“华为”、“微软”以及“蒙牛”等商标,由于其市场知名度大,信誉高,对消费者具有极强的吸引力,是能够给企业带来丰厚利润的无形财产。

三、商标的功能

在商品的生产经营活动中,商标作为区分商品或服务来源的标志扮演着非常重要的角色,随着商品经济的不断发展,它的功能也日渐臻于完备。一般认为它具有以下基本功能:

(一)识别功能

商标的识别功能或者说商标具有识别性,是商标最本质、也是最基本的功能,商标产生的目的就是识别商品或服务的来源,不具有识别功能的标志不能作为商标使用,更不能成为注册商标。现实中,有的标志曾经具有识别商品或者服务来源的功能,后来由于某种原因不再具有识别功能,在这种情形下,该标志也很难再作为商标获得商标法的保护。如“优盘”曾经是郎科公司的注册商标,但随着“优盘”逐渐成为“闪存”产品的通用名称,“优盘”已经不能起到将郎科公司生产的“闪存”产品与其他公司生产的“闪存”产品相区别的作用,因此,“优盘”不能再作为商标获得保护。[1]

在现代社会,生产同种商品的厂家成千上万,提供同种服务的企业比比皆是,商标的使用,使得消费者可以认牌购货,在众多的商品和服务中进行识别和选择。

(二)品质保证功能

在商品经济发展过程中,生产经营者通过商标来表明自己是产品的生产者或服务的提供者,消费者也通过商标来判断选择所需的商品或服务。商标一旦长期固定使用于某种商品或服务之上,就会成为某种商品或服务质量、档次和特色的象征。如奔驰对于汽车,同仁堂对于中医药,始终代表高品质、高信誉。正因为如此,商标的使用可以促使生产经营者注重产品或服务的质量,从而来提高自己的市场竞争力并同时提高商标的信誉,进而以商标信誉作为商品或服务质量的担保。从这个意义上来说,商标就是一种责任标记。消费者认牌购物或接受服务,看中的就是商标所代表的稳定可靠的商品质量和优质的服务。经营者要维护自己的商标在消费者心目中的信誉,就必须在提高商品或者服务质量上下功夫。这样,商标客观上就起到了防止商品或者服务质量下降,保证品质的功能。

(三)广告宣传功能

商标具有显著性,极易给人留下深刻的印象,现代的商业宣传往往以商标为中心,通过商标发布商品信息、推介商品,借助商标来吸引消费者的注意力,加深对商品的印象。现实生活中,消费者也往往借助商标来了解、选择商品。这时商标又成为了开拓市场、开展竞争的重要工具和有效手段。

当今社会商品经济迅速发展,经营者提供的产品和服务也多种多样,因此广告宣传的核心往往是商标而不是具体的商品和服务,生产经营者利用商标宣传能够迅速地提高自己商品或服务的知名度,创造出良好的市场效应。除此之外,由于产品和服务种类的大规模增加,消费者已经不能通过最初直观的体验来选择产品或服务,这时人们的消费活动往往要以商标为依据,借助商标来了解商品或服务的质量与来源。商标凝结了商品以及商品生产经营者的信誉,商标的使用范围越广泛,商标的竞争力越强,影响力越大。

第二节　商标与其他商业标记

在商品或者商业服务中,有许多与商标十分近似的商业标志,如商号、商品装潢、

[1] 王迁:《知识产权法教程》(第二版),中国人民大学出版社 2009 年版,第 388 页。

商业标语等，它们都附着在商品上或者商业服务中，也在一定程度上起着区别商品或服务来源的作用。研究商标与这些商业标记的联系和区别，有助于进一步认识商标的本质，理解商标的意义和功能。

一、商标与商号

商号即厂商名称、企业名称，是指生产经营者用来表示自己的营业名称。商号作为企业名称的标志，在商业活动中被广泛使用。商标和商号往往联系密切，有的生产经营者的商标和商号是一致的，如“海尔”，既是企业名称同时也是该企业拥有的商标。但对于大多数生产厂家来说，商号与商标是不相同的。一般而言，商标必须与其所依附的特定商品相联系，而商号必须与生产或经营该商品的特定厂商相联系。二者的区别在于：

1. 使用目的不同。使用商号的目的是区别不同的经营者，是企业自身的标志；使用商标是为了区别不同经营者所生产经营的同类商品或服务，商标是商品或服务的标志，代表着商品的信誉，必须与其所依附的某些特定商品或服务相联系而存在。同时，一个经营者只能拥有一个合法的商号，但却可以拥有多个商标。

2. 构成要素不同。商号只能以文字形态存在；商标则可以通过文字、图形、字母、数字、三维标志和颜色组合或声音等多种形态来表现。

3. 效力范围不同。商标按照《商标法》的规定进行注册后具有专用权，其专用权在全国范围内有效；商号按照《公司法》或《企业登记管理条例》登记注册后，经营者只在企业登记主管机关的辖区内，对商号拥有专用权。此外，商标专用权只在法定期限内有效，而商号依附于经营者而存在，通常没有时间限制。

二、商标与商品装潢

例18.2　①甲食品厂拟将其绘制的“鸡”图形作为鸡肉罐头的商标，能否获得注册？②乙食品厂拟将其绘制的“大嫂喂鸡”图形作为鸡肉罐头的商标，能否获得注册？

商品装潢是为了说明或美化商品，吸引消费者购买而对商品包装采用的装饰性设计。优秀的商品装潢不仅美化了商品，同时也刺激了消费者的购买欲望。商标和商品装潢都使用于商品之上，也都对商品起到了一定的装饰作用，独特、醒目的商品装潢同样能起到区别商品或服务来源的作用，因此商品装潢与商标经常混为一体。但二者的区别也比较明显，其主要在于：

1. 使用目的不同。使用商标的根本目的是帮助消费者识别同类商品或服务；使用商品装潢的主要目的在于宣传、美化商品，刺激消费者的购买欲望。

2. 图形构成不同。商标的构成要素为文字、图形、字母、数字、三维标志、颜色组合和声音等，以及上述要素的组合，商标为了实现区别同类商品或服务来源的功能，构图设计要具有显著性便于识别，仅有本商品的通用名称、图形、型号的或者仅直接表示商品的质量、主要原料、功能、用途、重量、数量及其他特点的不能作为商标注册使用。商品装潢是为了吸引消费者而对商品的包装或附着物采用的装饰性设计，这种装饰性设计也是由图案、色彩等要素构成,但使用商品装潢的目的在于装饰和美化商品,因此装潢图形往往直接体现商品的原料、质量、功能等。例 18.2 中,甲食品厂的"鸡"图形不能获得商标注册,但可以作为商品的装潢,因为该图形仅仅直接反映着商品的原料;而乙食品厂的"大嫂喂鸡"图形能够获得商标注册,因为该图形有显著特征,能够将该厂生产的鸡肉罐头与其他厂家生产的鸡肉罐头区别开来。

3. 专用性不同。商标是用来区别同类商品或服务的标志,商标一旦依法注册,不得随意更改,即商品上所使用的商标必须与所注册的商标一致。商标注册后商标所有者便取得了商标专用权,其他任何人未经许可,都不得在同种或类似商品上使用与该注册商标相同或近类的商标,否则即视为侵权。而商品装潢的使用无须批准也不用办理任何手续,任何人都可根据市场需要,随时变动自己的商品装潢。商品装潢虽然不享有专有权,但经营者如果擅自使用与知名商品相同或者近似的包装或装潢,造成与他人的知名商品相混淆的仍然构成"不正当竞争",要承担相应的法律责任。对于一些构思巧妙、设计新颖的商品装潢,可以通过申请外观设计专利或者通过著作权来进行保护,也可以将商品装潢的图案作为商标进行注册,这时该商品装潢又具有了商标性质,享有注册商标专用权。

4. 受法律保护不同。经过注册的商标受到《商标法》的保护;知名商品的装潢图案受《反不正当竞争法》保护;具有独创性的商品装潢,即构成美术作品的装潢,受《著作权法》保护。

三、商标与商务标语

商务标语,又称"广告用语",是指经营者为了推销商品或者宣传服务项目而制作的宣传广告短语。它与商标关系十分密切,经常和商标同时出现在商品或者商品的包装上、宣传材料上。商务标语一般是用简洁、生动的语句来赞美商品的特点、性能及服务态度等。如海尔产品的"海尔真诚到永远"、鄂尔多斯产品的"鄂尔多斯温暖全世界"等。一般的商务标语不能起到区分商品或服务来源的作用,比如"物美价廉、营养丰富"等,这类标语不仅缺乏独创性并且经常要随着市场的变化和经营策略的调整发生改变,不能被某个人或某个企业独占性使用;还有一类商务标语创意新颖、视角独特,不仅能起到同商标一样的区分商品或服务来源的作用,而且还具有良好的宣传效果,这类商务标语如果具有独创性还可以获得著作权的保护;在商业活动中,有的商务标语虽然不具有独创性,但在反复使用并产生一定影响后,可根据反不正当竞争法请求保护,如有他人仿用,可追究对方的侵权责任。

四、商标与地理标志

地理标志,又称原产地标记,是指标示某商品来源于某地区,并且该商品的特定质量、信誉或者其他特征,主要由该地区的自然因素或者人文因素所决定的标志。地理标志中所指的"地区",既可以是国家,也可以是省、市、县、乡、村,还可以是某一特定区域,只要该商品具有的特殊品质是由该地区独特的自然因素和人文条件所决定的,就可以将其作为地理标志使用。地理标志和商标一样，都具有识别商品来源的功能，都属于知识产权，但二者的区别也比较明显：

1. 权利主体不同。商标权的主体是特定的，注册商标只能由该特定的主体使用，其他任何人无权在同类或类似商品上随意使用与其注册商标相同或相似的商标；而地理标志的主体不具有特定性，一个地理标志可以由该地区生产同类产品的个人和企业共同占有使用。

2. 保护期限不同。注册商标的有效期限为 10 年，期满后可以续展，且续展次数不受限制；地理标志的保护期限一般不受限制，具有永久性。

3. 构成要素不同。商标的构成要素包括文字、图形、字母、数字、三维标志、颜色组合和声音等，以及上述要素的组合；而地理标志的构成要素一般只包括文字，相对比较简单。

五、商标与特殊标志

特殊标志，是指经国务院批准举办的全国性和国际性的文化、体育、科学研究及其他社会公益活动中所使用的，由文字、图形组成的名称及缩写、会徽和吉祥物等标志，[1]如国际足联的标志、奥运会的标志等。特殊标志与商标外观相似，也由文字、图案、色彩组合等要素构成，但是特殊标志只能在文化、科学、教育等社会公益活动中使用，虽然为了筹募资金，特殊标志也被许可使用在某些商品上，但特殊标志并不像商标那样能起到区分商品或服务来源的作用，它仅表示该商品的经营者向该公益活动提供了资金支持。除此之外，国务院于 1996 年专门制定了《特殊标志管理条例》来保护特殊标志，根据法律规定，特殊标志的保护期限为 4 年，从核准登记之日起计算，在期满前 3 个月可以提出延期申请，延长的期限由国务院工商行政管理部门根据实际情况和需要决定。而注册商标的保护期为 10 年，从核准注册之日起计算，在期满前 12 个月可申请续展，每次续展的期限为 10 年。

六、商标与域名

域名是一串主要由字母、数字组成的标注互联网上某台计算机或计算机组的名称，简单地说就是计算机在互联网上的地址。在访问互联网进行信息检索时，就需要通过域名把用户引导到网络上的某个特定位置，此时域名就是识别网上主体身份的重要标识。因此，域名也被称为电子商标。虽然域名和商标都具有区分功能，但是和商标的区别也比较明显：

1. 识别对象不同。商标按照商品或者服务类别进行注册，是识别商品或服务来源的标志；而域名则按行业性质进行注册，是网络地址及电子邮件地址的识别标志。

2. 构成要素不同。商标的构成要素为文字、图形、字母、数字、三维标志、颜色组合和声音等，以及上述要素的组合；而域名主要由字母、数字及连接符组成。由于技术上

---

〔1〕 吴汉东：《知识产权法学》，北京大学出版社 2000 年版，第 326 页。

的原因,域名一经申请注册就排除了相同域名存在的可能性,因此域名具有唯一性;而根据《商标法》的规定,不仅相同或者近似的商标可以在不同的商品上同时使用,而且可以被不同的商标所有人拥有。

3. 地域性限制不同。商标只在注册商标的该国境内有效,即只能在该国地域范围内获得法律保护,如果想要在多个国家获得保护,就必须在各国都进行注册;而由于互联网的性质,域名的保护具有国际性。在网络上注册域名时,还应注意不得与他人在先注册的商标尤其是驰名商标相同,否则可能会构成对他人商标专用权的侵犯,也会构成不正当竞争行为。

第三节 商标的类型

商标作为经营者区分商品或服务来源的标志,按照不同的标准,可以被划分为不同的类型。《商标法》第3条规定:"经商标局核准注册的商标为注册商标,包括商品商标、服务商标和集体商标、证明商标。"这是商标法对商标类型的划分,除此之外,还可以根据商标的结构、使用对象及注册人身份的不同等,将商标进行分类。

一、平面商标、立体商标、非形象商标和组合商标

按照商标的结构或者形态的不同,可以将商标划分为平面商标、立体商标和非形象商标。其中,平面商标和立体商标属于形象商标又称视觉商标或可视性商标,非形象商标又称非可视性商标。在当今社会,大多数商标都属于可视性商标。

例 18.3 ①甲厂是生产饮料的厂家,其设计的饮料瓶独特美观,甲厂拟将该饮料瓶在我国申请商标注册;②乙公司是电子公司,其生产的电子产品开机声音独特,乙公司拟将该声音申请商标注册。

(一)平面商标

平面商标是现实生活中最多的也是最为常见的商标形态。在2001年第二次修订《商标法》之前,商标法中所称的商标皆为平面商标。按照《商标法》的规定,平面商标又可以按照其构成要素的不同,分为文字商标、图形商标和颜色组合商标等。

1. 文字商标

文字商标是指仅由文字组成,不包含任何图形或者符号的商标,如"恒源祥"、"华为"、"红旗"等。文字的范围很广,包括汉字、拼音字母、少数民族文字、外国文字、字母、数字等。文字商标中,文字的字体不限,行书、楷书、草书、艺术体、印刷体、变异体等均可使用。商标中的文字可以是具有含义的词语,也可以是生造的无意义词语,如"sony"、"海尔"等。文字商标易认、易记、易于呼叫、意思表达明确、视觉效果良好,因此大多数企业都会使用文字商标。

当然,并不是任何文字都能作为商标,首先,本商品的通用名称就不得作为商标使

用；其次，法律禁止使用的词语也不得作为商标使用。

2. 图形商标

图形商标是指仅由图形构成的商标。图形商标可以是具体的图形，如人物画、动植物画、风景画等；也可以是几何图形、符号等抽象图形，如小天鹅洗衣机、标志汽车等使用的都是图形商标。

图形商标形象生动，便于记忆，且图形商标不受语言、文字的限制。不论在哪个国家或者地区，只要会识别图形，都可以识别该商标。从商标发展的历史来看，图形商标的出现比文字商标早得多。早期的图形商标大多为花鸟虫鱼、飞禽走兽、风景名胜等，随着社会经济的发展，采用复杂图案作为商标的越来越少，而使用简单、抽象的图形作为商标的越来越多。图形商标美观、艺术性强并富有感染力，但是单纯的图形商标由于称呼不便，使用者也日趋减少。

需要注意的是，并不是任何图形都能用作商标，法律禁用的图形就不能作为商标使用，比如“国旗图案”就不能作为商标使用。

3. 颜色组合商标

颜色组合商标，顾名思义，就是指由不同颜色组成的商标。根据商标法的规定，颜色组合商标至少要由两种或两种以上颜色组合而成。对于颜色能否作为商标注册，各国的规定各有不同，有的国家不承认颜色商标，也有的国家不仅认可颜色商标，而且认为单一的颜色也可作为商标使用。我国直到2001 年修订商标法时才规定了颜色商标，同时也规定，只有两种或两种以上的颜色组合才能作为商标申请注册，单一颜色不能注册为商标。

颜色组合商标新颖独特，富有美感，不仅能起到区分商品或服务来源的作用，而且能够起到良好的宣传效果。比如，宝马汽车的蓝白相间的商标就让人印象深刻。

（二）立体商标

立体商标指以立体形象呈现的商标。比如可口可乐饮料的外形就是立体商标。立体商标设计感强、具有较强的识别性，往往比平面商标更形象、更直观、更具有视觉冲击力，但长期以来一直存在这样的误解，认为立体商标与版权、专利以及外观设计的保护范围相冲突，导致立体商标在很长时间里都不能得到保护。随着经济的发展，立体商标的重要性也日益凸显，越来越多的国家及国际组织开始承认并保护立体商标。《与贸易有关的知识产权协议》第 15 条也规定，各成员国可将视觉可感知的标记作为注册的条件。我国 2001 年修改商标法时，也增加了立体商标保护的内容。

在商业活动中，除了独立的三维标志可以申请为立体商标外，有的商品包装的外形设计新颖，也可以申请为立体商标，比如“天之蓝”白酒的酒瓶；除此之外，生产经营者还将设计独特的商品本身的形状，申请为立体商标，比如美国好时公司，将自己生产的巧克力加工成螺旋形，并将其作为立体商标注册，这就意味着其他巧克力生产厂家不能再生产这种形状的巧克力。对于以商品本身的形状申请为立体商标的，需要注意的是，我国

《商标法》第12条规定,以三维标志申请注册商标的,仅由商品自身的性质产生的形状、为获得技术效果而需有的商品形状或者使商品具有实质性价值的形状,不得注册。

例18.3中,甲厂生产的饮料瓶是可以申请商标注册的。我国允许三维标志作为商标注册和使用。

(三)非形象商标

非形象商标又称非可视性商标,是指以声音、气味等通过听觉、嗅觉感知的商标,包括声音商标和气味商标。

声音商标是通过听觉识别的、将音乐或某种特殊声音作为区分商品或服务来源的标记。这种声音既可以是自然界中真实的声音,比如美国米高梅电影公司片头的狮吼,也可以是人工合成的声音,比如诺基亚手机开机铃声。声音商标相比于普通商标而言,更加生动、让人印象深刻。由于声音商标的特殊性,很多国家的商标法都没有规定声音商标。目前只有美国、英国、澳大利亚、法国、西班牙等国保护声音商标。我国也是直到2013年修订《商标法》时才将声音纳入商标保护的范围。

气味商标是指通过嗅觉识别的、将某种特殊气味作为区分不同商品或服务来源的商标。在20世纪90年代初,美国曾将一种用在缝纫线上的特殊香味作为味觉商标给予保护。由于气味商标的特殊性,目前保护气味商标的只有美国、澳大利亚、英国等少数国家。我国对于是否保护气味商标没有作出明确规定。

需要注意的是,即使在允许香味作为商标注册的国家,对于香水之类的商品仍不能以某种香味作为商标获得保护。这一规定是为了防止不合理的垄断。因为,如果将某种香味作为香水商品的商标,就意味着其他香水生产商不能生产这种香味的香水,这显然是不合理的。

例18.3中,乙厂生产的电子产品的开机声音是可以申请商标注册的。我国允许声音作为商标注册和使用。

(四)组合商标

组合商标是指由文字、图形、字母、数字、颜色等组合而成的商标。如"金龙鱼"、"丰田"等商标,既有文字,又有图形、颜色等,是典型的组合商标。

组合商标图文并茂,结合了文字商标、图形商标及立体商标等商标的优点,不仅形象生动,而且便于称呼,现实生活中大多数商标都是组合商标。

二、商品商标和服务商标

根据商标的使用者是商品的经营者还是服务的提供者,可将商标分为商品商标和服务商标。

例18.4 为了创造自己的品牌,某内衣专卖店为其销售的内衣注册了"活得好"商标,该商标属于以下哪一类?

A. 服务商标　　B. 证明商标　　C. 销售商标　　D. 制造商标

(一)商品商标

商品商标,顾名思义就是在有形商品上使用的商标。具体来说,就是生产经营者在其生产、制造、加工或经销的商品上所使用的商标。商品商标是相对于服务商标而言的,它是最早出现的,也是最为常见的一类商标,它是商品的生产者或经营者为了将自己生产经营的商品区别于市场上的其他同类商品而使用的标记。商品商标的出现要远早于服务商标,我国早在宋代就出现了使用在"功夫针"上的"白兔"商标,而服务商标是直到近代才出现的。商品商标通常使用在商品的表面或外包装上,此外也可以标注在商品的产品说明书上或者其他附着物上。"奔驰"、"宝马"、"李宁"商标均为商品商标。商品商标又可以分为制造商标和销售商标。

1. 制造商标。制造商标又称工业商标或者生产商标,是商品的生产制造者在其生产、加工、组装的商品上所使用的商标。使用制造商标的目的在于将其生产的商品与其他企业生产的同类产品相区别,如"青岛"牌啤酒、"奔驰"牌汽车、"海尔"牌电视,皆为制造商标。

2. 销售商标。销售商标又称商业商标或者推销商标,是指销售者在自己经销(销售)的商品上使用的商标。使用销售商标的目的在于表明经营者所出售的商品都是经过精心挑选的,这种销售商标代表了销售者的商业信誉。如湖南省茶叶进出口公司的"猴王牌"茶叶,英国"马莎"超市的"马莎"商标皆为销售商标。例 18.4 中,内衣专卖店是在其销售的内衣上使用"活得好"商标,因此该商标属于销售商标。

当一种商品既使用了制造商标,又使用了销售商标的时候,这两种商标就分别起到了宣传生产者和销售者的作用。

(二)服务商标

服务商标又称服务标记或劳务标志,是经营者为了使自己提供的服务区别于他人提供的同类服务而使用的标志。在经济活动中,有些经营者提供给消费者的不是有形的商品,而是某种服务项目,如旅游服务、金融服务、保险服务等。对于不同经营者提供的同类"服务",也需要使用标记把它们进行区分。比如"平安"保险、"太平洋"保险、"泰康"保险,虽然它们提供的都是保险服务,但仍然需要使用不同的商标进行区分。服务商标通常张贴、悬挂于经营者的服务场所,或者附着于其附赠物(如包装袋)上。

服务标记的内容最早出现在 1883 年制定《保护工业产权巴黎公约》中,当时并没有要求各成员国保护服务标记。1946 年美国制定《商标法》时才明确提出了保护服务商标,随后加拿大、德国等国陆续在其《商标法》中规定了服务商标,我国在 1993 年修订《商标法》时,增加了保护服务商标的内容。

三、集体商标和证明商标

根据商标的归属情况及使用者的不同,可以将商标划分为集体商标和证明商标。

(一)集体商标

集体商标,又称"团体商标",是指以团体、协会或其他组织名义注册,供该组织成员在商事活动中使用,以表明使用者在该组织中的成员资格的标志。[1] 按照法律规定,集体商标只能许可其集体成员使用,它的作用是向用户表明使用该商标的商品或服务具有共同的特点。集体商标既可使用于商品又可用于服务。一个使用集体商标的经营者,有权同时使用自己的其他商标。使用集体商标有利于经营者在扩大影响的同时提高市场竞争力,集体商标的使用本身具有广告效益。在经营过程中,使用集体商标可以集中中小企业的力量,提高商品或服务的竞争力。

集体商标的注册人是依法成立的集体组织,如工商业协会、团体或者其他组织。只有集体组织的成员在商业活动中才可以使用集体商标,原则上不允许该集体成员之外的主体使用,但以地理标志注册集体商标的不受此限制。根据《商标法实施条例》的规定,地理标志可以作为集体商标注册。以地理标志作为集体商标注册的,其商品符合使用该地理标志条件的自然人、法人或者其他组织,可以要求参加以该地理标志作为集体商标注册的团体、协会或者其他组织,该团体、协会或者其他组织应当依据其章程接纳会员;不要求参加以该地理标志作为集体商标注册的团体、协会或者其他组织的,也可以正当使用该地理标志,该团体、协会或者其他组织无权禁止。

(二)证明商标

证明商标又称保证商标,是指由对某种商品或者服务具有监督能力的组织所控制,而由该组织以外的单位或者个人使用于其商品或者服务,用以证明该商品或者服务的原产地、原料、制造方法、质量或者其他特定品质的标志,如"纯羊毛标志"、"绿色食品标志"均为典型的证明商标。

证明商标注册后,经营者提供的商品或服务符合证明商标规定的使用条件的,证明商标注册人不得拒绝其使用。证明商标的主要作用就是证明商品或服务具有某种特定品质,因此证明商标的注册人不得在自己提供的商品或者服务上使用该证明商标。证明商标的注册人在授权使用的过程中必须要履行控制职责,如果出现使用人的商品或者服务达不到证明商标规定的标准,对消费者造成损害的,由注册人承担赔偿责任。

证明商标能够为商品或服务的原产地、原料、质量等品质提供证明,因此证明商标的所有人应该具备相关的专业技术人员及鉴定、证明特定品质所需的仪器、工具、设备等,也就是说,该证明商标的所有人应当具备证明商品或服务具有特定品质的证明能力,因此,证明商标的注册人大多是对商品或服务的品质具备检测与监督能力的组织,如商会、有关团体或质量监督机构等。

任何具备某个证明商标使用条件的企业或者个人,都可以申请使用该证明商标。证明商标的注册人不得拒绝。按照商标法的规定,地理标志既可以作为集体商标申请注册,也可以作为证明商标申请注册。

---

[1] 《商标法》第3条第2款。

集体商标和证明商标的共同之处在于:(1)他们均为多个生产经营者或服务提供者共同使用的商标;(2)经营者在使用集体商标或者证明商标的同时,也可使用自己的商标。

集体商标与证明商标的区别在于:(1)集体商标是该集体组织成员使用的商标,集体组织之外的经营者一般不得使用;而对于证明商标来说,只要经营者生产的商品或提供的服务达到了证明商标要求的某种特定品质,就可以使用该证明商标,证明商标的所有人不得拒绝。(2)证明商标是证明商品或者服务的原产地、原料、质量或者其他特定品质的标志,因此证明商标的申请人应当是对商品或者服务具有鉴定和监督能力的组织;而对于集体商标的申请人无此要求。(3)集体商标的所有人可以在自己生产的商品或提供的服务上使用该集体商标,而证明商标的所有人不得在自己的商品或服务上使用该证明商标。

集体商标与共有商标也不相同。共有商标是指由多个权利人共有的商标。我国《商标法》第5条规定:“两个以上的自然人、法人或者其他组织可以共同向商标局申请注册同一商标,共同享有和行使该商标专用权。”

共有商标通常由各个经营者共同申请商标注册,注册后,其商标专用权由共有人共同享有、共同行使。而集体商标的注册人是集体组织,其成员只享有商标使用权。

四、等级商标、联合商标和防御商标

按照商标的功能和用途可将商标划分为等级商标、联合商标和防御商标。

例18.5　某公司在其生产的巧克力、可可粉上注册了“金帝”商标。随着“金帝”商标社会知名度的扩大,该公司担心他人在其他类别的商品或者服务上使用或者注册该商标。

(一)等级商标

等级商标指同一生产经营者所生产、经营的同一类产品因质量、规格、等级的不同而使用的系列商标。实行等级商标即一种质量、规格、等级的产品,使用一个商标,确定一种价格,使消费者一见到该商品,就知晓该商品的质量、规格和档次。例如,山东同泰橡胶厂生产的轮胎,因规格不同,分别使用“骆驼”、“金鹿”和“工农”商标。

使用等级商标的目的在于区别同一企业生产的不同规格、质量、等级的同类商品,便于消费者鉴别选购。等级商标中的系列商标具有相对独立性,等级商标中的某一个商标被注销或撤销,不影响其他商标的效力。

(二)联合商标

联合商标是指同一生产经营者在相同或者类似商品上注册的两个或者两个以上相近似的商标。这些近似商标中,首先注册或者主要使用的商标为正商标或主商标,其余的商标则为联合商标。如浙江娃哈哈集团为了防止他人侵权,注册了“哈哈娃”、“娃娃哈”等商标,其中“哈哈娃”、“娃娃哈”等商标即为联合商标;再比如柳州两面针牙膏厂为了防止侵权,注册了联合商标“面面针”、“双面针”。

注册联合商标的目的主要是防止侵权或储备以备将来使用,因此,联合商标注册后闲置不用,不会被国家商标主管机关撤销。同时,联合商标是由同一商标所有人拥有的若干个类似的商标,为了防止消费者利益受损,联合商标必须整体处分,不允许分开转让或分别许可使用。

(三)防御商标

防御商标是指商标所有人将商标在核定使用的商品或服务范围之外的其他类型的商品或者服务上予以注册,以防止他人在这些商品或服务上使用其注册的商标。其中原商标为主商标,注册在其他商品或服务上的商标为防御商标。使用防御商标的目的是防止他人在其他类别的商品或服务上使用其商标。比如"可口可乐"公司为了保护其主商标,不仅在饮品类的商品上进行了注册,而且在其他类别的商品和服务上也进行了注册。

例 18.5 中,该公司可以向商标局提出防御商标的注册申请,即在其他类别的商品或者服务上注册该商标。

进行防御商标的注册后,商标的保护范围得到进一步扩大,不仅可以防止侵权,而且可以避免商标所有人的信誉受损。一般来讲,只有驰名商标才能进行防御商标的注册。注册防御商标的主要目的一般不是为了自己使用,因此防御商标也不会因为其不使用而被撤销。

防御商标与联合商标的主要区别在于,联合商标是使用在同类或类似商品上的相似商标,而防御商标是使用于不同类别的商品或服务上的同一商标。

第四节　商标法律制度的产生和发展

商标法律制度与商品经济的发展存在十分密切的关系,商品经济是商标法律制度产生的基础。商标法律制度首先产生于西方国家,后来逐渐成为各国通行的制度。

一、商标法律制度在西方国家的起源与发展

在西方国家,有关商标保护的历史可以追溯到 13 世纪。当时欧洲社会存在大量的行会,人们要从事某一行业必须加入行会,有些行会如呢绒织造、珠宝玉器等,都有自己特定的印章,作为商品的标记。与此同时,国家的市场管理人员可以通过这些标记检查产品的质量,作为追究责任的依据。后来,国家开始颁布法律对商标进行管理和保护。1226 年,英国曾颁布过面包师强制标志法,规定面包师须在自己制作和出售的面包上标上适当的标志,并应保证面包的质量和分量。在 14 世纪,一位国王也曾颁布过对伪造酒标记的处以绞刑的法律。他认为,伪造酒标记是最严重的欺诈行为。[1]

〔1〕 胡开忠:《商标法学教程》,中国人民大学出版社 2008 年版,第 23 页。

到了16世纪,商标已广泛地使用于经济生活中。据史料记载,第一个经法院判决保护商品提供者专用标识的案例发生在1618年的英国。[1] 在以后很长时间里,英国都使用普通法通过判例保护商标。

19世纪商品经济迅速发展,商标的使用也越来越普遍,为了制止商标侵权行为同时也为了保护商标所有人的利益,一些西方国家先后制定了调整商标关系的专门法律。1803年,法国制定了《关于工厂、制造场和作坊的法律》,该法第16条将假冒商标视为私自伪造文件的行为予以处罚,该法是最早出现的保护商标的单行法。1804年,法国在《拿破仑法典》中进一步明确商标权是一种财产权,应当受到法律保护。1857年,法国制定了《关于以使用原则和不审查原则为内容的制造标记和商标的法律》,这被认为是世界上第一部具有现代意义的商标法。随后,西方各国也陆续制定了保护商标的成文法。1862年,英国颁布了其首部商标法即《商品标记法》,之后又在1875年颁布了《商标注册法》,1905年又通过了新的商标法。美国于1870年制定了《美利坚合众国联邦商标条例》,同年8月又补充了对侵犯商标权行为适用刑事制裁的规定。1881年,美国国会依据宪法中的"贸易条款"制定了新的商标法,直到1946年颁布了商标法《兰汉姆法》,才确定了联邦一级的商标注册制度。德国于1874年颁布了《商标保护法》,采用的是"不审查原则",后又于1894年颁布了以"审查原则"为内容的《商标法》。日本也在明治维新后于1884年颁布了以"注册原则"为内容的《商标条例》。其他一些国家也大都在19世纪末期颁布了商标法。

随着国际间商业贸易的发展,商标权仅在一个国家范围内得到保护已不能适应国际贸易发展的需要。1883年,法国、德国、比利时等10国在法国巴黎签订了《保护工业产权巴黎公约》,这不仅是保护商标的第一个世界性公约,同时也是知识产权领域的第一个世界性公约。此后,又在《保护工业产权巴黎公约》的基础上制定了多个有关商标保护的国际公约,其中比较重要的有1891年签订的《商标国际注册马德里协定》、1957年的《商标注册用商品和服务国际分类尼斯协定》、1966年的《保护原产地名称及其国际注册里斯本协定》以及1973年的《商标注册条约》等。

二、我国商标制度的历史沿革

(一)旧中国的商标制度

我国发现最早的较为完整的商标是北宋时期山东济南刘家功夫针铺所用的"白兔"商标,该商标现由中国国家博物馆珍藏。虽然在我国商标出现和使用的历史很悠久,但由于我国商品经济发展缓慢,保护商标的法律意识不强,因此,真正意义上的商标法律制度很晚才出现。

我国商标立法直至清朝末期才开始,当时清政府是迫于外来压力,为了资本主义列强的通商贸易需要才进行的商标立法。在此背景下,1902年清政府和英国政府签订

---

[1] 郑成思:《知识产权法》,法律出版社1997年版,第168页。

了《续议通商行船条例》,并按条例规定建立了牌号注册局。1903年清政府与美国和日本签订了《通商行船条约》,美日两国政府也提出了与英国类似的要求。1904年清政府在外国列强的压力下,颁布了《商标注册试办章程》,这是我国历史上第一个商标成文法,尽管这个法律并未正式施行,但还是为后来的商标立法奠定了基础。

1923年,北洋政府颁布了《商标法》,与此同时还在政府农商部下面设立商标局,处理有关商标注册的相关事宜,1927年商标局迁至南京。1930年南京国民党政府颁布了《商标法》及《商标法实施细则》,并于1931年1月1日起施行,这部法律后经修订,1949年后在我国台湾地区继续施行。

(二)新中国的商标制度

新中国成立后,政务院于1950年8月28日颁布了第一个商标法规《商标注册暂行条例》,1963年国务院又颁布了《商标管理条例》,1982年8月第五届全国人大常委会第二十四次会议通过了《中华人民共和国商标法》,并于1983年3月1日起生效,与此同时,国务院颁布了《商标法实施细则》。此外,我国还参加了若干保护商标的国际条约,从而形成了较为完备的商标法律保护体系。

1. 1950年的《商标注册暂行条例》及其施行细则

1950年,政务院颁布了《商标注册暂行条例》,这是新中国第一部商标法规。同年9月29日,政务院财政经济委员会又颁布了《商标注册暂行条例施行细则》。该条例规定了全国统一的商标注册制度,并实行自愿注册原则;规定了商标注册的申请、审查、注册、异议等程序,并规定,商标从注册之日起,注册人即取得专用权,专用权的期限为20年,期满可以申请继续使用。条例没有规定对商标侵权的具体救济措施,只规定商标权人认为专用权被侵害时,得向当地人民法院起诉。尽管该条例的内容较为简单,但它对于保护商标权人的利益、促进经济发展,起到了重要的作用。

1954年3月,中央工商行政管理局颁布了《未注册商标暂行管理办法》,要求一切国营、公私合营、合作私营或者私营的大企业的未注册商标都要在当地登记备案。

2. 1963年的《商标管理条例》及其细则

1963年,国务院颁布了《商标管理条例》,中央工商行政管理局同时发布了该条例的施行细则和沿用至1989年的《商品分类表》。该条例规定商标实行全面注册制,要求生产经营者使用的商标必须进行注册,未注册的不能使用。该条例强调对商标的监督管理,对商标的主管机关及监督方式作了具体的规定,但却没有明确规定商标专用权的保护。因此,在这一阶段,与其说是对商标的保护,不如说是对商标的监督管理。

3. 1982年的《中华人民共和国商标法》

1982年8月23日,第五届全国人大常委会第二十四次会议通过了新中国第一部保护商标的基本性法律——《中华人民共和国商标法》。该法于1983年3月1日起正式实施。同年3月10日,国家工商行政管理局发布了《中华人民共和国商标法实施细则》。该法明确规定了商标注册制度,并实行自愿注册和强制注册相结合的原则。这部商标法以保护商标专用权为核心,反映了商标法律保护制度的基本要求。该法的颁布与实施,不仅标志着我国商标法制的逐步健全和完善,也标志着我国保护知识产权的法律制度的逐步建立、健全。

为了适应社会主义市场经济体制的需要,1993 年 2 月 22 日,第七届全国人大常委会第三十次会议通过了《关于修改〈中华人民共和国商标法〉的决定》,对该法进行了第一次修改,这次修改增加了对服务商标的保护和对不当注册商标撤销的规定,加强了对商标侵权行为的打击力度。

随着我国社会主义市场经济的发展和我国加入世界贸易组织的需要,2001 年 10 月 27 日,第九届全国人大常委会第二十四次会议通过了《商标法》的第二次修正案,修改后的《商标法》自 2001 年 12 月 1 日起施行。

这次修改的内容主要有:(1)扩大了商标权的主体范围,明确规定自然人可以申请商标注册;(2)扩大了商标权的客体范围,允许三维标志作为商标注册和保护;(3)对驰名商标的保护作了较为明确的规定;(4)增加了对地理标志的保护;(5)对有一定市场影响的未注册商标进行了一定程度的保护,禁止他人以不正当手段抢先注册;(6)增加了对商标权人的救济措施,加大了对侵权行为的惩处力度。

为了适应我国市场经济的深入发展及全球经济一体化进程的加快,2013 年 8 月 30 日,第十二届全国人民代表大会常务委员会第四次会议通过了《商标法》的第三次修正案,修改后的商标法于 2014 年 5 月 1 日正式生效。

此次修改的内容比较多,主要有:(1)改进了商标的注册、审查及续展程序,为商标注册人提供了便利;(2)完善了商标异议程序;(3)明确将诚实信用原则写入《商标法》,并将其作为商标注册和使用的一项基本原则;(4)加强了商标的行政管理,细化了民事赔偿标准,加大了商标专用权的保护力度;(5)强调了商标的使用义务,并规定不得以“驰名商标”的名义进行广告宣传。

《商标法实施细则》于 1983 年颁布之后,分别于 1988 年、1993 年、1995 年及 2002 年进行了修订,2002 年修改时,将《商标法实施细则》修改为《商标法实施条例》,该条例于 2002 年 9 月 15 日起施行。

除了商标法及其实施细则之外,国家工商行政管理总局发布的《商标评审规则》、《集体商标、证明商标注册和管理办法》、《驰名商标认定和保护规定》,最高人民法院发布的《关于审理商标民事纠纷案件适用法律若干问题的解释》等,也是商标法的组成部分。

▲ 讨论案例

(一)甲公司是生产拖拉机的公司,其生产的拖拉机一律采用“绿色车轮、黄色车身”的颜色组合,并向商标局申请取得了该颜色组合商标的专用权。后乙公司也在其生产的拖拉机的车轮与车身部位使用了绿色与黄色。

问：乙公司的行为是否侵权？

（二）某公司是一家专门生产功能型饮料的企业。2001 年该公司推出了一种新型饮料，该饮料以其口感清爽，容器奇特而深受广大消费者喜爱。甲公司为了防止其产品被他人随意仿冒，2002 年 1 月以该饮料容器的立体造型作为饮料的商标，向国家工商行政管理局提出商标注册申请。

问：某公司设计的饮料瓶能否作为商标注册？并阐述理由。

课后思考

1. 简述商标的概念及特征。
2. 简述商标的功能。
3. 简述商标与商号、商品装潢的联系与区别。
4. 试按照不同的标准给商标进行分类。
5. 简述证明商标与集体商标的异同。
6. 简述联合商标的概念、特点以及与防御商标的主要区别。

第十九章 商标权的取得

◇ 知识结构图

- 商标权的取得
  - 商标权的取得方式
    - 原始取得
    - 继受取得
  - 商标注册的条件
    - 商标应具有显著性
    - 商标不得违反法律的禁止性规定
  - 商标的申请与注册
    - 商标注册的原则
    - 商标注册申请人
    - 商标注册申请文件
    - 商标注册申请的审批

◈ 本章导读

根据我国《商标法》的规定，只有注册商标才能取得商标专用权。本章介绍了商标权的取得依据，着重阐述了我国的商标注册制度，包括申请注册的商标应符合的条件、商标注册的原则、申请人的条件、应递交的申请文件以及商标注册的审批程序等。通过学习，使大家能够较全面地掌握我国商标权的取得制度。

◉ 司考重点

正确认识商标的"显著性"，熟悉并理解商标的禁用条款以及商标的其他禁止性规定，理解并掌握自愿注册原则、申请在先原则以及优先权原则；明确商标法对申请人和申请文件的要求，明确商标注册的审批程序，以及各个环节的具体要求等。

第一节 商标权的取得方式

商标权的取得方式可以分为两种：一是原始取得，二是继受取得。原始取得又称直接取得，是指通过首先使用、注册等方式直接取得商标权。这种权利的取得方式不需要依赖他人已经存在的在先权利。继受取得又称“传来取得”,是指权利人的商标权不是直接产生而是基于他人的在先权利产生的。继受取得的方式通常有两种:其一,通过他人的转让取得商标权;其二,通过继承取得商标权。

一、原始取得

原始取得是商标权取得的最主要方式。综观世界各国的商标立法,商标权的原始取得方式大致有以下几种:

(一)使用原则

使用原则是指通过实际使用商标而取得商标权,即在确定商标专用权时,以是否使用作为判断商标权归属的依据。依照这一原则,只要商标经过使用,即只要将商标在商品上、包装上或在广告中使用,即使不经过注册,也可获得商标权。在历史上,使用取得曾是商标权产生的重要依据。法国在其1857年制定的《关于以使用原则和不审查原则为内容的制造标记和商标的法律》中规定,实际使用与商标注册都是商标权产生的根据,同样的商标,先使用的优于先申请的。采取使用取得的方式,有利于商标的在先使用人,有助于促进商标的实际使用。在商品经济发展的早期,生产和交换都以本地市场为主,是否在市场上首先使用比较容易判别,因此在商标权发展的早期,多采用使用取得的方式。但随着经济的发展和商品生产流通范围的进一步扩大,商标数量急剧增加,纯粹的使用取得制度的弊端也日渐突出:由于商标的使用没有经过公示,一旦出现商标权纠纷,最先使用人难以确定,因此,使用取得的方式因为不能适应经济发展的需要,逐渐退出了历史舞台。

目前,大多数国家都不再采取纯粹的使用取得制度,一些曾经采用使用取得制度的国家,也都同时采用商标注册制度。

(二)注册原则

注册原则是指商标权必须通过注册才能取得,也就是说,只有经过注册的商标才能获得商标权,注册是商标权产生的唯一依据。根据注册取得原则,对于同一商标来说,谁先注册该商标,谁就取得该商标的专用权,商标不经过注册,就不能取得商标专用权。注册取得原则又可分为自愿注册和强制注册。目前大多数国家采取的都是自愿注册原则,即是否进行注册由商标所有人自己决定。注册原则有利于商标的管理,有助于督促商标所有人及时申请注册,并且在发生纠纷时,有利于确定权利的归属,有助于纠纷的解决。我国商标法采取的就是注册原则。

注册原则虽然方便管理,有利于明晰权利关系,但也存在一些不足,比如容易发生“商标抢注”,即一些人故意抢注他人使用在先的未注册商标,以此获得不正当利益。除此之外,如果有一些经营者长期使用的商标未经注册,该商标一旦被他人注册,自己反倒会陷入不能继续使用的境地。因此,为了避免这种情况发生,我国《商标法》第32条规定,申请商标注册不得损害他人现有的在先权利,也不得以不正当手段抢先注册他人已经使用并有一定影响的商标。《商标法》第59条同时规定,商标注册人申请商标注册前,他人已经在同一种商品或者类似商品上先于商标注册人使用与注册商标相同或者近似并有一定影响的商标的,注册商标专用权人无权禁止该使用人在原使用范围内继续使用该商标,但可以要求其附加适当区别标识。

(三)混合原则

混合原则是对使用原则与注册原则的折中适用。根据这一原则,申请人在申请注册后取得了商标权,但在核准注册后的一段时期之内,在先使用人可以使用在先为理由,申请撤销他人已经注册的与自己在先使用的商标相同或近似的商标。也就是说,商标在申请注册后,只有经过一段时期之后仍然没有在先使用人主张权利才能获得稳定的商标权。按照这一原则,商标的先使用人只要在法定期间内提出撤销申请,不仅可以撤销已经注册的商标,而且自己可以取得商标权。

混合原则在适用注册原则的同时保护了先使用人的利益,因此也有一些国家采用,如美国、英国、西班牙等国。但混合原则的缺陷也比较明显,它会使得权利人已经申请注册的商标权长期处于不稳定的状态,在申请后的一段时期内,只要有在先使用人提出了异议,申请人的商标权就会被撤销,申请人之前为宣传商标投入的财产就失去了价值。因此,采用混合原则的国家并不多。

二、继受取得

继受取得,又称传来取得,即商标权人取得商标权不是最初直接取得的,而是在原来商标权的基础上,通过一定的法律事实获得的。

继受取得有两种方式:第一种是通过商标权转让合同取得,即由原商标权人作为出让人与受让人签订有偿或无偿的商标权出让合同,受让人从原商标权人处获得商标权;第二种是通过继承程序取得,即商标权作为一种无形财产权,按照继承法的规定,由继承人按照继承程序继承被继承人的商标权。

按照我国《商标法》的规定,按照法定程序申请注册的商标可以获得商标权;而商标权的继受取得,也应当按照商标法的相关规定办理注册商标的转让或转移手续,方能获得商标权。

第二节 商标注册的条件

商标注册的条件是指申请注册的商标应当具备一定的条件,才能被核准注册。根据《商标法》第 8 条的规定,任何能够将自然人、法人或者其他组织的商品与他人的商品区别开的标志,包括文字、图形、字母、数字、三维标志、颜色组合和声音等,以及上述要素的组合,均可以作为商标申请注册。因此,首先商标的构成要素应当符合法律规定,由文字、图形、字母、数字、三维标志、颜色组合和声音等以及上述要素的组合构成,可以让公众以此区分商品或服务的来源,这是商标法对商标本身构成要件的要求。除此之外,《商标法》第9条规定:“申请注册的商标,应当具有显著特征,便于识别,并不得与他人在先取得的合法权利相冲突。”因此,申请注册的商标应当具备以下条件,才能被核准注册:

一、商标应具有显著性

例19.1　甲厂为其生产的剪刀设计了“锐利牌”商标,拟申请商标注册。

显著性,又称可识别性,是指商标在使用过程中产生的,能够引起消费者注意并凭此与其他商品或者服务区别开来的特性。商标具有显著性使得消费者借此可以区别商品或者服务的来源,因此任何商标如果不具备显著性则不能称其为商标。一方面,商标的图案、形象或声音等应当具有鲜明的特色,使人一望便知是表明商品或服务的标记,而不致使人误认为是其它标记;另一方面,在交易活动中商标使得一般人能够据以辨明及区分不同的商品或服务。

商标的显著性依其来源可分为固有显著性和通过使用获得显著性两种。所谓固有显著性,是指商标标记本身所固有的显著性,即商标所使用的文字、图形、字母、数字、三维标志、颜色组合和声音等或者上述要素的组合具有独创性,其立意新颖、富有个性,能够给人留下深刻印象,能够起到区别商品或服务出处的作用。商标的独创性越高,商标的固有显著性越强。通过使用获得显著性也被称为“显著性的拟制”,是指本来不具备显著性的标志通过长期使用而具有了区别商品或服务来源的功能,简单地说就是商标通过使用获得了显著性。《知识产权协定》第15条第1款规定:“即使有的标志本来不能区分有关商品或者服务,成员亦可根据其经过使用而获得的识别性,确认其可否注册。”我国《商标法》第11条也规定,那些本来不具有显著特征的标志“经过使用取得显著特征,并便于识别的”,可以作为商标注册。商标因为固有显著性获得注册是通常情况,通过使用获得显著性的注册商标只占极少数。

根据商标显著性程度的强弱,可以将其分为“臆造性商标”、“任意性商标”和“暗示性商标”三类。

1. 臆造性商标。臆造性商标,是指由经营者杜撰的,不属于现有词汇的商标。这类商标的显著性最强,如“可口可乐”、“海尔”、“sony”、“kodak”等都是臆造性商标,这些商标一出现,就给消费者以全新的感觉,从而印象深刻。

2. 任意性商标。任意性商标,是指虽然属于现有词汇,但与其所使用的商品或者服务无直接关联的商标。如用于电子产品上的“苹果”商标,“苹果”是个普通的词汇,但经营者首次将其用于电脑上,给人耳目一新的感觉。此类商标的显著性虽然不及臆造性商标,但仍然较强。

3. 暗示性商标。暗示性商标,是指以隐喻、暗示的词汇揭示商品或者服务的属性或特点,如“象牙”(肥皂)、“潮汐”(洗衣机)、“晚安”(床上用品)等,都是暗示性商标。与前两类商标相比,暗示性商标的显著性较弱,但仍能够获得注册,且市场效果不错。

如果商标缺乏显著性,就难以获得注册。比如单纯的描述性标志和通用性标志因为不具有固有显著性就不能申请注册。我国《商标法》第11条规定,仅有本商品的通用名称、图形、型号的以及仅仅直接表示商品的质量、主要原料、功能、用途、重量、数量及其他特点的不能获得商标注册。

例19.1中,甲厂不能获得商标注册,因为该商标直接描述了商品的质量。

二、商标不得违反法律的禁止性规定

例19.2 ①甲卷烟厂为其生产的香烟设计了“赛神仙”商标,打算申请注册;②乙食品厂在其生产的食品上使用“寿牌”商标,并打算申请注册。

(一)不得违反禁用条款

我国《商标法》第10条规定,下列标志不得作为商标使用:

1. 同中华人民共和国的国家名称、国旗、国徽、国歌、军旗、军徽、军歌、勋章等相同或者近似的,以及同中央国家机关的名称、标志、所在地特定地点的名称或者标志性建筑物的名称、图形相同的。

国家名称、国旗、国徽是国家的专有标志,是国家的象征,如果允许经营者任意使用这些标志作为商标,有损国家的尊严;军旗是军队的象征,勋章代表的是国家给予的一种荣誉,不能作为商标使用;同中央国家机关的名称、标志、所在地特定地点的名称或者标志性建筑物的名称、图形相同的也不得作为商标使用和注册,这些名称和图形,有着特定的含义,也是国家的重要标志和象征,因此不允许经营者任意使用这些标志作为商标,如“中南海”、“人民大会堂”和“天安门”等标志性建筑物的名称、图形。

2. 同外国的国家名称、国旗、国徽、军旗等相同或者近似的,但经该国政府同意的除外。该禁用规定符合国际惯例和《巴黎公约》的要求,体现了国家之间的平等与尊重。

3. 同政府间国际组织的名称、旗帜、徽记等相同或者近似的,但经该组织同意或者不易误导公众的除外。比如联合国的“UN”标志,国际足联的“FIFA”标志等。该规定也是国际惯例,体现了对政府间国际组织的尊重。

4. 与表明实施控制、予以保证的官方标志、检验印记相同或者近似的,但经授权的除外。官方标志是国家机关使用的专有标志,如公安机关的专有标志;检验印记如进出口检验印记、卫生检验印记等。《巴黎公约》第6条之3要求成员国禁止将其他成员的官方标志、检验印记作为商标注册。

5. 同“红十字”、“红新月”的名称、标志相同或者近似的。红十字会是1863年成立于日内瓦的一个独立的、中立的、国际性的救济组织,它的宗旨是为战争和武装暴力的受害者提供人道保护和援助。世界上大多数国家均使用白底红十字为标志,并称之为红十字会;而一些伊斯兰国家使用白底红色的月形作为标志,并称之为“红新月会”。这些标志作为特定组织的专有标志,禁止经营者作为商标注册和使用。

6. 带有民族歧视性的。尊重各民族的信仰及生活习惯,促进各民族团结是我国的基本国策,因此带有民族歧视性的标志不能作为商标注册使用。

7. 带有欺骗性，容易使公众对商品的质量等特点或者产地产生误认的。为了保护消费者利益，法律要求经营者应如实反映商品或服务，不得夸大宣传，欺骗消费者。

例 19.2 中，甲卷烟厂不能获得注册，因为该商标夸大宣传其商品，违反了诚实信用原则，并带有欺骗性。

8. 有害于社会主义道德风尚或者有其他不良影响的。如色情、暴力的标记，宣扬封建迷信的标记等，均在禁止注册和使用之列。

此外，县级以上行政区划的地名或者公众知晓的外国地名，不得作为商标。但是，地名具有其他含义或者作为集体商标、证明商标组成部分的除外；已经注册的使用地名的商标继续有效。

县级以上行政区划的地名或者公众知晓的外国地名之所以不得作为商标使用和注册，主要原因是：其一，地名属于公共资源，不应为某一经营者所独占，同时地名也缺乏显著性，不应作为商标使用。其二，用地名作商标，还可能使人产生误解。如当年天津某厂生产的“北京牌”电视机，即是一例。其三，违背国际惯例。

但在下列情况下，地名可以作为商标使用和注册：(1)含有县级以下的行政区划的地名；(2)地名本身具有其他含义的；(3)地名作为集体商标、证明商标组成部分的，如“金华”火腿；(4)已经注册的使用地名的商标，继续有效。如“青岛”啤酒。

例 19.2 中，乙食品厂的“寿牌”商标可以注册和使用。因为，虽然该商标与安徽寿县地名巧合，但它有地名以外的其他含义。

(二)三维标志作为商标注册时，不得造成不合理的垄断

根据《商标法》第 12 条的规定，以三维标志申请注册商标的，仅由商品自身的性质产生的形状、为获得技术效果而需有的商品形状或者使商品具有实质性价值的形状，不得注册。

该条规定体现了商标的“非功能性”要求。这些具有一定的功能性，并体现了一定的技术特征的形状不应作为商标使用，这不仅可以避免其被某一生产经营者独占，造成不合理的垄断，同时如果这些具有“功能性”的形状被注册为商标使用还会阻碍该项技术的推广和传播。对于这些具有“功能性”的形状，如果满足了专利的保护条件，可以申请发明、实用新型或外观设计专利，从而获得专利法的保护。

申请注册立体商标的，申请人应当在申请书中事先声明，没有声明的，一律视为平面商标。同时，申请人在申请时应当提交该立体商标的图样。

(三)不得虚假使用地理标志

《商标法》第 16 条规定，“商标中有商品的地理标志，而该商品并非来源于该标志所标示的地区，误导公众的，不予注册并禁止使用；但是，已经善意取得注册的继续有效”。地理标志表明着商品的产出地，如果将地理标志作为商标使用，而该商品又并非来源于该标志所标示的地区，往往会误导公众。因为地理标志除了具有指示商品来源的作用，同时还具有表明该商品的特定质量、信誉或者其他特征。因此，对地理标志的

使用应当进行限制，虚假的地理标志不仅会误导消费者，而且对于地理标志所在地区的生产经营者也不公平。

此外，如果允许普通经营者将地理标志作为商标注册，对其他经营者来讲是不公平的。因此，地理标志只能由符合条件的团体、协会等组织作为集体商标或者证明商标予以注册，并只能允许该地区符合条件的经营者使用。

(四)不得与他人的在先权益相冲突

1. 不得使用他人的驰名商标

(1)不得在相同或类似商品上使用与未注册的驰名商标相同或相似的商标

《商标法》第13条规定，就相同或者类似商品申请注册的商标是复制、摹仿或者翻译他人未在中国注册的驰名商标，容易导致混淆的，不予注册并禁止使用。该规定旨在保护那些未在中国注册的驰名商标，根据法律规定，对于未在我国注册的驰名商标，禁止他人复制、摹仿或者翻译该驰名商标后在相同或类似的商品上申请注册。

(2)不得在不相同或不相类似商品上使用与已注册的驰名商标相同或相似的商标

《商标法》第13条规定就不相同或者不相类似商品申请注册的商标是复制、摹仿或者翻译他人已经在中国注册的驰名商标，误导公众，致使该驰名商标注册人的利益可能受到损害的，不予注册并禁止使用。该规定旨在保护那些已经在中国注册的驰名商标，根据法律规定，对于已经在我国申请注册的驰名商标，不仅禁止他人复制、摹仿或者翻译该驰名商标后在相同或类似的商品上申请注册，而且也禁止在不相同或不相类似商品上使用。

2. 不得同他人的注册商标相同或相似

申请注册的商标不得与他人在同一种商品或者类似商品上已经注册的或者初步审定的商标相同或者相似。在实际操作中，主要是看两种商标的文字、图形、发音等要件是否相同或相似，除此之外，还要看两个商标是否使用在同一种商品或类似商品上。如果两个商标相同，但并不是使用在同一种商品或类似商品上，也可以获得注册，但驰名商标除外。

3. 不得侵犯他人的在先权利

《商标法》第32条指出，申请商标注册不得损害他人现有的在先权利，也不得以不正当手段抢先注册他人已经使用并有一定影响的商标。申请注册的商标不仅不能与他人在先享有的著作权、外观设计专利权、肖像权、姓名权或者名称权等权利相冲突，而且也不能通过不正当的手段抢注他人已经使用并有一定影响的商标。根据法律规定，未注册的商标不能取得商标权，但是如果该商标已经使用并产生了一定的影响，那么法律也应当给予保护，因为这种抢注行为不仅严重违反了诚实信用原则，而且也破坏了公平竞争的市场秩序，应当被法律所禁止。

第三节 商标的申请与注册

一、商标注册的原则

商标注册是指商标使用人将其使用的商标依照法定程序,向商标局提出注册申请,经依法审核批准,在《商标注册簿》上登记,发给《商标注册证》并予以公告,授予注册人商标专用权的法律活动。经过商标局核准注册的商标,称为"注册商标"。在我国,进行商标注册是取得商标专用权的唯一途径。此外,进行商标注册,也是商标局对商标予以管理的一种法律措施。

为了加强对商标注册申请的管理,各国商标法都规定了一些有关商标注册方面的基本制度,即商标注册的原则。我国商标法在商标注册方面有以下原则:

(一)自愿注册原则

世界各国商标法确认商标专用权所采用的基本原则可以分为两种:一是注册原则,二是使用原则。注册原则是指申请人获得商标专用权不需要使用商标,而只需要按照法定程序进行注册登记就能获得;而使用原则是指商标只有经过使用才能获得专用权,使用是获得商标权的前提条件。我国《商标法》第3条规定,经商标局核准注册的商标为注册商标,包括商品商标、服务商标和集体商标、证明商标;商标注册人享有商标专用权,受法律保护。由此可见,我国《商标法》采用的是注册原则。注册原则又可分为自愿注册原则和强制注册原则。强制注册是指商标必须经过注册,否则不得使用。自愿注册是相对强制注册而言的,即商标使用人可根据自己的需要决定是否将商标申请注册。自愿注册原则是国际上通行的一种制度,也符合商标权的私权性质,我国采取的是自愿注册原则。

一般来说,商标使用人如果打算长期使用该商标,应当申请商标注册,取得商标专用权,这样更有利于维护商标使用人的利益。需要注意的是,我国在实行自愿注册的同时,对极少数商品仍保留了强制注册办法。《商标法》第6条规定:"法律、行政法规规定必须使用注册商标的商品,必须申请商标注册,未经核准注册的,不得在市场销售。"

根据有关规定,必须使用注册商标的商品包括烟草制品。烟草制品,包括卷烟、雪茄烟和有包装的烟丝等,之所以对这些商标实行强制注册,是基于对公民切身利益和生命安全的考虑,通过对这些商标的注册和管理,有利于加强对商品的监控,保证其质量。如果违反强制注册的规定,由工商行政机关责令其限期申请注册,可以并处罚款,责令停止销售有关商品。

(二)申请在先原则

例19.3 甲厂在其生产的洗衣粉上使用"百合花"商标,并于2009年5月20日向商标局提出注册申请;乙厂也于同年的6月10日为其生产的洗手液申请注册"百合花"商标。在其他条件相同的情况下,商标局将初步审定并公告谁的商标?假如甲、乙是同一天申请的,商标局又将初步审定并公告谁的商标?

申请在先原则,是指对于在同一种商品或类似商品上申请注册的相同或相似的商标,受理申请日期在先的申请,驳回申请日期在后的申请。与申请在先原则相对应的是使用在先原则,其基本含义是,对于在同一种商品或类似商品上申请注册的相同或相似的商标,受理使用日期在先的申请,驳回使用日期在后的申请。世界上绝大多数国家的商标法采取的都是申请在先原则。

我国《商标法》第 31 条规定:"两个或者两个以上的商标注册申请人,在同一种商品或者类似商品上,以相同或者近似的商标申请注册的,初步审定并公告申请在先的商标;同一天申请的,初步审定并公告使用在先的商标,驳回其他人的申请,不予公告。"由此可知,我国《商标法》采取的也是申请在先原则。我国商标法同时规定,如果两个或者两个以上的申请人的申请日为同一天时,由国家商标主管机关通知申请人在 30 日内提交该商标实际使用日期的有效证明,初步审定使用在先的商标。如果是同日使用或者均未使用该商标的,由各申请人自行协商。协商一致后,30 日内将协商结果书面报送商标局,超过 30 天达不成协议的,在商标局主持下,由申请人抽签决定,或者由商标局裁定。商标的使用,包括将商标使用于商品上、商品的包装或容器上以及商品交易书上,或者将商标用于广告宣传、展览以及其他商业活动中。

例 19.3 中,商标局应初步审定并公告甲厂的商标,因为甲厂申请在先。假如甲、乙是同一天申请的,商标局应通知甲和乙,要求他们提供在先使用该商标的证据。谁使用在先,就初步审定并公告谁的商标。

在申请人提出申请的商标相同或相似时,由商标局根据申请日期的先后确定商标权的归属。因此,申请日的确定显得十分重要。根据《商标法实施条例》第 18 条的规定,商标注册的申请日期,以商标局收到申请文件的日期为准。同时,《商标法实施条例》第 10 条规定,除本条例另有规定的外,当事人向商标局提交文件或者材料的日期,直接递交的,以递交日为准;邮寄的,以寄出的邮戳日为准;邮戳日不清晰或者没有邮戳的,以商标局实际收到日为准,但是当事人能够提出实际邮戳日证据的除外。

(三)优先权原则

优先权原则是 1883 年签订的《保护工业产权巴黎公约》所确立的基本原则。其目的是便于缔约国国民在其本国提出专利或者商标申请后再向其他缔约国提出申请。《保护工业产权巴黎公约》第 4 条规定,已经在本联盟的一个国家正式提出商标注册申请的任何人或其权利继承人,自第一次申请的申请日起 6 个月内,再向其他国家就同一商标在相同商品上提出的商标注册申请享有优先权。作为《巴黎公约》的成员国,我国《商标法》中也确立了优先权制度。优先权可分为国外优先权和展览会上的优先权两类。

1. 国外优先权

我国《商标法》第 25 条规定,商标注册申请人自其商标在外国第一次提出商标注册申请之日起六个月内,又在中国就相同商品以同一商标提出商标注册申请的,依照该外国同中国签订的协议或者共同参加的国际条约,或者按照相互承认优先权的原则,可以享有优先权。这里的“共同参加的国际条约”,主要是指《保护工业产权巴黎公约》和《商标国际注册马德里协定》。受优先权保护的申请人,其商标注册申请日期不受在我国提出商标注册申请的日期约束,而是以其优先权日期,也就是该商标在外国第一次提出注册申请的日期为准。申请人在国外第一次提出商标注册申请的日期即为优先权日。享有国外优先权的条件是:

(1)申请人递交首次申请的国家与我国签订有相互给予优先权的协议或者国际公约,或者有相互承认优先权的惯例;

(2)申请人须在优先权期限内向我国商标局提出注册申请。优先权期限为6个月,自申请人在国外第一次提出商标注册申请之日起算,如果超过6个月再向我国提出申请的,不能享有优先权,同时需要注意的是,该外国申请必须是取得了申请日和申请号的正规申请;

(3)前后申请人应是同一人,或者后一申请人是前一申请人的合法继受人;

(4)提出申请的商标必须是使用在相同商品上。在国外提出注册申请的商标与在我国提出的申请的商标必须使用在相同的商品上,否则不能主张优先权;

(5)申请人必须提交要求优先权的书面声明。《商标法》第25条第2款规定,申请人要求优先权的,应当在提出商标注册申请的时候提交书面声明,并且在三个月内提交第一次提出的商标注册申请文件的副本;未提交书面声明或者逾期未提交商标注册申请文件副本的,视为未要求优先权。

2. 展览会上的优先权

除了国外优先权之外,我国还规定了另一种享有优先权的情况,我国《商标法》第26条规定,商标在中国政府主办的或者承认的国际展览会展出的商品上首次使用的,自该商品展出之日起六个月内,该商标的注册申请人可以享有优先权。这是对于在国际展览会上展览的商标所采用的临时保护措施,可以享有优先权即意味着,申请人可以将其在国际展览会上商标的展出之日作为申请日。享有展览会上的优先权的条件是:

(1)该商标必须在中国政府主办或者承认的国际展览会展出的商品上首次使用;

(2)申请人须在优先权期限内向商标局提出注册申请。优先权期限为6个月,自展览会上展出之日起算;

(3)商标注册申请人与在展览会上展示商品(及商标)之人系同一人;

(4)申请注册的商标与在国际展览会上展出的商标是同一商标,指定使用的商品也相同;

(5)申请人必须提出要求优先权的书面声明。《商标法》等26条第2款规定,要求优先权的,应当在提出商标注册申请的时候提出书面声明,并且在三个月内提交展出其商品的展览会名称、在展出商品上使用该商标的证据、展出日期等证明文件;未提出书面声明或者逾期未提交证明文件的,视为未要求优先权。

二、商标注册申请人

我国《商标法》第4条规定,自然人、法人或者其他组织在生产经营活动中,对其商品或者服务需要取得商标专用权的,应当向商标局申请商标注册。由此可见,自然人、法人或者其他组织,都可以作为商标注册申请人,申请商标注册。

关于外国人与外国企业来中国申请商标注册的问题,《商标法》第17条规定,外国人或者外国企业在中国申请商标注册的,应当按其所属国和中华人民共和国签订的协议或者共同参加的国际条约办理,或者按对等原则办理。需要注意的是,在我国登记注册的合资、合作、外国独资企业办理商标注册申请时,按国内企业对待。我国港澳台地区的自然人或者法人申请商标注册时,应按《香港特别行政区基本法》与《澳门特别行政区基本法》规定的原则办理。

申请商标注册时,国内申请人既可以自己直接到商标局办理注册申请手续,也可以委托商标代理机构办理。但是,外国人或者外国企业,必须通过我国政府认可的具有商标代理资格的组织办理商标的相关事宜。《商标法》第18条第2款规定,外国人或者外国企业在中国申请商标注册和办理其他商标事宜的,应当委托依法设立的商标代理机构办理。这种制度规定主要是为了保护外国申请人的合法权益,保证商标法律事务的质量以及提高商标注册机关的工作效率。

三、商标注册申请文件

商标注册申请实行书面审查制。申请商标注册,申请人应当提交商标注册申请书、商标图样、证明文件和申请费。商标注册申请文件应使用中文,如果所提交的证据材料是英文的,应当附上中文译文。未附送的,视为未提交该证据材料。

(一)商标注册申请书

申请商标注册时必须要填写商标注册申请书,商标注册申请书是商标局审查的依据,商标申请书等相关申请文件,既可以通过书面的方式,也可以通过数据电文的方式提交。[1] 填写商标注册申请书时,应注意符合下列要求:

1. 每一份商标注册申请应当向商标局提交一份《商标注册申请书》。不能在一份申请书上申请注册两个或两个以上的商标,商标的名称要与提交的商标图样一致。为了简化申请程序,2013年修改商标法时将原来商标法中规定的"一标一类"修改为"一标多类",即商标注册申请人可以通过一份申请就多个类别的商品申请注册同一商标,也就是说,申请人如果要将同一商标使用在多个类别的商品上,只需要在一份申请中提出,而不需要分别申请。

2. 填写的商品名称应当是通用名称,并且应按照《商标注册用商品和服务国际分

---

〔1〕《商标法》第22条第3款。

类》中的商品或服务的名称填写。如果是新名称,应当予以说明。

我国自1988年11月开始使用《商标注册用商品和服务国际分类表》,该文件于1975年在法国尼斯签订,因此又称为尼斯分类,目前全世界已经有一百三十多个国家和地区采用该分类表。该分类表共计45类,其中包括34类商品和11类服务。该分类表是在借鉴、吸收多个国家的商标管理经验的基础上制定的,它不仅为商标的检索、管理提供了依据,而且也为商标的国际注册提供了便利条件。因此,我国也采用该分类表。

3. 商标注册申请人的名称应当与所提交的证件相一致。即法人或者其他组织申请商标注册的,申请人名称应与营业执照上的名称完全一致;自然人申请商标注册的,申请人的姓名应与身份证等有关证件上的姓名相一致。

(二)商标图样

每一件商标注册申请应当向商标局提交商标图样1份,以颜色组合或者着色图样申请商标注册的,应当提交着色图样,并提交黑白稿1份;不指定颜色的,应当提交黑白图样。商标图样应当清晰,便于粘贴,用光洁耐用的纸张印制或者用照片代替,长和宽应当不大于10厘米,不小于5厘米。

以三维标志申请商标注册的,应当在申请书中予以声明,说明商标的使用方式,并提交能够确定三维形状的图样,提交的商标图样应当至少包含三面视图。

以声音标志申请商标注册的,应当在申请书中予以声明,提交符合要求的声音样本,对申请注册的声音商标进行描述,说明商标的使用方式。对声音商标进行描述,应当以五线谱或者简谱对申请用作商标的声音加以描述并附加文字说明;无法以五线谱或者简谱描述的,应当以文字加以描述;商标描述与声音样本应当一致。

商标为外文或者包含外文的,应当说明含义。

(三)证明文件

申请商标注册时,应当提交的证明文件主要有:

1. 商标法规定必须使用注册商标的商品和一些特殊行业的商品所需要的证明文件。如为烟草制品申请商标注册,应当附送国家烟草主管机关批准生产的证明文件,申请药品商标注册,应当附送卫生行政部门发给的《药品生产企业许可证》或者《药品经营企业许可证》副本等;

2. 国内的报刊、杂志申请商标注册的,应当提交新闻出版部门颁发的全国统一刊号(CN)的报刊登记证;

3. 申请注册集体商标、证明商标的,应当附送商标使用管理规则和申请人主体资格证明等;

4. 用人物肖像作为商标申请注册的,必须提供肖像权人授权并经公证机关的公证。

此外,申请商标注册如果是通过商标代理人代为办理,还应附送委托人的委托书。

委托书应载明代理的内容及权限。

四、商标注册申请的审批

对于符合商标法规定的商标注册申请,商标局应当予以受理并对其进行审查。符合商标法有关条件的,予以核准注册。目前,世界各国对商标的审查主要分为两种方式:一种是不审查制,又称形式审查制,即只进行形式审查,而不进行实质审查;另一种是审查制,即不仅要进行形式审查,还要进行实质审查。我国一直采取审查制。

(一)形式审查

商标局收到商标注册申请后首先要进行形式审查。所谓形式审查,是指对商标注册申请的文件和手续是否齐备、是否符合法律要求进行审查,并确定申请日。具体地讲,形式审查的内容主要有:

(1)审查申请人的资格。主要审查申请人是否具备申请注册商标的主体资格,如果是外国申请人,还必须符合《商标法》规定的其他条件,如应当委托商标代理机构进行申请等。

(2)审查申请文件。申请人提交的申请文件应当齐全,填写应符合要求。申请手续基本齐备或者申请文件基本符合规定,但是需要补正的,商标局将通知其自收到通知之日起30日内按要求补正。在限期内补正并交回商标局的,则原申请日期仍然有效;未作补正或者超过期限补正的,原申请日期不予保留。

(3)审定申请日期和申请编号。商标局审查后,对申请手续齐备并按照规定填写申请文件的,申请予以受理,编定申请号,向申请人发出《受理通知书》。《受理通知书》是商标注册申请正式受理的法定依据,可以以此证明申请日期和申请号。申请人享有优先权的,优先权日为申请日。

(4)缴纳申请费。注册商标申请人应当按照法律的规定缴纳申请费用。

(二)实质审查

例19.4 商标局受理了一批商标注册申请,审查过程中均未发现在先申请。商标局应当依法驳回下列哪些注册申请?

A. 将“敌尔蚊”文字商标使用于驱蚊商品上

B. 将“光明”文字商标长期使用于灯泡商品上,该商标已成为人们识别该公司商品的重要依据

C. 将“红高粱”文字商标使用于高粱酿制的白酒类商品上

D. 将“红旗”文字商标使用于油漆商品上

实质审查是对商标的构成要素是否符合法定要件的审查。实质审查是决定商标申请是否能够通过的重要环节。实质审查的内容主要有:(1)申请注册的商标是否具备显著性,是否具备法定的构成要素;(2)申请注册的商标是否违反《商标法》规定的禁用条款;(3)申请注册的商标是否与他人的在先权益相冲突,是否与他人在同一种或类似商品上注册的商标相同或相似,是否与已撤销、注销不满1年的商标相同或者近似;

(4)申请注册的商标是三维标志的,该三维标志是否属于不得注册的范围。

例19.4中,商标局应当依法驳回A、C选项的注册申请,因为它们不符合显著性要求。而B中的商标经过长期使用,已取得显著性,可以获得注册。

在商标注册、评审以及侵权判断中,经常涉及对"类似商品或服务"和"近似商标"的界定。所谓类似商品,是指在功能、用途、销售渠道、消费对象等方面相同,或者相关公众认为其存在特定联系,容易造成混淆的商品。所谓类似服务,是指在服务的目的、内容、方式、对象等方面相同,或者相关公众一般认为存在特定联系、容易造成混淆的服务。判断是否为类似商品或服务时,可将《商标注册用商品和服务国际分类表》和《类似商品和服务区分表》作为参考依据。

判断商标是否近似时,一般从商标的外观、读音和含义三方面判断。这三个方面中,如果有一个以上的方面与他人商标相同或者相近似,就可以认为是近似商标。

判断商标是否近似时,还应参考以下因素:

1. 人的因素。根据最高人民法院颁布的《关于审理商标民事纠纷案件适用法律若干问题的解释》,判断商标是否近似,要以相关公众的一般注意力为标准。有的人在购物时特别注意看商标,仔细分辨,而有的人特别粗心。只有介于这两者之间的注意力才是"一般注意力"。

2. 物的因素。一般而言,消费者对于价值较低的日常消费品如毛巾、袜子等所使用的商标的关注程度较低,但对于价值较高的商品如汽车、电脑、彩电、冰箱等所使用的商标的关注程度较高。因此,对于前者,商标的近似标准应当从严把握,而对于后者,则可以从宽。

此外,司法实践中,判断商标是否近似时,经常采用以下做法:

1. 隔离观察比较法。其是指在判断商标是否近似时,不能将两个商标摆放在一起,而是分别置于不同的地方,由一般的人在分别观察后凭记忆或印象进行比较。在经过隔离观察后给人留下了近似印象的商标,可认定为近似商标。

2. 显著部分比较法。其是指在隔离观察的前提下,比较两个商标之间最醒目、最易引起消费者注意的部分是否相同。如果相同或者大致相同,可认定为近似商标。如"秋林"与"伊雅秋林"相比,考虑到文字的呼叫功能在商品流通中的重要作用,"秋林"为显著部分。该部分对于消费者而言起到了主要认知作用,两标志应被认定为近似。[1]

3. 整体观察比较法。其是指在隔离观察的前提下,判断两个商标是否在整体上给人留下非常接近的印象。如果商标从整体上容易使消费者发生混同,可将其认定为近似商标。

(三)初步审定、公告、异议和复审

经过实质审查,认为符合商标法规定的,商标局应自收到商标注册申请文件之日9

[1] 参见北京市第一中级人民法院行政判决书(2010)一中知行初字第2786号。

个月内审查完毕,认为符合商标法有关规定的,进行初步审定并公告。初步审定的商标需要在《商标公告》上进行公布,广泛征求社会公众对初步审定商标的意见。此时,经过初步审定的商标还不具有商标权。在审查过程中,商标局认为商标注册申请内容需要说明或者修正的,可以要求申请人做出说明或者修正。申请人未做出说明或者修正的,不影响商标局做出审查决定。[1]

经过实质审查后,认为不符合《商标法》的有关规定或者同他人在同一种商品或者类似商品上已经注册的或者初步审定的商标相同或者近似的,由商标局驳回申请,不予公告。

第三次《商标法》修订之前,任何人均可以对初步审定并公告的商标提出异议,这样规定不仅导致了一些人权利的滥用,而且无形之中也阻碍了申请人正常取得商标权。修订之后的《商标法》按照商标异议的绝对理由和相对理由对申请异议的主体进行了限制,《商标法》第 33 条规定,"对初步审定公告的商标,自公告之日起三个月内,在先权利人、利害关系人认为违反本法第十三条第二款和第三款、第十五条、第十六条第一款、第三十条、第三十一条、第三十二条规定的,或者任何人认为违反本法第十条、第十一条、第十二条规定的,可以向商标局提出异议。公告期满无异议的,予以核准注册,发给商标注册证,并予公告"。

《商标法》第 35 条第 1 款规定,"对初步审定公告的商标提出异议的,商标局应当听取异议人和被异议人陈述事实和理由,经调查核实后,自公告期满之日起十二个月内做出是否准予注册的决定,并书面通知异议人和被异议人。有特殊情况需要延长的,经国务院工商行政管理部门批准,可以延长六个月"。商标局经过调查后认为异议不成立的,由商标局将商标核准注册,并颁发商标注册证。如果异议人不服的,只能按照商标法的规定向商标评审委员会请求宣告该注册商标无效。[2]

如果经过调查认为异议成立的,商标局应当驳回申请并做出不予注册的决定。申请人不服的,可以自收到通知之日起 15 日内向商标评审委员会申请复审。商标评审委员会应当自收到申请之日起 12 个月内做出复审决定,并书面通知异议人和被异议人。有特殊情况需要延长的,经国务院工商行政管理部门批准,可以延长 6 个月。被异议人对商标评审委员会的决定不服的,可以自收到通知之日起 30 日内向人民法院起诉。人民法院应当通知异议人作为第三人参加诉讼。

商标评审委员会在依照前款规定进行复审的过程中,所涉及的在先权利的确定必须以人民法院正在审理或者行政机关正在处理的另一案件的结果为依据的,可以中止审查。中止原因消除后,应当恢复审查程序。

(四)核准注册

对于初步审定的商标,公告期满无人提出异议或异议不成立的,商标局予以正式

---

〔1〕《商标法》第 29 条。

〔2〕《商标法》第 35 条第 2 款。

核准注册,发给商标注册证,并在《商标公告》上进行公告。根据《商标法》的规定,经审查异议不成立而准予注册的商标,商标注册申请人取得商标专用权的时间自初步审定公告3个月期满之日起计算。

讨论案例

(一)甲公司是意大利一家生产巧克力的厂商,在其生产和销售的巧克力商品上使用"金莎及图"商标,该商标在意大利久负盛名,但未在我国进行商标注册。我国的乙厂是一家生产糖果的厂家,了解到"金莎及图"商标未在我国注册后,开始在其生产的糖果上使用该商标,并向我国商标局提出了注册申请。

问:1. 乙厂能否获得注册?

2. 假如丙厂在其生产的服装上也使用"金莎及图"商标,是否构成对甲公司的侵权?

(二)德国的甲公司于2009年8月1日在中国政府主办的国际展览会上展出了其生产的商品,并在该商品上首次使用了特定商标,而中国的乙公司于2009年9月5日向中国商标局在相同商品上申请注册同一商标。甲公司又于同年的12月20日向中国商标局提出了同样的商标注册申请,并提出了要求优先权的书面声明。

问:谁可获得商标注册?

课后思考

1. 简述申请注册的商标应符合的条件。
2. 简述商标注册的原则。
3. 简述申请商标注册应提交的申请文件。

第二十章　商标权的内容与终止

◇ 知识结构图

- 商标权的内容与终止
  - 商标权的内容及特征
    - 商标权的概念
    - 商标权的内容
    - 商标权的特征
  - 注册商标的使用许可和转让
    - 注册商标的使用许可
    - 注册商标的转让
  - 商标权的终止
    - 商标权因注销而终止
    - 商标权因撤销而终止
    - 商标权因宣告无效而终止

◈ 本章导读

商标权是商标法律制度中的核心部分。从权利性质上讲，商标权包括使用权和禁止权两个方面，使用权又包括专用权、转让权、许可权等。本章主要阐述了商标权的内容和特征，在注册商标的使用许可和转让中各方应注意的法律要求，商标使用许可合同的类型和特点，转让注册商标时应遵循的原则和程序，以及商标权的终止原因等。

◉ 司考重点

掌握商标权的内容，正确理解商标专用权和禁止权的范围；熟悉注册商标的有效期和商标的续展注册时间，以及宽展期内注册人的权利；正确理解商标权的特征；明确在商标的许可使用中许可人和被许可人的法律义务，以及商标使用许可合同的类型和特点；明确转让注册商标的原则，以及转让时应注意的法律要求；掌握商标权终止的原因，等等。

第一节 商标权的内容及特征

一、商标权的概念

商标权,是指商标所有人依法对其商标所享有的独占使用和充分支配的权利。《商标法》第3条规定,经商标局核准注册的商标为注册商标,商标注册人享有商标专用权,受法律保护。因此,在我国只有依法注册的商标才能取得商标专用权。

我国虽然采取自愿注册原则,由商标使用人自己决定是否将商标进行注册,但是只有经过注册的商标才能享有商标专用权,才能在指定的商品或服务上进行独占性的使用,并排斥他人在相同或相似的商品或服务上使用与该注册商标相同或相似的商标。

虽然只有经过注册的商标才能享有商标权及广泛的禁止权,但是不可否认的是现实生活中仍然存在大量的未注册商标,有的还通过使用,具有一定的影响。虽然未注册商标不享有商标权,但是它一样凝结了商标使用人的心血,一样应当获得保护。《商标法》第32条规定,"申请商标注册不得损害他人现有的在先权利,也不得以不正当手段抢先注册他人已经使用并有一定影响的商标"。同时,2013年修改《商标法》时还为未注册商标的使用人赋予了在先使用抗辩权。《商标法》第59条第3款规定,商标注册人申请商标注册前,他人已经在同一种商品或者类似商品上先于商标注册人使用与注册商标相同或者近似并有一定影响的商标的,注册商标专用权人无权禁止该使用人在原使用范围内继续使用该商标,但可以要求其附加适当区别标识。

二、商标权的内容

商标权的内容是指商标所有人对其注册商标依法所享有的一系列权利。从权利内容上看,包括商标专用权、禁止权、许可权、转让权等。商标专用权是商标权中一项最基本的权利,是商标权的核心内容,其他权利则是由商标专用权派生出来的。

(一)专用权

商标专用权是指商标注册人对其注册商标享有的专有使用的权利。我国《商标法》第56条规定,注册商标的专用权,以核准注册的商标和核定使用的商品为限。该条规定限定了商标专用权的范围,即注册商标只能在注册时所核定的商品或者服务项目上使用,而不能及于类似的商品或者服务项目,商标权人也不得擅自改变注册商标的标志,也不能擅自使用与注册商标相似的商标。

商标专用权不是一项永久存续的权利,它有一定的时间限制。我国《商标法》第39条规定:"注册商标的有效期为十年,自核准注册之日起计算。"

商标有效期满需要继续使用的,可以申请续展。商标权的续展,是指依照法定程序延长注册商标的有效期限。根据《商标法》第40条的规定,注册商标有效期满,需要继续使用的,商标注册人应当在期满前十二个月内按照规定办理续展手续;在此期间未能办理的,可以给予六个月的宽展期。每次续展注册的有效期为十年,自该商标上一届有效期满次日起计算。期满未办理续展手续的,注销其注册商标。

注册商标的续展不受次数限制。一般来说,只要商标权人按照规定及时办理续展注册手续,就可以使商标专用权继续存在。需要注意的是,在宽展期内,他人仍不得擅自使用该商标,该商标专用权依然受法律保护。

续展注册的申请人必须是原商标注册人。申请续展注册时,申请人应当向商标局提交《商标续展注册申请书》,交回原来的《商标注册证》并按规定交纳费用。商标局收到续展注册申请后,原则上不进行实质审查,只进行必要的形式审查。认为符合规定的,予以核准,将原来的《商标注册证》加注后返还,并予以公告。

(二)禁止权

禁止权是指商标权人享有的禁止他人使用其注册商标的权利。商标权是一种绝对权,其排他性表现为禁止他人非法使用、非法印制商标标识以及从事其他侵犯注册商标专用权的行为。禁止权和专用权是两个互相联系的方面,专用权涉及的是商标权人如何使用注册商标的问题,而禁止权涉及的是排斥他人使用注册商标的问题。商标禁止权的范围要大于商标专用权的范围,这是商标权的重要特征。这一特征将在"商标权的特征"中阐述。

(三)许可权

许可权是指商标权人依法许可他人使用其注册商标的权利。商标权人有权自己使用其注册商标,也有权许可他人使用其注册商标。许可他人使用注册商标是商标权人利用商标的一种重要方式,商标权的许可使用并不导致商标权权利主体的转移,而只发生商标使用权的转移。商标权人应当监督被许可人注重使用其注册商标的商品质量,被许可人必须在使用该注册商标的商品上标明商标权人的名称和商品产地。

(四)转让权

转让权是指商标权人享有的依法将其注册商标转让给他人的权利。转让商标权是商标所有人行使其权利的一种方式,商标权转让后,受让人取得注册商标所有权,原来的商标权人丧失商标专用权,即商标权从一个主体转移到另一主体。注册商标的转让不影响转让前已经生效的商标使用许可合同的效力,但商标使用许可合同另有约定的除外。

(五)标记权

标记权是指商标注册人享有的在其注册商标上标明注册标记的权利。注册标记可以是"®"或者"注册商标"。

此外,由于商标权是一种财产权,可以转让也可以许可他人使用,因此商标权也可以作为质物进行出质。《物权法》第227条第1款规定:"以注册商标专用权、专利权、著作权等知识产权中的财产权出质的,当事人应当订立书面合同。质权自有关主管部门办理出质登记时设立。”

三、商标权的特征

商标权虽然与著作权、专利权同属于知识产权,但商标权又具有不同于著作权、专利权的法律特征。其具体表现为:

(一)商标禁止权的效力范围大于专用权的效力范围

在知识产权的范畴内,著作权与专利权不具有超出其专有使用权范围的禁止权。著作权人享有禁止他人未经许可擅自使用其作品的权利,但著作权人享有的禁止权不仅不能超出其享有的使用权范围,而且还受到一定的限制。如果他人是在合理使用或法定许可的范围内使用著作权人的作品,著作权人是无权禁止的。专利权人有权禁止他人未经许可,以生产经营为目的制造、使用、许诺销售、销售、进口其专利产品,或者使用其专利方法以及使用、许诺销售、销售、进口依照该专利方法直接获得的产品。专利权人所享有的这种禁止权也同样仅仅在其取得专有实施权的范围内行使。可见,著作权人和专利权人的禁止权效力范围等于或者小于其使用权的效力范围。

而商标权则不同,商标权人所享有的禁止权的效力范围远超出其使用权的效力范围。根据我国《商标法》的规定,注册人的专有使用权以核准的注册商标和核定使用的商品为限。也就是说,商标注册人只能在核定使用的商品或者服务上使用其注册商标,即商标注册人既不能在类似商品或者服务上使用其注册商标,也不能使用与其注册商标相近似的商标。但是,禁止权的效力范围却不同,根据法律规定,商标注册人对他人未经许可在同一种商品或类似商品上使用与其注册商标相同或近似的商标,均享有禁止权。即禁止权的效力涉及以下四种情形:(1)有权禁止他人在相同商品上使用与其注册商标相同的商标;(2)有权禁止他人在相同商品上使用与其注册商标相近似的商标;(3)有权禁止他人在类似商品上使用与其注册商标相同的商标;(4)有权禁止他人在类似商品上使用与其注册商标相近似的商标。由此可见,商标禁止权的效力范围大于商标专用权的效力范围。

法律之所以这样规定,主要是为了防止商品的混淆,从而进一步保护商标注册人和消费者的利益。

(二)商标权是一种相对永久权

知识产权与财产所有权不同,它受到时间的限制,即经过一定的时间,智力成果就进入公有领域,成为社会公共的财富,任何人都可以无偿使用。例如,著作权期满后,任何人都可以利用该作品而不必征得许可和支付报酬;专利权期满后,任何人都可以实施该发明创造,同样不必获得许可和支付报酬。

商标权是一种知识产权,其保护期限也有限制,但这种限制不同于专利权和著作权。按照商标法的规定,商标权人只能在注册商标的有效期内享有商标专用权,但是同时规定,注册商标有效期满,需要继续使用的,可以按照规定办理续展手续,并且续展次数不受限制。因此对商标权人而言,只要每次有效期届满前及时申请商标续展,该注册商标就可能永远存在。但专利权和著作权的保护期一旦届满,其智力成果便进入公有领域,权利人就会永远丧失对其作品或发明创造进行支配的权利。因此,与专利权和著作权相比,商标权可以说是一种相对永久权。

(三)商标权的权利限制相对较少

凡是权利必然受到限制。在知识产权领域,无论是著作权还是专利权都形成了相对完善的权利限制制度,比如著作权领域的合理使用、法定许可使用制度,专利权领域的善意侵权、先行实施、非营利性实施制度,这些都体现了对权利人权利的限制。与专利权和著作权相比,无论是商标的国际公约还是各国的商标立法,针对商标权所作的限制性规定相对较少。随着商标权尤其是驰名商标所有人权利的日益扩张,如何有效地限制商标权,平衡商标权人与其他社会公众之间的利益,构建科学完善的、符合我国经济发展现状的商标权限制制度是当代亟须解决的问题。

第二节　注册商标的使用许可和转让

一、注册商标的使用许可

注册商标的使用许可是指商标所有人在其注册商标的有效期内,有权通过签订商标使用许可合同,许可他人使用其注册商标。在商标使用许可关系中,商标权人为许可人,获得注册商标使用权的人为被许可人。许可他人使用自己的注册商标,是商标权人享有的一项重要的权利。目前,世界上大多数国家的商标立法都规定了注册商标的使用许可制度。设立商标使用许可制度,无论对许可人还是对被许可人,都具有重要意义。其具体体现在:(1)对许可人来讲,通过将自己的注册商标许可他人使用,既可以收取商标使用费,又可以进一步扩大商标的市场知名度。(2)对被许可人来讲,通过使用他人具有一定市场影响的注册商标,有利于产品尽早打开销路,短期内可以获得经济效益。

(一)商标使用许可合同的类型

例20.1　甲厂经乙厂许可,在某省独占使用乙厂的注册商标。后发现当地的丙厂也使用了该商标。经查,丙厂是经过在外省对同一商标享有独占使用权的丁厂的违法许可而使用该商标的。甲厂的下列请求哪一个不能成立?

A. 请求丁厂承担侵权责任　　B. 请求丙厂承担侵权责任

C. 请求丙、丁厂连带承担侵权责任　　D. 请求乙厂承担违约责任

商标使用许可合同,是商标注册人许可他人使用其注册商标的合同。商标使用许可合同是商标注册人行使许可权的法定形式。根据最高人民法院2002年10月颁布的《关于审理商标民事纠纷案件适用法律若干问题的解释》第3条规定,商标使用许可合同可分为独占使用许可、排他使用许可和普通使用许可三类。

1. 独占使用许可

独占使用许可是指被许可人有权在合同约定的期间、地域范围内以约定的方式，对商标进行独占性的使用。商标权人不仅不得再将商标权许可给他人，而且许可人自己也不得使用该注册商标。与其他商标使用许可方式相比，独占使用许可中被许可人的权利范围最大，因此使用许可费也最高，在独占使用许可的情形下，如果出现了他人侵犯商标权的行为，被许可人可以独自要求对方停止侵害并赔偿损失。

例20.1中，答案应为D，因乙厂没有再许可他人在该省使用该商标，乙厂没有违约。

2. 排他使用许可

排他许可使用是指在合同约定的期间和地域范围内，许可人只能将商标许可给被许可人使用，而不得再将该商标授权给他人使用。与独占使用许可相比，排他使用许可中除了被许可人可以使用该商标外，许可人也可以使用该商标。

3. 普通使用许可

普通使用许可是指许可人在允许被许可人使用其注册商标的同时，还可以允许他人使用其注册商标，同时许可人自己也可以使用该注册商标。

商标使用许可的类型不同，在发生侵权纠纷时诉讼主体也不相同。根据最高人民法院的司法解释，在注册商标专用权被侵害时，独占使用许可合同的被许可人可以向人民法院提起诉讼；排他使用许可合同的被许可人可以和商标注册人共同起诉，也可以在商标注册人不起诉的情况下，自行提起诉讼；普通使用许可合同的被许可人经商标注册人明确授权，可以提起诉讼。此外，独占使用许可合同的被许可人可以单独向人民法院提出诉前停止侵犯注册商标专用权行为的申请和诉前证据保全的申请。

需要指出的是，商标的使用许可只适用自愿许可，不适用强制许可。《与贸易有关的知识产权协定》第21条规定，禁止对商标实行强制许可。

（二）许可人应注意的法律要求

例20.2 某市仪表厂在其生产的仪表上注册了“红日”商标，该商标市场影响较好。假如该仪表厂打算许可他人使用该商标，能否许可他人在自行车上使用该商标？

我国《商标法》第43条规定：“商标注册人可以通过签订商标使用许可合同，许可他人使用其注册商标……”许可他人使用其注册商标时，许可人应当注意以下法律要求：

1. 许可人应当将商标使用许可合同报商标局备案。根据《商标法实施条例》第69条的规定，许可他人使用其注册商标的，许可人应当在许可合同有效期内向商标局备案并报送备案材料。备案材料应当说明注册商标使用许可人、被许可人、许可期限、许可使用的商品或者服务范围等事项。实施备案制度的目的在于方便商标局对商标的使用许可情况进行管理，以规范商标使用市场。商标备案后，商标局将通过公告向社会公布，让社会公众了解商标的使用情况。现实中，有些商标使用许可合同并未到商标局备案,对此,2002 年最高人民法院公布的《关于审理商标民事纠纷案件适用法律若干问题的解释》第 19 条第 1 款规定:“商标使用许可合同未经备案的,不影响该许可合同的效力,但当事人另有约定的除外。”可见,商标使用许可合同即使未到商标局备案,仍然有效,除非当事人另有约定。商标使用许可合同的备案,对于保护第三人的利益意义重大,因为第三人可以通过备案了解商标的使用许可情况,从而保护交易安全。因此,《关于审理商标民事纠纷案件适用法律若干问题的解释》第 19 条第 2 款规定:“商标使用许可合同未在商标局备案的,不得对抗善意第三人。”所谓善意第三人,是指商标使用许可合同以外的对该商标未备案不知情的人。

2. 许可人允许被许可人使用其注册商标的商品(或服务)范围,以其被核定使用的商品(或服务)为限。根据《商标法》第 56 条的规定,注册商标的专用权,以核准注册的商标和核定使用的商品为限。即商标注册人只能在核定使用的商品(或服务)上使用其注册商标,因此,许可人也只能允许他人在核定使用的商品(或服务)上使用该注册商标。

例 20.2 中,仪表厂不能许可他人在自行车上使用该商标。因为,该商标核定使用的商品是仪表,不是自行车。该仪表厂只能许可他人在仪表上使用该商标。

3. 许可人应当监督被许可人使用该注册商标的商品质量。为维护许可人的商标信誉和保护消费者利益,许可人在与他人签订许可合同之前,应对对方的生产经营资格、生产能力、产品质量等进行考察,许可使用合同签订后,还应对使用其商标的商品质量进行监督。即在整个合同期内,许可人都有义务对被许可人的生产过程、制作工艺等涉及商品质量的环节进行监督。

4. 在使用许可期内,许可人不得擅自将注册商标转让给他人。许可人若要将其注册商标转让给他人,必须征得被许可人同意,如果许可人未经被许可人同意转让给第三人的,该许可合同仍然有效,如果商标使用许可合同明确约定商标注册人转让注册商标后,许可合同就终止的,遵照其约定。许可人在许可合同的有效期内,不得放弃续展注册,也不得申请注销被许可使用的商标。

(三)被许可人应注意的法律要求

例 20.3　甲厂是一家生产化肥的厂家,在其生产的化肥上注册并使用“工农”商标。乙厂经甲厂许可,获得了在化肥上使用“工农”商标的使用权。乙厂在产品上应标明哪个厂家的厂名和厂址?

按照商标使用许可合同使用他人注册商标时,被许可人应当注意以下法律要求:

1. 被许可人应当保证使用该注册商标的商品质量。根据《商标法》第 43 条第 1 款的规定,“……被许可人应当保证使用该注册商标的商品质量”。被许可人应当保证自己的商品质量达到法律规定的或者当事人约定的质量要求,否则许可人有权终止合同。

2. 被许可人必须在使用该注册商标的商品上标明被许可人的名称和商品产地。

如果被许可使用的是服务商标，那么被许可人也应当通过适当的方式让消费者了解其名称和地址，如在其服务场所的显著位置标明，或在其提供服务的工具上标明，以及在提供给消费者的书面材料上标明等。履行此项义务，主要是为了满足消费者的知情权。例20.3中，在乙厂的化肥产品上，应标明乙厂的厂名和厂址。

3. 被许可人不得擅自将商标许可给他人使用。被许可人获得商标使用权后，只能自己使用该注册商标，而不能再将商标许可给他人使用，除非经过许可人的授权。

4. 被许可人应按照许可合同约定的方式和数额向许可人缴纳商标使用费。

二、注册商标的转让

例20.4 甲厂在其生产的床上用品上注册并使用“晚安”商标，假如该厂打算转让该商标，应遵循怎样的原则？

(一)注册商标转让的概念

注册商标的转让是指商标权人依照法定条件和程序，将其注册商标转让给他人所有的一种法律行为。转让是商标权人行使处分权的一种方式。在商标转让关系中，商标权人为转让人，接受商标权的一方为受让人。

商标权的转让是一种双方法律行为，需要商标权人和受让人的意思表示达成一致，并按照法律规定办理相关的转让注册商标的手续，才能产生法律效力。

(二)转让注册商标的原则

转让注册商标的原则，是指转让注册商标时应当遵循的基本准则。目前，世界各国的商标立法对注册商标的转让主要规定有两种不同的原则：一是连同转让原则，二是单独转让原则。

1. 连同转让原则

连同转让原则，是指转让注册商标时，应连同该企业或该种产品的生产经营业务一并转让。[1] 不能只转让商标，而不转让其生产经营业务。适用连同转让原则的国家认为，商标作为一种区分商品或者服务来源的标记，其与所标示的商品或服务是紧密联系在一起的，在信誉上，两者具有连带性，如果只转让商标，不转让商品的生产经营业务，将会导致商品或者服务的来源发生混淆，同时会引起消费者的误解。连同转让原则对商标转让限制过多，目前只有少数国家比如美国、德国、瑞典等国适用该原则。

例20.4中，假如甲厂所在的国家采取的是连同转让原则，则甲厂转让该商标时，只能连同其生产床上用品的业务一并转让，而不能只转让该商标，不转让其生产经营业务。

2. 自由转让原则

自由转让原则又称单独转让原则，是指商标注册人既可以将注册商标连同其生产

---

〔1〕 扈纪华、裘敬梅等：《中华人民共和国商标法释义及实用指南》，研究出版社2001年版，第166页。

经营业务一同转让,也可以将注册商标与其生产经营业务分离单独转让。适用自由转让原则的国家认为,随着经济贸易的迅速发展,消费者更关心的是商品或者服务的质量,而不是商品的生产者或者服务的提供者。对于消费者来说,只要商品或者服务的质量没有变化,商品的生产者或者服务的提供者即使有了变化也不会影响其利益。并且,商标权作为一种独立的财产权,应当允许其脱离企业单独进行转让。确立自由转让原则的国家大都规定,在商标权人将商标转让时,受让人应当保证使用该注册商标的商品质量。《与贸易有关的知识产权协定》第21条规定,注册商标所有人有权连同或不连同所经营的业务,转让其商标。由此可见,《与贸易有关的知识产权协定》采取的也是自由转让原则。目前,大多数国家的商标法采取的都是自由转让原则,我国商标法亦采用该原则。

例20.4中,假如甲厂所在的国家是我国或者其他采取自由转让原则的国家,则甲厂转让该商标时,可以只转让该商标,而不转让其生产床上用品的业务。

(三)转让注册商标应注意的法律要求

1.受让人须具备商标申请人资格,而且受让人使用该商标的商品或者服务应与转让人核定使用的商品或者服务相同。根据《商标法》的规定,商标权人只能在核定使用的商品或者服务上使用注册商标。因此,受让人也应与原商标权人一样,在核定使用的商品或者服务上使用该注册商标,不能擅自扩大商品或者服务的范围。转让人转让药品、烟草制品上的注册商标时,受让人还必须提供卫生行政部门、国家烟草主管部门或者相关主管部门批准或出具的证明文件。

2.转让人对其在同一种或类似商品上注册的相同或近似的商标不得分别转让。如果允许转让人对其在同一种或类似商品上注册的相同或近似的商标分别转让,不仅会造成混淆,而且会影响消费者的利益。因此《商标法》规定,转让注册商标的,商标注册人对其在同一种商品上注册的近似的商标,或者在类似商品上注册的相同或者近似的商标,应当一并转让。《商标法》同时规定,对容易导致混淆或者有其他不良影响的转让,商标局不予核准,应书面通知申请人并说明理由。

3.受让人必须保证使用该注册商标的商品质量。商标转让不仅关系到双方当事人,而且还涉及消费者的利益,因此,受让人在受让后应当保证使用该注册商标的商品质量,维护商标信誉,保护消费者的利益。

4.已经许可他人使用的注册商标不得随意转让。已经许可给他人使用的注册商标转让会影响到被许可人的利益,因此,转让时应当征得被许可人的同意,如果被许可人不同意的,商标权人不得擅自转让。

(四)转让注册商标的法定程序

注册商标的转让必须按照法定程序进行,否则不能产生权利主体变更的法律效力。《商标法》第42条规定,转让注册商标时,转让人和受让人应当签订转让协议,并共同向商标局提出申请。同时,双方应当共同提交《转让注册商标申请书》,商标局收到《转让注册商标申请书》后依法进行审查,经过审查认为符合要求的,予以核准并公告。受让人自公告之日起享有商标专用权。转让注册商标的申请手续由受让人办理。

除了商标权人与受让人协商一致转移商标权外,商标专用权也可因其他事由发生移转。常见的情形有:一是作为商标权人的自然人死亡,由其继承人继承其注册商标;二是作为商标权人的企业破产、合并或分立,其商标权由被合并或分立后的企业继受。因这些情形发生商标专用权移转的,当事人也应到商标局办理转移手续。

第三节 商标权的终止

商标权的终止亦称商标权的消灭,是指因发生法定事由导致商标注册人丧失其商标权。根据我国法律规定,注册商标终止的原因主要有三种:一是注销;二是撤销;三是被宣告无效。

例 20.5 商标法规定,对于商标违法行为,商标管理部门可以依照法律对注册的商标予以撤销。下列行为哪些是可处以撤销商标的商标违法行为?

A. 使用注册商标的商品粗制滥造、以次充好,欺骗消费者的

B. 未经批准将注册商标转让给他人的

C. 连续两年停止使用注册商标的

D. 自行改变注册商标的文字的

一、商标权因注销而终止

注销是指商标注册人自愿放弃或因故不能使用注册商标等原因,而被商标局终止其商标权的法律行为。注销注册商标须由商标局备案,并予以公告。根据我国《商标法》的有关规定,导致商标注销的情形有:

1. 期满注销。注册商标有效期届满,并且在规定的宽展期内商标注册人仍未申请续展的;或者虽提出续展申请,但被依法驳回续展注册申请的。

2. 商标权人申请注销。商标注册人申请注销其注册商标或者注销其商标在部分指定商品上的注册的,应当向商标局提交商标注销申请书,并交回原《商标注册证》。商标权人自愿申请注销,大多是由于商标注册人因企业关闭、转产等原因而不再生产、经营使用该注册商标的商品。在这种情况下,商标注册人可以主动申请注销,放弃商标专用权。商标注册人申请注销其注册商标的,该注册商标专用权自商标局收到其注销申请之日起终止。

3. 因商标注册人死亡或终止注销。商标注册人死亡或者终止的,自其死亡或者终止之日起1年期满,该注册商标没有办理移转手续的,任何人均可以向商标局申请注销该注册商标。提出注销申请的,应当提交该商标注册人死亡或者终止的证据。注册商标因商标注册人死亡或者终止而被注销的,该注册商标专用权自商标注册人死亡或

者终止之日起终止。注册商标被注销的,商标权人的《商标注册证》作废;商标注册人申请注销其商标在部分指定商品上的注册的,由商标局在原《商标注册证》上加注发还,或者重新核发《商标注册证》,并予公告。

二、商标权因撤销而终止

撤销,是指因商标注册人违反注册商标使用的规定,由商标局采取行政强制手段终止其商标权的法律行为。注册商标被撤销后,由商标局予以公告,自撤销决定作出之日起商标权终止。根据《商标法》的有关规定,下列情形可能导致注册商标被撤销:

1. 自行改变注册商标、注册人名义、地址或者其他注册事项的。此种情况可由地方工商行政管理部门责令限期改正;期满不改正的,由商标局撤销其注册商标。

2. 注册商标成为其核定使用的商品的通用名称。任何单位或者个人均可以向商标局申请撤销该注册商标。商标局应当自收到申请之日起 9 个月内做出决定。有特殊情况需要延长的,经国务院工商行政管理部门批准,可以延长 3 个月。

3. 没有正当理由连续三年不使用的。《商标法实施条例》第 66 条规定,注册商标无正当理由连续 3 年不使用情形的,任何单位或者个人可以向商标局申请撤销该注册商标,提交申请时应当说明有关情况。商标局受理后应当通知商标注册人,限其自收到通知之日起 2 个月内提交该商标在撤销申请提出前使用的证据材料或者说明不使用的正当理由;期满未提供使用的证据材料或者证据材料无效并没有正当理由的,由商标局撤销其注册商标。

注册商标被注销或者撤销后,商标专用权终止。为了避免发生商品出处的混淆,保护消费者的利益,《商标法》第 50 条规定,注册商标被撤销、被宣告无效或者期满不再续展的,自撤销、宣告无效或者注销之日起一年内,商标局对与该商标相同或者近似的商标注册申请,不予核准。对商标局撤销或者不予撤销注册商标的决定,当事人不服的,可以自收到通知之日起 15 日内向商标评审委员会申请复审。商标评审委员会应当自收到申请之日起 9 个月内做出决定,并书面通知当事人。有特殊情况需要延长的,经国务院工商行政管理部门批准,可以延长 3 个月。当事人对商标评审委员会的决定不服的,可以自收到通知之日起 30 日内向人民法院起诉。被撤销的注册商标,由商标局予以公告,该注册商标专用权自公告之日起终止。例 20.5 中,正确答案是 BD。

注销和撤销虽然都会导致商标权的终止,但两者性质不同,撤销是一种惩罚手段,注销却不是。

三、商标权因被宣告无效而终止

宣告无效的注册商标,由商标局予以公告,该注册商标专用权视为自始即不存在。有关注册商标宣告无效的内容,参见第二十一章的内容。

▲ 讨论案例

1991 年 1 月,某甲与乙饭店签订合作开办饭店的协议。同年 3 月,乙饭店开业后,未悬挂店名,但在该店门上方悬挂"正宗厚味美包子第四代传人赵某第五代传人甲"为内容的匾牌一块,其中,"厚味美包子"为大字,其余为小字,并聘请甲为该店厨师。该店自1991年3月开始经营包子。1980年12月,多年经营厚味美包子的丙饮食公司取得厚味美牌商标注册证,当其发现乙饭店及甲的行为后,即向法院提起诉讼,要求保护其商标权。甲与乙饭店辩称,制作悬挂的匾牌是对"厚味美"创始人及传人赵某和甲个人身份的宣传,且丙公司的商标已过保护期,所以法院应驳回其诉讼请求。

问:1. 丙公司是否具有厚味美牌商标专用权?为什么?

2. 甲与乙饭店的行为是否侵权?为什么?

3. 哪一方当事人应承担民事责任?应承担什么民事责任?

课后思考

1. 简述商标权人的权利。
2. 简述商标权的特点。
3. 简述我国商标续展制度。
4. 简述商标使用许可合同的类型和各自的特点。
5. 简述许可人与被许可人各自承担的法律义务。
6. 商标权终止的原因有哪些?

第二十一章 注册商标的无效宣告

◆ 知识结构图

- 注册商标的无效宣告
  - 商标权无效的情形
    - 注册商标的无效
    - 商标权无效的事由
  - 注册商标的无效宣告程序
    - 违反商标注册绝对禁止条件的无效宣告程序
    - 违反商标注册相对禁止条件的无效宣告程序
  - 注册商标被宣告无效的法律后果

◈ 本章导读

为了提高商标注册的质量，对于一些不符合法律规定而取得注册的商标，我国同许多国家一样，都在商标法中规定了商标注册的无效制度。本章着重介绍了商标权无效的类型、注册商标的无效宣告程序及其法律后果等。

◉ 司考重点

了解并熟悉商标权无效的情形、商标权无效的事由以及在不同情况下申请商标权无效的主体、时间等；明确违反商标权取得绝对条件和相对条件的无效宣告程序；熟悉注册商标被宣告无效的法律后果，等等。

第一节 商标权无效的情形

一、注册商标的无效

注册商标的无效，是指已经获得注册的商标因为违反商标法的有关规定，而被商标主管机关依照法定程序宣告其注册商标无效的制度。

在商标注册过程中，出于历史原因、人为因素或相关技术因素等影响，可能会出现某些商标注册不当的情况。因此,在实行注册取得商标专用权的国家,大多规定了注册商标的无效制度。我国 1982 年颁布《商标法》时没有规定注册商标无效的制度,对实践中遇到的注册不当的商标或者与他人合法权益相冲突的商标,无法通过法定程序解决,极大地影响了注册商标的质量。1993 年 2 月第一次修订《商标法》时增设了注册商标的无效裁定程序,弥补了原《商标法》的不足。2001 年第二次修订《商标法》时又对该撤销程序进行了修改,使其得到进一步完善。2013 年第三次修订《商标法》时对该部分内容作了较大修改,将注册商标的撤销和无效进行了区分,对于无效宣告的条件和程序都进行了修改并作出了详细的规定。修改之后的《商标法》将商标的无效宣告程序与商标异议程序结合在一起,不仅能够大大提高注册商标的质量,减少注册商标权利的冲突,而且有利于保护消费者的合法权益。

二、商标权无效的事由

根据《商标法》第 44 条以及第 45 条的相关规定,商标权无效的情形可以分为两类:

(一)违反商标注册绝对禁止条件的无效宣告

《商标法》第 44 条第 1 款规定,已经注册的商标,违反本法第十条、第十一条、第十二条规定的,或者是以欺骗手段或者其他不正当手段取得注册的,由商标局宣告该注册商标无效;其他单位或者个人可以请求商标评审委员会宣告该注册商标无效。根据《商标法》的规定,违反绝对禁止条件的无效宣告有以下几种:

1. 违反商标法列举的禁用标志

为了维护国家的尊严,同时为了保护消费者利益,我国《商标法》规定官方的、具有特殊意义的以及具有民族歧视性等标志不得作为商标注册使用,对于已经获得注册的,商标局可以依职权宣告其无效,任何单位或个人也可以作为申请人请求商标评审委员会宣告该商标无效。《商标法》第 10 条规定,下列标志不得作为商标使用:(1)同中华人民共和国的国家名称、国旗、国徽、国歌、军旗、军徽、军歌、勋章等相同或者近似的,以及同中央国家机关的名称、标志、所在地特定地点的名称或者标志性建筑物的名称、图形相同的;(2)同外国的国家名称、国旗、国徽、军旗等相同或者近似的,但经该国政府同意的除外;(3)同政府间国际组织的名称、旗帜、徽记等相同或者近似的,但经该组织同意或者不易误导公众的除外;(4)与表明实施控制、予以保证的官方标志、检验印记相同或者近似的,但经授权的除外;(5)同“红十字”、“红新月”的名称、标志相同或者近似的;(6)带有民族歧视性的;(7)带有欺骗性,容易使公众对商品的质量等特点或者产地产生误认的;(8)有害于社会主义道德风尚或者有其他不良影响的。县级以上行政区划的地名或者公众知晓的外国地名,不得作为商标。但是,地名具有其他含义或者作为集体商标、证明商标组成部分的除外;已经注册的使用地名的商标继续有效。

2. 注册商标缺乏显著性

显著性是商标获得注册的必要条件,如果商标不具有显著性,不能区分商品或服务的来源，那么商标的使用也就失去了意义。《商标法》第 11 条规定，下列标志不得作为商标注册：(1)仅有本商品的通用名称、图形、型号的；(2)仅直接表示商品的质量、主要原料、功能、用途、重量、数量及其他特点的；(3)其他缺乏显著特征的。前款所列标志经过使用取得显著特征，并便于识别的，可以作为商标注册。

3. 违反商标法关于三维标志的限定性规定

对于具有技术效果或者实质性价值的商品形状，如果满足专利授予的条件，可以申请发明、实用新型或外观设计，获得专利法的保护，专利保护期满后则可进入公共领域，人人皆可使用，但如果允许其注册为商标，即意味着该形状可以永久获得保护，这无疑会损害同类产品生产者的利益，因为该形状对于此类商品来说难以避免。因此《商标法》第 12 条规定，以三维标志申请注册商标的，仅由商品自身的性质产生的形状、为获得技术效果而需有的商品形状或者使商品具有实质性价值的形状，不得注册。

4. 以欺骗或者其他不正当手段取得商标注册

以欺骗手段或者其他不正当手段取得商标注册具体是指申请人采取虚构事实、隐瞒真相，或者伪造申请书及有关文件等方式，取得商标注册。以欺骗或者其他不正当手段取得商标注册的，不仅违反了诚实信用原则，而且也会损害消费者的利益，因此即使该商标已经取得了注册，商标局也可依职权宣告其无效，其他单位或者个人也可以请求商标评审委员会宣告该注册商标无效。

(二)违反商标注册相对禁止条件的无效宣告

《商标法》第 45 条规定，已经注册的商标，违反本法第十三条第二款和第三款、第十五条、第十六条第一款、第三十条、第三十一条、第三十二条规定的，自商标注册之日起五年内，在先权利人或者利害关系人可以请求商标评审委员会宣告该注册商标无效。对恶意注册的，驰名商标所有人不受 5 年的时间限制。根据《商标法》的规定，违反相对禁止条件的无效宣告有以下几种：

1. 违反商标法关于保护驰名商标的禁止性规定

为了保护驰名商标所有人的利益，同时为了保护消费者的权益，我国商标法对于驰名商标的保护力度要大于非驰名商标。《商标法》第 13 条规定，就相同或者类似商品申请注册的商标是复制、摹仿或者翻译他人未在中国注册的驰名商标，容易导致混淆的，不予注册并禁止使用。就不相同或者不相类似商品申请注册的商标是复制、摹仿或者翻译他人已经在中国注册的驰名商标，误导公众，致使该驰名商标注册人的利益可能受到损害的，不予注册并禁止使用。同时商标法规定，对于恶意注册的，驰名商标所有人不受五年的时间限制，随时可以请求商标评审委员会宣告该注册商标无效。

2. 代理人或者代表人以自己的名义进行商标注册

为了保护被代理人或被代表人的利益，《商标法》规定，未经授权，代理人或者代表人以自己的名义将被代理人或者被代表人的商标进行注册，被代理人或者被代表人提出异议的，或者申请人与他人具有合同、业务往来关系或者其他关系而明知该他人商标存在，并且就同一种商品或者类似商品申请注册的商标与他人在先使用的未注册商标相同或者近似，他人提出异议的，自商标注册之日起5年内，在先权利人或者利害关系人可以请求商标评审委员会宣告该注册商标无效。

3. 误导性使用地理标志

地理标志具有指示商品来源的作用，如果商标中有商品的地理标志，而该商品并非来源于该标志所标示的地区，误导公众的，自商标注册之日起5年内，在先权利人或者利害关系人可以请求商标评审委员会宣告该注册商标无效。

4. 损害他人现有的在先权利

申请人申请商标注册时，不得损害他人对于该商标标识所享有的在先权利，如姓名权、肖像权、著作权、外观设计权、商号权等民事权利。《商标法》规定，申请商标注册不得损害他人现有的在先权利，否则自商标注册之日起5年内，在先权利人或者利害关系人可以请求商标评审委员会宣告该注册商标无效。

5. 以不正当手段抢先注册他人已经使用并有一定影响的商标

对于他人的已经使用并具有一定影响力的商标，申请人以不正当的手段抢注的，自商标注册之日起5年内，在先权利人或者利害关系人可以请求商标评审委员会宣告该注册商标无效。

第二节　注册商标的无效宣告程序

例21.1　早在20世纪70年代，甲刀具厂就在其生产的刀具产品上注册了"金兔"商标，之后按时申请续展注册，一直享有商标专用权。2005年，乙刀具厂也为其刀具产品向商标局申请注册了"白兔"商标。面对乙刀具厂的注册，甲刀具厂应当怎样维护自己的合法权益？

根据《商标法》的规定，商标权无效的事由不同，注册商标的无效宣告程序也有所区别：

一、违反商标注册绝对禁止条件的无效宣告程序

因违反商标注册绝对要件而提出的无效请求，任何单位或个人都可以作为申请人请求商标评审委员会宣告该商标无效，商标局也可以依职权主动宣告该注册商标无效。

商标局做出宣告注册商标无效的决定，应当书面通知当事人。当事人对商标局的决定不服的，可以自收到通知之日起15日内向商标评审委员会申请复审。商标评审委员会应当自收到申请之日起9个月内做出决定，并书面通知当事人。有特殊情况需要延长的，经国务院工商行政管理部门批准，可以延长3个月。当事人对商标评审委员会的决定不服的，可以自收到通知之日起30日内向人民法院起诉。

其他单位或者个人请求商标评审委员会宣告注册商标无效的,商标评审委员会收到申请后,应当书面通知有关当事人,并限期提出答辩。商标评审委员会应当自收到申请之日起9个月内做出维持注册商标或者宣告注册商标无效的裁定,并书面通知当事人。有特殊情况需要延长的,经国务院工商行政管理部门批准,可以延长3个月。当事人对商标评审委员会的裁定不服的,可以自收到通知之日起30日内向人民法院起诉。人民法院应当通知商标裁定程序的对方当事人作为第三人参加诉讼。

因违反商标权取得的绝对要件而提出的无效请求申请时间不受限制,商标局可以随时宣告该注册商标无效,任何单位或个人也可以随时向商标评审委员会提出宣告该商标无效的申请。

二、违反商标注册相对禁止条件的无效宣告程序

因违反商标注册相对禁止要件而提出无效请求时,在先权利人或者利害关系人可以作为申请人请求商标评审委员会宣告该注册商标无效,此种情况下商标局无权主动宣告商标无效。

商标评审委员会收到宣告注册商标无效的申请后,应当书面通知有关当事人,并限期提出答辩。商标评审委员会应当自收到申请之日起12个月内做出维持注册商标或者宣告注册商标无效的裁定,并书面通知当事人。有特殊情况需要延长的,经国务院工商行政管理部门批准,可以延长6个月。当事人对商标评审委员会的裁定不服的,可以自收到通知之日起30日内向人民法院起诉。人民法院应当通知商标裁定程序的对方当事人作为第三人参加诉讼。

无效程序除了可以由在先权利人或者利害关系人直接请求商标评审委员会裁定,也可以在侵权诉讼中通过提出无效抗辩启动商标无效审查程序。商标评审委员会在依照前款规定对无效宣告请求进行审查的过程中,所涉及的在先权利的确定必须以人民法院正在审理或者行政机关正在处理的另一案件的结果为依据的,可以中止审查。中止原因消除后,应当恢复审查程序。

因违反商标取得的相对条件而提出宣告无效请求的,在先权利人或者利害关系人提出无效请求的期限限于自该商标核准注册之日起5年内。对恶意注册的,驰名商标所有人提出无效请求不受5年时间的限制。

例21.1中,甲刀具厂可以向商标评审委员会申请宣告该注册商标无效。

第三节 注册商标被宣告无效的法律后果

例21.2 商标注册人甲明知自己的商标是侵犯他人的著作权而获得注册的,可能被宣告无效,仍然有偿转让给乙厂,后该商标被宣告无效,乙厂要求甲赔偿损失。

宣告无效的注册商标,由商标局予以公告,该注册商标专用权视为自始即不存在。

宣告注册商标无效的决定或者裁定,对宣告无效前人民法院作出并已执行的商标侵权案件的判决、裁定、调解书和工商行政管理部门做出并已执行的商标侵权案件的处理决定以及已经履行的商标转让或者使用许可合同不具有追溯力。但是,因商标注册人恶意给他人造成的损失,应当给予赔偿。依照前款规定不返还商标侵权赔偿金、商标转让费、商标使用费,明显违反公平原则的,应当全部或者部分返还。

1. 被宣告无效的商标专用权视为自始不存在。对于违反商标注册的绝对或相对条件的商标,由商标局或者商标评审委员会依法宣告其无效后,其商标专用权视为自始即不存在,即宣告无效的注册商标的决定或者裁定具有溯及既往的效力。

2. 特殊情况下宣告无效的决定或裁定不具有溯及力。一般情况下,被宣告无效的注册商标专用权视为自始即不存在,但也有例外。为了稳定当事人之间已经形成的财产关系,维护行政执法部门和司法部门的威信以及法律的尊严。《商标法》规定,宣告注册商标无效的决定或者裁定,对宣告无效前人民法院作出并已执行的商标侵权案件的判决、裁定、调解书和工商行政管理部门做出并已执行的商标侵权案件的处理决定以及已经履行的商标转让或者使用许可合同不具有追溯力。

3. 因商标注册人恶意给他人造成损失的应当给予赔偿。虽然特殊情况下宣告无效的决定或裁定不具有溯及既往的效力,但是如果商标注册人主观上是恶意的,同时又给他人造成了损失,应当进行赔偿。

例21.2中,甲明知自己的注册商标侵害了他人的著作权,仍然将自己的商标转让,属于主观上有恶意的情况,此时他应当赔偿乙厂的损失。

▲ 讨论案例

(一)甲厂在其生产的电风扇上使用"天女"牌商标,该商标没有注册。由于"天女"牌电风扇质量稳定可靠,该产品在当地有一定知名度,市场反映良好。乙厂调整经营范围,也开始生产电风扇,了解到"天女"牌商标有一定市场信誉,便向商标局抢先注册了该商标。

问:乙厂的抢注行为是否合法?甲厂如何维护其合法权益?

(二)1989年,杭州娃哈哈营养食品厂在第32类饮料商品上注册了"娃哈哈"商标。杭州云峰化妆品厂之后在第3类化妆品上注册了"娃哈哈"商标。杭州娃哈哈营养食品厂于1991年以其在第32类饮料商品上注册的第540914号"娃哈哈"商标提出争议。争议人提出的争议理由是:本厂与杭州云峰化妆品厂同属于一个地区,杭州云峰化妆品厂使用"娃哈哈"商标,容易使消费者误认为云峰厂生产的化妆品为本食品厂的系列产品。"娃哈哈"注册商标由本厂首创并使用后,在全国已具有较高的知名度。"娃哈哈"商标指定使用的商品虽然是儿童营养液,但同时具有美容效果。杭州云峰化妆品厂侵犯了本厂注册商标的专用权,损害了本厂利益,欺骗了消费者。被争议人杭州云峰化妆品厂的答辩理由是:我厂注册的"娃哈哈"商标的指定商品为第3类的化妆品,与属于第32类的饮料商品在性能、用途、使用方法、制造技术上都截然不同,根本谈不上"类似商品",也就更无所谓侵犯该食品厂商标专用权这一问题。[1]

问:如何处理这一商标纠纷案件?并说明理由。

课后思考

1. 简述我国商标权无效的类型。
2. 简述商标权无效的法律后果。
3. 简述无效宣告程序。

---

〔1〕 胡开忠:《商标法学教程》,中国人民大学出版社2008年版,第107页。

第二十二章　商标管理与法律保护

◇ 知识结构图

- 商标管理与法律保护
  - 商标管理
    - 商标管理的概念和意义
    - 商标管理机关及其职责
    - 商标使用管理
    - 商标印制管理
  - 商标权的法律保护
    - 商标侵权行为的概念和种类
    - 侵犯商标权的法律责任
  - 驰名商标的法律保护
    - 驰名商标的概念和特征
    - 驰名商标的认定
    - 我国对驰名商标的保护

◈ 本章导读

为了规范商标所有人的行为，保护消费者的利益，我国规定了商标管理制度，其中不仅包括商标使用管理、商标印制管理，而且还针对注册商标、未注册商标提出了不同的管理规定。除此之外，本章还着重介绍了商标权的法律保护和驰名商标的法律保护问题，阐述了商标侵权行为的种类和侵权人应承担的法律责任，以及我国对驰名商标的认定和保护，使得大家对我国的商标管理和法律保护有一个概要性的了解。

◉ 司考重点

了解商标的管理机关及其职责，着重掌握使用注册商标和未注册商标时不同的法律要求；着重掌握商标侵权行为的表现形式、应承担的法律责任以及赔偿额的计算；熟悉并掌握驰名商标的认定机构、认定标准和认定方式以及我国对驰名商标的特别保护，等等。

第一节　商标管理

一、商标管理的概念和意义

商标管理是商标管理机关依法对商标的注册、使用、转让、印制等行为所进行的管理。商标管理有广义与狭义之分。广义的商标管理不仅包括国家商标管理机关的行政管理,而且还包括企业对商标所进行的内部管理。狭义的商标管理仅指国家商标管理机关依法对商标所进行的行政管理,而不包括企业对商标的内部管理。这里所说的商标管理是指狭义的商标管理。具体而言,商标管理的意义在于:

1. 有利于保护消费者利益。通过商标管理,可以规范商标的注册、使用、转让、印制等行为,更好地发挥商标的区别商品或者服务来源的功能,便于消费者识别。此外,通过商标管理,可以促使商标所有人维护其使用商标的商品或服务的质量,从而维护消费者的合法权益。

2. 有利于维护商标权人的合法权利。通过商标管理,可以增强经营者的法制观念,避免和减少侵犯商标专用权的行为,保护商标权人的合法权益。

3. 有利于完善商标法律制度。国家商标管理机关通过商标管理,不仅可以落实商标法的规定,而且对于商标管理过程中存在的问题,也可以不断地总结经验,为商标法的完善奠定基础。

二、商标管理机关及其职责

商标管理机关,是指主管商标工作的政府职能部门。我国的商标管理实行集中注册和分级管理相结合的管理机制。《商标法》第 2 条规定,国务院工商行政管理部门商标局主管全国商标注册和管理的工作。国务院工商行政管理部门设立商标评审委员会,负责处理商标争议事宜。商标局从宏观上制定相应的商标政策,主管全国的商标注册工作,指导和协调地方各级工商行政管理机关进行商标管理;商标评审委员会负责处理商标争议事宜;地方各级工商行政管理机关统一安排和部署本地区的商标管理工作。这种管理体制的好处是:由商标局从宏观上进行指导和管理,可以维护商标法规的严肃性和统一执法;集中注册可以使全国的商标注册管理工作统一化,可以保证商标注册的质量,避免各地的商标发生混同,维护商标专用权人的利益;分级管理则可以加强地方各级商标管理机关的管理工作,并及时将有关情况反馈给中央部门。商标管理机关的职责,具体分述如下:

1. 国家商标局的职责是:受理和审查国内外商标的注册申请;办理商标注册;办理注册商标的转让、变更、注销和续展工作;对商标异议作出裁定;撤销违法使用的商标和注册不当的商标;办理商标使用许可的备案手续;指导全国商标管理工作和宣传教育工作;编辑出版《商标公告》;建立商标档案制度,负责商标查阅工作,等等。

2. 商标评审委员会的职责是：对不服商标局驳回申请、不予初步审定的商标的复审申请作出决定；对不服商标局异议裁定的复审申请作出裁定；对不服商标局驳回转让注册商标的复审申请作出决定；对注册商标争议申请作出裁定；对其他单位或者个人撤销注册不当商标的申请作出裁定；对不服商标局撤销注册商标的决定的复审申请作出裁定，等等。

3. 地方各级工商行政管理机关的职责是：对辖区内注册商标和未注册商标的使用进行管理；制止、制裁商标侵权行为；通过商标管理，监督商品质量，对商品粗制滥造、以次充好、欺骗消费者的行为予以制止或进行行政处罚；管理商标印制活动；宣传商标法规，等等。

三、商标使用管理

商标使用管理可分为注册商标的使用管理和未注册商标的使用管理。

（一）注册商标的使用管理

注册商标的使用管理，是指商标管理机关对注册商标使用人使用注册商标的情况进行的管理。使用注册商标是一种法律行为，必须遵守商标法的有关规定，商标主管机关有权对注册商标的使用予以管理。根据《商标法》和《商标法实施条例》的规定，商标管理机关对注册商标使用的管理主要包括以下几个方面：

1. 检查商标权人是否正确使用注册商标

商标注册后，商标注册人依法获得了商标专用权，有权使用其商标，并有权禁止他人使用。但是，与其他任何民事权利一样，商标专用权的行使必须在法定范围内进行。根据《商标法》和《商标法实施条例》的有关规定，使用注册商标，不得实施下列行为：

（1）自行改变注册商标。商标权人使用的注册商标应当与商标局核准注册的商标一致。商标权人在使用注册商标时，不得自行改变注册商标的文字、图形或者其他要素。如果确需改变注册商标标志的，应当重新提出注册申请。

（2）自行改变注册商标的注册人名义、地址或者其他注册事项。如果商标注册人的名义、地址或者其他注册事项发生改变而未办理变更手续，就有可能使商标局与商标注册人失去联系，可能影响到商标权的保护。因此，商标注册人需要改变注册人的名义、地址或者其他注册事项的，应当提出变更申请。

（3）自行转让注册商标。商标专用权是商标局依法审查后授予的，因此，转让注册商标时，转让人和受让人应共同向商标局提出转让申请，由商标局予以核准。未经商标局核准而自行转让的，不仅不能产生转让的效力，而且构成违法行为。

（4）连续三年停止使用注册商标。商标注册后，就应当使用。因为商标注册后，商标注册人对其注册商标就享有专用权，这种专用权意味着，在商标注册的有效期内，他人不得在同种或者类似商品上使用该商标以及与该商标相近似的商标。如果商标注册人自己不使用，又不准许他人使用，这不仅发挥不了商标的价值，而且也会造成资源浪费。

商标注册人在使用注册商标的过程中，自行改变注册商标、注册人名义、地址或者其他注册事项的，由地方工商行政管理部门责令限期改正；期满不改正的，由商标局撤销其注册商标。

注册商标没有正当理由连续3年不使用的，任何单位或者个人可以向商标局申请撤销该注册商标，提交申请时应当说明有关情况。商标局受理后应当通知商标注册人，限其自收到通知之日起2个月内提交该商标在撤销申请提出前使用的证据材料或者说明不使用的正当理由；期满未提供使用的证据材料或者证据材料无效并没有正当理由的，由商标局撤销其注册商标。以无正当理由连续3年不使用为由申请撤销注册商标的，应当自该注册商标注册公告之日起满3年后提出申请。商标局应当自收到申请之日起9个月内做出决定。有特殊情况需要延长的，经国务院工商行政管理部门批准，可以延长3个月。

2. 检查注册商标是否在核定的商品范围内使用

注册商标只能在核定的商品上使用，如果超出其核定的范围使用，不仅会产生商标使用上的混乱，而且也会对消费者的利益造成损害。我国《商标法》第23条规定，注册商标需要在核定使用范围之外的商品上取得商标专用权的，应当另行提出注册申请。此外，商标注册人超越核定的商品范围许可他人使用注册商标的，也是商标违法行为，商标主管机关应责令改正。

3. 检查《商标注册证》是否遗失或者破损

《商标注册证》是证明所使用的商标已经注册的重要法律凭证。加强对《商标注册证》的管理，可以有效地减少商标纠纷，及时地处理商标侵权案件。因此，《商标法实施条例》第64条规定，《商标注册证》遗失或者破损的，应当向商标局提交补发《商标注册证》申请书。《商标注册证》遗失的，应当在《商标公告》上刊登遗失声明。《商标注册证》破损的，应当在提交补发申请时交回商标局。伪造或者变造《商标注册证》或者其他商标证明文件的，依照刑法关于伪造、变造国家机关证件罪或者其他罪的规定，依法追究刑事责任。

（二）未注册商标的使用管理

例22.1　某企业在其生产的人用药品上使用“病必治”商标，但未进行注册。下列哪一选项是正确的？

A. 该企业使用该商标违法，因人用药品商标必须注册

B. 该商标夸大宣传并具有欺骗性，不得使用

C. 该商标可以使用，但不得注册

D. 该商标通过使用获得显著性后，可以注册

未注册商标是指未经商标局核准注册而直接投放市场使用的商标。同世界上绝大多数国家的商标立法一样，我国对商标注册采取自愿原则，即除了个别商品必须使用注册商标外，大多数商品或者服务上所使用的商标是否注册，由商标使用人自己决

定。未注册商标的使用人不享有商标专用权,一般不受法律保护,但也有例外:

第一,未注册的驰名商标可以受到法律保护。《保护工业产权巴黎公约》要求,成员国的驰名商标在其他成员国也应受到保护。按照《巴黎公约》的这一要求,我国《商标法》明确规定,就相同或者类似商品申请注册的商标是复制、摹仿或者翻译他人未在中国注册的驰名商标,容易导致混淆的,不予注册并禁止使用。

第二,已经使用并有一定影响力的未注册商标可以受到法律保护。未注册商标一般不能受到法律保护,但是如果该商标已经使用并且具有一定的影响力,被一定范围的消费者所知晓,该商标也可受到商标法的保护。判断一个商标的影响力如何,首先要看它是否使用,使用是商标被消费者认知的必经途径。这里的"使用"应当包括两层含义:首先,应当是实际使用,即商标已经附着于商品或者服务中;其次,应当是公开使用,即附有该商标的商品或者服务已经投入市场,消费者可以通过公开渠道购买到这种商品或者享受到这种服务。对于这种有一定市场影响力的未注册商标,任何人不得以不正当手段抢先注册。

未注册商标不享有商标权,一般也不能受到法律保护,但是未注册商标和注册商标一样都要接受商标管理机关的管理。对未注册商标的使用进行管理,对于保证商品质量,维护消费者的利益,促进社会主义市场经济健康、有序的发展,具有重要意义。

根据我国《商标法》和《商标法实施条例》的有关规定,国家商标管理机关对于未注册商标的管理主要包括以下几个方面:

1. 不得冒充注册商标

冒充注册商标,是指将未注册商标当作注册商标使用的行为,以及商标注册人超出核定使用范围使用注册商标,并加注注册商标标记的行为。加注注册标记是指在未注册的商标或超出核定使用范围之外的商标上擅自标注"注册商标"字样或标注册标记"®"或"㊟"的行为。这种行为不仅是一种扰乱商标管理秩序的行为,同时也是一种欺骗消费者、损害竞争厂家合法权益的行为。《商标法》规定,将未注册商标冒充注册商标使用的,由地方工商行政管理部门予以制止,限期改正,并可以予以通报,违法经营额五万元以上的,可以处违法经营额百分之二十以下的罚款,没有违法经营额或者违法经营额不足五万元的,可以处一万元以下的罚款。

2. 不得违反《商标法》禁止性规定

《商标法》规定了禁止作为商标使用的文字、图形等。无论是注册商标,还是未注册商标,都不得违反《商标法》的禁止性规定。违反上述规定的由地方工商行政管理部门予以制止,限期改正,并可以予以通报或者处以罚款。

对于使用未注册商标违反《商标法》禁止性规定的,由地方工商行政管理部门予以制止,限期改正,并可以予以通报,违法经营额五万元以上的,可以处违法经营额百分之二十以下的罚款,没有违法经营额或者违法经营额不足五万元的,可以处一万元以下的罚款。

例22.1中,该企业所使用的"病必治"商标,夸大宣传并具有欺骗性,违反了《商标法》第10条的规定,不得使用。答案为B。

3.必须标明企业名称和地址

为便于对商品质量进行监督,保护消费者利益,国家工商局规定在使用未注册商标的商品上,必须标明企业名称或地址。在商品上不便标明的,必须在包装上标明。凡使用未注册商标不标明企业名称或地址的商品,不得在市场上销售。对粗制滥造,以次充好,以假充真,欺骗消费者的,要从严查处,没收非法所得。

四、商标印制管理

(一)商标印制管理的概念

商标印制管理,又称商标标识印制管理,是指商标管理机关依法对商标印制行为进行监督和检查,并对非法印制商标标识行为予以查处的活动的总称。

商标印制管理是商标管理的重要组成部分。只有加强商标印制管理,规范商标印制的行为,才能弥补商标使用管理中的漏洞,防范不合法的和不合格的商标标识流入市场,才能切实保护商标注册人及其他合法商标使用人的利益,维护广大消费者利益,稳定社会经济秩序。鉴于此,国家工商行政管理局于1983年颁行了《商标印制管理规定》,1985年发布了《商标印制管理暂行办法》,1990年又公布了《商标印制管理办法》。在总结经验的基础上,1996年9月5日颁布了新的《商标印制管理办法》,明确规定了商标印制单位的设立条件和应建立的管理制度,是商标法重要的配套行政法规。该办法制定后分别于1998年12月和2004年8月修改。上述规定对于贯彻执行商标法,保护注册商标专用权,维护消费者利益具有重要的意义。

(二)商标印制管理制度

商标印制,是指印刷、制作带有商标的包装物、标签、封签、说明书、合格证等商标标识的行为。

商标印制主体即商标印制单位,是指依法登记并取得《印制商标单位证书》的企业和个体工商户。凡是依法登记的从事印刷、印染、制版、刻字、织字、晒蚀、印铁、铸模、冲压、烫印、贴花等业务的企业和个体工商户,需要承接商标印制业务的,应当申请《印制商标单位证书》。《印制商标单位证书》由国家工商行政管理局统一印制。商标印制单位承印商标时,必须在核准的印制商标经营项目内进行,不得超越核准的经营范围。

依照《商标印制管理办法》,印制商标单位应建立的管理制度包括以下几个方面:

1.商标印制审查制度

在承印商标印制业务时,商标印制单位要严格审查商标印制委托人提供的有关证明文件及商标图样。凡手续齐备符合法定要求的,方可予以承印。不符合相关规定的,商标印制单位应要求其委托人补正,不予补正的应当拒印。

如果商标印制单位不按规定进行严格核查,或者发现不符合要求而仍为其印制的,由行为地工商行政管理局责令其限期改正并处以罚款,可以收缴其《印制商标单位证书》。对负有直接责任的商标印制业务管理人员，省级工商行政管理局可以撤销其资格。

2. 商标印制存档制度

承接商标印刷业务时，商标印制业务管理人员应登记造册，按照要求填写《商标印制业务登记表》，载明商标印制委托人所提供证明文件的主要内容。其中的商标图样，应当由商标印制业务管理人员加盖骑缝章。商标印制单位应当在其承印的商标标识上标明《印制商标单位证书》编号。

商标标识印制完毕，商标印制单位应当提取标识样品，连同《商标印制业务登记表》、《商标注册证》复印件、商标使用许可合同文本复印件、商标印制授权书复印件等一并造册存档。该制度可以如实反映商标的印制情况，对于商标案件的审理有十分重要的参考作用。

3. 商标标识出入库制度

印制完成的商标标识应入库保存，印制单位应当建立商标标识出入库制度。出入库时应认真清点数量，登记台账。该制度可以保证印制的商标出入正确，不发生疏漏，以避免违法印制的商标进入市场。

4. 废次商标标识销毁制度

对于印制中产生的废次商标标识，应按实际数量登记造册，由印制单位集中销毁，不得使其流入社会。这一制度可以有效地杜绝废次商标标识被人非法利用，保护商标使用人的合法权益。

（三）商标印制的承印和拒印

商标印制单位依法对商标使用人交付的有关证明文件及商标图样进行审查，认为其符合法律规定的条件时，方可承印。

商标印制委托人委托商标印制单位印制商标的，应当出示营业执照副本或者合法的营业证明或者身份证明以及《商标注册证》或者由注册人所在地县级工商行政管理机关签章的《商标注册证》复印件，并另行提供一份复印件。商标印制委托人，是指要求印制商标的商标注册人、未注册商标使用人、商标被许可人以及其他符合商标法规定的商标使用人。根据《商标印制管理办法》的规定，商标印制委托人提供的有关证明文件及商标图样应当符合下列要求：

1. 所印制的商标样稿应当与《商标注册证》上的商标图样相同；

2. 被许可人印制商标标识的，应有商标所有人的授权书，或其所提供的《商标使用许可合同》含有许可人允许其印制商标标识的内容；

3. 被许可人的商标标识样稿应当标明被许可人的企业名称和地址，其注册标记的使用应符合《商标法实施条例》的有关规定。

商标印制委托人委托印制单位印制未注册商标的，不得违反《商标法》第 10 条的规定，不得标注“注册商标”字样或者使用“®”或“㊟”标记。

商标印制单位对于不符合法定条件的商标印制要求应予以拒绝。凡是不符合商标承印条件的商标印制业务，商标印制单位应要求委托人补正，不予补正的应当拒印。

（四）商标印制违法行为及处罚

依照有关商标法律的规定，商标印制违法行为包括下列几种：

1. 未按规定审查印制委托人提供的材料而擅自承印依规定不能印制的商标；

2. 未按规定建立商标印制档案制度、商标标识出入库制度和废次商标标识销毁制度；

3. 未取得《商标印制单位证书》，承接商标印制业务的；

4. 其他非法印制商标标识的行为。

商标印制单位违反规定非法印制商标标识的，由所在地工商行政管理局责令其限期改正，并视其情节予以警告，处以非法所得额三倍以下的罚款，但最高不超过三万元，没有违法所得的，可以处以一万元以下的罚款。

商标印制单位违反《商标印制管理办法》承接印制业务，且印制的商标与他人注册商标相同或者近似的，属于商标侵权行为，由所在地或者行为地工商行政管理局依《商标法》的有关规定予以处理。商标印制单位的违法行为构成犯罪的，所在地或者行为地工商行政管理局应及时将案件移送司法机关追究刑事责任。

第二节　商标权的法律保护

例 22.2　甲厂自 1980 年起就在其生产的吊扇上注册了 TMT 商标。之后，一直使用该商标并按时申请续展注册。乙厂在未经许可的情况下，假如：①在自己生产的吊扇上使用该 TMT 商标，是否构成侵权？②在自己生产的吊扇上使用与 TMT 商标相近似的商标，是否构成侵权？③在自己生产的空调上使用该 TMT 商标，是否构成侵权？④在自己生产的空调上使用与 TMT 商标相近似的商标，是否构成侵权？

一、商标侵权行为的概念和种类

商标侵权行为，是指侵犯他人商标权的行为，即行为人未经商标所有人同意，擅自使用与注册商标相同或相似的标志，或者干涉、妨碍商标所有人使用注册商标、损害商标权人合法权益的行为。根据我国《商标法》和《商标法实施条例》的有关规定，商标侵权行为包括下面几种类型：

（一）未经商标注册人许可，在同种商品上使用与其注册商标相同的商标的行为

行为人一旦将其商标申请注册并获得商标权后，即可对商标享有在核定使用的商品或服务上的专有使用权，任何人未经许可，都不得使用。未经商标权人许可使用他人的注册商标，无论主观上是否出于故意，都构成对他人注册商标专用权的侵犯。未经商标注册人许可，在同种商品上使用与其注册商标相同的商标，客观上会混淆使用

该商标的商品或服务的出处,这种行为不仅会损害商标权人的利益,而且还会损害消费者的利益。这是一种最常见,也是最严重的商标侵权行为。如果行为人主观上出于故意,并且客观上情节严重,则构成假冒注册商标,假冒注册商标是最严重的侵犯商标权行为,其侵权违法所得数额较大或有其他严重情节的,构成犯罪。

例22.2①中,乙厂未经许可在吊扇上使用该TMT商标的行为,属于侵权行为。

(二)未经商标注册人的许可,在同一种商品上使用与其注册商标近似的商标,或者在类似商品上使用与其注册商标相同或者近似的商标,容易导致混淆的行为

在实践当中,不仅在同种商品上使用与其注册商标相同的商标会导致消费者误判,在同一种商品上使用与其注册商标近似的商标,或者在类似商品上使用与其注册商标相同或者近似的商标,同样会导致消费者混淆,从而损害商标权人的利益。

具体来说,这种侵权行为可以分为三种情形:第一,未经商标注册人的许可,在同一种商品上使用与其注册商标近似的商标;第二,未经商标注册人的许可,在类似商品上使用与其注册商标相同的商标;第三,未经商标注册人的许可,在类似商品上使用与其注册商标近似的商标。

未经商标注册人的许可,在同一种商品上使用与其注册商标近似的商标,或者在类似商品上使用与其注册商标相同或者近似的商标,容易导致混淆的行为构成侵权,那么什么情况下可以认定两个商标近似,根据最高人民法院《关于审理商标民事纠纷案件适用法律若干问题的解释》,商标近似,是指被控侵权的商标与原告的注册商标相比较,其文字的字形、读音、含义或者图形的构图及颜色,或者其各要素组合后的整体结构相似,或者其立体形状、颜色组合近似,易使相关公众对商品的来源产生误认或者认为其来源与原告注册商标的商品有特定的联系。使用与其注册商标近似的商标或者在类似商品上使用与其注册商标相同或者近似的商标,也不必然构成侵权。2013年在修订《商标法》时将是否导致混淆作为判断一项行为是否构成商标侵权的标准,也就是说,如果这种商标的使用没有造成消费者的混淆,没有使得消费者误认商品或服务的来源,则不构成侵权。

例22.2②中,乙厂在同种商品上使用与他人的注册商标相近似的商标,构成侵权;例22.2③中,乙厂在类似商品上使用与他人的注册商标相同的商标,构成侵权;例22.2④中,乙厂在类似商品上使用与他人的注册商标相近似的商标,构成侵权。

(三)销售侵犯注册商标专用权的商品的行为

在商品流转过程中,销售是必经环节。假冒注册商标行为的泛滥与销售商的配合是分不开的。在流通领域假冒注册商标行为越来越普遍的情况下,1993年第一次修订《商标法》时在原有侵权行为类型的基础上增加了一种"销售明知是假冒注册商标的商品的行为"。这是法律根据实际情况所作的必要修改。如果不法制造商所生产的侵权产品,没有经销商销售,就不可能实现其非法获利的目的。经销商为侵权产品开通渠道,将冒牌商品推销给消费者,无异于协同不法制造商共同侵权,共同坑害消费者。因

此法律不仅要在生产环节上打击假冒注册商标的行为,而且应在流通环节上堵塞假冒注册商标商品的销售,只有这样才有可能制止假冒行为。这是商标法在商品流通环节上设置的一道法律屏障,这一规定可以有效防止和依法惩戒这种商标侵权行为,从而保护商标注册人和消费者的利益。

认定销售侵犯注册商标专用权的商品的行为时,不以销售者"明知"作为认定侵权行为的要件。只要行为人客观上实施了销售"冒牌货"的行为,就构成商标侵权。对于销售者不知道自己销售的商品是侵权商品的,《商标法》规定,销售者能证明该商品是自己合法取得并说明提供者的,不承担赔偿责任,由工商行政管理部门责令停止销售。

(四)伪造、擅自制造他人注册商标标识或者销售伪造、擅自制造的他人注册商标标识的行为

注册商标标识,是指附有文字、图形等商标图样的物质实体,如附有商标图样的商标牌、包装纸,容器等。伪造他人注册商标标识,是指模仿他人的商标图案制作出相同的商标标识的行为;擅自制造他人注册商标标识,是指未经商标注册人同意,而制造其注册商标标识的行为;销售伪造、擅自制造的他人注册商标标识,是指以上述商标标识为对象,进行买卖的行为。这类侵权行为的主体一般为从事商标印刷的企业,他们实施伪造、擅自制造以及销售行为的目的各有不同,有的是为了生产假冒商品,有的是为了销售标识牟取暴利。这种侵权行为不仅侵害了商标权人的合法利益,而且为他人假冒注册商标的行为提供了便利条件,因此,这也是法律严厉打击的商标侵权行为,商标印制单位的违法行为构成犯罪的,由所在地或者行为地工商行政管理局及时将案件移送司法机关追究刑事责任。

(五)未经商标注册人同意,更换其注册商标并将该更换商标的商品又投入市场的行为

例22.3 1994年,北京某购物中心在其出售新加坡"鳄鱼"牌服装的专柜上,将其购入的北京服装厂制作的"枫叶"牌服装,撕去"枫叶"注册商标标识,换上"鳄鱼"商标,以高出原"枫叶"服装数倍的价格出售。"鳄鱼"牌服装经销商的这一行为是否构成商标侵权行为?

未经商标注册人同意,更换其注册商标并将该更换商标的商品又投入市场的行为在学理上被称为"反向假冒",具体来说,是指行为人将在销售中通过交易取得的商品上的注册商标标识去除,更换成自己的商标后再次投入市场的行为。商标是联系商品和消费者的纽带。对于经营者来说,商标是商品声誉和企业信誉的象征;对于消费者来说,商标是辨认和选择商品的指南。反向假冒行为借他人的商品,为自己开拓市场,谋求不正当的利益,不仅降低了他人的市场份额,而且妨碍他人提高商标的知名度,损害了他人的合法权益。具体来说,反向假冒应当具备两个条件:第一,更换注册商标行为未经商标注册人同意;第二,更换商标的商品又被投入市场销售。目前,世界上许多国家都把反向假冒认定为商标侵权行为。

例 22.3 中,“鳄鱼”牌服装经销商的行为就是典型的商标反向假冒行为。

(六)故意为侵犯他人商标专用权行为提供便利条件,帮助他人实施侵犯商标专用权行为的

故意为侵犯商标专用权的行为提供“便利条件”,根据《商标法实施条例》的规定,主要是指为侵犯他人商标专用权的行为提供仓储、运输、邮寄、印制、隐匿、经营场所、网络商品交易平台等。这类行为虽然没有直接侵犯他人的商标权,但却为侵犯商标专用权的行为提供了便利条件,造成了侵害注册商标专用权的后果,这类行为实质上是在帮助他人侵权,因此一些学者也称之为帮助侵权或者间接侵权。这种侵权行为的构成,以行为人主观上的故意为必要条件。换言之,如果行为人确实不知道自己的行为为他人侵犯注册商标专用权提供了便利条件,则不构成商标侵权行为。

这类行为在商标法修订之前只在《商标法实施条例》中进行规定,2013 年修订《商标法》时才将其纳入其中,这对保护商标专用权、加大商标监管力度,保护消费者的合法权益具有十分重要的现实意义。

(七)给他人的注册商标专用权造成其他损害的

例 22.4 杭州的甲厂很早就在其生产的剪刀上注册并使用“张小泉”商标。“张小泉”剪刀在社会上享有很高的声誉。后来,南京的乙厂将其厂名定为“南京张小泉刀具厂”,在其生产和销售的刀具上标明厂名时,突出“张小泉”三个字。乙厂是否构成商标侵权?

根据《商标法实施条例》及最高人民法院《关于审理商标民事纠纷案件适用法律若干问题的解释》的有关规定,“给他人的注册商标专用权造成其他损害的”的行为,具体包括以下几种:

1. 将与他人注册商标相同或者近似的文字作为企业的字号在相同或者类似的商品上突出使用,容易使相关公众产生误认的

当自己的注册商标被他人作为企业名称在相同或者类似的商品上突出使用,就可能导致消费者对商品来源产生误认和误购,从而损害消费者的利益,并使商标注册人遭受经济损失。因此,当自己的注册商标被他人作为企业的字号在相同或者类似的商品上突出使用,并容易使相关公众产生误认时,商标注册人可以向企业名称登记主管机关申请撤销该企业名称登记,也可以向人民法院起诉,阻止他人对其商标的使用。例 22.4 中,“张小泉”商标是甲厂用在剪刀上的注册商标,乙厂将该商标用作商号,并在商品上突出使用,会使相关公众产生误认,构成商标侵权。

2. 复制、摹仿、翻译他人注册的驰名商标或者其主要部分在不相同或者不相类似商品上作为商标使用,误导公众,致使该驰名商标注册人的利益可能受到损害的

《商标法》第 13 条第 3 款规定,就不相同或者不相类似商品申请注册的商标是复制、摹仿或者翻译他人已经在中国注册的驰名商标,误导公众,致使该驰名商标注册人的利益可能受到损害的,不予注册并禁止使用。但在实践过程中,一些复制、摹仿、翻

译他人驰名商标的商标已经获得了注册,或者已经在自己的商品或商品装潢等方面使用,这些行为显然也对商标权人的利益造成损害,因此,最高人民法院《关于审理商标民事纠纷案件适用法律若干问题的解释》中将这种行为也认定为商标侵权行为。

3. 将与他人注册商标相同或者近似的文字注册为域名,并且通过该域名进行相关商品交易的电子商务,容易使相关公众产生误认的

随着互联网及网络技术的发展,商标侵权行为也扩展到了网络上。一些不法经营者,将与他人注册商标相同或者近似的文字注册为域名,借助他人具有良好社会声誉的商标开展电子商务活动。这种行为不仅会损害商标权人的声誉,侵害商标所有人的商标权,而且会损害消费者的合法权益。因此,商标法为解决域名与商标的冲突制定了以上规则,这对于保护商标所有人的商标专用权,制止不正当竞争,维护消费者的利益,防止消费者误认和误购有着重要的意义。

二、侵犯商标权的法律责任

法律责任是行为人对违法侵权行为所承担的法律后果。我国《商标法》第60条规定,因侵犯商标专用权行为引起纠纷的,由当事人协商解决;不愿协商或协商不成的,商标注册人或者利害关系人可以向人民法院起诉,也可以请求工商行政管理部门处理。侵犯他人商标专用权的,侵权人必须要承担相应的法律责任,根据我国法律规定,侵权人应承担相应的民事责任、行政责任,情节严重的还要承担刑事责任。

(一)民事责任

《商标法》第60条规定,因侵犯注册商标专用权行为引起纠纷的,由当事人协商解决;不愿协商或者协商不成的,商标注册人或者利害关系人可以向人民法院起诉,也可以请求工商行政管理部门处理。因此,对于侵犯商标专用权的行为,权利人可以直接向人民法院起诉,要求侵权人承担民事责任。根据《民法通则》及《商标法》的有关规定,对于商标侵权行为的救济措施主要有以下几种:

1. 停止侵害,赔偿损失

停止侵害,赔偿损失,是商标侵权案件中侵权人首先应承担的一项民事责任,它既可以单独适用,也可以和其他民事责任合并使用。

商标侵权行为使得消费者混淆商品或服务的来源,给商标权人也带来了不利影响,停止侵害、消除影响可以减少商标权人的损失,尽快恢复商标权人在市场竞争中应有的地位,保护消费者的合法权益。因此,在处理商标侵权案件时,通常会要求侵权人承担此类民事责任。

关于侵权赔偿额,2013年修订《商标法》时做了较大改动,《商标法》第63条规定,侵犯商标专用权的赔偿数额,按照权利人因被侵权所受到的实际损失确定;实际损失难以确定的,可以按照侵权人因侵权所获得的利益确定;权利人的损失或者侵权人获得的利益难以确定的,参照该商标许可使用费的倍数合理确定。对恶意侵犯商标专用权,情节严重的,可以在按照上述方法确定数额的一倍以上三倍以下确定赔偿数额。

赔偿数额应当包括权利人为制止侵权行为所支付的合理开支。除此之外,《商标法》还将法定最高赔偿额从之前的50万元提高到了300万元。

注册商标专用权人请求赔偿,被控侵权人以注册商标专用权人未使用注册商标提出抗辩的,人民法院可以要求注册商标专用权人提供此前3年内实际使用该注册商标的证据。注册商标专用权人不能证明此前3年内实际使用过该注册商标,也不能证明因侵权行为受到其他损失的,被控侵权人不承担赔偿责任。

2. 诉前临时保护措施

诉前临时保护措施,是指人民法院根据商标注册人或者利害关系人在起诉前提出的申请,而采取的责令行为人停止有关行为和财产保全的措施。

我国《商标法》第65条规定,商标注册人或者利害关系人有证据证明他人正在实施或者即将实施侵犯其注册商标专用权的行为,如不及时制止将会使其合法权益受到难以弥补的损害的,可以依法在起诉前向人民法院申请采取责令停止有关行为和财产保全的措施。申请人民法院采取临时保护措施的,应符合以下条件:

(1)申请人必须是商标注册人或者利害关系人。利害关系人是对注册商标权发生争议的人,主要包括商标使用许可合同的被许可人和注册商标财产权利的合法继承人。这里的“被许可人”主要是指独占许可合同和排他许可合同的被许可人。诉前财产保全的申请只能由商标注册人或者利害关系人提出,人民法院不得依职权主动采取诉前财产保全的措施。

(2)必须是情况紧急,如果不及时采取保全措施,将会使申请人的合法权益受到难以弥补的损害。申请人必须提供证据,证明他人正在实施或者即将实施侵犯其注册商标专用权的行为,并且这种侵权行为如不及时制止,申请人即使将来即使起诉其财产权利也难以实现。

3. 诉前证据保全

诉前证据保全,是指人民法院根据商标注册人或者利害关系人在起诉前提出的申请,而采取的保全证据的措施。我国《商标法》第66条规定:“为制止侵权行为,在证据可能灭失或者以后难以取得的情况下,商标注册人或者利害关系人可以依法在起诉前向人民法院申请保全证据。”因此,申请诉前证据保全需要具备以下条件:

(1)只有在证据可能灭失或者以后难以取得的情况下,才能申请采取诉前证据保全措施。所谓证据可能灭失,是指由于证据的特征、性质或者由于他人故意隐藏或者毁灭等原因,导致证据有灭失的可能。所谓以后难以取得,是指由于客观情况的变化,证据在将来虽然能够取得,但是取证比较困难。在上述两种情况下,如果不及时采取证据保全措施,很可能给权利人造成不可弥补的损失,因此有必要赋予当事人在起诉前申请人民法院对证据采取一定措施予以保护的权利。

(2)应当由商标注册人或者利害关系人提出申请。利害关系人主要包括商标使用许可合同的被许可人和注册商标财产权利的合法继承人。诉前证据保全的申请只能由商标注册人或者利害关系人提出,人民法院不得依职权主动采取诉前证据保全的措施。2013 年修订《商标法》时取消了关于诉前证据保全担保的相关规定,是否担保以及担保数额取决于法院个案判断。

最高人民法院《关于审理商标民事纠纷案件适用法律若干问题的解释》第 18 条规定,侵犯注册商标专用权的诉讼时效为二年,自商标注册人或者利害权利人知道或者应当知道侵权行为之日起计算。商标注册人或者利害关系人超过二年起诉的,如果侵权行为在起诉时仍在持续,在该注册商标专用权有效期限内,人民法院应当判决被告停止侵权行为,侵权损害赔偿数额应当自权利人向人民法院起诉之日起向前推算二年计算。

(二)行政责任

商标侵权行为的行政责任是指侵权行为人因违反商标法而应承担的行政法律后果。商标侵权行为人承担行政责任,主要是以工商行政管理机关对相关行为认定为侵权行为为前提。

工商行政管理机关对商标侵权行为的查处,基于以下两种情况:一是根据商标权人或者利害关系人的请求对商标侵权纠纷进行处理;二是根据已经取得的涉嫌违法的证据或者举报,主动查处。对侵犯注册商标专用权的行为,任何人可以向工商行政管理机关举报或者投诉。

1. 工商行政管理机关在查处商标侵权案件时的职权

根据《商标法》第 62 条的规定,县级以上工商行政管理部门根据已经取得的违法嫌疑证据或者举报,对涉嫌侵犯他人注册商标专用权的行为进行查处时,可以行使下列职权:

(1)询问有关当事人,调查与侵犯他人注册商标专用权有关的情况;

(2)查阅、复制当事人与侵权活动有关的合同、发票、账簿以及其他有关资料;

(3)对当事人涉嫌从事侵犯他人注册商标专用权活动的场所实施现场检查;

(4)检查与侵权活动有关的物品;对有证据证明是侵犯他人注册商标专用权的物品,可以查封或者扣押。

在查处商标侵权案件过程中,对商标权属存在争议或者权利人同时向人民法院提起商标侵权诉讼的,工商行政管理部门可以中止案件的查处。中止原因消除后,应当恢复或者终结案件查处程序。同时,《商标法》第 61 条规定,对侵犯注册商标专用权的行为,工商行政管理部门有权依法查处;涉嫌犯罪的,应当及时移送司法机关依法处理。

2. 对商标侵权行为的行政处罚

根据《商标法》第 60 条和《商标法实施条例》第 52 条的规定,对商标侵权行为,工商行政管理机关可以采取下列措施:

(1)责令立即停止侵权行为。工商行政管理部门处理时,认定侵权行为成立的,应当责令立即停止。销售不知道是侵犯注册商标专用权的商品,能证明该商品是自己合法取得并说明提供者的,由工商行政管理部门责令停止销售。

(2)没收、销毁侵权商品和专门用于制造侵权商品、伪造注册商标标识的工具。工商行政管理部门在处理时,为了避免损害后果进一步扩大,应当及时没收、销毁侵权商品及专门用于制造侵权商品、伪造注册商标标识的工具。

(3)处以罚款。违法经营额5万元以上的,可以处违法经营额5倍以下的罚款,没有违法经营额或者违法经营额不足5万元的,可以处25万元以下的罚款。对5年内实施两次以上商标侵权行为或者有其他严重情节的,应当从重处罚。销售不知道是侵犯注册商标专用权的商品,能证明该商品是自己合法取得并说明提供者的,不承担赔偿责任。

对侵犯商标专用权的赔偿数额的争议,当事人可以请求进行处理的工商行政管理部门调解,也可以依照《民事诉讼法》向人民法院起诉。经工商行政管理部门调解,当事人未达成协议或者调解书生效后不履行的,当事人可以依照《民事诉讼法》向人民法院起诉。

最高人民法院《关于审理商标民事纠纷案件适用法律若干问题的解释》第21条第2款规定:"工商行政管理部门对同一侵犯注册商标专用权行为已经给予行政处罚的,人民法院不再予以民事制裁。"

(三)刑事责任

对于严重侵犯商标专用权的行为,我国同世界上多数国家一样,除规定侵权人应承担民事责任外,还规定了刑事责任,从而形成了民事救济和刑事处罚相结合的救济制度。

根据我国《商标法》和《刑法》的有关规定,侵犯注册商标的犯罪有三种,分别是:假冒注册商标罪,销售假冒注册商标的商品罪和非法制造、销售非法制造的注册商标标识罪。这些犯罪行为都侵犯了商标权人的合法权益,严重破坏了正常的市场竞争秩序,应予以打击。

1.假冒注册商标罪

假冒注册商标罪,是指未经注册商标所有人许可,在同一种商品上使用与其注册商标相同的商标,情节严重的犯罪行为。假冒注册商标的行为并不会必然构成犯罪,如果侵权人假冒注册商标的情节不严重,没有给商标权人造成严重的损失,那么这种假冒注册商标的行为只是一般的商标侵权行为,而不能追究其刑事责任。

根据《刑法》第213条的规定,未经商标注册人许可,在同一种商品上使用与注册商标相同的商标,情节严重的,处三年以下有期徒刑或者拘役,并处或者单处罚金;情节特别严重的,处三年以上七年以下有期徒刑,并处罚金。

2.销售假冒注册商标的商品罪

销售假冒注册商标的商品罪,是指销售明知是假冒他人注册商标的商品,销售数额较大的行为。行为人在主观上应具有犯罪的故意,如果行为人是在不知情的情况下销售侵权商品的,则不用承担刑事责任,除此之外,销售假冒注册商标的商品,还应达到较大的销售金额,否则行为人也不用承担刑事责任。

根据《刑法》第214条的规定,销售明知是假冒他人注册商标的商品,销售金额数额较大的,处三年以下有期徒刑或者拘役,并处或者单处罚金;销售金额数额巨大的,处三年以上七年以下有期徒刑,并处罚金。

3. 非法制造、销售非法制造的注册商标标识罪

非法制造、销售非法制造的注册商标标识罪,是指伪造、擅自制造他人注册商标标识或者销售伪造、擅自制造的注册商标标识,情节严重的行为。行为人应当是故意实施的伪造、擅自制造他人注册商标标识或者销售伪造、擅自制造的注册商标标识的行为,并且情节较为严重,否则不用承担刑事责任。

根据《刑法》第215条的规定,伪造、擅自制造他人注册商标标识或者销售伪造、擅自制造的注册商标标识,情节严重的,处三年以下有期徒刑或者拘役,并处或者单处罚金;情节特别严重的,处三年以上七年以下有期徒刑,并处罚金。

如果单位犯以上罪行,对单位处以罚金;并对其直接负责的主管人员和其他直接责任人员,依照上述规定处罚。

第三节　驰名商标的法律保护

例22.5　某酒厂生产的"天下景"牌葡萄酒,其包装正面和两侧的图形、字体、色彩均与已经在我国注册的驰名商标"万宝路"牌卷烟包装盒相近似,其封口上印的标识也与"万宝路"卷烟封口相近似。该厂所在地的工商行政管理机关发现后,责令该厂停止销售这种葡萄酒,收缴其全部外包装,并处以罚款。关于本案的以下意见中,哪个是正确的?

A. 该厂使用的是商品装潢,不构成侵犯他人的商标专用权

B. 葡萄酒与卷烟不是同类产品,故本案不存在侵权问题

C. "万宝路"是驰名商标,根据《保护工业产权巴黎公约》,应扩大其保护范围

D. 本案在"万宝路"生产厂家未提出控告的情况下,工商行政管理机关无权查处

一、驰名商标的概念和特征

(一)驰名商标的概念

驰名商标最早出现在1925年在海牙制定的《巴黎公约》中,但该公约并未给出驰名商标的定义。此后,由保护工业产权巴黎联盟大会和世界知识产权组织大会于1999年9月通过的《关于保护驰名商标的规定的联合建议》(包括国际局编拟的解释性说明)也未提及"驰名商标"的定义。多数国家的商标法也未对驰名商标下定义,只是在

立法中规定认定驰名商标应考虑的因素。

我国1982年颁布《商标法》时,并未出现关于驰名商标的规定。但我国自1985年成为《巴黎公约》的成员国后,商标主管机关对于《巴黎公约》成员国的驰名商标也给予了应有的保护。从1989年起,国家工商行政管理局开始对国内的驰名商标进行认定。为了规范驰名商标的认定和保护工作,国家工商行政管理局在1996年8月14日发布了《驰名商标认定和管理暂行规定》。该规定给驰名商标的定义是"在市场上享有较高声誉并为相关公众所熟知的注册商标"。可见,该规定所称的驰名商标一定是已经注册的商标。这种将驰名商标限定为"注册商标"的做法,与《巴黎公约》的规定相违背。根据《巴黎公约》第6条之二的规定,对驰名商标的保护不以其注册为条件。

2001年修改后的《商标法》和《商标法实施条例》正式增加了对驰名商标认定和保护的规定。2003年4月,国家工商行政管理局又发布了新的《驰名商标认定和保护规定》,该规定自2003年6月1日起实施,原暂行规定同时废止。该规定第2条对驰名商标的定义为:本规定中的驰名商标是指在中国为相关公众广为知晓并享有较高声誉的商标。可见,未注册的商标也可以成为受保护的驰名商标,这一定义与《巴黎公约》的基本规定相符合。2013年修订《商标法》时对驰名商标的认定和保护制度进行了修订,使得驰名商标的相关制度得到进一步的完善。

综上,我们认为,驰名商标是指经过长期使用,在市场上享有较高声誉并为相关公众所熟知的商标。

(二)驰名商标的特征

与普通商标相比,驰名商标具有以下特征:

1. 驰名商标在公众中享有较高的知名度。驰名商标经过较长时间的使用,知名度高,影响力大,如"华为"、"可口可乐"、"奔驰"等商标在世界范围内广为知晓。驰名商标代表着可靠的质量以及良好的信誉,并且使用时间一般都较长,在公众中有较好的口碑及知名度。

2. 驰名商标凝集着较高的商誉。一个普通商标往往要经过商标权人长时间的经营,通过其商品或服务的优良的品质和良好的信誉,才能被消费者所广泛认可,成为驰名商标。驰名商标以其良好的声誉,吸引着公众的注意力。驰名商标不仅可以帮助商标权人推销相关产品及服务,而且具有突出的广告宣传功能,可以说驰名商标代表着可靠的质量及良好的信誉,

3. 驰名商标的价值较高。驰名商标与其商品或服务之间的联系非常紧密,其所标示的商品或者服务,在市场竞争中往往占据优势地位,它所产生的"认牌购物"、"顾客吸引力"的功能能够给商标权人带来巨大的经济效益。此外,在商标转让或者许可他人使用时,驰名商标也能够给商标权人带来丰厚的回报。

(三)保护驰名商标的意义

由于驰名商标具有较高的知名度及市场价值,因此驰名商标的保护不仅关乎商标

所有人的利益，而且对于维护市场竞争秩序的正常运转、促进经济的发展以及提高我国的国际竞争力具有特殊的意义。

1. 保护驰名商标有利于维护市场的正常经济秩序。驰名商标在市场竞争中，代表着企业高超的管理能力和技术水平，驰名商标具有独特的竞争优势，对消费者具有较强的吸引力。正因为如此，一些不法经营者常常假冒他人的驰名商标，牟取非法利益。在市场经济条件下，对驰名商标给予特殊保护，不仅可以打击商标侵权行为，而且可以制止不正当竞争，促进社会经济的健康发展，维护市场的正常竞争秩序。

2. 保护驰名商标有利于保护商标所有人的合法权益。驰名商标往往凝结着商标所有人长期的辛勤努力和财力、物力的大量投入。然而，在市场经济活动中，驰名商标受到侵害的程度要远高于普通商标。对驰名商标的侵害大致有以下几种：一是将与驰名商标相同或者近似的标志使用于相同或者类似的商品上；二是将与驰名商标相同或者近似的标志使用于不同类别的商品或者服务上；三是将他人的驰名商标用作企业字号或者用作域名；四是将他人的驰名商标用作商品名称，从而使其商标功能淡化等。上述行为不仅扰乱了正常的市场竞争秩序，易使广大的消费者蒙受损失，而且严重损害驰名商标所有人的利益，因此，只有对驰名商标进行扩大保护，才能有效地防止假冒驰名商标的行为，才能制止对驰名商标的淡化，维护驰名商标所有人的利益。

3. 保护驰名商标有利于维护消费者的利益。驰名商标代表着良好的信誉和质量，因此往往吸引着大量的消费者。一些不法经营者为了牟取不正当利益，肆意采取诸如假冒他人驰名商标等行为侵害商标所有人的利益，使得商品或服务的来源发生混淆，使得消费者误认误购，损害其合法权益。因此，只有加大对驰名商标的特殊保护，才能保护消费者的合法利益。

4. 保护驰名商标是提高我国国际竞争力的重要条件。驰名商标相比普通商标而言具有更高的商业价值和更大的市场影响力。在当今社会，国际间企业的竞争往往表现为品牌的竞争，市场利润也向驰名商标所标示的商品聚集，联合国工业计划署调查结果显示，世界上高信誉的商标在整个商标体系中所占有的比例不足3%，但其市场份额却占整个市场份额的40%。因此，在各国的经济交往中，驰名商标的保护问题也已经成为国际技术、经济合作中的重要问题，驰名商标不仅是企业战胜对手的有效工具，而且是推动我国经济迅速发展，提高我国国际竞争力的重要手段。

二、驰名商标的认定

驰名商标的认定是对驰名商标实施保护的前提。驰名商标的认定涉及认定机构、认定标准以及认定方式三个方面的内容。

（一）驰名商标的认定机构

《保护工业产权巴黎公约》规定，驰名商标的认定应当由国家法律规定的机构进行。世界上大多数国家都规定司法部门和商标行政主管部门为驰名商标的认定机构。我国《商标法》第14条规定，驰名商标应当根据当事人的请求，作为处理涉及商标案件需要认定的事实进行认定。……在商标注册审查、工商行政管理部门查处商标违法案件过程中，当事人依照本法第 13 条规定主张权利的，商标局根据审查、处理案件的需要，可以对商标驰名情况作出认定。在商标争议处理过程中，当事人依照本法第 13 条规定主张权利的，商标评审委员会根据处理案件的需要，可以对商标驰名情况作出认定。在商标民事、行政案件审理过程中，当事人依照本法第 13 条规定主张权利的，最高人民法院指定的人民法院根据审理案件的需要，可以对商标驰名情况作出认定。因此，在我国，驰名商标的认定机构有国家工商行政管理局商标局、商标评审委员会和人民法院。

1. 商标局和商标评审委员会对驰名商标的认定

驰名商标的认定方式可分为"主动认定"和"被动认定"两种。主动认定，是指即在不存在商标权利纠纷时，有关部门根据将来有可能发生的商标纠纷，对是否构成驰名商标进行认定。被动认定，是指有关部门不主动进行认定，而是在发生商标权纠纷之后，应申请人的请求，有关认定机构对其商标是否驰名作出认定。主动认定方式虽然有利于申请人预防可能发生的纠纷，但也容易出现一些问题。在主动认定的情况下，驰名商标被当作一种荣誉称号，很多企业为了获得驰名商标的认定，耗费了大量的人力、物力造成了不应有的浪费，驰名商标的认定一度沦为经营者市场竞争的工具，失去了原有的价值。我国在 1996 年制定《驰名商标认定和管理暂行规定》后一直采取以主动认定为主、被动认定为辅的方式。2013 年修订《商标法》时明确规定，商标局及商标评审委员会只有在处理商标纠纷的过程中，根据当事人的请求，作为处理涉及商标案件需要认定的事实才能对驰名商标进行认定。至此，我国对驰名商标的认定方式，已完全由过去的"主动认定"变更为"被动认定"，这也和国际上的惯例相符合。

2. 人民法院对驰名商标的认定

2001 年 7 月 17 日，最高人民法院公布了《关于审理涉及计算机网络域名民事纠纷案件适用法律若干问题的解释》，其中第 6 条规定，人民法院审理域名纠纷案件，根据当事人的请求和案件的具体情况，可以对涉及的注册商标是否驰名作出认定。2002 年 10 月 12 日通过的最高人民法院《关于审理商标民事纠纷案件适用法律若干问题的解释》第 22 条第 1 款规定，人民法院在审理商标纠纷案件中，根据当事人的请求和案件的具体情况，可以对涉及的注册商标是否驰名依法作出认定。该条第 3 款还规定，当事人对曾经被行政主管机关或者人民法院认定的驰名商标请求保护的，对方当事人对涉及的商标驰名不持异议，人民法院不再审查。提出异议的，人民法院依照商标法第 14 条的规定审查。这两个规范性文件的出台，不仅为人民法院认定驰名商标提供了充分的法律依据，而且确立了人民法院对行政机关所作出的驰名商标认定进行司法审查的地位。人民法院认定驰名商标，这也是国际上的通行做法。

最高人民法院《关于审理涉及驰名商标保护的民事纠纷案件应用法律若干问题的解释》第 13 条规定，在涉及驰名商标保护的民事纠纷案件中，人民法院对于商标驰名的认定,仅作为案件事实和判决理由,不写入判决主文;以调解方式审结的,在调解书中对商标驰名的事实不予认定。

(二)驰名商标的认定标准

关于驰名商标的认定标准,各国的规定各有不同。《与贸易有关法人知识产权协定》规定,在认定一商标是否驰名时,各成员应当考虑到有关商标在相关公众领域内的知晓程度,包括在有关成员领域内因商标宣传之结果而被知晓之程度。该协定对于驰名商标的认定标准没有详细论述,只作了原则性的规定。

1996 年 9 月,国际商会通过的《驰名商标保护决议案》认为,在认定驰名商标时,应当考虑下列因素:(1)该商标在当地或者国际的认知程度;(2)该商标固有的或者获得的显著程度;(3)该商标在当地或者国际的使用和广告宣传时间及地域范围;(4)该商标在当地或者国际的商业价值;(5)该商标在当地或者国际获得的质量形象;(6)该商标所获得的在当地或者国际的使用或者注册的专有性。这些标准与目前多数国家所采用的认定驰名商标的标准大致相同,得到了多数国家的认可。

1999 年 9 月,保护工业产权巴黎联盟和世界知识产权组织大会通过了《关于保护驰名商标的规定的联合建议》,该建议认为认定驰名商标应当考虑的基本要素包括:(1)该商标在相关公众中的了解或认知程度;(2)该商标任何使用的持续时间、程度和地理范围;(3)该商标任何宣传的持续时间、程度和地理范围,包括在交易会或展览会上对使用该商标的商品或服务所做的广告、宣传和展示;(4)能反映该商标使用或被认知程度的任何注册或任何注册申请的持续时间和地理范围;(5)该商标成功实施商标权的记录,尤其是为主管机关认定驰名的程度;(6)该商标的相关价值。该标准基本反映了世界各国对驰名商标的认定标准,并将驰名商标的适用范围进行了扩张,具有指导意义。

根据《商标法》第 14 条的规定,我国驰名商标的认定标准为:(1)相关公众对该商标的知晓程度;(2)该商标使用的持续时间;(3)该商标的任何宣传工作的持续时间、程度和地理范围;(4)该商标作为驰名商标受保护的记录;(5)该商标驰名的其他因素。

关于相关公众对商标的知晓程度如何判断的问题,《驰名商标认定和保护规定》第 9 条规定,以下材料可以作为证明:(1)证明相关公众对该商标知晓程度的材料。(2)证明该商标使用持续时间的材料,如该商标使用、注册的历史和范围的材料。该商标为未注册商标的,应当提供证明其使用持续时间不少于 5 年的材料。该商标为注册商标的,应当提供证明其注册时间不少于 3 年或者持续使用时间不少于 5 年的材料。(3)证明该商标的任何宣传工作的持续时间、程度和地理范围的材料,如近 3 年广告宣传和促销活动的方式、地域范围、宣传媒体的种类以及广告投放量等材料。(4)证明该商标曾在中国或者其他国家和地区作为驰名商标受保护的材料。(5)证明该商标驰名的其他证据材料,如使用该商标的主要商品在近 3 年的销售收入、市场占有率、净利润、纳税额、销售区域等材料。

商标局、商标评审委员会在认定驰名商标时,应当综合考虑商标法规定的认定标准,但不以满足全部因素为前提。由此可知,我国《商标法》并不要求驰名商标的认定必须符合上述所有的条件,这与国际上的有关规定是一致的。

三、我国对驰名商标的保护

随着商标经济的发展,驰名商标的重要性日益凸显。《巴黎公约》率先在修订时增加了驰名商标保护的内容,随后世界各国也逐渐开始在商标法中保护驰名商标,我国在2001年修订《商标法》时也增加了驰名商标保护的内容,2013年在修订《商标法》时又对相关法律规定进行了修改和完善,目前我国驰名商标的保护范围基本与国际公约一致。根据《商标法》的规定,我国对驰名商标的保护主要有以下几个方面:

(一)对未注册的驰名商标进行保护

现在大多数国家商标法都采取的是注册原则,即只有注册的商标才能享有商标权,未注册商标一般不能充分地获得法律的保护,但是驰名商标的保护是一个例外,世界各国均规定对于驰名商标的保护不以注册为条件。我国《商标法》第13条第2款规定,就相同或者类似商品申请注册的商标是复制、摹仿或者翻译他人未在中国注册的驰名商标,容易导致混淆的,不予注册并禁止使用。该规定旨在保护未在中国注册的驰名商标,意味着我国或我国参加的国际条约的成员国的未注册的驰名商标,都可以享有我国商标法关于驰名商标的特别保护。对于被认定为驰名商标的未注册商标,除了依法享有注册商标所拥有的商标专用权外,还有权禁止他人在非类似商标上注册或使用其驰名商标。即对于未注册的驰名商标进行复制、模仿或者翻译后,在相同或类似商品上使用,容易导致消费者混淆商品来源的,构成商标侵权,应当禁止使用;对于未注册的驰名商标进行复制、模仿或者翻译后,在相同或者类似的商品上进行注册的,商标局对于这种申请不予批准。

这一规定使得未注册的驰名商标也能获得商标权的保护,这种保护不仅可以避免侵害未注册驰名商标的行为发生,而且可以有效地避免消费者的利益受损。

(二)对已经注册的驰名商标进行扩大保护

根据《商标法》的规定,注册商标的专用权,以核准注册的商标和核定使用的商品为限。但是为了有效地保护驰名商标,许多国家的商标法都规定对驰名商标的保护范围要大于一般注册商标的保护范围。

我国《商标法》第13条第3款规定,就不相同或者不相类似商品申请注册的商标是复制、摹仿或者翻译他人已经在中国注册的驰名商标,误导公众,致使该驰名商标注册人的利益可能受到损害的,不予注册并禁止使用。该规定旨在保护已经在中国注册的驰名商标。如果某一商标根据我国《商标法》的规定被认定为驰名商标,并且该驰名商标已经在我国注册的,那么驰名商标的所有人除了可以享有普通的注册商标专用权,有权阻止他人在同一种商品或者类似商品上使用相同或者近似商标外,还有权利禁止他人将驰名商标复制、模仿或者翻译后在不相同或不相类似的商品上注册或使用。为了防止驰名商标所有人滥用其权利，商标法给该规定附加了限定条件，即只有在误导公众，致使该驰名商标注册人的利益可能受到损害的情况下，驰名商标的所有人才能禁止他人的注册及使用。这一限定条件对于维护其他商标使用人的合法权益，创造公平合理、健康有序的市场竞争环境有着积极的意义。例 22.5 中，正确答案为 C。

（三）放宽驰名商标注册的显著性要求

显著性是商标获得注册的积极条件之一，不具有显著性的标志缺乏较强的识别性，不能起到区分商品或服务来源的作用。但是驰名商标通过长期的使用，已经获得较高的声誉并被相关公众所熟知，该驰名商标已经与其所标示的商品或服务具有紧密的联系，从这个角度看，凭借该商标已经能够区分商品或服务的来源。因此，即使一个标志原本缺乏显著性，但是其所有人仍然可以通过长期的使用使得该标志为相关公众所熟知，这时我们就认为该标志已经通过使用获得了显著性，具有了商标区分商品或服务来源的功能，可以作为商标进行注册。目前，世界上大多数国家都降低了驰名商标注册的显著性要求。我国《商标法》规定，缺乏显著特征的标志经过使用取得显著特征，并便于识别的，可以作为商标注册。即对于本身不具有显著性的驰名商标的标志，允许其通过使用获得显著性后进行注册。

（四）对驰名商标规定了特殊的保护期限

驰名商标的所有人经过长期的努力经营，使其驰名商标获得了消费者的广泛认可，因此，一些不法分子为了牟取非法利益往往针对驰名商标实施侵权行为，由于驰名商标比一般商标更容易受到侵害，商标法规定了比普通商标更长的保护时间。商标法规定，对于已经注册的商标，违反商标法的相关规定的，自商标注册之日起 5 年内，在先权利人或者利害关系人可以请求商标评审委员会宣告该注册商标无效。但驰名商标的所有人对于他人恶意注册侵犯其合法权益的，不受 5 年的时间限制。

（五）禁止将他人的驰名商标作为企业名称使用

由于驰名商标具有较高的市场知名度，因此一些企业为了提高自己的产品销量，不正当地将他人的驰名商标作为自己的企业的字号使用，这样不仅会使驰名商标所有人的利益受损，而且会使消费者在选择商品时产生混淆，不正当地损害消费者的利益。为了避免此类损害的发生，《商标法》第 58 条规定，将他人注册商标、未注册的驰名商标作为企业名称中的字号使用，误导公众，构成不正当竞争行为的，依照《反不正当竞争法》处理。

▲ 讨论案例

甲宝剑生产厂家在其生产的宝剑上使用“龙泉”、“龙凤七星”注册商标，其产品销往全国各地，有良好的市场影响。乙宝剑厂在其生产的宝剑上注册了“万”字商标，但在其生产的宝剑上除了用“万”字商标外，又将“龙泉”、“龙凤七星”用于同一剑身。

问：乙宝剑厂的行为是否构成商标侵权？请分析说明。

课后思考

1. 注册商标在使用时应注意哪些问题?
2. 未注册商标在使用时应注意哪些法律要求?
3. 侵犯商标权行为有哪些表现形式?
4. 简述侵犯商标权的法律责任。
5. 简述我国对驰名商标的特别保护。

第五编　其他知识产权法律制度

第二十三章　反不正当竞争法

◆ 知识结构图

- 反不正当竞争法
  - 反不正当竞争法概述
    - 不正当竞争
    - 反不正当竞争法
  - 与知识产权有关的不正当竞争行为
    - 假冒标识行为
    - 虚假宣传行为
    - 商业诽谤行为

◆ 本章导读

绝大部分保护知识产权的内容，都由具体的知识产权法如著作权法、专利法和商标法等作出了明确规定，但还有一些上述法律不便保护的内容，就由反不正当竞争法来兜底保护。从这个意义上讲，反不正当竞争法属于广义知识产权法的组成部分。通过本章的学习，了解不正当竞争行为的概念和特征；明确反不正当竞争法与知识产权法的关系、假冒标识行为、引人误解的虚假宣传行为、商业诽谤行为等。

◉ 司考重点

本章在司法考试中主要考查与知识产权有关的不正当竞争行为，如假冒标识、虚假宣传、商业诽谤等行为。

第一节　反不正当竞争法概述

一、不正当竞争

（一）不正当竞争的概念

不正当竞争作为一个法律概念是19世纪末出现的。当时，德国制定的成文法、美国的普通法判例以及一些国家围绕工业产权国际保护问题签署的《保护工业产权巴黎公约》都相继推出了“不正当竞争”一词。

综观各国的反不正当竞争法，一般是从违反善良风俗和诚实信用等商业惯例的角度来定义不正当竞争的。如德国的《反不正当竞争法》称不正当竞争为“在营业中为竞争目的采取违反善良风俗的行为”。前南斯拉夫的《防止不正当竞争和垄断协议法》认定不正当竞争是“联合劳动组织为了从事商品交换和服务或其他经济活动,而做出的违反良好的经营风尚并给其他联合劳动组织、消费者或社会共同体带来或者能够带来损害的行为”。《保护工业产权巴黎公约》第10条第2款规定:“任何违反工商业中良好和诚实习惯的竞争行为都是不正当竞争行为。”《瑞士反不正当竞争法》则规定:“不正当竞争是指任何欺骗性的商业行为,或以其他手段违反诚实信用原则的任何商业行为。”由于“善良风俗”、“良好的经营风尚”、“诚实习惯”、“诚实信用”等标准并非法律上的规范术语,在实践中具有难以正确度量的缺点。因此,各国在反不正当竞争法中往往在一般定义之后罗列应受处罚的具体的不正当竞争行为。

我国《反不正当竞争法》在规定了商业交易中应遵循的自愿、平等、公平、诚实信用原则以及公认的商业道德之后,将“不正当竞争”定义为“经营者违反本法规定,损害其他经营者的合法权益,扰乱社会经济秩序的行为”。在这一定义之后,《反不正当竞争法》又列举了应予处罚的11种不正当竞争行为。

(二)不正当竞争行为的特征

1. 主体是经营者

根据《反不正当竞争法》第2条的解释,所谓经营者是指从事商品经营或者营利性服务的法人、其他经济组织和个人。实践中,如何把握或者认识“经营者”是能否正确理解和执行该法条的关键。

2. 属违法行为

不正当竞争行为的违法性,主要表现在违反了《反不正当竞争法》的规定,既包括违反了该法第二章关于禁止不正当竞争行为的各种具体规定,也包括违反了该法所确立的自愿、平等、公平、诚实信用等基本原则。

3. 客体是其他经营者的合法权益和正常的社会经济秩序

不正当竞争行为是一种有目的、排他性或者伤他性的行为,是以侵害“其他经营者”合法权益为直接目标的行为。这里的“其他经营者”,即竞争对手,既包括实际的竞争对手,也包括潜在的竞争对手。当然,有些不正当竞争行为,如虚假广告和欺骗性有奖销售,还同时损害广大消费者的合法权益。只有严厉禁止这些不正当竞争行为,才能确保市场经济秩序健康有序地发展。

二、反不正当竞争法

(一)反不正当竞争法的概念

反不正当竞争法是指调整市场交易活动中经营者之间竞争关系的法律规范的总称。任何法律都是国家为适应调整一定的社会关系的需要而制定的,反不正当竞争法也不例外。在市场经济条件下,竞争是经济活动的常态,是市场经济的本质属性。如同体育竞技要有竞技规则一样,经营者的市场竞争行为也离不开相应的竞争规则。竞争规则是衡量经营者竞争行为正当与否的标准。只有各个经营者都遵循一定的竞争规则,市场经济才会健康、有序地发展。反不正当竞争法正是根据市场经济的迫切需要应运而生的。

反不正当竞争法有广义和狭义之分。在狭义上,它仅涉及反对不正当竞争的内容;在广义上,则包括狭义的反不正当竞争以及反垄断和限制竞争的内容。由于各国政治状况、经济发展水平以及法律传统不同,其相关立法的法律名称与法律内容等方面存在较大差异。目前我国的反不正当竞争法中规制了两类对象:一类是传统的违背诚信、公平原则的不正当竞争行为;另一类是影响市场机能正常发挥的限制竞争行为。反不正当竞争法的宗旨是规范市场主体的竞争行为,保护公平竞争、维护正常的市场竞争秩序。由于反不正当竞争法以市场经济的核心问题——竞争问题为调整对象,因而一出现就注定会在市场经济法律体系中占有重要的地位,故有人将反不正当竞争法称之为"经济宪法"。

(二)反不正当竞争法与知识产权法的关系

明确反不正当竞争法与知识产权法的关系不仅有助于理解反不正当竞争法的概念,也有助于搞清反不正当竞争法为什么被置于知识产权法的范围之中。反不正当竞争法与知识产权法不是种属关系,两者并不互相包含。因为知识产权法所调整的社会关系并非均存在于经济领域内,因而反不正当竞争法不能包含知识产权法;另外,知识产权法也不能包含反不正当竞争法,因为我国反不正当竞争法是从广义的角度调整不正当竞争社会关系,其中许多法律规范与智力成果和识别性标志没有任何关系。[1]它们之间是交叉和补充的关系。正如知识产权法领域里的一个著名而又生动的比喻所说的那样,专利法、商标法和著作权法好比是浮在海面上的三座冰山,反不正当竞争法则是托着冰山的海水。意思是说,凡专利法、商标法和著作权法所管不到的领域,都由反不正当竞争法来兜底保护。反不正当竞争法对知识产权法起补充作用。因此,从广义上来理解知识产权法,它应包括反不正当竞争法。或者说,狭义上的知识产权法与反不正当竞争法是特别法与普通法的关系。立法中绝大部分保护知识产权的内容,皆由具体的知识产权法作出了明确规定,只有那些知识产权法未明确规定,然而又确实违反自愿、公平、诚实信用、公序良俗的行为才由反不正当竞争法进行补充保护。

归纳起来,反不正当竞争法对知识产权的补充保护大致体现在:

(1)保护那些不受特别法保护的客体;

(2)保护那些虽然可以受到特别法保护,但是尚未获得授权的客体;

(3)保护那些特别法有遗漏或者不便保护的内容;

(4)保护新型智力劳动成果或者工商业成就;

(5)在有的情况下,反不正当竞争法的保护可能和特别法的保护同时存在于一项

---

〔1〕 吴汉东:《知识产权法》,中国政法大学出版社 2009 年版,第 336 页。

客体之上,发生两种保护机制竞合,应优先适用特别法即知识产权法的规定;

(6)间接保护知识产权。

总之,反不正当竞争法与知识产权法有着相辅相成的关系。一方面,反不正当竞争法对于保护知识产权,特别是保护那些不能直接获得知识产权特别法保护的智力成果、商业标记等有着不可或缺的作用,故可以说它是知识产权法的一部分;另一方面,知识产权制度本身的建立,也有利于促进市场竞争秩序的健康发展,所以,它反过来也是竞争法律制度的重要组成部分。当然,它们之间的交叉、重叠只是部分的,其各自的独立个性不应被忽视。保护知识产权并不是反不正当竞争法的唯一任务,而知识产权法中的许多制度与竞争秩序也无必然联系。

随着科技、信息产业的迅猛发展,知识财产逐渐成为社会的主要财富,不正当竞争行为将会更多地发生在这个充满活力的领域,知识产权法和反不正当竞争法对经济生活的规范作用必将越来越重要,越来越密不可分。

第二节　与知识产权有关的不正当竞争行为

随着科技、信息产业的迅猛发展以及知识财产的不断涌现,与知识产权有关的不正当竞争行为越来越成为各国法律规制的重点。在我国《反不正当竞争法》所列举的11种不正当竞争行为中,涉及与知识产权有关的不正当竞争行为的条款有第5、9、10、14条,其中第10条是侵犯他人商业秘密的行为,在后面单独论述。

一、假冒标识行为

例23.1　甲公司于2000年2月开始使用“乐翻天”作为其儿童玩具的商品名称,其注册商标为“熊猫”。在玩具包装和广告宣传中,均突出宣传“乐翻天”,致使消费者熟知“乐翻天”而不熟悉其注册商标。2004年3月,当地的乙公司对本公司的儿童玩具申请注册为“乐翻天”,3年后取得了商标注册证。请问乙公司是否侵权?

例23.2　甲公司在商业广告中以著名企业乙的名称字号为广告背景,宣传自己的商品。甲公司的行为性质如何?

(一)假冒标识行为概念

假冒标识行为,是指经营者采用假冒或者仿冒的标志或采用其他虚假的标志从事交易,引起公众的误解、误购,牟取非法利益的行为。采用假冒标识从事市场交易,具有以下特征:

(1)假冒表识行为主要表现为在商品或者服务上采用具有欺骗性的标志。比如,在自己的商品或者服务上使用他人的商品商标或者服务商标;在自己的商品上使用他人商品特有的名称、包装、装潢以及其他企业的名称(商号)、质量标志等。

(2)行为人的意图主要是使自己的商品或服务与他人的商品或服务发生混淆,从而借用他人商品或服务的声誉推销自己的商品或服务,牟取非法利益。此外,采用欺骗性质量标志,如产地标志、获奖标志等,其意图也是欺骗消费者,削弱或者非法挤占其他同业竞争者的竞争优势,牟取不当利益。

(3)假冒标识行为客观上造成或者可能造成商品或者服务的混淆,引起消费者误认,从而可能导致错误地选择商品或者服务,使诚实经营秩序遭到一定程度的破坏。

(4)假冒标识行为是一种典型的违背诚实信用和商业道德的不正当竞争行为。

(二)假冒标识行为的表现形式

《反不正当竞争法》第5条将此类不正当竞争行为归纳为以下四种情形:

1. 假冒他人的注册商标。

假冒他人的注册商标,也是商标法明文予以禁止的行为。此外,假冒具有一定市场影响力的未注册商标,也是一种不正当竞争行为,《反不正当竞争法》应当明文予以禁止。

2. 擅自使用知名商品特有的名称、包装、装潢,或者使用与知名商品近似的名称、包装、装潢,造成和他人的知名商品相混淆,使购买者误认为是该知名商品。

构成此类不正当竞争行为须具备下列条件:

(1)被仿冒的商品须为知名商品。《反不正当竞争法》只保护知名商品的名称、包装和装潢。国家工商局于1995年7月6日发布的《关于禁止仿冒知名商品特有的名称、包装、装潢的不正当竞争行为的若干规定》(以下简称《若干规定》)第3条第1款规定:"本规定所称知名商品,是指在市场上具有一定知名度,为相关公众所知悉的商品。"

(2)被仿冒的是知名商品特有的名称、包装、装潢。商品特有的名称、包装、装潢,是商品的重要识别性标志。《若干规定》第3条第3款规定:"知名商品特有的名称,是指知名商品独有的与通用名称有显著区别的商品名称。但该名称已经作为商标注册的除外。"第3条第4款规定:"本规定所称包装,是指为识别商品以及方便携带、储运而使用在商品上的辅助物和容器。"《反不正当竞争法》不保护没有特色、不具有商品标志作用的包装。因为,不具有商品标志作用的包装不具有竞争意义,他人的仿造不会产生使消费者误认或混淆的后果。商品特有的装潢也对商品具有标示作用,能够区别商品来源。《若干规定》第3条第5款规定:"本规定所称装潢,是指为识别与美化商品而在商品或者其包装上附加的文字、图案、色彩及其排列组合。"

(3)仿冒的方式是对他人知名商品特有的名称、包装、装潢擅自作相同或近似的使用。实践中,对擅自使用完全相同的名称、包装、装潢的行为很容易认定。比较复杂的是"作相近似的使用"。《若干规定》第5条规定:"对使用与知名商品近似的名称、包装、装潢,可以根据主要部分和整体形象相近,一般购买者施以普通注意力会发生误认等综合分析认定。一般购买者已经发生误认或者混淆的,可以认定为近似。"这是认定

“作相近似使用”的法律依据。

(4)这种仿冒可能或者已经导致市场混淆或者误认。例23.1中,乙公司使用了知名商品特有的名称“乐翻天”,引起了消费者的混淆,属于不正当竞争行为。

3. 擅自使用他人的企业名称或者姓名,让人误认为是他人的商品。

构成此类不正当竞争行为具备的条件是:

(1)被仿冒的是他人的企业名称或者姓名。在实践中,被仿冒的企业名称或者姓名一般都具有良好的市场信誉或一定的知名度。此外,有必要指出的是,这里的企业名称或者姓名,不仅包括各种经济组织的名称、字号,还包括个体工商户的名称、字号、自然人的姓名。其中,自然人的姓名应以知名为要件。

(2)此类仿冒行为的目的是让人误认为是他人的商品。“引人误认”并不一定要求在市场交易中已经造成购买者误认的实际后果,只要足以混淆或者误认,就构成此类不正当竞争行为。

(3)仿冒行为人主观上是故意的。此外,还应注意,这里的“使用”不但包括作同样用途的使用——将他人的企业名称或者商号作为自己企业的名称或者商号,还应包括作不同用途的使用——将他人的企业名称或者商号作为自己企业商品的商标。例23.2中,甲公司借助著名企业乙公司的商誉促销自己的产品,使消费者产生混同,从而造成了乙公司无法控制自己的无形资产并从中获利的损害,该行为属于假冒标识的不正当竞争行为。

4. 在商品上伪造或者冒用认证标志、名优标志等质量标志,伪造产地,对商品质量做引人误解的虚假表示。

(1)伪造或者冒用质量标志。所谓质量标志,是指经认证机构或者其他有关组织检验而颁发的表明产品质量状况的证书、标记等。常见的质量标志有产品质量认证标志、优质产品标志、名牌产品标志、企业产品标准号、检验机构检验合格证、产品合格证、生产许可证等。伪造或者冒用认证标志、名优标志等质量标志的不正当竞争行为主要表现为:一是伪造并使用一种根本就不存在的认证标志、名优标志等质量标志;二是未经产品质量认证或者认证不合格,而在其产品上使用认证标志;三是擅自使用他人的产品标准号;四是未经有关组织授予其名优标志,而在其产品中使用名优标志。此外,产品被撤销认证时,应及时停止使用认证标志,继续使用也属于擅自使用和伪造、冒用行为。

(2)伪造产地。商品的产地是指商品的制造、加工、择选地或商品生产者的所在地。商品的产地标记,又称货源标记,不仅表明产品的来源地,也是商品的一种质量标志。因为一些商品的品质往往与其所处的地理环境有关,或与其所处地区的技术优势有联系。因此,伪造产品的产地,可能会误导用户、消费者的采购行为和消费行为,也可能会损害被伪造产地的其他生产者的商业信誉,因此《反不正当竞争法》严禁伪造产地。

(3)对商品质量作引人误解的虚假表示。这种行为是指经营者违反诚实信用原则,在商品上或者其包装上以及其他标识物上,对反映该商品质量的各种内容作不真实的表述和标志,从而可能发生误认误购的行为。对商品质量作引人误解的虚假表示,目的在于误导消费者购买其商品。这种行为不但可能使消费者上当受骗,而且必然会损害同行竞争对手的利益。

以上假冒或仿冒行为应承担相应的法律责任。根据《反不正当竞争法》第20条的规定,经营者在市场交易中采用假冒或仿冒行为,给被侵害的经营者造成损害的,应当承担赔偿责任。根据《反不正当竞争法》第21条的规定,经营者假冒他人的注册商标,擅自使用他人的企业名称或者姓名,伪造或者冒用认证标志、名优标志等质量标志,伪造产地,对商品质量作引人误解的虚假表示的,依照《中华人民共和国商标法》、《中华人民共和国产品质量法》的规定处罚。经营者擅自使用知名商品特有的名称、包装、装潢或者使用与知名商品近似的名称、包装、装潢,造成和他人的知名商品相混淆,使购买者误认为是该知名商品的,监督检查部门应当责令停止违法行为,没收违法所得,可以根据情节处以违法所得一倍以上三倍以下的罚款;情节严重的,可以吊销营业执照;销售伪劣商品,构成犯罪的,依法追究刑事责任。

二、虚假宣传行为

例23.3 甲公司委托某摄影公司制作了宣传甲公司形象的画册,画册封页标明了甲公司的商标及公司名称。后乙公司也制作了产品宣传册,其中选用了甲公司的宣传图片,只是用电脑技术替换了原图片中模特的头像。画册页码上标明的则是乙公司的商标和名称。该画册在乙公司举办的新品发布会上广泛散发。甲公司发现后向法院起诉,要求乙公司承担侵权责任。

(一)虚假宣传行为的概念

虚假宣传行为是指在商业活动中,经营者利用广告或者其他宣传方法对商品或者服务内容作与实际情况不符的宣传,诱使客户和消费者产生误购的行为。这种行为违反了诚实信用的商业道德,是一种严重的不正当竞争行为。它具有以下几个特点:

(1)作引人误解的虚假宣传的人应是商品经营者或服务业经营者,其中包括广告经营者。

(2)引人误解的虚假宣传方法主要是广告宣传和其他方法。广告是经营者最常用最主要的宣传方法,是经营者利用报纸、杂志、广播、电视、广告牌、商品宣传栏、霓虹灯等广告媒介向用户和消费者介绍商品和服务项目,提供商品和服务信息。其他宣传方法包括通过商品信息发布会、商品展销会、产品说明书等推销商品和介绍服务。

(3)引人误解的虚假宣传的内容涉及商品的质量、制作成分、性能、用途、生产者、有效期、产地等。

(4)引人误解的虚假宣传的表现形式有两类:一类是虚假宣传,是指经营者对商品内容或者服务项目作完全不符合实际情况的虚假宣传,足以导致用户和消费者上当受骗。另一类是作引人误解的宣传,是指利用广告或者其他宣传方法对商品内容或者服务项目所作的宣传可能导致用户和消费者对商品和服务的真实情况产生错误的联想,从而导致误购。例如,某市有一家家具店广告称,该店展销的是"意大利聚脂漆家具",使得许多消费者误认为是从意大利进口的家具而纷纷购买,实际上只不过是用从意大利进口的油漆漆的家具。

(5)引人误解的虚假宣传的受损害对象,从直接受害的角度讲,指上当受骗的用户和消费者;从竞争的角度讲,受损害的是遵守诚实信用原则和商业道德的同业竞争者。

引人误解的虚假宣传的目标又可分为两类:一类是自己生产经营的商品或者服务。表现为经营者利用广告或者其他宣传方法,故意抬高自己的商品或者服务,引人购买与宣传内容不符的商品,甚至是伪劣商品。另一类是竞争对手的商品或者服务。表现为经营者利用广告或者其他宣传方法,贬低竞争对手的商品或者服务、诋毁竞争对手的声誉。

(二)虚假宣传行为的要件

(1)行为主体有两类:一类是商品经营者或者服务业经营者;另一类是广告经营者。

(2)行为人的主观状态往往有较为明确的目的性。行为人作引人误解的虚假广告的目的在于推销自己的商品或者服务,损害同业竞争者和消费者的利益。

(3)客观上有虚假宣传行为。经营者确实利用广告或者其他方法实施了引人误解的虚假宣传,广告经营者确实在明知或者应知的情况下代理、设计、制作、发布了虚假广告。

(4)该行为破坏了正常的竞争秩序,足以使竞争对手和广大用户、消费者的利益受到损害。例23.3中,乙公司的行为属于利用虚假广告宣传的行为,乙公司的宣传画册使用了甲公司的宣传图片,该图片虽然模特被更换,但其介绍的服装仍系甲公司的服装产品,乙公司的行为让客户和消费者误以为乙公司产品有与甲公司产品相同的质量和水平,该行为符合虚假宣传行为的要件,构成了不正当竞争行为。

引人误解的虚假宣传应承担的法律责任在《反不正当竞争法》第24条作了规定:"经营者利用广告或其他方法,对商品作引人误解的虚假宣传的,监督检查部门应当责令停止违法行为,消除影响,可以根据情节处以一万元以上二十万以下的罚款。""广告的经营者在明知或者应知的情况下,代理、设计、制作、发布虚假广告的,监督检查部门应当责令停止违法行为,没收违法所得,并依法处以罚款。"

三、商业诽谤行为

例23.4 1987年,杭州娃哈哈公司开发投产的"娃哈哈儿童营养液"家喻户晓并多次荣获国家大奖。1995年,珠海巨人集团生产了一种"巨人吃饭香"的儿童营养液。为了促销,巨人集团印制了宣传册广为散发。该宣传册称"据说娃哈哈有激素,造成小孩早熟,产生许多现代儿童疾病。"该宣传导致娃哈哈集团市场信誉和效益下滑。巨人集团公司属于什么行为？

（一）商业诽谤行为的概念

商业诽谤行为，是指经营者自己或者唆使他人，采取捏造、散布虚假事实等不正当手段，对竞争对手的商业信誉、商品声誉进行诋毁、贬低，以削弱其竞争实力的行为。商业诽谤行为侵害的客体是竞争对手的商业信誉和商品声誉。商业信誉和商品声誉是社会公众对经营者的积极评价，是经营者的无形财产。经营者若拥有良好的商业信誉和商品声誉，就会在市场竞争中占据优势地位，就会给自己的经营带来极大的经济效益。也正是因为商业信誉和商品声誉关系到经营者的重大利益，关系到经营者的商品或服务的市场份额，以致会成为某些同业竞争者的侵害对象。

商业诽谤行为的表现形式主要有：

（1）以刊登对比性广告或利用商业说明书等形式，贬低同业竞争对手的商业信誉和商品声誉，抬高本企业的商业信誉和商品声誉。

（2）在召开商业信息发布会或者商务洽谈会时，向客户和消费者捏造、散布虚假事实，贬低同业竞争对手的商业信誉、商品声誉，相对吹嘘本企业的商业信誉、商品声誉。

（3）故意散布传单或小册子，对同业竞争对手的产品、经营、服务等质量进行诋毁，削弱其市场竞争能力。

（4）唆使或收买他人以客户或消费者的名义，投诉至新闻媒介、质量监督管理部门、消费者协会等，批评其他同业竞争对手的商业信誉和商品声誉，以打击竞争对手，客观上提高本企业的竞争力，占领同业竞争对手失去的市场。

在市场竞争日趋激烈的情况下，商业诽谤现象会经常发生。为了维护合法经营者的正当利益，保障正常的市场竞争秩序，必须依法查处损害他人商业信誉和商品声誉的商业诽谤行为。

（二）商业诽谤行为的认定要件

（1）商业诽谤行为的主体是经营者，即从事商品生产经营或者营利性服务的法人、其他经济组织或个体工商户等。当然，具体实施商业诽谤的人，可能是经营者自己，也可能是经营者唆使、收买的其他组织或个人。如属于后一种情况，则受唆使者应与唆使者共同承担法律责任。

（2）行为人确实捏造、散布了虚假事实。

（3）行为人实施商业诽谤，主观上应当有过错。对于捏造事实的行为人来说，主观上应出于故意。但是捏造人与散布人有时并不是同一人，散布人在过失的情况下散布虚假事实也构成商业诽谤。

（4）行为人捏造、散布虚假事实，诋毁、贬低竞争对手的商业信誉或商品声誉，在客观上足以或者已经造成一定的损害后果，商业信誉或商品声誉的损害表现为社会评价的减损或降低。

（5）实施商业诽谤的行为人与被诽谤人具有某种竞争关系，进行诋毁的目的是进行市场竞争。例23.4中,巨人集团散布了与事实不符的谣言,损害了竞争对手娃哈哈公司的商业信誉和商品声誉,给其造成了巨大经济损失,该行为已构成商业诽谤行为。

实施商业诽谤损害他人商业信誉或者商品声誉的,根据《反不正当竞争法》第20条的规定,给被侵害者造成损害的,应当承担损害赔偿责任。此外,还可以依照《民法通则》的规定,要求行为人停止侵害,恢复名誉,消除影响,赔礼道歉。

▲ 讨论案例

九头鸟公司从1997年起经营以湖北菜为特色的九头鸟酒家。该公司的石送军等人2012年利用其在任职期间形成的便利条件及研究成果,私自成立了九头凤餐饮公司。九头鸟酒家的菜单封面、封底上带有鸟型图案、“九头鸟的传说”文字说明及“楚天飞来九头鸟,落巢京城百姓家”广告语。九头凤餐饮的订餐卡、赠礼券上使用了与九头鸟酒家菜单相同的鸟型图案并与其订餐卡、赠礼券的颜色、设计等相近似,且九头凤餐饮开业宣传材料上带有“一鸣惊人楚天凤,落巢京城百姓家”的广告语。经对比,九头凤餐饮与九头鸟酒家的店面名称、招牌的颜色和设计、橱窗图案、店面装饰风格、经营风格相近似。石送军等人认为,九头凤餐饮公司依法设立,合法经营,并未对九头鸟酒家及公司构成不正当竞争;九头凤餐饮公司的名称并没有与九头鸟酒家混淆,不会造成消费者的误认;九头凤餐饮公司的装潢、宣传资料没有与九头鸟酒家混淆,消费者能够区分。

问:九头凤餐饮公司的行为是否构成不正当竞争行为?并说明理由。

◈ 课后思考

1. 何为不正当竞争行为?其特征是什么?

2. 简述反不正当竞争法与知识产权法的关系。

3. 简述采用虚假标识从事市场交易的特征及应当承担的法律责任。

4. 简述引人误解的虚假宣传的概念、特征、构成要件及法律责任。

第二十四章　商业秘密权

◆ 知识结构图

- 商业秘密权
  - 商业秘密概况
    - 商业秘密的概念
    - 商业秘密的构成要件
  - 商业秘密的保护
    - 侵犯商业秘密的具体表现
    - 商业秘密权的限制
    - 侵犯商业秘密的法律责任

◆ 本章导读

商业秘密权属于重要的知识产权。商业秘密权指向的客体是经营信息和技术信息,两者都是经营者重要的无形财产。通过本章的学习,应明确商业秘密的概念和构成要件、侵犯商业秘密的具体表现及应承担的法律责任。

◉ 司考重点

商业秘密权的考查重点是商业秘密的构成要件和侵权表现等。

第一节　商业秘密概况

一、商业秘密的概念

我国《反不正当竞争法》第10条第3款对商业秘密的概念进行了界定。该法规定,商业秘密是指不为公众所知悉,能为权利人带来经济利益,具有实用性并经权利人采取保密措施的技术信息和经营信息。商业秘密是国际上通用的法律术语,有的国家将它称之为工商秘密,《与贸易有关的知识产权协定》将商业秘密称作"未公开的信息"。

商业秘密包括经营秘密和技术秘密两方面的内容。经营秘密即未公开的经营信息,是指与生产、经营、销售活动有关的经营方法、管理方法、产销策略、货源情报、客户名单、标底及标书内容等专有知识或信息。如价廉物美的原材料进货渠道可构成经营秘密。技术秘密即未公开的技术信息，是指与产品生产和制造有关的技术诀窍、生产方案、工艺流程、设计图纸、产品配方、技术情报等专有知识。技术秘密又叫专有技术，在英文中被称作“know - how”。

二、商业秘密的构成要件

根据我国有关法律、法规，构成商业秘密须符合下列条件：

（一）秘密性

《反不正当竞争法》的表述是商业秘密须“不为公众所知悉”。国家工商行政管理局在《关于禁止侵犯商业秘密行为的若干规定》中，对“不为公众所知悉”的界定是：“该信息是不能从公开渠道直接获取的。”商业秘密之所以能够为其合法拥有人带来特殊的经济利益或者竞争优势，一个重要原因就是它不为公众所知悉，是未公开的信息。如果该信息已经公之于人，被公众所知，尤其是被竞争对手所知，那么，该信息的价值或者竞争优势必然遭到削弱甚至丧失，该信息便失去了法律保护的意义。因此，秘密性是商业秘密的本质特征，是商业秘密受保护的重要前提。

（二）价值性

价值性也称有用性，是指作为商业秘密的技术信息或者经营信息能够用于解决生产经营过程中的现实问题，且能够给拥有者带来现实的或者潜在的竞争优势，或者其他特殊利益。商业秘密的价值性是其受法律保护的根本原因。价值性最本质的体现是，所有人因掌握了该商业秘密而保持着竞争优势或特殊经济利益。

（三）保密性

保密性是指作为商业秘密的技术信息或者经营信息经权利人采取了一定的保密措施，从而使一般人不易通过正当途径和方法获知或探明。《反不正当竞争法》规定，商业秘密须“经权利人采取保密措施”。采取保密措施是权利人将其商业信息作为商业秘密的重要凭证。未采取保密措施的经营信息和技术信息，不构成商业秘密。

第二节 商业秘密的保护

我国目前没有关于商业秘密保护的单行法，其保护主要规定在《反不正当竞争法》第10条、第25条和《刑法》第219条中。此外，各种民事法律、行政法律中有一些关于商业秘密保护的规定，主要是《合同法》、《律师法》、《注册会计师法》、《商业银行法》、《促进科技成果转化法》、《国家赔偿法》等。以下对商业秘密的侵权行为、商业秘密权的限制以及商业秘密法律保护措施予以介绍。

一、侵犯商业秘密的具体表现

例24.1 A、B两企业达成一项非专利技术转让协议，约定A向B转让一种化工原料配方，B承担保密义务，不得将配方公开，也不得擅自允许第三人使用或向第三人转让该配方。B获得配方后，在C的利诱下，将配方交C使用。C为了牟利，将配方向多家企业转让，导致该配方在社会上公开。A的产品从此滞销，导致其蒙受重大经济损失。

我国《反不正当竞争法》以及国家工商行政管理局《关于禁止侵犯商业秘密行为的若干规定》对侵犯商业秘密的具体表现形式进行了列举，主要有以下几种行为：

(一)来源非法的侵害行为

1. 以盗窃、利诱、胁迫或者其他不正当手段获取权利人的商业秘密

所谓盗窃商业秘密，是指行为人采取不易被权利人发觉的方法，秘密地将权利人的商业秘密据为己有。商业秘密的盗窃方式可以是多样的，既可以将载有商业秘密的文件等偷偷地据为己有；也可以在复制后还回原件，保留复制件；还可以是将商业秘密的内容偷偷地记忆下来。这些方式反映了商业秘密的盗窃与有形物的盗窃的不同。盗窃商业秘密还包括单位内部人员盗窃、外部人员盗窃、内外勾结盗窃等手段。

所谓以利诱手段获取商业秘密，通常是指行为人向掌握商业秘密的单位职员提供财物或其他优惠条件，诱使其向行为人提供商业秘密。在这种情形下，行为人和受诱使提供商业秘密的人均构成侵犯商业秘密。

所谓以胁迫手段获取商业秘密，是指行为人采取威胁、强迫等手段，使他人在受强制的情况下不情愿地提供商业秘密。在这种情形下，除行为人构成侵犯商业秘密外，受胁迫提供商业秘密的人亦可构成侵犯商业秘密。

所谓以其他不正当手段获取商业秘密，是指利用除上述行为以外的其他非法手段，如假借商业洽谈、合作开发、参观学习等活动套取他人的商业秘密等。

2. 披露、使用或允许他人使用以不正当手段获得的商业秘密

所谓披露以不正当手段获取的商业秘密，是指将不正当获取的商业秘密向他人扩散，包括在要求对方保密的条件下向特定人、少部分人透露商业秘密，以及向社会(不特定的人)公开商业秘密。由于此种商业秘密本来是通过不正当的手段获取的，其披露当然违背了权利人的意思。

所谓使用以不正当手段获取的商业秘密，是指将不正当获取的商业秘密运用于自己的生产经营，即自己直接利用商业秘密的使用价值的行为，实践中表现为，以不正当手段获取商业秘密后用于自己的生产经营。

所谓允许他人使用以不正当手段获取的商业秘密，是指将不正当获取的商业秘密以有偿或者无偿的方式提供给他人使用。需要指出的是，以不正当手段获取商业秘密的行为人，若再行将该商业秘密披露或者自行使用或者允许他人使用，那么，该行为人即构成双重的侵权；若行为人以不正当手段获取商业秘密后，由第三人披露、使用或者允许他人使用，这时，第三人同样构成侵权。

(二)来源合法的侵害行为

违反约定或者违反权利人有关保守商业秘密的要求，披露、使用或者允许他人使

用其所掌握的商业秘密。该侵权人是合法掌握商业秘密的人。这些合法掌握商业秘密的人可能是与权利人有业务联系的对方当事人,也可能是权利人的职员或其他知情人。上述行为人违反合同约定或者规定的保密义务,将其所掌握的商业秘密擅自公开,或自己使用,或许可他人使用,即构成商业秘密的侵权行为。例 24.1 中,B 企业合法获得 A 企业的商业秘密,双方协议由 B 企业承担保密义务,但 B 企业违反约定导致 A 企业的商业秘密泄露,属于来源合法的侵权行为。

(三)第三人的侵害行为

第三人在明知或者应知前述违法行为的情况下,仍然从侵权人那里获取、使用或者披露他人的商业秘密,这是一种间接的侵权行为。行为人知悉其为他人的商业秘密,并明知或应知系侵犯商业秘密的情形,依然获取、使用、披露该种秘密,应视为侵犯商业秘密。实践中这类侵权行为最常见的表现形式是诱使掌握商业秘密的职员跳槽到该"第三人"所在的单位,从该职员那里获取并使用权利人的商业秘密。例 24.1 中,第三人 C 企业明知 A、B 企业之间有协议,依然采用不正当的利诱手段获得商业秘密,侵犯了 A 企业的商业秘密。

二、商业秘密权的限制

例 24.2 乙公司研制生产了一种净化机,其生产技术并未申请专利但采取了严格的保密措施。甲公司购买了乙公司的一台净化机。随后,其公司技术人员对该设备进行解析、实测,按所得数据绘制成图纸并投入生产。该行为是否侵犯了乙公司的商业秘密?

商业秘密保有人虽然享有法律赋予的各种权利,但如同其他民事权利一样,在某些特殊情况下其权利受到法律的限制和制约。对此,虽然我国《反不正当竞争法》没有明确规定,但根据我国的司法实践,承认商业秘密权应当受到限制,即他人的有些行为并不作为侵权行为对待。

(一)善意取得、使用、披露不视为侵权

根据《反不正当竞争法》第 10 条第 2 款的规定,第三人明知或者应当知道来源非法的侵害行为或者来源合法的侵害行为,获取、使用或者披露他人的商业秘密的,视为侵犯商业秘密。通过该条款可以推导出第三人善意取得商业秘密的制度,即第三人如果不知道或者不应当知道来源非法的侵害行为或者来源合法的侵害行为,获取、使用或者披露他人的商业秘密的,不视为侵犯商业秘密。例 24.1 中,其他企业并不知情,属于善意取得商业秘密,他们的行为不视为侵权。

(二)反向工程行为不视为侵权

反向工程是指通过技术手段对从公开渠道取得的产品进行拆卸、测绘、分析等而获得该产品的有关技术信息。通过反向工程,行为人完全可以获得和商业秘密保有者保有的同样的技术信息并加以使用,从而构成和商业秘密保有者竞争的局面,反向工程是否侵权呢?对此,美国、欧洲、日本等国都已在立法或司法判决中承认了其合法性。我国目前立法没有明确规定反向工程的合法性问题，但是一般认为，反向工程是合法的，不构成对技术秘密的侵犯。因为反向工程虽然利用了商业秘密保有者的产品，但行为人并没有非法地突破商业秘密保有者的秘密管理机制，并且付出了独立的劳动和投资，因此不应当视为侵权行为。例 24.2 中，甲公司的行为属于运用“反向工程”的方法获得技术参数，不构成侵权。

（三）执行公务获取商业秘密不视为侵权

国家行政机关或司法机关可以根据法律规定在执行公务的过程中强制获取当事人包括商业秘密在内的信息，有关单位不得以保护商业秘密为由予以拒绝。对商业秘密权进行公权限制的目的是维护公共秩序和公共利益，但适用时一定要符合相关的法律规定，依法获取商业秘密。

三、侵犯商业秘密的法律责任

根据我国《反不正当竞争法》、《关于禁止侵犯商业秘密行为的若干规定》以及《刑法》的规定，侵犯商业秘密行为的法律责任有民事责任、行政责任和刑事责任。

（一）民事责任

从我国《反不正当竞争法》有关民事责任的规定来看，侵害商业秘密行为的民事责任只有损害赔偿责任，显然仅此是不够的。我们认为，从民事责任角度而言，该法的规定不过是《民法通则》的特别规定，根据普通法补充特别法原则，《民法通则》有关民事责任的规定具有补充作用，即对《反不正当竞争法》没有规定的民事责任方式，可以适用《民法通则》的一般规定。我国司法实践中有关商业秘密案的判决中就有责令停止违法行为、赔礼道歉的责任，显然所依据的是《民法通则》的规定。

对损害赔偿额的计算标准，我国《反不正当竞争法》第 20 条第 1 款规定：“……被侵害的经营者的损失难以计算的，赔偿额为侵权人在侵权期间因侵权所获得的利润；并应当承担被侵害的经营者因调查该经营者侵害其合法权益的不正当竞争行为所支付的合理费用。”也就是说，在损害赔偿额的计算上，当被侵害的经营者的损失可以计算的，损失多少赔多少；当被侵害的经营者的损失难以计算时，才能将侵权人在侵权期间因侵权所获得的利润作为赔偿额，即后者的运用是以前者的不能运用为前提。实践中，采取后一种计算标准的具体方案作为赔偿额的，多为将侵权人生产的侵权产品总数乘以侵权人生产每件产品的平均利润。

（二）行政责任

根据《反不正当竞争法》第 25 条的规定，对于侵犯商业秘密的行为，监督检查部门应当责令停止违法行为，并可以根据情节处以一万元以上二十万元以下的罚款。此外，《关于禁止侵犯商业秘密行为的若干规定》指出，工商行政管理机关在作出上述处罚时，对侵权物品可以作如下处理：

（1）责令并监督侵权人将载有商业秘密的图纸、软件及其他有关资料返还权利人。

（2）监督侵权人销毁使用权利人商业秘密生产的、流入市场将会造成商业秘密公开的产品。但权利人同意收购、销售等其他处理方式的除外。这些规定细化了《反不正当竞争法》的上述规定。

(三)刑事责任

根据《刑法》第219条的规定,侵犯他人商业秘密,给权利人造成重大损失,构成犯罪的,处3年以下有期徒刑或拘役,并处或者单处罚金;造成特别严重后果的,处3年以上7年以下有期徒刑,并处罚金。

讨论案例

G公司主管新产品研发的总工程师李某,跳槽至本地的同业竞争对手L公司。G公司向法院起诉李某和L公司共同侵犯其商业秘密。法院应G公司申请进行证据保全,从L公司的技术档案中发现了G公司一系列新产品工艺配方等保密技术信息的软盘与文件。庭审中,李某辩称,其虽然从G公司带资料至L公司,但尚未生产这些新产品。故其本人的行为不构成侵权。L公司称其不知道李某带来的材料是属于G公司的商业秘密,不知者不为罪,故L公司不应承担侵权责任。

问:1. 李某的辩称是否成立? 为什么?

2. L公司的辩称是否成立? 为什么?

课后思考

1. 简述商业秘密的概念及构成要件。

2. 简述侵犯商业秘密的表现形式及其法律责任。

第二十五章　集成电路布图设计权

◇ 知识结构图

- 集成电路布图设计权
  - 集成电路布图设计概述
    - 集成电路布图设计的概念
    - 集成电路布图设计的保护方式
  - 集成电路布图设计专有权
    - 集成电路布图设计专有权的主体
    - 集成电路布图设计专有权的内容和期限
    - 集成电路布图设计专有权的限制
    - 集成电路布图设计权的登记
  - 集成电路布图设计专有权的保护
    - 侵害集成电路布图设计专有权的行为
    - 侵害集成电路布图设计专有权的救济措施

◈ 本章导读

布图设计是集成电路得以开发成功的关键步骤，其设计开发需要投入大量的人力、物力和财力，各种形式的侵权行为必然会损害原开发者的利益。因此，对布图设计给予知识产权保护显得十分必要。本章从集成电路布图设计的基本概念入手，介绍了集成电路布图设计受保护的必要性以及立法模式选择，集成电路布图设计权的主体、内容、限制、取得方式、保护期限以及侵权的救济措施，以便于对集成电路布图设计及其保护有一个概括性的了解。

◉ 司考重点

考试虽未涉及，但应了解主要内容。

第一节 集成电路布图设计概述

一、集成电路布图设计的概念

(一)集成电路

集成电路,是指半导体集成电路,即以半导体材料为基片,将至少有一个是有源元件的两个以上元件和部分或者全部互连线路集成在基片之中或者基片之上,以执行某种电子功能的中间产品或者最终产品。集成电路具有集成性、整体性、工艺严格等特点。集成电路属于微电子技术的范畴,是现代电子信息的基础。它具有体积小、重量轻、工作速度快、能耗低和可靠性高等优点,被广泛应用于各种电子产品之中。

(二)集成电路布图设计

集成电路布图设计(以下简称布图设计),是指集成电路中至少有一个是有源元件的两个以上元件和部分或者全部互连线路的三维配置,或者为制造集成电路而准备的上述三维配置。布图设计又称掩模作品或拓扑图。布图设计或是以掩模图形的方式存在于掩模板上,或是以图形的方式存在于芯片表面和表面下的不同深度处,或是以编码方式存在于磁盘、磁带等介质中。

布图设计要受到保护必须具备独创性。我国《集成电路布图设计保护条例》(以下简称《条例》)第4条规定:“受保护的布图设计应当具有独创性,即该布图设计是创作者自己的智力劳动成果,并且在其创作时该布图设计在布图设计创作者和集成电路制造者中不是公认的常规设计。”这表明我国集成电路布图设计的独创性表现在以下两个方面:

(1)布图设计是创作者自己的智力劳动成果,而不是简单复制他人的布图设计,或是只对他人的布图设计作简单的修改。

(2)该布图设计应体现出一定的先进性,即布图设计在创作完成时,其在集成电路行业内不能是常用的、显而易见的或为人所知的布图设计。对于那些含有常用的、显而易见的成分的布图设计,只有当其作为一个整体具有独创性时才能受到保护。本条例对布图设计的保护,不延及思想、处理过程、操作方法或者数学概念等。

二、集成电路布图设计的保护方式

随着集成电路产业的蓬勃发展及其对国民经济的巨大影响,有关集成电路布图设计的保护及其保护方式成为人们研究的重要课题。在集成电路布图设计的保护中,各国曾尝试过不同的模式进行保护。

(1)寻求版权法的保护。由于集成电路布图设计是一种三维配置形态的图形设计,所以人们很容易想到通过版权法予以保护,但不久即发现,这种保护是不合适的。

(2)寻求专利法来保护。布图设计旨在实现某种功能,达到某种技术效果。然而,通过专利法保护亦不合适。

在探寻集成电路布图设计的法律保护形式的过程中,人们逐渐意识到,布图设计是一种新生的智力成果,现有的知识产权法律保护形式均无法满足保护集成电路布图设计的需要。因此,必须突破已有的知识产权法的界线,采取专门立法予以保护。美国是世界集成电路的生产和出口大国,为了保持其半导体工业的优势和领先地位,1984 年由美国国会通过了《半导体芯片保护法》,从而确立了一种新型的半导体芯片法律保护制度。在美国的影响下,日本、英国、欧洲等其他一些国家也都先后作出了保护集成电路布图设计的法律规定。与此同时,国际组织也着手研究布图设计的法律保护问题,并通过了《关于集成电路的知识产权条约》。《与贸易有关的知识产权协定》亦专节规定了集成电路布图设计的保护问题。2001 年,我国先后颁布的《集成电路布图设计保护条例》(以下简称《条例》)和《集成电路布图设计保护条例实施细则》均自 2001 年 10 月 1 日起施行。该法的颁布实施旨在保护集成电路布图设计专有权,鼓励集成电路技术的创新,促进科学技术的发展。

第二节　集成电路布图设计专有权

一、集成电路布图设计专有权的主体

集成电路布图设计专有权的主体,是指依法取得布图设计专有权的人,通常称为专有权人或者权利持有人。《条例》第 9 条规定,"布图设计专有权属于布图设计创作者,本条例另有规定的除外"。本条确立了"谁创作,谁享有专有权"的一般原则。集成电路布图设计的主体通常有以下几种:

(1)自然人创作的,该自然人是创作者。

(2)法人或其他组织创作的,该法人或者其他组织是创作者。

(3)合作创作的,《条例》第 10 条规定,两个以上自然人、法人或者其他组织合作创作的布图设计,其专有权的归属由合作者约定;未作约定或者约定不明的,其专有权由合作者共同享有。

(4)委托创作的,《条例》第 11 条规定,受委托创作的布图设计,其专有权的归属由委托人和受托人双方约定;未作约定或者约定不明的,其专有权由受托人享有。

二、集成电路布图设计专有权的内容和期限

(一)布图设计专有权的内容

根据《条例》第 7 条的规定,布图设计权利人享有下列专有权:

(1)对受保护的布图设计的全部或者其中任何具有独创性的部分进行复制。

(2)将受保护的布图设计,含有该布图设计的集成电路或者含有该集成电路的物品投入商业利用。

此外,布图设计权利人可以将其专有权转让或者许可他人使用其布图设计。转让布图设计专有权的当事人应当订立书面合同,并向国务院知识产权行政部门登记,转让自登记之日起生效。许可他人使用其布图设计的,当事人应当订立书面合同。

(二)布图设计专有权的期限

根据《条例》的规定,布图设计专有权的保护期为10年,自布图设计登记申请之日或者在世界任何地方首次投入商业利用之日起计算,以较前日期为准。但是,无论是否登记或者投入商业利用,布图设计自创作完成之日起15年后,不再受本条例保护。

三、集成电路布图设计专有权的限制

(一)合理使用

《条例》第23条规定,下列行为可以不经布图设计权利人许可,不向其支付报酬:

(1)为个人目的或者单纯为评价、分析、研究、教学等目的而复制受保护的布图设计的。

(2)在依据前项评价、分析受保护的布图设计的基础上,创作出具有独创性的布图设计的。该规定又被称为保护"第二布图设计"。

(3)对自己独立创作的与他人相同的布图设计进行复制或者将其投入商业利用的。该规定旨在保护独立创作的第三人的利益。

(二)权利用尽

《条例》第24条规定,受保护的布图设计、含有该布图设计的集成电路或者含有该集成电路的物品,由布图设计权利人或者经其许可投放市场后,他人再次商业利用的,可以不经布图设计权利人许可,并不向其支付报酬。

(三)非自愿许可

《条例》第25条规定,在国家出现紧急状态或者非常情况时,或者为了公共利益的目的,或者经人民法院、不正当竞争行为监督检查部门依法认定布图设计权利人有不正当竞争行为而需要给予补救时,国务院知识产权行政部门可以给予使用其布图设计的非自愿许可。

(四)善意买主的使用

《条例》第33条规定,在获得含有受保护的布图设计的集成电路或者含有该集成电路的物品时,不知道也没有合理的理由应当知道其中含有非法复制的布图设计,而将其投入商业利用的,不视为侵权。上述行为人得到其中含有非法复制的布图设计的明确通知后,可以继续将现有的存货或者此前的订货投入商业利用,但应当向布图设计权利人支付合理的报酬。该条规定与《知识产权协定》第37条的规定相一致。

四、集成电路布图设计权的登记

《条例》第8条规定:"布图设计专有权经国务院知识产权行政部门登记产生。未经登记的布图设计不受本条例保护。"可见,登记是取得布图设计专有权的必要条件。国务院知识产权行政部门负责布图设计登记工作,受理布图设计登记申请。布图设计自其在世界任何地方首次商业利用之日起2年内,未向国务院知识产权行政部门提出登记申请的,国务院知识产权行政部门不再予以登记。布图设计登记申请经初步审查,未发现驳回理由的,由国务院知识产权行政部门予以登记,发给登记证明文件,并予以公告。

第三节　集成电路布图设计专有权的保护

一、侵害集成电路布图设计专有权的行为

《条例》第30条规定,下列行为属于侵犯布图设计专有权的行为:

(1)复制受保护的布图设计的全部或者其中任何具有独创性的部分的行为。

(2)为商业目的进口、销售或者以其他方式提供受保护的布图设计、含该布图设计的集成电路或者含有该集成电路的物品的行为。

二、侵害集成电路布图设计专有权的救济措施

对于侵害布图设计专有权的行为,权利人可以采取以下救济措施:

(一)当事人协商解决

《条例》第31条规定,未经布图设计权利人许可,使用其布图设计,即侵犯其布图设计专有权,引起纠纷的,由当事人协商解决。

(二)请求国务院知识产权行政部门处理

不愿协商或者协商不成的,布图设计权利人或者利害关系人可以请求国务院知识产权行政部门处理。国务院知识产权行政部门处理时,认定侵权行为成立的,可以责令侵权人立即停止侵权行为,没收、销毁侵权产品或者物品。当事人不服的,可以自收到处理通知之日起15日内依照《行政诉讼法》向人民法院起诉;侵权人期满不起诉又不停止侵权行为的,国务院知识产权行政部门可以请求人民法院强制执行。

(三)提起民事诉讼

侵权行为发生后,权利人可以直接提起民事诉讼,请求法院责令侵权行为人立即停止侵权行为并承担赔偿责任,赔偿数额为侵权人所获得的利益或者被侵权人所受到的损失,这种损失中还应当包括被侵权人为制止侵权行为所支付的合理开支。

(四)申请诉前禁令和诉前财产保全措施

布图设计权利人或者利害关系人有证据证明他人正在实施或者即将实施侵犯其专有权的行为,如不及时制止将会使其合法权益受到难以弥补的损害的,可以在起诉前依法向人民法院申请采取责令停止有关行为和财产保全的措施。

▲ 讨论案例

A公司成立于2008年,是一家专注于模拟IC产品的芯片设计公司,以电源管理和

LED 照明为主攻目标。A 公司具有世界一流的模拟集成电路的研发团队,公司的数位资深海归设计专家曾经在美国顶尖的模拟集成电路设计公司承担重要研发任务,获得多项技术发明专利。

B 公司侵权产品 PT4115 产品用于 LED 照明的大功率 LED 恒流源驱动芯片,于 2012 年 7 月获国家知识产权局颁发《集成电路布图设计登记证书》。B 公司利用反向剖析,获得 A 公司产品的具体电参数、元器件结构、尺寸和内部构造等数据,仿制形成侵权产品并于市场上低价销售。为保护公司核心利益不受侵犯,A 公司因此诉至法院请求保护。

问:B 公司是否侵权? 为什么?

课后思考

1. 集成电路布图设计受保护的基本条件是什么?
2. 简述集成电路布图设计专有权归属的一般原则及例外情况。
3. 简述集成电路布图设计专有权的内容和期限。
4. 简述对集成电路布图设计专有权的限制。
5. 对于侵害集成电路布图设计专有权的行为,权利人可以采取哪些救济措施?

第二十六章　植物新品种权

◇ 知识结构图

- 植物新品种权
  - 植物新品种权保护制度概述
    - 植物新品种的概念
    - 植物新品种权保护的意义
    - 植物新品种权的保护模式
  - 植物新品种权及保护
    - 植物新品种权的内容
    - 植物新品种权的取得程序
    - 植物新品种权的期限、终止和无效
    - 植物新品种权的保护

◈ 本章导读

植物新品种是人的智力创造成果，对其进行恰当保护，具有多方面的重要作用。通过本章的学习，应认识并能够理解保护植物新品种的必要性，明确植物新品种权的取得条件、程序、内容、权利归属及限制，以及侵犯植物新品种权的法律责任等。

◉ 司考重点

虽然未涉及考试内容，但应了解相关重点内容。

第一节　植物新品种权保护制度概述

一、植物新品种的概念

《中华人民共和国植物新品种保护条例》(以下简称《新品种保护条例》)第2条规定："本条例所称植物新品种，是指经过人工培育的或者对发现的野生植物加以开发，具备新颖性、特异性、一致性和稳定性并有适当命名的植物品种。"由此来看，植物新品种包括两类：一是人工培育的植物品种；二是从自然界发现并加以开发的野生植物。不过根据条例第13条规定，并非所有的植物新品种都可获得品种权的保护，受保护的新品种必须属于国家植物品种保护名录中列举的植物的属或者种。农业方面的植物品种,根据《中华人民共和国植物新品种保护条例实施细则(农业部分)》(以下简称《农业细则》)第2条的规定,包括粮食、棉花、油料、麻类、糖料、蔬菜(含西甜瓜)、烟草、桑树、茶树、果树(干果除外)、观赏植物(木本除外)、草类、绿肥、草本药材、食用菌、藻类和橡胶树等植物的新品种。林业方面的植物新品种,根据《中华人民共和国植物新品种保护条例实施细则(林业部分)》(以下简称《林业细则》)第2条的规定,指符合条例第2条规定的林木、竹、木质藤本、木本观赏植物(包括木本花卉)、果树(干果部分)以及木本油料、饮料、调料、木本药材等植物品种。此外,危害公共利益、生态环境的植物新品种不能获得品种权的保护。

二、植物新品种权保护的意义

植物新品种权是对植物新品种的育种人赋予的一种权利。世界各国及国际组织均对植物新品种高度重视,大多通过单行法规加以保护。我国《植物新品种保护条例》共设8章46条,内容包括植物新品种权的内容和归属、授予品种权的条件、品种权的申请和受理、品种权的审查与批准、品种权的期限、终止和无效,侵犯品种权的法律责任等。对植物新品种权保护的意义主要在于:

(1)促进农业、林业的发展,维护科研机构、科研人员的经济利益。植物新品种是人的智力创造成果。一个优良的植物品种的培育完成需要付出艰苦的智力劳动,亦需要时间、资金的大量投入。农业科技成果的研制和开发具有很大的风险性,除了市场风险,更重要的是自然灾害所带来的风险。因此,为鼓励培育植物新品种,促进农业、林业的发展,维护科研机构、科研人员的经济利益,确立他们对其成果的专有权是非常有必要的。

(2)有利于规范种子市场,保证农民获得优良品种和农业的健康发展。农作物、经济作物优良品种是农民增产增收的基本条件。但是,在种子经营和使用中,假种、劣种坑害农民的现象十分严重。因此,实行植物新品种保护制度,赋予发明人植物新品种权,对于进一步规范种子市场,规范新品种的商业化使用、销售,维护发明人和用户的经济利益至关重要。

(3)有利于我国在农业生物技术领域的国际交流与贸易活动的开展。我国曾经因为缺乏对植物品种领域的知识产权保护,致使引进外国最新优良品种越来越困难。因此,建立植物新品种保护制度,是我国为发展本国经济,加强对外交往合作的客观要求。

三、植物新品种权的保护模式

《知识产权协定》第27条第3款规定:"缔约方应以专利方式或者一种专门的制度或两者的结合对植物新品种给予保护。"可见,《知识产权协定》承继了《保护植物新品种国际公约》的保护方式。目前,对植物新品种的保护方式,各国的做法有所不同,大致有三种模式:

(1)双轨制,即以美国为代表的专利法加专门法的全面保护;

(2)采用专利法保护,如意大利、匈牙利、新西兰和乌克兰;

(3)通过制定专门法加以保护。

目前在国际上,多数国家通过制定专门法来保护植物新品种。德、法等国过去是通过专利法来保护植物新品种,但自欧洲专利公约签订之后,这些国家及该公约的所有缔约国的专利法都将植物新品种的保护排除在专利法保护对象之外,而以专门法加以保护。日本目前也是通过对《种苗法》的修改来保护植物新品种。我国对于植物新品种和大多数国家一样,并不提供专利保护。1997 年 3 月 20 日由国务院颁布了《中华人民共和国植物新品种保护条例》,并于 2013 年 1 月 31 日进行了第一次修订。1999 年 3 月,我国向国际植物新品种保护联盟递交加入书,从而成为《保护植物新品种国际公约》第 39 个成员国。

第二节　植物新品种权及保护

一、植物新品种权的内容

例 26.1　2002 年河南某粮食作物研究所(简称粮作所)培育了"郑单 958"玉米杂交种被国家农业部授予植物新品种权。之后,该所许可四家单位(包括某种业公司)生产、销售该品种。2003 年,甘肃省张掖市某种子公司擅自生产、销售"郑单 958"玉米种子,但其辩称是受授权公司"种业公司"代繁的,有种子管理站颁发的生产许可证,并非非法生产。种子公司是否侵权?[1]

(一)植物新品种权的取得条件

植物新品种能否取得品种权,关键在于品种本身是否满足法定的条件。如果缺少这些条件中任何一项,就不能取得品种权。取得植物新品种权,须满足下列条件:

(1)新颖性。《植物新品种保护条例》第 14 条规定:"新颖性,是指申请品种权的植物新品种在申请日前该品种繁殖材料未被销售,或者经育种者许可,在中国境内销售该品种繁殖材料未超过 1 年;在中国境外销售藤本植物、林木、果树和观赏树木品种繁殖材料未超过 6 年,销售其他植物品种繁殖材料未超过 4 年。"可见,申请品种权的植物新品种在申请保护前允许进行试验性销售、使用,但不得超过一定的宽限期。

(2)特异性。《植物新品种保护条例》第 15 条规定:"特异性,是指申请品种权的植物新品种应当明显区别于在递交申请以前已知的植物品种。"换言之,申请品种权的植物新品种与递交申请以前已知的植物品种相比,至少有一个或数个显著的特性。

(3)一致性。《植物新品种保护条例》第 16 条规定:"一致性,是指申请品种权的植

---

〔1〕　参见马平等:《知识产权审判典型案例评析》,兰州大学出版社 2009 年版,第 217 页。

物新品种经过繁殖,除可以预见的变异外,其相关的特征或者特性一致。"可以预见的变异主要指受外界环境因素的影响,有的特征、特性会发生一定变化,如植物的株高和生育期等,这些变化是允许的。

(4)稳定性。《植物新品种保护条例》第17条规定:"稳定性,是指申请品种权的植物新品种经过反复繁殖后或者在特定繁殖周期结束时,其相关的特征或者特性保持不变。"这里的相关性或特性是指申请品种权的植物品种的特异性,其特异性是稳定的,经过反复繁殖后或者在特定繁殖周期结束时,其特异性没有发生变化。

(二)植物新品种权的内容和归属

1. 植物新品种权的内容

《植物新品种保护条例》第6条规定:"完成育种的单位或者个人对其授权品种,享有排他的独占权。任何单位或者个人未经品种权所有人(以下称品种权人)许可,不得为商业目的生产或者销售该授权品种的繁殖材料,不得为商业目的将该授权品种的繁殖材料重复使用于生产另一品种的繁殖材料;但是,本条例另有规定的除外。"根据该条规定,品种权人享有的权利主要表现为一种排他权,即禁止他人未经许可利用其授权品种的权利。具体而言,品种权包括以下内容:

(1)生产权。生产权是指品种权人禁止他人未经其许可为了商业目的生产受保护的植物品种的繁殖材料的权利。根据《林业细则》的规定,繁殖材料是指可繁殖植物的种子或植物体的其他部分。《农业细则》所指繁殖材料是指整株植物(包括苗木)、种子(包括根、茎、叶、花、果实等种)以及构成植物体的任何部分(包括组织、细胞)。

(2)销售权。销售权是指品种人禁止他人未经其许可为商业目的销售该授权品种的繁殖材料的权利。

(3)使用权。使用权是指品种权人禁止他人未经其许可为商业目的将该授权品种的繁殖材料重复使用于生产另一品种的繁殖材料。

(4)转让权。转让权是指品种权人依法转让其品种的权利。与其他知识产权一样,品种的转让,必须经过一定的行政程序,即由审批机关登记和公告。

(5)许可权。《植物新品种保护条例》没有明确规定品种权人的许可权,但从有关规定上可以推导出品种权人有许可权,即享有许可他人生产、销售和使用该产品的繁殖材料的权利。

例26.1中,粮作所取得了"郑单958"的植物新品种权,对新品种享有生产、销售、使用、转让和许可等多种权利。未经其许可任何单位和个人不得擅自行使这些权利。某种子公司擅自生产、销售"郑单958",其所称的与授权生产单位有生产委托书不足以证明委托关系的存在。因为委托代繁种子有固定的合同条款和文本。所以种子公司属于非法生产,应该承担侵权责任。

2. 植物新品种权的归属

《植物新品种保护条例》第7条规定:"执行本单位的任务或者主要是利用本单位

的物质条件所完成的植物育种，植物新品种植物新品种的申请权属于该单位；非职务育种，植物新品种的申请权属于完成育种的个人。申请被批准后，品种权属于申请人。委托育种或者合作育种，品种权的归属由当事人在合同中约定；没有合同约定的，品种权属于受委托完成或者共同完成育种的单位或者个人。"

《植物新品种保护条例》第 9 条规定："植物新品种的申请权和品种权可以依法转让。中国的单位或者个人就其在国内培育的植物新品种向外国人转让申请权或者品种权的，应当经审批机关批准。国有单位在国内转让申请权或者品种权的，应当按照国家有关规定报经有关行政主管部门批准。转让申请权或者品种权的，当事人应当订立书面合同，并向审批机关登记，由审批机关予以公告。"

（三）对植物新品种权的限制

出于对社会公共利益的考虑，有关国际公约以及在各国的立法中，均不同程度地对植物新品种权加以必要的限制。

1. 合理使用

《植物新品种保护条例》第 10 条规定，在下列情况下使用授权品种的，可以不经品种权人许可，不向其支付使用费，但是不得侵犯品种权人依照本条例享有的其他权利：

（1）利用授权品种进行育种及其他科研活动。任何人利用授权品种进行育种及其他科研活动，可以不经品种权人许可，而且不向其支付使用费。规定科研特权是为了鼓励创新。

（2）农民自繁自用授权品种的繁殖材料。农民自繁自用指农民为了自己耕种的目的生产种子的行为，属于合理使用，不需要得到品种权人的许可，亦不需要支付使用费。农民特权是为了保护农民的利益，这一规定与《植物新品种国际公约》的规定相一致。

2. 强制许可使用

为了国家利益或者公共利益，审批机关可以作出实施植物新品种强制许可的决定，并予以登记和公告。取得实施强制许可的单位或者个人应当付给品种权人合理的使用费，其数额由双方商定；双方不能达成协议的，由审批机关裁决。品种权人对强制许可决定或者强制许可使用费的裁决不服的，可以自收到通知之日起 3 个月内向人民法院提起诉讼。

根据《林业细则》第 9 条的规定，有下列情形之一的，国家林业局可以作出或者依当事人的请求作出实施植物新品种强制许可的决定：

（1）为满足国家利益或者公共利益等特殊需要；

（2）品种权人无正当理由自己不实施或者实施不完全，又不许可他人以合理条例实施的。

请求植物新品种强制许可的单位或者个人，应当向国家林业局提出强制许可请求书，说明理由并附具有关证明材料各一式两份。请求国家林业局裁决植物新品种强制许可使用费数额的，当事人应当提交裁决请求书，并附具不能达成协议的有关材料。国家林业局自收到裁决请求书之日起3个月内作出裁决并通知有关当事人。

二、植物新品种权的取得程序

植物新品种权不是自动产生的。植物新品种培育完成后，必须由完成植物新品种的单位或者个人或其受让人向国家主管部门申请，经主管部门审查和批准后，才能取得植物新品种权。

（一）申请

中国的单位和个人申请品种权的，可以直接或者委托代理机构向审批机关提出申请。如果所涉品种涉及国家安全或者重大利益需要保密的，应当按照国家有关规定办理。中国的单位或者个人将国内培育的植物新品种向国外申请品种权的，应当向审批机关登记。外国人、外国企业或者外国其他组织在中国申请品种权的，应当按其所属国和中国签订的协议或者共同参加的国际条约办理，或者根据互惠原则依条例办理。申请品种权时应当向审批机关提交符合规定格式要求的请求书、说明书和该品种的照片。申请文件应当使用中文书写。

（二）受理

植物新品种权的审批机关是国务院农业、林业行政部门，按照职责分工共同负责植物新品种权申请的受理和审查。

审批机关收到品种权申请文件之日为申请日；申请文件是邮寄的，以寄出的邮戳日为申请日。申请人自在外国第一次提出品种权申请之日起12个月内，又在中国就该植物新品种提出品种权申请的，依照该外国同中华人民共和国签订的协议或者共同参加的国际条约，或者根据相互承认优先权的原则，可以享有优先权。申请人要求优先权的，应当在申请时提出书面说明，并在3个月内提交经原受理机关确认的第一次提出的品种权申请文件的副本；未依照条例规定提出书面说明或者提交申请文件副本的，视为未要求优先权。

对符合规定的品种权申请，审批机关应当予以受理，明确申请日、给予申请号，并自收到申请之日起1个月内通知申请人缴纳申请费。对不符合或者经修改仍不符合规定的品种权申请，审批机关不予受理，并通知申请人。申请人可以在品种权授予前修改或者撤回品种权申请。

（三）审批

审批机关的审批程序包括以下三个环节：

1. 初审。申请人缴纳申请费后，审批机关对品种权申请的下列内容进行初步审查：

（1）是否属于植物品种保护名录列举的植物属或者种的范围；

（2）是否符合《新品种保护条例》第20条的规定；

（3）是否符合新颖性的规定；

(4)植物新品种的命名是否适当。

审批机关应当自受理品种权申请之日起6个月内完成初步审查。对经初步审查合格的品种权申请,审批机关予以公告,并通知申请人在3个月内缴纳审查费。对经初步审查不合格的品种权申请,审批机关应当通知申请人在3个月内陈述意见或者予以修正;逾期未答复或者修正后仍然不合格的,驳回申请。

2. 实质审查。申请人按照规定缴纳审查费后,审批机关对品种权申请的特异性、一致性和稳定性进行实质审查。申请人未按照规定缴纳审查费的,品种权申请视为撤回。审批机关主要依据申请文件和其他有关书面材料进行实质审查。审批机关认为必要时,可以委托指定的测试机构进行测试或者考察业已完成的种植或者其他试验的结果。因审查需要,申请人应当根据审批机关的要求提供必要的资料和该植物新品种的繁殖材料。

对经实质审查符合《新品种保护条例》规定的品种权申请,审批机关应当作出授予品种权的决定,颁发品种权证书,并予以登记和公告。对经实质审查不符合《新品种保护条例》规定的品种权申请,审批机关予以驳回,并通知申请人。

3. 复审。审批机关设立植物新品种复审委员会。对审批机关驳回品种权申请的决定不服的,申请人可以自收到通知之日起3个月内,向植物新品种复审委员会请求复审。植物新品种复审委员会应当自收到复审请求书之日起6个月内作出决定,并通知申请人。申请人对植物新品种复审委员会的决定不服的,可以自接到通知之日起15日内向人民法院提起诉讼。

三、植物新品种权的期限、终止和无效

(一)品种权的期限

根据《植物新品种保护条例》第34条的规定,品种权的保护期限,自授权之日起,藤本植物、林木、果树和观赏树木为20年,其他植物为15年。品种权人应当自被授予品种权的当年开始缴纳年费,并且按照审批机关的要求提供用于检测的该授权品种的繁殖材料。

(二)品种权的终止

《植物新品种保护条例》第36条规定,有下列情形之一的,品种权在其保护期限届满前终止:

(1)品种权人以书面声明放弃品种权的;

(2)品种权人未按照规定缴纳年费的;

(3)品种权人未按照审批机关的要求提供检测所需的该授权品种的繁殖材料的;

(4)经检测该授权品种不再符合被授予品种权时的特征和特性的。

品种权的终止,由审批机关登记和公告。

(三)品种权的无效

自审批机关公告授予品种权之日起,植物新品种复审委员会可以依据职权或者依

据任何单位或者个人的书面请求,对不符合《植物新品种保护条例》所规定的新颖性、特异性、一致性和稳定性条件的植物新品种,宣告品种权无效;对不符合名称规定的,予以更名。宣告品种权无效或者更名的决定,由审批机关登记和公告,并通知当事人。对植物新品种复审委员会的决定不服的,可以自收到通知之日起3个月内向人民法院提起诉讼。

品种权被宣告无效后,产生以下法律后果:

(1)被宣告无效的品种权视为自始不存在。即该品种权从授权之日起就不产生法律约束力。

(2)宣告品种权无效的决定,对在宣告前人民法院作出并已执行的植物新品种侵权的判决、裁定,省级以上人民政府农业、林业行政部门作出并已执行的植物新品种侵权处理决定,以及已经履行的植物新品种实施许可合同和植物新品种权转让合同,不具有追溯力;但是,因品种权人的恶意给他人造成损失的,应当给予合理赔偿。此外,品种权人或者品种权转让人不向被许可实施人或者受让人返还使用费或者转让费,明显违反公平原则的,品种权人或者品种权转让人应当向被许可实施人或者受让人返还全部或者部分使用费或者转让费。

四、植物新品种权的保护

《植物新品种保护条例》第七章"罚则"规定了侵犯植物新品种权应予承担的法律责任。归纳起来,应予承担的法律责任包括民事责任、行政责任和刑事责任,至于承担何种法律责任根据侵权行为具体情形而定。

(一)未经品种权人许可,以商业目的生产或者销售授权品种的繁殖材料的,品种权人或者利害关系人可以请求省级以上人民政府农业、林业行政部门依据各自的职权进行处理,也可以直接向人民法院提起诉讼。

省级以上人民政府农业、林业行政部门依据各自的职权,根据当事人自愿的原则,对侵权所造成的损害赔偿可以进行调解。调解达成协议的,当事人应当履行;调解未达成协议的,品种权人或者利害关系人可以依照民事诉讼程序向人民法院提起诉讼。

根据《植物新品种保护条例》第33条的规定,品种权被授予后,在自初步审查合格公告之日起至被授予品种权之日止的期间,对未经申请人许可,为商业目的生产或者销售该授权品种的繁殖材料的单位和个人,品种权人享有追偿的权利。

省级以上人民政府农业、林业行政部门依据各自的职权处理品种权侵权案件时,为维护社会公共利益,可以责令侵权人停止侵权行为,没收违法所得和植物品种繁殖材料;货值金额5万元以上的,可处货值金额1倍以上5倍以下的罚款;没有货值金额或者货值金额5万元以下的,根据情节轻重,可处25万元以下的罚款。

(二)假冒授权品种的,由县级以上人民政府农业、林业行政部门依据各自的职权责令停止假冒行为,没收违法所得和植物品种繁殖材料;货值金额5万元以上的,处货值金额1倍以上5倍以下的罚款;没有货值金额或者货值金额5万元以下的,根据情节轻重，处25万元以下的罚款；情节严重，构成犯罪的，依法追究刑事责任。

此外，省级以上人民政府农业、林业行政部门依据各自的职权在查处品种权侵权案件和县级以上人民政府农业、林业行政部门依据各自的职权在查处假冒授权品种案件时，根据需要，可以查封或者扣押与案件有关的植物品种的繁殖材料，查阅、复制或者封存与案件有关的合同、账册及有关文件。

▲ 讨论案例

某农业大学（以下简称农大）研究人员宋某在工作期间完成了职务育种成果农大364。2008年农大与甲种子公司签订了协议，甲公司因此获得了农大364的生产经营权。2011年9月甲种子公司以自己的名义申请取得了该品种的植物新品种权，随后又变更品种权人为甲公司和宋某共有。2013年10月，农大与甲公司达成了新协议，农大不追究甲公司先前的申请、变更等侵权责任，同意将品种权人变更为农大和甲种子公司。2014年1月1日，农业部植物新品种保护办公室《农业植物新品种保护公报》公告变更农大364的品种权人为农大和甲种子公司。后农大起诉法院，提出农大对与甲种子公司的新协议存在重大误解，该协议应无效。农大应该为该种子的唯一品种权人。

问：1. 2014年1月1日前的植物新品种权人是谁？

2. 甲种子公司称农大在2011年9月至2013年10月应当知道该案品种权的申请、变更事项，但未主张权利，现已丧失诉权，此说法是否正确？

3. 植物新品种权的取得时间如何确定？

◈ 课后思考

1. 简述保护植物新品种的必要性。
2. 简述植物新品种权的取得条件。
3. 简述植物新品种权的取得程序。
4. 简述我国对植物新品种权的保护。

第六编　知识产权的国际保护

第二十七章　知识产权国际保护概述

◆ 知识结构图

- 知识产权国际保护概述
  - 知识产权国际保护及意义
    - 知识产权国际保护
    - 知识产权国际保护的意义
  - 知识产权国际保护的主要原则
    - 国民待遇原则
    - 最低保护标准原则
    - 公共利益原则
  - 知识产权国际保护的主要途径
    - 知识产权国际保护的依据
    - 知识产权国际保护的手段
  - 知识产权国际保护组织
    - 世界知识产权组织
    - 世界贸易组织

◈ 本章导读

知识产权国际保护作为知识产权法律制度的重要内容，是当代国际经济、文化、科技贸易领域中的一种法律秩序，是商品经济高度发达，知识、科技成果国际间不断交流和发展的结果。从实践来看，知识产权国际保护是一个以一国国内法、双边协定和多边公约为依据，包含了立法、司法和行政手段的体制安排。本章从介绍知识产权国际保护的概念入手，分析了知识产权国际保护产生的原因和意义，介绍了知识产权国际保护的主要原则、主要途径和主要国际组织。

◉ 司考重点

本章主要涉及知识产权国际保护的依据、组织等常识性内容。

第一节 知识产权国际保护及意义

一、知识产权国际保护

知识产权国际保护，是指以多边国际公约为基本形式，以政府间国际组织为协调机构，通过对各国国内知识产权法律进行协调形成的相对统一的国际法律制度。[1]它是知识产权法律制度的重要内容。

知识产权国际保护，主要是解决主权国家之间相互对不属于其本国公民或非起源于该国的特定智力成果给予法律保护的问题。它不是用本国法去保护依外国法产生的知识产权，也不是指以国际条约取代或覆盖国内法（法语非洲国家、北美自由贸易区及欧盟国家除外），而是主权国家就知识产权的利用和保护问题，通过国际公约或双边条约相互课以一定的国际义务的国际法律制度。知识产权的国际保护，并不改变一国知识产权地域性的特点。

从19世纪末开始，各国先后签订了一些保护知识产权的国际公约，成立了一些全球性的或区域性的国际组织，形成了知识产权国际保护制度。知识产权国际保护制度的产生与强化，有深刻的经济、政治、文化和社会原因。知识产权国际保护制度是商品经济高度发达，知识、科技成果国际间不断交流和发展的结果，也是各国利益相互协调、国家之间进行立法合作的产物。具体有以下几种原因：

（1）全球性的知识产权贸易需要一种共同法律规则。19世纪以后，随着国际经济、文化交流的发展，以英国、法国为代表的欧美发达国家之间的经济文化技术交流日益频繁，在大量输出资本、产品的同时，也大量输出技术，知识产权成为各国之间进行贸易的一种新形式。商业交往频繁地跨越国界，全球性的知识产权贸易产生了对一种共同法律规则的需求。为了从事贸易，进行交易，许多国家自愿签署条约或相互协调法律制度。跨国的调解机构、仲裁机构和国际贸易组织以及解决争端的国际法律体制，把不同的法律制度联系在一起。

（2）跨国界解决知识产权占有者与使用者之间的矛盾。一个国家的知识产权法律只能在其本国境内适用，而不能适用于境外。然而，科技发明与文学艺术并没有国界之别、肤色之分、制度之异，属于全人类共有的文明成果，应当由全人类共同享用。知识产品的无形性和可复制性，使得人类共同享用知识财产成为可能。从国家利益的角度观察，由于本国的知识财产在国外得不到适当保护，国外市场就会受损，甚至丧失。显然，知识产权的地域性与智力成果的流动性之间发生了矛盾。这种矛盾实际上也是分属于不同国家的知识产权占有者与使用者之间的矛盾。为了解决这种矛盾，平衡不

---

〔1〕 参见吴汉东：《知识产权国际保护制度研究》，知识产权出版社2007年版，第1页。

同国家的利益,就亟须建立知识产权国际保护体制。知识产权的地域性与智力成果的流动性之间的冲突是知识产权国际保护体制产生的根据。

(3)发达国家为了追求经济利益的最大化而着力推动。法律代表一定群体的利益,是为一定群体的物质利益服务的。追求经济利益的最大化是一个国家建立知识产权制度的根本目的,也是发达国家极力催生和强化知识产权国际保护体制的内在动力。

二、知识产权国际保护的意义

(一)解决国际贸易纷争以维护国际经济贸易秩序

知识产权的跨国交易,极大地促进了各国间的文化交流和经济的发展,但同时也引发了一系列问题。由于各国在知识产权法领域法律规定差异较大,特别是对外国人的申请各有不同要求,使得知识产权的域外保护变得非常复杂。当代一些发达国家已将知识产权保护作为实施外交政策的一种手段,把知识产权保护直接与发展对外政治、经济关系连接起来,使知识产权问题上升为政治、经济问题,成为科技、经济和外交斗争的重要组成部分。知识产权国际保护制度通过为知识产权产品经销提供稳定的环境发挥着重要的作用。

(二)利用知识产权国际保护维持和增强国家的国际竞争力

在全球经济一体化和技术快速进步的知识经济时代,知识产权对经济增长的重要性比以往任何时候都明显,是发展经济、创造财富的重要工具。现今,国家间的竞争就是综合国力的竞争,综合国力竞争的关键在于科学技术的竞争,科学技术的竞争在很大程度上体现为科技创新和拥有自主知识产权的科技竞争。一个国家的综合竞争力取决于自主创新能力和自主知识产权的拥有量,所以,知识产权国际保护体制事关知识产权资源的配置,事关国家的国际竞争力。

(三)促进科技进步、文化繁荣和经济发展

知识产权国际保护是科技发展和文学艺术繁荣的产物。反过来,它对于促进科技进步、文化繁荣和经济发展具有重要意义和作用,是科技创新和文化创新的加速器和保护神,也是人类物质文明和精神文明建设发展的加速器。从效果来看,知识产权国际保护起到了鼓励人们进行创造的作用,推动着科学技术向前发展,并丰富着世界的文学和艺术宝库。

第二节　知识产权国际保护的主要原则

知识产权国际保护制度的原则是存在于该项法律制度之中且本身可以直接适用的原则。这种原则应是规定在国际公约之中,其本身具有直接适用性,但不应是某一专门制度所特有,而应具备整个知识产权国际保护制度的普遍适用性。鉴于此,知识产权国际保护的主要原则包括国民待遇原则、最低保护标准原则和公共利益原则。

一、国民待遇原则

国民待遇原则是众多知识产权公约所确认的首要原则，其基本含义是指在知识产权保护方面，各缔约国（成员）之间相互给予平等待遇，使缔约国国民与本国国民享受同等待遇。国民待遇包括两方面的内容：(1)各缔约国依本国法已经或今后可能给予其本国国民的待遇；(2)各该条约所规定的特别权利，即各该条约规定的最低保护标准。关于缔约国国民与本国国民享有同等待遇，国际公约有不同表述，或称为“不低于”、“不歧视”，或称为“不应较为不利”，但总的来说，并不意味着只能给予其他缔约国国民“等同于”本国国民的待遇。换言之，缔约国可以根据本国经济发展的实际状况，给予其他缔约国国民高于本国国民的待遇。国民待遇原则是不同社会经济制度和不同发展水平的国家都能接受的一项原则。这一原则既不要求各国法律的一致性，也不要求适用外国法的规定，只是要求每个国家在自己的领土范围内独立适用本国法律，不分外国人还是本国人而给予平等保护。

在知识产权国际保护领域，与国民待遇原则相关的还有一个最惠国待遇原则。这是《知识产权协定》独有的一项原则。其基本含义是指任何一个国家的国民在一个成员国所受到的而其他国家享受不到的待遇（包括任何利益、优惠、特权或豁免），都应当立即和无条件地给予其他成员的国民。换言之，不应优待某一特定国家的国民而歧视其他国家的国民。最惠国待遇原则是世界贸易组织的根本原则之一，是为保证贸易的公平竞争的必要，因此“与贸易有关”的《知识产权协定》自然对此加以确认。

国民待遇原则和最惠国待遇原则都是针对外国人知识产权保护所设定的规则，但两者有所不同。前者意在给予外国人和本国人以同等待遇，解决“内外有别”的不平等待遇问题；后者意在给予其他外国人和特定外国人以同等待遇，解决的是“外外有别”的歧视性待遇问题。

二、最低保护标准原则

最低保护标准原则，是指各缔约国依据本国法对某条约缔约国国民的知识产权保护不能低于该条约规定的最低标准，这些标准包括权利保护对象、权利取得方式、权利内容及限制、权利保护期间等。该项原则在《伯尔尼公约》、《巴黎公约》、《知识产权协定》等国际公约中均有体现。

最低保护标准原则是对国民待遇原则的重要补充。国民待遇原则基于各国经济、科技、文化发展不平衡的现状，承认各国知识产权制度的差异，从而保证知识产权制度国际协调的广泛性和普遍性。但是这种国际协调不仅要求有普遍性，而且要求做到有效性。如果将国民待遇原则推向极端，将导致各国在知识产权保护水平方面差异过大，造成缔约国之间权利义务的不平等，进而使国际条约的有效施行成为不可能。因此，在知识产权制度的国际协调体系中，仅有国民待遇原则是不够的，为了避免因制度差异而给国际协调带来的不利影响，国际公约遂规定了最低保护标准原则。

三、公共利益原则

公共利益原则，是指知识产权的保护和权利行使，不得违反社会公共利益，应保持公共利益和权利人利益之间的平衡。公共利益原则既是一国知识产权制度的价值目标,也是知识产权国际保护制度的基本准则。它包括两方面的内容:一是利益平衡的法律观念。即当事人之间、权利主体与义务主体之间、个人与社会之间的利益应当符合公平的价值理念,实现公共利益目标;二是权利限制与利用的法律制度。即出于公共利益的考虑,对权利人的专有权利予以必要的限制,以保证社会公众对知识财产的合理利用。

《世界知识产权组织版权条约》在序言中宣称:有必要按《伯尔尼公约》所反映的保持作者的权利与广大公众的利益尤其是教育、研究和获得信息的利益之间的平衡。《世界知识产权组织表演和录音制品条约》在序言中就表演者、录音制品制作者与社会公众之间的利益平衡也作出了与《版权条约》相同的表述。与上述国际公约不同,以往知识产权国际公约多是通过知识产权限制的有关制度来体现公共利益原则的,如合理使用制度、强制许可制度等。

公共利益原则的实现,涉及权利人利益与社会公共利益的平衡。就制度设计而言,直接关系到知识产权的保护与限制。在知识产权国际公约中,公共利益的目标表述为公共健康、社会发展、表现自由、公共教育等。这一目标的实现,在知识产权制度的内部,是通过权利的限制与利用的相关规定得以保证的。当然,这种权利的限制与利用是在保护权利人利益基础上的必要限制和合理利用。

第三节 知识产权国际保护的主要途径

对知识产权国际保护的具体途径,现有的教科书尚无统一的说法,同时,学术界对此亦无深入的探讨。有人认为"互惠原则"也是保护的途径之一,然而,"互惠原则"虽然与"保护途径"有密切联系,但毕竟还是两个不同层次的概念。"互惠原则"影响"保护途径","保护途径"要体现"互惠原则"的要求。知识产权国际保护的途径,既要遵循"互惠原则",又要遵循国际法的其他原则。从实践看,知识产权国际保护是一个以一国国内法、国际双边协定和多边公约为依据,包含了立法、司法和行政手段的体制安排。知识产权国际保护的主要途径主要涉及保护的依据和保护手段。

一、知识产权国际保护的依据

(一)国内法

国内法对知识产权的保护是知识产权国际保护的基础。因为知识产权国际保护是主权国家根据国际知识产权条约的规定,通过国内知识产权的立法、司法和行政执法活动实现的。一国缔结或者加入国际条约,只是承诺对成员国国民的知识产权予以保护,但保护的具体根据不是国际条约,而主要是本国法。例如,我国的知识产权法对外国人取得知识产权的途径就作了明确的规定。外国人、无国籍人的作品首先在中国境内出版的,依照我国著作权法享有著作权;外国人、无国籍人的作品根据其作者所属国或者经常居住地国同中国签订的协议或者共同参加的国际条约享有的著作权,受我国著作权法的保护。

(二)国际条约

在知识产权国际保护中,国际条约的作用是协调各国的知识产权国内法,促成各缔约国按照国际条约的要求,依照本国的法律承认和保护外国人的知识产权。如果内国法不适合国际公约对知识产权的最低保护标准,就要不断修改内国法。

知识产权国际保护的条约包括双边条约和多边条约。双边条约是知识产权国际公约的起源。当前,在未参加知识产权公约的国家之间,以及这种国家与公约成员国之间,甚至公约成员国之间,仍旧广泛采用这种形式。通过缔结国际公约来对知识产权进行保护的方式,是知识产权国际保护中最主要的方式。知识产权国际公约是知识产权国际保护制度的重要组成部分,它们的订立和推行对各国知识产权制度的建立和完善起到重要推动作用。

二、知识产权国际保护的手段

(一)国内立法

国内立法是知识产权国际保护的重要环节。通过国家强制力来保障本国技术创新体系迅速发展,以提升本国的核心竞争力,是世界各国知识产权法律制度追求的根本目的。第二次世界大战以后,随着科技创新和文化创新在社会经济发展中的作用越来越突出,知识产权制度在西方发达国家得到高度重视和不断完善。发达国家除了在宪法、民商法、行政法、刑法等传统法律部门中规定了保障知识产权的内容外,还通过大量的专门立法和相关的配套政策,形成一个庞大而全面的制度体系,为科技创新和文化发展营造良好的社会环境。

(二)司法手段

《知识产权协定》规定了民事与行政程序及其补救措施以及刑事程序。其中第42条规定,知识产权人可以通过各成员国内法规定的民事司法程序,实施协议范围内的知识产权;被告有权及时获得详细的说明原告请求的书面通知;当事人有权聘请独立的法律顾问,诉讼当事人应当承担相应的举证责任;在必要时,这种程序应当保障当事人所要求的“保密”,这就是所谓的正当程序。根据第44~46条的规定,当事人在对知识产权提起诉讼的同时,还可享有一些司法救济措施,包括禁令、损害赔偿、销毁侵权产品、获得信息权、防止滥用诉权。

(三)行政执法

这里的行政执法,是行政执法机构在各成员域内通过国内法实施机制而制止各种侵犯知识产权的行为。执法向来属于各国主权范畴,因而以往各国际条约不便涉及。但《知识产权协定》对知识产权保护的执法提出了全面的、更高的要求,这是知识产权国际保护途径的一个新特点。

（四）知识产权国际保护的其他手段

《知识产权协定》的争端解决机制。在WTO的体制框架下，协议的实施由专门的与贸易有关的知识产权理事会负责，有关知识产权的争端则由总理事会中的争端解决局负责解决。相对于WIPO，它可以解决国家之间与贸易有关的知识产权争端。如果一个国家侵犯他国知识产权的现象较为严重，有可能导致以该国为被告的WTO争端解决机制的启动。

如果争端解决机制不能奏效，有可能遭致贸易报复，此时受到惩罚的不仅是侵权者，还有可能是该国的某一行业，甚至是整个国家。这种贸易报复比一般的行政处罚、刑事制裁更为严厉，影响更大。

第四节　知识产权国际保护组织

一、世界知识产权组织

（一）世界知识产权组织的成立和地位

世界知识产权组织的由来可以追溯到1883年3月20日签订的《保护工业产权巴黎公约》和1886年9月9日签订的《保护文学和艺术作品伯尔尼公约》。

1873年维也纳筹办国际发明博览会，当博览会的主办国奥匈帝国邀请其他国家参加博览会时，由于对参展的发明缺乏足够的法律保护，许多接到邀请的国家不愿参加，凸显出知识产权国际保护的必要性和紧迫性。为此，奥政府制定了一项专门的法律，对所有参展的外国发明提供临时性保护。与此同时，比利时、西班牙、巴西、法国等国家在博览会举办期间召开国际会议，专门讨论专利权的国际保护问题，并取得了实质性的成果。

1878年，在巴黎召开的第二次国际专利会议授权一个委员会起草一份保护工业产权的专门国际公约。该公约草案经几十个国家的代表讨论通过后，于1883年签署，这就是开创知识产权国际保护新纪元的《保护工业产权巴黎公约》。1886年9月9日，在瑞士首都伯尔尼签订了著作权保护方面的第一个世界性的国际公约——《伯尔尼公约》。

上述两个公约生效后，分别成立了国际局来执行其行政管理任务。为了协调对知识产权的保护，1893年两个国际局合并成立保护知识产权联合国际局。1967年在斯德哥尔摩召开的讨论知识产权国际保护的普遍化问题的外交会议上，通过了《建立世界知识产权组织公约》。依据该公约，成立世界知识产权组织，取代保护知识产权联合国际局来管理知识产权的国际事务。

（二）世界知识产权组织的宗旨和职权

依据《建立世界知识产权组织公约》第3条的规定，世界知识产权组织的宗旨是：通过各国间的合作，并与其他有关国际组织适当配合，促进在全世界保护知识产权；保证各联盟间的行政合作。为了实现第3条所述的宗旨,《建立世界知识产权组织公约》第4条宣布通过其适当机构,并根据各联盟的权限,行使以下职权:促进旨在便利在全世界对知识产权的有效保护和协调各国有关这方面的法令的措施的发展;执行巴黎联盟及其有关专门联盟和伯尔尼联盟的行政任务;可同意担任或参加其他旨在促进知识产权保护的国际协定的行政工作;鼓励缔结旨在促进知识产权保护的国际协定;对请求知识产权方面的法律——技术援助的国家给予合作;收集和传播有关知识产权保护的情报,从事并促进这方面的研究,并公布这些研究的成果;提供促进知识产权国际保护的服务,并适当办理这方面的注册并公布有关注册的资料;采取其他适当的行动。

(三)世界知识产权组织的机构

根据《建立世界知识产权组织公约》的规定,世界知识产权组织设有大会、成员国会议、协调委员会和国际局(或秘书处)四个机构。

大会是世界知识产权组织的最高机构,由既是世界知识产权组织成员国又是其管理的任何一个联盟的成员国的所有国家组成。成员国会议由世界知识产权组织所有成员国组成,是一个供世界知识产权组织所有成员国之间就有关知识产权问题交换意见和提出建议的论坛。协调委员会既是一个咨询机构,又是大会和成员国会议的执行机构。其主要职责是:就一切有关财政、财务等事项提出意见;拟订大会的议程草案;调解各成员之间的矛盾等。国际局是世界知识产权组织各种机构和各联盟的秘书处,为常设办事机构。国际局下设有关工业产权法律、版权法律、情报、公约保存以及专利、商标、外观设计和原产地名称注册等业务机构。

(四)世界知识产权组织制定的公约、条约及协定

世界知识产权组织成立以后在推进知识产权国际保护,特别是在制定知识产权公约方面做了大量工作,成效显著。

世界知识产权组织管理着28部国际公约(具体内容见本书第二十八章第一节“世界知识产权组织管理下的知识产权国际公约”)。由于世界知识产权组织在知识产权国际保护中所起的重要作用,1974年联合国和世界知识产权组织签订协议,联合国承认世界知识产权组织是联合国下属的、在知识产权领域的专门机构。

二、世界贸易组织

(一)世界贸易组织的产生

世界贸易组织的英文全称为“World Trade Organization”,即“WTO”,简称为世贸组织,是独立于联合国的永久性国际组织,其总部设在瑞士的日内瓦。

世贸组织由关贸总协定发展而来。关贸总协定缔约方通过谈判来解决它们在贸易关系中出现的重大问题,其条款以多边谈判达成的协议进行补充和修改。自1948年开始实施至1995年1月1日世界贸易组织正式成立,关贸总协定共进行了八轮多边贸易谈判。其第八回合(1986年9月至1993年12月),又称“乌拉圭回合”(因发动此轮谈判的部长级大会是在乌拉圭的埃斯特角城召开而得名),是关贸总协定谈判中涉及

范围最广、规模最大(参加方由最初的103个国家增加到1994年4月谈判结束时的128个国家)、成果最卓著的一次谈判。

乌拉圭回合谈判议题包括与贸易相关的知识产权、与贸易相关的投资措施与服务贸易等15项议题。经过8年谈判,取得了一系列重大成果。1994年“乌拉圭回合”结束,与会各方通过了《建立世界贸易组织协定》及其28个协议,经与会各国立法机构批准,予以“一揽子”接受,于1995年1月1日生效。

世贸组织于1995年1月1日正式开始运作,为实现顺利过渡,关贸总协定与世贸组织在1995年共存1年。1996年1月1日,它正式取代关贸总协定临时机构。截至2011年12月,世贸组织正式成员有156个。

(二)世贸组织的管辖范围

1. 有关货物贸易的多边协议。具体包括《1994年关贸总协定》、《农业协议》、《关于卫生和动植物检疫措施的协议》、《纺织品与服装协议》、《贸易的技术性壁垒协议》、《与贸易有关的投资措施协议》、《反倾销协议》、《海关估价协议》、《装船前检验协议》、《原产地协议》、《进口许可证协议》、《补贴与反补贴协议》、《保障措施协议》。

2.《服务贸易总协定》及附件。

3.《与贸易有关的知识产权协定》。

4.《贸易争端解决程序与规则的谅解》,即关于贸易争端解决的有关协议及程序。

5. 贸易政策审议机制,即负责审议各成员贸易政策法规是否与世贸组织相关协议、条款规定的权利义务相一致。

(三)世贸组织的基本原则

世贸组织的基本原则就是贯穿于世贸组织的法律文件中,具有最高效力,体现其价值取向,对具体规则具有指导意义并构成世贸组织法律体系基础的具有全局性、根本性的准则。对世界贸易组织的基本原则,学者们认识尚不统一,但大都认为,非歧视原则(包括最惠国待遇原则和国民待遇原则)、公平竞争原则、透明度原则等是世贸组织的重要原则。

1. 非歧视原则

非歧视即平等或无差别。非歧视原则是国际法上国家主权平等原则在国际贸易关系中的延伸。通说认为,非歧视原则包括最惠国待遇原则和国民待遇原则。

2. 公平竞争与贸易原则

世贸组织反对采取不公正手段进行竞争与贸易。为了使国际贸易公平、有序地进行,国际上有许多通行的做法,如出口退税、反倾销、反补贴、临时进口限制、自动出口限制等,它们成了体现公平贸易最常见的一个重要方面。

3. 透明度原则

透明度原则,又称作“阳光原则”,是针对世贸组织成员的贸易法律、规章、政策措施和司法裁决规定的一项基本准则。透明度原则源于GATT。根据这个原则,世贸组织成员需公布有效实施的、现行的贸易政策法规，例如海关法规、进出口管理的有关法规和行政规章制度、有关进出口商品征税的法规和规章、进出口商品检验、检疫的有关法规和规章、有关知识产权保护的法规和规章等。透明度原则要求各成员公正、合理、统一地实施上述的有关法规、条例、判决和决定。

（四）世贸组织成员的权利和义务

1. 成员的权利

世贸组织成员应享受的基本权利主要是：在成员中享受多边的、无条件的稳定的最惠国待遇；享受其他世贸组织成员开放或扩大货物、服务市场准入的利益；发展中国家可享受一定范围的普惠制待遇及发展中国家成员的大多数优惠或过渡期安排；利用世贸组织的贸易争端解决机制和秩序，公平、客观、合理地解决与其他国家的经贸摩擦，营造良好的经济贸易发展环境；利用各项规则，采取促进本国经贸发展措施。

2. 成员的义务

世贸组织成员应履行的义务是：在货物、服务、知识产权等方面，根据世贸组织规定，给予其他成员最惠国待遇；根据世贸组织有关协议规定，扩大货物、服务的市场准入程度；根据《知识产权协定》规定，进一步规范知识产权的保护措施；根据世贸组织贸易争端解决机制与程序，和其他成员公正地解决贸易摩擦；增加贸易政策和有关法规的透明度；按在世界出口中所占比例缴纳一定会费。

（五）世贸组织的机构

世贸组织的最高权力机构是由所有成员主管外经贸的部长、副部长级官员或其全权代表组成的“部长会议”。部长会议至少每两年举行一次。部长会议有权对其协议、协定作出修改和权威性解释，对其成员之间所发生的争议或其贸易政策是否与世贸组织相一致作出裁决。在部长会议休会期间，由全体成员代表组成的总理事会代行部长会议职能。总理事会可随时召开会议以履行其解决贸易争端和审议成员贸易政策的职责。世贸组织成立由一位总干事领导的世界贸易组织秘书处，秘书处工作人员由总干事指派，并按部长会议通过的规则决定它们的职责和服务条件。总干事由部长会议选定，总干事的权力、职责、服务条件和任期规则均有明确规定。

课后思考

1. 如何理解知识产权国际保护产生的原因和意义？

2. 简述知识产权国际保护的主要原则。

3. 如何理解知识产权国际保护的主要途径？

4. 如何认识世界知识产权组织的地位和作用？

5. 简述世界贸易组织的地位和作用。

6. 简述世界贸易组织的基本原则。

第二十八章　与知识产权有关的国际公约

◇ 知识结构图

- 与知识产权有关的国际公约
  - 世界知识产权组织管理下的知识产权国际公约
    - 世界知识产权组织管理的国际公约
    - 保护文学艺术作品伯尔尼公约
    - 保护工业产权巴黎公约
  - 与贸易有关的知识产权协定
    - 《与贸易有关的知识产权协定》产生的背景
    - 《与贸易有关的知识产权协定》的特点
    - 《与贸易有关的知识产权协定》的基本原则
    - 后 TRIPs 时代的知识产权国际保护制度
  - 保护知识产权的其他国际公约
    - 《世界版权公约》
    - 《罗马公约》

◈ 本章导读

知识产权国际公约是知识产权国际保护制度的重要组成部分，它们的订立和推行对各国知识产权制度的建立和完善起到重要推动作用。《巴黎公约》是知识产权国际公约中缔约最早、成员国最多的公约，它与1886年在伯尔尼签订的《保护文学艺术作品伯尔尼公约》一起，共同构成了知识产权国际保护的两个最基本的公约。在美国等世界发达国家的推动下制定的《与贸易有关的知识产权协议》几乎把全球所有的国家和特殊经济区动员起来，共同参与知识产权国际保护体制。本章主要介绍了上述三个国际公约缔结的背景、主要内容、三个公约之间的关系和意义。

◉ 司考重点

本章的考查重点是关于重要的与知识产权有关的国际公约的名称、调整范围、基本原则、特点等基本内容。

第一节 世界知识产权组织管理下的知识产权国际公约

一、世界知识产权组织管理的国际公约

世界知识产权组织通过其国际局管理的国际公约如下表所示：

序号	条约名称	缔结时间与地点	是否生效
1	《保护工业产权巴黎公约》，简称《巴黎公约》	1883年于巴黎缔结，1980年最后修订	是
2	《制裁商品来源的虚假或欺骗性标志马德里协定》	1891年于马德里缔结，1958年最后修订，1967年再次补充	是
3	《商标国际注册马德里协定》，简称《马德里协定》	1891年于马德里缔结，1967年最后修订，1979年个别修正，1989年增加议定书	是
4	《工业品外观设计国际备案协定》	1925年于海牙缔结，1967年最后修订，1975年增加议定书，1979年个别修正	是
5	《商标注册用商品与服务国际分类尼斯协定》，简称《尼斯协定》	1957年于尼斯缔结，先后于1967年和1977年修订	是
6	《保护原产地名称及其国际注册协定》，简称《里斯本协定》	1958年于里斯本缔结，1967年最后修订，1979年个别修正	是
7	《工业品外观设计国际分类协定》，简称《洛迦诺协定》	1968年于洛迦诺缔结，1979年个别修正	是
8	《专利合作条约》	1970年于华盛顿缔结，1979年、1984年个别修正	是
9	《国际专利分类斯特拉斯堡协定》	1971年于斯特拉斯堡缔结，1979年个别修正	是
10	《商标图形要素国际分类协定》，简称《维也纳协定》	1973年于维也纳缔结	是
11	《国际承认用于专利程序的微生物保存布达佩斯条约》，简称《布达佩斯条约》	1977年于布达佩斯缔结，1980年个别修正	是
12	《商标注册条约》	1980年于维也纳缔结	是
13	《商标法条约》	1994年于日内瓦缔结	是
14	《保护植物新品种国际公约》	1961年于日内瓦缔结，1991年最后修订。现生效的是1978年文本	是

续表

序号	条约名称	缔结时间与地点	是否生效
15	《保护文学和艺术作品伯尔尼公约》,简称《伯尔尼公约》	1886 年于伯尔尼缔结,1971 年最后修订,1979 年个别修正	是
16	《保护表演者、录音制品制作者和广播组织公约》,简称《罗马公约》	1961 年于罗马缔结	是
17	《保护录音制品制作者防止未经许可复制其制品公约》,简称《录音制品公约》或《唱片公约》	1971 年于日内瓦缔结	是
18	《印刷字体的保护及其国际保存协定》	1973 年于维也纳缔结	是
19	《发送卫星传输节目信号的布鲁塞尔公约》,简称《卫星公约》	1974 年于布鲁塞尔缔结	是
20	《避免对版权使用费收入重复征税多边公约》	1979 年于马德里缔结	是
21	《视听作品国际登记条约》	1989 年于日内瓦缔结	是
22	《科学发现的国际登记条约》	1978 年于日内瓦缔结	否
23	《保护奥林匹克会徽条约》	1981 年于内罗毕缔结	是
24	《集成电路知识产权条约》	1989 年于华盛顿缔结	否
25	《世界知识产权组织版权条约》	1996 年 12 月 20 日于日内瓦缔结	是
26	《世界知识产权组织表演和录音制品条约》	1996 年 12 月 20 日于日内瓦缔结	是
27	《专利法条约》	2000 年 6 月在日内瓦通过	否
28	《视听表演条约》,又称《北京条约》	2012 年 6 月于北京缔结	否

上述国际公约按其性质可以分为三类:一是提供实质性知识产权保护的条约,如《巴黎公约》、《伯尔尼公约》、《日内瓦公约》等;二是为了便于在多国获得知识产权保护的条约,如《专利合作条约》、《马德里协定》、《布达佩斯条约》等;三是建立相关国际分类的条约,如《尼斯协定》、《维也纳协定》等。

二、保护文学艺术作品伯尔尼公约

(一)《伯尔尼公约》的产生和地位

1884 年至 1886 年,在国际文学艺术联合会的促请下,瑞士联邦政府主持召开了三次外交会议,讨论著作权的国际保护问题。1886 年 9 月 6 日至 9 日,在伯尔尼举行,有德、法、英等 12 个国家参加的外交会议通过了《保护文学和艺术作品伯尔尼公约》(以下简称《伯尔尼公约》)。伯尔尼公约于 1887 年 12 月 5 日正式生效。

伯尔尼公约是世界上最早签订的有关著作权保护的国际公约，也是目前为止保护著作权方面影响最大的国际公约。自签订后已经进行过8次修改，目前执行的是1979年10月20日进行个别修正后的文本。伯尔尼公约是一个开放性的国际公约。我国于1992年10月15日加入该公约，依据我国政府的声明，自1997年7月1日香港回归后，该公约亦适用于香港特别行政区。

(二)《伯尔尼公约》的基本原则

1. 国民待遇原则

《伯尔尼公约》第5条第1款规定，任何缔约国国民的作品，或者非缔约国国民首先在缔约国出版的作品，在其他缔约国所受到的保护，应当与该缔约国法律现在给予和今后可能给予本国国民作品的保护相同。

2. 自动保护原则

《伯尔尼公约》第5条第2款规定，作品享有及行使国民待遇所提供的有关权利时，不需要履行任何手续，也不论作品起源国是否存在保护。也就是说，《伯尔尼公约》对作品实行自动保护原则。

3. 独立保护原则

《伯尔尼公约》第5条第3款规定，成员国在符合公约的最低要求的情况下，保护其他成员国的作品是依据本国法的规定来保护，独立于其来源国。受《伯尔尼公约》约束的国家，应当按照其本国法律实施公约的规定。

4. 最低保护标准原则

最低保护标准原则是受到公约保护的作者享有的本公约所特别授予的权利，此项特别授予的权利不得受到任何侵害，它是公约成员国必须向著作权人提供的最低保护。

5. 特别优惠待遇原则

该原则针对发展中国家。依据《伯尔尼公约》，发展中国家可以在加入公约时或者在其后的任何时间向世界知识产权组织总干事主张翻译权、复制权特别优惠。在履行一系列手续和承诺遵守一定的条件后，该国政府可在其国内颁布非独占性的翻译强制许可证和复制强制许可证。在此情形下，可以不经过原著作权人的同意，翻译或者复制其他成员国的文学艺术作品。

(三)《伯尔尼公约》保护的权利主体及其权利

《伯尔尼公约》保护的权利主体为文学和艺术作品的作者。公约将作者分为两类，对每类作者的保护也不相同：第一类作者的作品无论作品是否已经出版，都受到保护。非公约成员国国民的惯常住所如在一个成员国国内，则视为享有成员国国民资格。第二类作者的作品首次在任何一个公约成员国出版，或在一个非公约成员国和一个公约成员国同时出版的，方可受到保护。一部作品在首次出版后30天内在两个或两个以上国家内出版，则该作品应视为同时在几个国家内出版。

伯尔尼公约保护的权利范围广泛，包括著作人身权和著作财产权。著作人身权，是作者基于作品依法享有的以人身利益为内容的权利，主要有发表权、署名权、修改权、保护作品完整权。著作财产权则规定了著作权人基于对作品的利用而享有的财产收益权，主要有复制权、表演权、播放权、展览权、改编权、翻译权等。

（四）《伯尔尼公约》保护的作品

根据《伯尔尼公约》第2条的规定，公约保护的对象是科学和文学艺术领域内的一切作品，而不论其表现方式或形式如何，包括书籍、小册子及其他文字作品；戏剧或音乐戏剧作品；讲课、演讲和其他同类性质作品；舞蹈艺术作品和哑剧作品；配词或未配词的乐曲；电影作品以及使用类似摄制电影的方法表现的作品；图画、油画、建筑、雕塑、雕刻和版画作品；摄影作品和以类似摄影的方法表现的作品；实用艺术作品；与地理、地形、建筑或科学有关的示意图、地图、设计图、草图和立体作品。演绎作品包括翻译作品、改编作品、改编乐曲以及对文学或艺术作品作其他改变的作品，应得到与原作同等的保护。汇编作品包括文学或艺术作品的汇集本，诸如百科全书和选集。凡由于对材料的选择和编排而构成智力创作的，应得到相应的保护，但不得损害汇编的每一部作品的版权。

（五）《伯尔尼公约》的保护期限

对作品的保护期限，公约针对不同作品作出不同规定：

（1）一般作品的保护期限是作者有生之年加上死后50年。

（2）电影作品的保护期限是在作者同意下自作品公之于众后50年期满。如自作品完成后50年内尚未公之于众，则自作品完成后50年期满。

（3）不具名作品和假名作品的保护期自其合法公之于众之日起50年。如在公之于众后50年内作者身份公开或确定，则保护期为作者有生之年及其死后50年内。

（4）摄影作品和作为艺术作品保护的实用艺术作品的保护期限不应少于自该作品完成之后算起的25年。

三、保护工业产权巴黎公约

（一）《巴黎公约》的产生和意义

《保护工业产权的巴黎公约》，简称《巴黎公约》，于1883年3月20日在巴黎签订，1884年7月生效。1900年12月14日在布鲁塞尔、1911年6月2日在华盛顿、1925年11月6日在海牙、1934年6月2日在伦敦、1958年10月31日在里斯本、1967年7月14日在斯德哥尔摩、1967年7月14日在斯德哥尔、1980年2月在日内瓦，共经过七次修订。现行的是在日内瓦修订的文本。1985年3月19日中国成为该公约成员国，我国政府在加入书中声明：中华人民共和国不受公约第28条第1款的约束。

《巴黎公约》是世界上最早签订的有关工业产权保护的国际公约，也是保护工业产权最重要的国际公约。《巴黎公约》缔结时，缔约国的意图是使公约成为统一的工业产权法，以解决工业产权跨国界保护中产生的问题和冲突，但由于各国利益的冲突，各国国内立法制度的差别较大,因而无法达成统一,最终成为各成员国制定有关工业产权法时必须共同信守的原则。它的订立和实施对协调各成员国制定有关工业产权法起了重大作用。

(二)《巴黎公约》的主要内容

1. 工业产权的范围

《巴黎公约》的保护范围涉及专利、实用新型、工业品外观设计、商标、服务商标、厂商名称、产地标记或原产地名称、制止不正当竞争等。《巴黎公约》要求对工业产权应作最广义的理解,不仅应适用于工业和商业本身,而且也应同样适用于农业和采掘业,适用于一切制成品或天然产品,如酒类、谷物、烟叶、水果、牲畜、矿产品、矿泉水、啤酒、花卉和谷类的粉。专利应包括本联盟国家的法律所承认的各种工业专利,如输入专利、改进专利、增补专利和增补证书等。

2.《巴黎公约》的基本原则

(1)国民待遇原则

有关国民待遇原则的内容,规定在《巴黎公约》第 2 条和第 3 条。根据《巴黎公约》,巴黎同盟成员国的国民在保护工业产权方面享受与本国国民同样的待遇。如果非缔约国国民在一个缔约国领土内有永久性住所或真实有效的工商营业所,也享受与成员国国民同样的待遇。

(2)优先权原则

《巴黎公约》第 4 条规定了优先权原则:成员国的国民向一个缔约国提出专利申请或注册商标申请后,在一定期限内(发明、实用新型规定为 12 个月,外观设计、商标为 6 个月)享有优先权,即当向其他缔约国又提出同样的申请,则其他缔约国必须以第一个申请日作为本国的申请日。

(3)独立性原则

《巴黎公约》第 4 条和第 6 条分别规定了专利权独立性原则和商标权独立性原则。第 4 条之 2 规定,本联盟国家的国民向本联盟各国申请的专利,与在其他国家(不论是否本联盟的成员国)就同一发明所取得的专利是互相独立的。

(4)最低保护标准原则

《巴黎公约》设立了巴黎同盟各成员国对工业产权的最低保护标准。首先,《巴黎公约》明白无误地宣告:“一切都不应损害本公约特别规定的权利。”其次,公约的许多条款对各成员国对工业产权的最低保护标准提出了要求。最低保护标准原则是知识产权国际保护存在的正当性依据。因为没有这个原则,知识产权国际保护制度就不可能有力地发挥对各国知识产权法的协调作用。

(5)专利强制许可原则

为了协调专利权人的权利与社会公共利益的关系,《巴黎公约》规定了专利强制许可原则。公约第 5 条规定,本联盟各国都有权采取立法措施规定授予强制许可,以防止由于行使专利所赋予的专有权而可能产生的滥用。专利强制许可用于发明和实用新型。对工业品外观设计的保护，在任何情况下，都不得以不实施或以输入物品与受保护的外观设计相同为理由而予以取消。

3. 驰名商标的特别保护制度

对驰名商标予以特别保护，是《巴黎公约》的重要特点之一。公约规定，如果本国法律允许，商标注册国或使用国主管机关可依职权，或依有关当事人的请求保护驰名商标。政府相关部门应当依照职权对他人用于同类商品或类似商品上的、模仿驰名商标的商标注册申请予以拒绝；已经注册的，取消注册；正在使用的，禁止使用。商标权人有权自模仿注册之日起至少5年内，提出撤销此项注册的请求，有关当事人在此期间内还必须提出禁止使用的请求。对于以恶意取得注册或使用的商标提出取消注册或禁止使用的请求，不受规定时间限制。

第二节　与贸易有关的知识产权协定

一、《与贸易有关的知识产权协定》产生的背景

《与贸易有关的知识产权协议》，英文是"Agreement on Trade - Related Aspects of Intellectual Property Rights"，简称"TRIPs"。

20世纪90年代以后，随着冷战的结束，以全球规模的世界市场为平台，以金融国际化为核心，以跨国公司为驱动力，以科技为先导的经济全球化已成为世界非常重要、十分突出的发展趋势。商品、服务、生产要素与信息跨越国界在全球范围内自由、全面、大量的流动，通过国际分工，在世界市场范围内配置，各国经济相互依赖程度日益加深。与此同时，贸易问题与知识产权保护问题之间的关系日益密切。

在知识产权方面，尽管已经有诸如《巴黎公约》、《伯尔尼公约》、《罗马公约》和《关于集成电路的知识产权条约》等一些公约对知识产权进行国际保护，但仍然不能令美国等知识产权强国满意。1973年9月至1979年7月关贸总协定举行的第七轮东京谈判中，假冒商品贸易问题开始进入谈判议题。在那次谈判中，美国与欧共体代表还联合起草了《阻止冒牌货进口措施的建议》，但遭到其他发达国家和发展中国家的反对，该草案未能最终形成生效协议。随后，美国等国以扭转"新贸易保护主义"为由，积极倡导知识产权保护。

在"乌拉圭回合"的谈判中，美国极力主张甚至以退出谈判相威胁，要求在关贸总协定的总体框架内解决知识产权问题。发展中国家则认为，保护知识产权是世界知识产权组织的任务，应当把制止假冒商品贸易与广泛的知识产权保护区别开来。发展中国家担心保护知识产权会构成对合法贸易的障碍；强化保护知识产权有利于跨国公司的垄断、提高药品和食品的价格，从而对公众的福利产生不利的影响。巴西代表甚至

认为，将知识产权问题纳入关贸总协定，犹如把病毒植入计算机一样。虽然各方认识不一，但经过各方努力、妥协，1991 年 12 月 18 日，终于达成了总体上有利于发达国家的《与贸易有关的知识产权协定》。1995 年 1 月 1 日世界贸易组织正式运作，标志着知识产权国际保护已纳入多边贸易体制。

二、《与贸易有关的知识产权协定》的特点

事实上，以往的知识产权国际保护协议的确存在不少的问题，例如，有的公约成员国不多，法律约束力缺乏普遍性；有些公约对知识产权的保护欠缺标准，规则不明；缺乏强制其成员信守公约的机制；有些公约缔约时间较早，很难对许多新的技术成果如集成电路、生物技术、计算机软件等起到切实有效的保护作用。同时，在各国法律及其司法、执法实践中，知识产权的保护水准也不同，尤其是发达国家和发展中国家间差异很大。这就造成了一些国家之间的贸易紧张局势，甚至在某些情况下引发贸易冲突和贸易报复。作为知识产权主要所有者和输出者的发达国家认为上述问题阻碍了知识产权保护目标的实现。因此，他们特别希望进一步加强知识产权的国际保护。为了解决上述问题，国际社会做了艰辛的努力，这主要体现在《知识产权协定》的下列特点上：

(1)《知识产权协定》将知识产权保护与国际贸易紧密挂钩。

(2)《知识产权协定》是当今世界范围内最高水平的知识产权保护国际公约。

(3)《知识产权协定》是当前知识产权国际保护领域中实施力度最强的国际公约。

三、《与贸易有关的知识产权协定》的基本原则

(一)最惠国待遇原则

根据《知识产权协定》，最惠国待遇原则在如下情况适用：

(1)自一般性的、并非专门限于知识产权保护的关于司法协助或法律实施的国际协定所派生。

(2)依照《伯尔尼公约》或《罗马公约》的规定所给予，此类规定允许所给予的待遇不属国民待遇性质而属在另一国中给予待遇的性质。

(3)关于本协定项下未作规定的有关表演者、录音制品制作者以及广播组织的权利，这些不适用最惠国待遇原则。

(4)自《建立世界贸易组织协定》生效之前已生效的有关知识产权保护的国际协定所派生，只要此类协定向与贸易有关的知识产权委员会理事会作出通知，并对其他成员的国民不构成任意的或不合理的歧视，这些协议也作为最惠国待遇原则的例外。

(5)由世界知识产权组织主持缔结的有关知识产权的多边协议中所规定的利益、优惠、特权或豁免，只适用于签字国，不适用于世界贸易组织所有成员。

(二)国民待遇原则

《巴黎公约》、《伯尔尼公约》、《罗马公约》或《关于集成电路的知识产权条约》以上 4 个公约之保护标准项下的法人与自然人，应该享受《知识产权协定》的国民待遇。

(三)权利用尽原则

权利用尽原则，又称权利耗尽、权利穷竭原则，是指知识产权所有人或许可使用人一旦将知识财产合法置于流通以后，原知识产权权利人所有的一些或全部排他权因此而用尽。权利用尽是部分权利的穷尽。首先，权利用尽原则只适用于排他性的知识产权，如专利、商标、著作权等。其次，知识产权用尽原则，主要是指积极利用权的用尽。权利人从事了相关的利用行为以后，那么作为知识财产的所有人，有权对物品加以再利用，在此范围内，知识产权权利人（包括真正的权利人、被授权人、继承人等）放弃该标的物，并进而放弃在该标的物上的某些消极禁止权的行使。

四、后 TRIPs 时代的知识产权国际保护制度

19 世纪下半叶以来，各国先后签订了一系列保护知识产权的国际公约，知识产权国际保护制度进入探索形成阶段，后经世界知识产权组织及世界贸易组织的推动，知识产权国际保护体系基本形成，进入了组织化发展阶段。[1] 截至 2015 年 11 月 30 日，世界贸易组织的成员已经达到 162 个，足见该组织影响范围之广。TRIPs 协定的诞生标志着知识产权国际保护制度进入了一个重要阶段，它为消弭各成员国知识产权保护水平的差异，实现知识产权国际保护一体化，发挥了重要的作用。但 TRIPs 之后，利益博弈并未停止，各方角力的结果使得 WTO 这样一个对话平台逐渐丧失了吸引力。此时，知识产权国际保护机制也发生裂变，向多极化发展。在分析当前知识产权国际保护制度发展动向的同时，应积极探索在新制度格局下中国的合理选择。

知识产权国际保护制度的历史分期中，对世界贸易组织时期及后 TRIPs 时期的认识不同。其实，从用语渊源的角度看，后 TRIPs 是我们中文翻译“Post – TRIPs”的结果。“Post – TRIPs”英文原义是指 TRIPs 之后的时期，即“after TRIPs”。所以，前 TRIPs 时代和后 TRIPs 时代的提法不妥当，容易发生一个时代两个发展阶段的歧义。因此，知识产权国际保护的历史分期应分为四段，即巴黎联盟和伯尔尼联盟时期、世界知识产权组织时期、世界贸易组织时期（TRIPs 时代）和后 TRIPs 时代。后 TRIPs 时代进入的节点，为 1994 年世界贸易组织取代关贸总协定。[2]

（一）知识产权国际保护制度面临的新问题

以《知识产权协定》为框架的知识产权国际保护制度形成后，其超越世界知识产权组织时期的强制性与执行力，为国际领域知识经济的增长做出了不可替代的贡献。然而，同样由于其强制性，《知识产权协定》也在知识产权领域引发了诸多无法自我克服的负面效应，主要体现在以下几个方面：

1. 对知识产权制度的“文化排斥性”估计不足

知识产权这一概念主要源自西方世界文化与政治传统。在西方国家的发展进程中，知识产权保护起源于中世纪的著作权制度，并在 18 世纪的启蒙运动中逐步成型，在此期间，知识产权开始被理解为一种激励经济增长的工具。这种对知识产权的定位

〔1〕 参见吴汉东、杜颖、肖志远：《知识产权法学》，中共中央党校出版社 2008 年版，第 386 页。

〔2〕 参见杜颖：《知识产权国际保护制度的新发展及中国路径选择》，载《法学家》2016 年第 3 期。

一直持续到今天，成为西方国家在知识产权观念上的共识。与此相反，非西方国家的知识产权发展历程则全然不同，以中国为代表的发展中国家，有的在发展过程中并未完成从知识特权到知识产权的转变，有的则将知识视为圣言的传达而非财富的创造。

然而，《知识产权协定》中的知识产权完全按照西方社会的语境打造，因此，对于发展中国家来说，其在文化认知上对知识产权总是处于被动接受的地位，这使得知识产权全球化的推行成本变高。

2. 与经济增长缺乏直接关系的知识产权缺位

一方面来看，《知识产权协定》为与经济增长具有直接联系的知识产权提供了高水平的保护，但从另一方面来看，《知识产权协定》又因其明显的倾向性而导致对特定领域的知识产权保护不足。这种与经济增长缺乏直接关系的知识产权缺位体现在了对传统知识的保护上。作为一项非传统的知识产权类型，传统知识可定义为“包含由特定族群继承的传统文化与艺术遗产的产品”，其涵盖了农业、医药、民间文艺等多个领域，而在《知识产权协定》中，传统知识却并未占有一席之地。

3. 在与人权相关的知识产权问题上过于严格

《知识产权协定》规制中涉及许多与公共健康相关的知识产权问题，这些问题与其他国际公约中规定的人权紧密相连。“健康权”在多项国际人权公约中均有涉及，例如，《世界人权宣言》第 25 条即规定了“人人有权享受为维持他本人和家属的健康和福利所需的生活水准……”《经济、社会及文化权利国际公约》第 12 条第 1 项也提出“人人有权享有能达到的最高的体质和心理健康的标准”。上述条款本意味着公共健康方面，人权在特定情况下应优先于知识产权保护。但在《知识产权协定》中，由于专利强制许可的适用需要极为严格的条件，导致许多发展中国家无法利用涉及公共健康的药品，特别是对于一些流行病严重的国家，因无法负担高额的专利费用而无法解决自己的公共健康危机。

（二）后 TRIPs 时代知识产权国际保护制度的变革趋势

1. 发达国家对知识产权国际保护制度的推进

随着全球化时代国际竞争的升级，后 TRIPs 时代的国际知识产权制度与国际贸易的关系度也日益提高。为了更好地维护和发挥本国核心竞争力，发达国家不断推进各种超出 TRIPs 标准的多面协定，主要旨在提高国际知识产权执法水平，其中最为重要的成果就是已签署的《反假冒贸易协定》（ACTA）与正在推进中的《跨太平洋伙伴关系协定》（TPP）。

《反假冒贸易协定》于 2011 年 10 月 1 日由美国、加拿大、日本、韩国、澳大利亚等国家在东京签署。发起国和缔约国的目的，在于建立一个全面超越 TRIPs 保护标准的新知识产权贸易协定，进一步提高和强化国际知识产权执法水平。为了加快协商进程，《反假冒贸易协定》采取了秘密协商的机制，包括中国在内的诸多贸易大国都被排除在谈判进程之外。采用这种方式旨在保证《反假冒贸易协定》能够更为全面和直接地反映相关国家的知识产权利益诉求。

其次,《跨太平洋伙伴关系协定》的推进,乃是发达国家试图取代亚太经合组织(APEC)的新举措。由于协定同样采取了秘密谈判的方式,因此暂时无从知其全貌,但从已泄露的知识产权条款来看,协定无论在实体规则还是程序规则上,都存在重大突破。

上述发达国家抛弃发展中国家"另起炉灶"的做法,既反映出其不满足于现今世贸组织体制下的知识产权国际保护制度,也意味着发达国家与发展中国家在知识产权制度构建和保护水平上的分歧继续加深。

2. 发展中国家对知识产权国际保护制度的推进

发展中国家在无法摆脱既有《知识产权协定》控制的前提下,开始在《知识产权协定》外寻求解决之道,即发展中国家通过条约协商、立法创新等手段,试图脱离TRIPs体制下的规制方法,进而"另起炉灶",形成一种对自己有利的规则体系。从现有进程来看,发展中国家试图将知识产权国际立法从传统的世界知识产权和《知识产权协定》转向生物多样性、基因资源、公共健康与人权等诸多方面。

发展中国家推行的知识产权国际保护体制转换,在一定程度上取得了积极的效果。首先,发展中国家与在既有知识产权体制中被忽略的国家有了表达自己利益诉求的机会;其次,发展中国家获得了发展自身优势产业的平台;最后,发展中国家能够通过新知识产权体制的保护,在一个相对友好的社会与制度环境中进行政策设计。总而言之,无论是发达国家主导的TRIPs体制抑或发展中国家推动的"体制转换",本质上所代表的,是不同经济发展观指引下的国际知识产权战略,美国等发达国家之所以推动《知识产权协定》的签署,显然是因为《知识产权协定》有利于其国家利益的实现,在全球化的今天,知识产权的强保护有助于强化发达国家通过控制知识进而控制全球经济。发展中国家之所以对《知识产权协定》持抵制态度,显然是因为作为知识净进口国,知识产权强保护只能增加他们的负担。在后TRIPs时代,发展中国家之所以要在生物多样性、植物基因资源、公共健康和人权等体制内力争知识产权新规则,显然是因为这些体制内问题更有利于强化它们的谈判地位与力量。

第三节　保护知识产权的其他国际公约

一、《世界版权公约》

《世界版权公约》于1952年在日内瓦缔结,1955年生效。1971年7月24日修订于巴黎。公约由7条实体条文与14条行政条文组成。1992年10月30日对我国生效。《世界版权公约》的管理机关不是世界知识产权组织,而是联合国教科文组织。

《世界版权公约》是继《伯尔尼公约》之后,又一部保护著作权的国际公约。《伯尔尼公约》实行注册保护制度，即作品在出版一定时期内，必须向管理机关注册并完成有关手续之后方可受到法律保护，这与自动保护制度不同。《伯尔尼公约》签订后，美洲大部分国家都未加入，而是相继签订了一系列地区性公约，事实上形成了与《伯尔尼公约》完全不同的国际版权保护制度。《世界版权公约》的签订，为版权保护尚达不到或不愿达到《伯尔尼公约》标准的国家提供了另一种选择，将版权制度差异较大的美洲国家拉入世界版权保护体系，意味着世界上两大版权保护制度并存的格局有更充分的国际法律依据。

二、《罗马公约》

《保护表演者、录音制品制作者和广播组织罗马公约》，简称《罗马公约》，由国际劳工组织与世界知识产权组织及联合国教育、科学及文化组织共同发起，1961 年 10 月 26 日在罗马缔结，并于 1964 年 5 月 18 日生效。公约由联合国的教科文组织、国际劳工组织及世界知识产权组织共同管理，日常事务由该公约的政府间委员会及其秘书处办理。截至 2002 年 7 月 15 日，该公约有 69 个缔约方。《罗马公约》是有关邻接权保护的第一个公约。它是一个封闭性公约，只对《伯尔尼公约》或《世界版权公约》的缔约国开放。加入罗马公约的国家必须是联合国的成员国、《伯尔尼公约》或《世界版权公约》的成员国。

▲ 讨论案例

美国教育考试服务中心（简称 ETS）主持开发了作为美国大学和研究生院入学考试，包括英语作为外语的考试（简称 TOEFL）的试题。ETS 对所有 TOEFL 考试题在美国版权局进行了著作权登记，并将 TOEFL 文字作为商标在相关类别予以注册。美国研究生入学管理委员会（简称 GMAC）是研究生入学考试（简称 GMAT）试题的著作权人，对所有 GMAT 考试题在美国版权局进行了著作权登记，并将 GMAT 文字作为商标在相关类别予以注册。

20 世纪 90 年代中期以来，某学校未经 ETS、GMAC 的同意大量复制、出版和发行 ETS 和 GMAC 分别享有著作权和商标权的 TOEFL、GMAT 考试试题，ETS 和 GMAC 以该学校侵犯著作权和商标专用权为由诉至某中级人民法院。

问：1. 某学校是否侵权？为什么？

2. 如果该学校侵权，ETS、GMAC 将如何保护其权利？

◈ 课后思考

1.《伯尔尼公约》的基本原则有哪些？

2. 简述《巴黎公约》的主要内容。

3.《与贸易有关的知识产权协定》有什么特点？

后　记

本教材以我国现行知识产权法律、法规和有关国际公约作为讲解的基本内容。全书共分六编，包括知识产权法总论、著作权法、专利法、商标法、其他知识产权法律制度和知识产权的国际保护等内容。

本教材全面、系统地阐述了知识产权法基本理论和基本制度，注重理论知识与司法实务的结合，注重内容的系统性和生动性的结合。具体地讲，在编写过程中，我们特别注意在阐述一些重要问题或难点问题之前，通过简短且有针对性的案例，指引学生对相关问题进行思考，进而帮助学生加深对相关理论问题和难点问题的理解，同时培养他们解决实际问题的能力。此外，本教材还在每章前设置知识结构图、本章导读、司考重点，在每章后设置讨论案例和课后思考等。希望通过这些设置，使本教材更好地帮助学生学习，提高学习效果。

本教材由张秀玲任主编，赵海燕任副主编。具体编写分工如下：

刘欢欢：第一编　知识产权法总论
　　　　第五编　其他知识产权法律制度
　　　　第六编　知识产权的国际保护
赵海燕：第二编　著作权法
张秀玲：第三编　专利法
李　俊：第四编　商标法

主　编
2016 年 12 月

图书在版编目(CIP)数据

知识产权法／张秀玲主编. -- 北京：法律出版社，2018

ISBN 978-7-5197-2073-5

Ⅰ. ①知… Ⅱ. ①张… Ⅲ. ①知识产权法-研究-中国 Ⅳ. ①D923.404

中国版本图书馆CIP数据核字(2018)第047906号

知识产权法
ZHISHI CHANQUANFA

张秀玲 主 编
赵海燕 副主编

责任编辑 徐 蕊
装帧设计 贾丹丹

编辑统筹 法律教育出版分社

出版 法律出版社
总发行 中国法律图书有限公司
经销 新华书店
印刷 三河市龙大印装有限公司
责任印制 沙 磊

开本 720毫米×960毫米 1/16
印张 24.25
字数 460千
版本 2018年1月第1版
印次 2018年1月第1次印刷

法律出版社／北京市丰台区莲花池西里7号(100073)
网址／www.lawpress.com.cn
投稿邮箱／info@lawpress.com.cn
举报维权邮箱／jbwq@lawpress.com.cn

销售热线／010-63939792
咨询电话／010-63939796

中国法律图书有限公司／北京市丰台区莲花池西里7号(100073)
全国各地中法图分、子公司销售电话：
统一销售客服／400-660-6393
第一法律书店／010-63939781/9782 西安分公司／029-85330678 重庆分公司／023-67453036
上海分公司／021-62071639/1636 深圳分公司／0755-83072995

书号：ISBN 978-7-5197-2073-5 **定价**：56.00元
(如有缺页或倒装，中国法律图书有限公司负责退换)